PUBLIC ADMINISTRATION AND MEDIA RELATIONS
The Wisdom of Media Communication for Leaders
shiquan(Michael) Wang

公共行政与媒体关系

——领导干部媒体沟通的智慧

王石泉 著

人民出版社

致 领 导 者

　　领导者是社会的精英,是一个社会建设与发展、文明与进步的指导者和引领者。领导者经验丰富、见识广博,优先占有公共资源,被赋予了更多的机会和权力,影响着千家万户的生活及亿万民众的发展与福祉。因此,领导者自从成为领导人的那一刻起,就自然承担起了比普通人更多的公共义务和更崇高的社会责任。这种义务和责任就是保护并服务大众,改良并推动社会的发展、进步与文明。

　　无论您身在何处,无论您在哪个行业就职,无论您的职位高低,权力大小,您都非同一般。请您在忙碌本职工作的同时,胸怀正义理想,放大博爱之心,升华社会责任,凝聚智慧和力量,发挥卓越的领导才能,解决您单位、所在地区和国家紧迫的问题,积极建设一个健康并可持续发展的幸福社会。

　　为此,请您量力而行,尽力而为并立即行动!

目　　录

前　言 ……………………………………………………………… 1

第一章　资讯时代背景下的公共行政 ……………………… 1

　第一节　资讯时代及其表现特征 …………………………… 2

　第二节　资讯时代对行政的影响 …………………………… 24

　第三节　公共行政及其新发展 ……………………………… 44

　第四节　资讯时代的行政变革 ……………………………… 60

第二章　媒体及其传播的发展与变迁 ……………………… 95

　第一节　媒体的概念及其认知误区 ………………………… 96

　第二节　媒体信息生产与传播的规律 …………………… 103

　第三节　媒体的本质及价值困惑 ………………………… 130

　第四节　媒体传播的发展与变迁 ………………………… 145

第三章　公共行政与媒体关系 …………………………… 159

　第一节　公共行政的传播特性 …………………………… 160

　第二节　行政的传播 ……………………………………… 171

　第三节　中国领导干部媒体关系的调查 ………………… 180

　第四节　公共行政与媒体关系的定位 …………………… 187

　第五节　公共行政与媒体关系 …………………………… 201

第四章　公共行政中的媒体公关 ………………………… 223

　第一节　对媒体公关的认知 ……………………………… 223

第二节　媒体公关的主要方法 ·············· 229

第三节　美国政府的媒体公关 ·············· 247

第四节　国家新闻俱乐部 ·············· 255

第五章　危机管理与危机传播 ·············· 294

第一节　危机诱因及主要类型 ·············· 295

第二节　危机管理与危机传播 ·············· 308

第三节　危机传播的原则 ·············· 315

第四节　危机传播的方法 ·············· 320

第六章　行政传播中的新闻发布 ·············· 330

第一节　新闻发言人及其作用 ·············· 331

第二节　行政传播中的新闻发布会 ·············· 352

第三节　突发事件的新闻发布会 ·············· 357

参考文献 ·············· 366

后　记 ·············· 370

Contents

Forward ·· 1

Chapter One: Public Administration in the Context of Information

      Age ·· 1

    1. Information Age and its Characteristics ······································· 2

    2. The Impact of Information age to Administration ······················· 24

    3. Public Administration and its Latest Development ····················· 44

    4. The Innovation of Chinese Administration at Information age ········· 60

Chapter Two: Media, the Development and Changes of its Communi-

      cation ··· 95

    1. The Concepts of Media and its Misunderstandings by Chinese leaders ········· 96

    2. The Rules of Media Information Production and Communication ·············· 103

    3. The Nature of Media and Its Perplexed Value ····························· 130

    4. Media, the Development and Changes of their Communication ············· 145

Chapter Three: Public Administration and Media Relations ············· 159

    1. The Communicative Characteristics of Public Administration ············· 160

    2. The Communication of Administration ····································· 171

    3. The Survey of Chinese Leaders' Media Relations ······················· 180

    4. The Orientation of Public Administration and Media Relations ··········· 187

    5. Public Administration and Media Relations ······························· 201

Chapter Four: The Media Relations in the Public Administration ······ 223

    1. The Understanding of Media Relations ····································· 223

2. The Methods of Media Relations ·· 229

3. The Media Relations of US Government ································ 247

4. The National Press Club ·· 255

Chapter Five: Crisis Management and Crisis Communication ············ 294

1. The Incentives of Crisis and the Major Varieties ····························· 295

2. Crisis Management and Crisis Communication ··························· 308

3. The Principles of Crisis Management ··· 315

4. The Methds of Crisis Management ··· 320

Chapter Six: The Press Conferences of Administrative Communi-

cation ··· 330

1. The Spokesmen and Their Impacts ·· 331

2. The Press Conferences of Administrative Communication ·················· 352

3. The Press Conferences in Crisis Management ····························· 357

References ··· 366

Postscript ··· 370

前　言

随着信息技术的发展和社会的开放进步,新媒体异军突起并迅猛地向全民普及,改变了传统媒体时代"信源—信道—信众"的传播模式,引发了人类信息传播的革命,使人类进入一个信息传播、信息互动与信息主导的资讯时代。

资讯时代是一个崭新的历史时代。在这个时代,人人都是信源,人人都掌握着信道,人人都可自由选择并影响信众。资讯时代打破了传统媒体时代新闻机构、记者编辑、政府和精英阶层对信息的垄断,颠覆了传统媒体的传播格局,不知不觉地让媒体从"无冕之王"的掌控中投入普通民众的怀抱。可以形象地说,在资讯时代,人人都是记者,人人都是编辑和总编,人人都是新闻发言人,人类社会正式进入了一个自媒体时代。

当今时代,广大民众首次独立拥有自己的媒体——网站、博客、微博、Twitter、QQ、MSN、Skype、Facebook 等,并开始自主运用这些媒体来披露信息、发表观点、针砭时弊、传递爱心、建言献策、参政议政。此时,由亿万民众参与并汇聚成的信息洪流开始了前所未有的自由流动,甚至是肆意泛滥,社会转瞬间变得无遮无拦,人类传统的生产方式、生活方式和管理方式都面临着从未有过的威胁和挑战。其中,受资讯时代影响最大的就是我国的公权力体系及其领导干部和公务人员。

面对这突如其来的传播变化和开放的形势,几千年来一直奉行"讷于言、敏于行","民可使由之,不可使知之"信条的中国人,特别是长期受到计划经济时代宣传纪律约束的领导干部大都感到茫然无措。即便有些人解放了思想、更新了观念,但是面对中外媒体并存、新旧媒体交织、舆论炮火猛烈,社会宽容度与开放度有限的复杂环境,缺少像西方政治家和官员那种在媒体舆论的"枪林弹雨"中长期历练的中国领导干部,在面对全新的传播环境和舆论浪潮时大多难以适应。

中国正处在社会转型的关键时期,各种社会矛盾纵横交织。无论是常规的行政工作还是危机管理,领导干部都经常处在行政的第一线。无论经验和能力如何,无论是否做好了准备,他们都必须要去面对大众,面对媒体,其中的压力和风险可想而知。近年来,由于不善于行政传播和媒体沟通而失误犯错,遭到舆论抨击的行政机构和领导干部不在少数。因为"不愿说"、"不敢说"、"不会说"、"乱说",甚至因一句话没说好而遭到网络媒体猛烈抨击引咎辞职的领导干部也大有人在。

针对这种情况,中国浦东干部学院在 2005 年建院伊始,就根据中央和中组部关于干部培训创新的有关指示精神,率先在全国的干部教育领域建立了教学实验中心,专门进行干部教育培训创新课程和培训方法的实验和开发。作者受学院指派,负责建设我国干教系统第一个"媒体沟通情景模拟教室",并根据自己在高校、党政机关、媒体、企事业单位等行业近 30 年的工作经验,结合中国领导干部媒体沟通的现状和需求,整合行政学和传播学等学科,专门为全国的领导干部开发出了"专题讲座+情景模拟"的媒体沟通系列课程。该课程在研发成功后随即投入到了大规模的干部培训中,目前已经培训全国的领导干部 10 万多人。全国各地的党校、行政学院和社会主义学院也纷纷建设媒体沟通情景模拟教室,开设媒体沟通等培训课程,使这个领域呈现出了百花齐放、百家争鸣的景象。

本书《公共行政与媒体关系——领导干部媒体沟通的智慧》是作者七年多来在中国浦东干部学院校内以及全国近三分之二的省市为全国约 10 万名领导干部授课的基础上撰写出来的跨学科专著,是对领导者行政传播以及媒体沟通需求和实践的理论总结和传播实务的操作指导与提炼。

该书共分为六个部分,第一部分是"资讯时代背景下的公共行政",主要介绍信息传播时代的内涵、特点及其对公共行政的影响和挑战,属于"知己"的部分;第二部分是"媒体及其传播的发展与变迁",主要向熟悉媒体,但不了解媒体的领导干部介绍媒体的功能、定位以及信息传播的规律等,属于"知彼"的部分;第三部分是"公共行政与媒体关系",即在前两部分的基础上,探讨公共行政和媒体的关系本质,以及如何构建比较和谐的相互关系;第四部分根据我国领导干部的实际需要,介绍了常见的几种媒体公关的方法;第五部分根据近 10 年来中国危机事件频发的情况,特别是危机领导力的需求,介绍"危机管理与危机传播";最后第六部分是"行政传播中的新闻发布",重点介绍新闻发言人制度的建立、发言人的职能、所需的条件以及新闻发布会举行等内容。考虑到跨学科专著和领导干部培训教材的特点和要求,本人尽力兼顾了理论与实践、知识性与应用性的统一,针对领导干部的需求和特点,重点突出实用性,以便更好地为全国的领导干部和广大读者服务。

虽然本书名叫做"公共行政与媒体关系",主要面向行政领导,但副标题却是"领导干部媒体沟通的智慧",其基本原理和方法也适用于其他领域的领导干部。因此,该书既适合我国中央和地方党委、政府、人大、政协及法院和检察院等系统的领导干部和公务员,也适合企事业单位以及军队和社会组织等各行业的领导干部和管理人员。相信任何一位希望提高自己媒体素养和传播能力的读者在认真阅读和学习后都会有一定的启发和收获。

由于该书是一种跨越领导实践和媒体沟通的探索和创新,如果有任何不周之处,敬请广大读者批评指正。同时,也请各位读者顾念作者对祖国和人民的拳拳挚爱与一片赤诚,对未来党和政府在中国社会转型时期卓越领导力与非凡魄力的殷切期盼,带着自己为推动中国走向现代法治与民主社会添砖加瓦的崇高责任和神圣使命,对作者一些前瞻性的观点和忠言给予理解、包容和支持。

如果本书能对广大读者认识资讯时代政府和媒体的新变化,对于转变行政观念、提高领导水平与传播能力有任何帮助和贡献,那将是作者莫大的安慰。如果我们可爱的读者,特别是我们广大的领导干部能在阅读本书后产生任何推动中国变革与发展的共识与责任共鸣,并且将其自觉地转化成为自己善治的理念和卓有成效的领导行动,作者将不胜感激!

王石泉

2012 年 7 月于上海

第一章　资讯时代背景下的公共行政

从三万年至五万年前语言的使用开始,人类已先后经历了五次信息技术革命①。如今又发展到了以计算机普及应用、计算机与现代通信技术密切融合的新阶段,产生了以信息生产、信息传播与互动和信息主导为主要社会特征的资讯时代。在资讯传播的巨大影响下,当今社会出现了全球化、透明化、异质化和同质化并存的倾向,对人类的生产方式、生活方式以及领导与管理方式都产生着强烈的冲击和深刻的影响。

资讯时代,公众、媒体和社会对国家公权力体系信息公开的要求和呼声日益高涨,信息的开放透明与广泛传播正在由表及里地触及并引发我们社会中积累和隐藏很深的各种结构性问题与矛盾。公权力体系为了应对与日俱增的社会危机,缓解自身压力,顺应社会发展,其自身适应资讯时代发展与变革的诉求和动力也在不断增加。因此,作为公权力体系重要部门的公共行政系统,在资讯时代背景下就必须勇敢地走在引领时代和社会发展的前列,带着责任与使命进行适应当前与未来社会发展的必然变革,努力向着以法治、科学、透明、绩效、人本、创新和服务为特征的新型的现代化行政目标和善治目标迈进,以保持我们公共行政的生机活力与其本质上的先进性与可持续性。

---

① 详细请参见本章第一节中"信息传播技术的发展"。

第一节　资讯时代及其表现特征

一、对资讯时代的认知

（一）资讯时代的内涵

资讯就是广义的信息，在英文中都用 information 来表示，但在汉语中常常把 information 译为"信息"。笔者在本教材中使用"资讯"这个概念是为了避免汉语中"信息"给大家带来的偏重技术的狭义解释。资讯时代就是广义的信息传播时代，它主要包括以下三层含义。

第一层含义就是资讯时代诞生的两个条件，即技术条件和社会开放程度。没有信息技术和通讯技术的发展，资讯无法进行如此迅捷和大规模的自由流动与传播。但同时，如果没有一个国家必需的改革开放、社会发展和文明进步的环境，即便是在当今通讯和传播技术十分发达的 21 世纪，这个星球上不少国家和地区的民众仍然处在执政和行政当局人为禁止或控制信息传播而产生的信息黑洞之中，以至于当地民众对当今的社会发展程度和文明进程浑然不觉，蒙昧无知。

第二层含义就是资讯时代诞生的手段，即传统媒体的提升和新媒体的诞生。由于通讯和传播技术的发展以及社会的广泛进步，以计算机技术为代表的信息技术（Information Technology）的广泛使用，一方面整合并提升了传统媒体的传播水平，同时又催生出了众多的新媒体。例如，诞生于 100 多年前的传统平面媒体——报纸、杂志、书籍等，今天都与网络等新媒体实行了对接，都有了自己的新媒体模式，即电子版的内容。读者可以随时随地随意地在网络上浏览并下载收集和传播。同时，因为新媒体的协助以及社会的不断开放，一直处在有限传播环境下的传统媒体，其信息覆盖面与传播影响力也有了前所未有的进步。

广播媒体充分发挥了声音传播快速迅捷的优势，记者和公众都可以用手机在任何有信号覆盖的地方随时发稿，进行"现场直播"。现在，我们把迷你型的收音机放在衣服口袋里（与 MP3、MP4 等整合为一体）或者把广播系统安装在汽车里随时收听。电视媒体即时直播报道的技术也日趋成熟，大家可以经常在中央电视台、凤凰卫视、CNN、BBC 等国内外主流电视媒体上看到记者在事发现场对于各类突发事件新闻的直播报道,以及对极地、高山、沙漠探险等新闻资讯的及时传播。同时,这些传统媒体都建立了自己的网站,用新媒体对其进行有效的补充,以保证传播更加迅捷便利。

新媒体是指传播技术最新和传播模式最新的媒体。新媒体颠覆了传统媒体"信源——信道——信众"三位一体的传统信息传播格局。例如,传统的报刊和广播电视媒体发现了某个自己感兴趣的新闻和信息(信源),就开始采访、写稿、拍摄或录音,编辑审核后再通过其报刊、广播电视(信道)向外播出,把新闻和信息传给自己的目标读者、听众和观众(信众)。可见,传统媒体从采访到编辑、审稿和发稿(播出)有一个固定而相对严格的信息控制流程。

但是,以互联网和手机等为主导的新媒体则改变了传统媒体"信源——信道——信众"的传播流程和传播格局。亿万网民都可以拥有自己的博客或微博,也可以随意在网上发表评论和帖子,人人都可以成为"信源"。他们在宽带网络顺畅的情况下也同时自动地掌握着媒体和"信道"。他们不仅可以自由地选择受众,而且当其接受别人的信息或者对自己的博客与评论反馈信息时,自己也是"信众"。

也就是说,在网络和手机等构建的新媒体环境中,我们人人都可以既是信源,也掌握信道,又是信众,人人都可以独立地制造、编辑、发布新闻和信息。这些信息在很大程度上可以通过网络最大范围地自由流动和广泛传播。我们对传统媒体审核与把关控制的优势在新媒体上几乎不复存在。那些在开放环境下对正常的网络信息的人为阻隔会更多地招致抱怨和愤怒,同时也并非在技术上完全可行。因此,当今时代是一个人人都是"记者",人人都是"新闻发言人",人人都是媒体"编辑和总编"的新时代。在这样一个全球化与资讯传播的新时代,国家对媒体管理的传统思维方式、管理理念和管理手段,我们整个公权力体系的领导方式与管理方式都面临着前所未有的压力和挑战。

互联网技术的飞速发展让公众成为新闻和信息传播的主力。谷歌(Google)、百度(Baidu)、雅虎(Yahoo)、新浪(Sina)等数以万计的各类网站走进了全世界人们的家中和办公室里。全球数十亿人不仅可以通过网站阅览搜集到各种他们喜爱和需要的信息资讯,还可以通过电子邮件与他人自由交流,用 MSN、QQ、Skype、Twitter、Facebook、Gmail 等新媒体工具即时通话聊天,传输图片、音频、视频文件或其他多媒体文件,通过建立自己的博客和微博发表观点。人们最常用的移动通讯工具——手机成为新媒体家族的翘楚,绝大多数手机厂商还开发出了网络新闻与网络股市操作等功能。苹果公司开发的 iPhone 以及 3G① 手机技术等就是很好的例证。

除了大众新闻媒体的传播外,其他广义的媒体传播,例如人际传播、企业传播、组织传播、行政传播、影视剧、演出等国内外文化的传播交流,也会从不同的角度影响人们的观念、思维、决策和行动。由此,也就引申出了资讯时代的第三层含义,即资讯时代对全人类生产方式、管理方式和生活方式的巨大影响。

正如著名传播学家马歇尔·麦克卢汉②所说,"传播技术的变化将不可避免地导致文化和社会秩序的深刻改变"。他认为,技术将不可避免地改变人们的思考方式、社会构架和文化形态。麦克卢汉也被称为媒体的"技术决定论者"(Technological determinist)③。

因此,无论我们是否情愿,是否适应,是否已经做好了准备,由信息传播

---

① 第三代移动通信技术(3rd-generation,3G),是指支持高速数据传输的蜂窝移动通讯技术。3G 服务能够同时传送声音及数据信息,速率一般在几百 kbps 以上。目前 3G 存在四种标准:CDMA2000,WCDMA,TD-SCDMA,WIMAX。资料来源:百度百科 http://baike. baidu. com/view/808. htm。

② 马歇尔·麦克卢汉(1911—1980)是 20 世纪原创媒介理论家、思想家。他 1911 年出生于加拿大艾伯塔省埃德蒙顿市,1933—1934 年在加拿大曼尼托巴(Manitoba)大学拿到了文学学士和硕士学位,随后留学剑桥大学,1942 年获得剑桥博士学位,并在美国多所大学执教。1951 年,麦克卢汉出版第一本专著《机器新娘》,广泛分析报纸、广播、电影和广告产生的社会冲击和心理影响。1962 年,他的著作《谷登堡星汉璀璨》出版,1964 年专著《理解媒介》在人文学科领域引起强烈震撼,被誉为"最为炙手可热的学术财富"和"继牛顿、达尔文、弗洛伊德、爱因斯坦和巴甫洛夫之后的最重要的思想家……"他历史性地提出了"媒体即讯息"、"媒体是人的延伸"和"地球村"、"部落化"等观点,成为预言资讯时代划时代的人物之一。资料来源:百度百科 http://baike. baidu. com/view/978197. htm。

③ 斯坦利·巴兰、丹尼斯·戴维斯:《大众传播理论:基础、争鸣与未来》(*Mass Communications Theory:Foundations,Ferment and Future*),清华大学出版社 2004 年版,第 294 页。

马歇尔·麦克卢汉(Marshall Mcluhan,1911—1980)

资料来源:http://tupian.hudong.com

技术和社会发展带来的资讯时代早已悄然降临并无情地进入了我们的社会和生活之中,正在向各个领域延伸渗透,并成为我们工作和生活重要的组成部分。

总之,资讯时代是人类社会在信息技术和传播技术发展的基础上,社会开放与文明进步水平达到一定程度后,传统媒体得到整合与提升,新媒体不断涌现,全社会的资讯高度发达,信息流动日益开放自由,公共信息日趋透明,资讯日益影响并主宰着人类的生产方式、生活方式与管理方式,从而形成的一个以信息互动与信息传播主导为特征的新时代。资讯传播的量与质既代表一个国家生产力的综合发展水平,也标志着一个社会文明进步的程度,更是一个国家软实力的具体体现。

(二)资讯时代发展的地域差别

资讯时代的发展正如目前人类社会的发展一样极不平衡。无论是信息传播在全球的整体分布状况,还是信息在不同国家和地区的传播现状都各不相同,差别悬殊。从全球的视野观察,北美、欧洲、澳洲、亚洲的韩国、日本、新加坡以及中国的香港、澳门和台湾地区都已进入了资讯时代。因为在这些地区,媒体信息和政府的公共信息基本能做到较大程度的开放和自由流动,公民的知情权和参与权基本能得到保护和满足,社会的文明程度与开放度都很高。

而在那些高度集权、政治动荡,对信息和舆论有着特殊管制与封锁的国家和地区,资讯时代仅仅处在初级阶段。那里的民众由于资讯流动的局限与接收信息影响程度的局限,其思想与观念还处在比较保守、落后,甚至仍然处于对当今世界无知或一知半解的状态。这些欠发达地区的落后除了其先天发展条件的局限外,信息传播与影响的局限也在很大程度上制约了必要知识的获取,禁锢了人们的思想,束缚了人们的观念,钳制了人们的创新思维,无形中遏制了人们迈向开放与文明时代的步伐。

中国是一个正在快速崛起并快速步入资讯时代的发展中大国。从我国国内的传播形势看,除了港、澳、台地区外,长江三角洲、珠江三角洲和北京、天津等首都圈地区已基本进入了资讯时代,而我国的中部、西北、西南以及东北地区总体上还处在资讯时代的初期。资讯传播的状况与经济和社会的发展状况成正比。

前六大地区由于经济社会比较发达,人们受教育程度较高,获取各类资讯的条件便利(例如,资金和人才汇聚、重大国际会议、高水平的演出、展览、讲座、外宾访问、高等院校、学术活动等资源都集中在该地区),丰富的信息以及快捷的资讯传播、广泛的见闻、开阔的视野都会潜移默化地影响人们的观念和思维,改变广大民众以及政府的行为。

资讯传播开放地区的领导和群众与我国其他地区相比,总体观念新、思想开放,因而也更善于改革创新,发展的步伐也相对更快。而我国中部、西部地区和东北地区由于基础条件、经济与社会发展水平以及综合资讯传播等欠发达,民众的视野、观念和思路都需要进一步地开放和拓展。

可见,经济与社会的发展水平会影响信息传播,信息传播水平会影响观念和思维,而观念和思维反过来又会影响经济与社会的发展。"发展——传播——观念——发展"之间形成了一个因果循环的链条。由此可见,一个国家和地区资讯信息的覆盖范围、自由流动程度、传播的广度与深度,不仅反映出该国家和地区资讯传播特征,也成为一个国家和地区文明与发达程度的内在动力,是该地区发达与欠发达的重要因素。

资讯时代不是孤立存在的,它不仅从形式上表现出各类信息的自由流动,媒体对一个国家和地区全面而广泛的传播,还从根本上折射出一个国家和地区经济、政治、文化与社会全面的发展状况与文明进步的水平。资讯传播与发展水平的背后是一个国家或地区综合实力的体现,是硬实力与软实力的标志。

总之,新旧媒体的整合与发展、夜以继日的信息传播以及人们日益开放深入的经济、政治、文化与社会活动,迅速打破了人们长期以来形成的无知与隔膜,缩短了人类相互之间的传统距离,加快并加深了人类的交流、理解与融合。资讯传播在导致当今世界的人们日益紧张、忙碌、浮躁并遭受各类信息泛滥困扰的同时,也在潜移默化地启迪和影响着我们的社会文明与社会发展,悄然地改变着这个飞速变化的世界。

当今时代,信息和资讯的频繁流动与更新,丰富了人们对于世界和生活的传统认知,改变着人们固有的思维与观念,广泛而深刻地影响着世界各国人们的经济、政治、文化与社会生活,也在猛烈地冲击着人类传统的生产方式、管理方式与生活方式。在这样一个信息与观念空前交流与冲撞的大背景下,人类如何正确面对和适应一个似乎突然来到的资讯时代和全球化时代,并培养好自己良好的媒体素养与更加广泛的传播沟通能力,则是摆在所有世人面前的一个崭新课题。

二、资讯时代形成的要素

(一)信息传播技术的发展

迄今为止,人类一共经历了五次信息技术革命。第一次信息技术革命是语言的使用(约公元前5000年至前3500年),语言成为人类进行思想交流和信息传播不可缺少的工具。第二次信息技术革命(约公元前3500年)是文字的出现和使用,人类对信息的保存和传播取得了重大突破。第三次信息技术革命(1040年)是中国活字印刷技术的发明和使用(欧洲人1451年开始使用印刷技术),让书、报、刊成为重要的信息储存和传播的媒体。

第四次现代信息技术革命(19世纪初)是电报、电话、广播和电视的发明和普及应用,使人类进入了利用电磁波传播信息的新时代。1837年,美国人莫尔斯研制了世界上第一台有线电报机。1844年5月24日,人类历史上的第一份电报从美国国会大厦传送到了40英里外的巴尔的摩城。1876年3月10日,美国人贝尔用自制的电话同他的助手通了话。1895年,俄国人波波夫和意大利人马可尼分别成功地进行了无线电通信实验。1894年电影问世。1925年英国首次播映电视。

第五次信息技术革命的标志是电子计算机的普及应用及计算机与现代通信技术的有机结合。1946年2月15日,世界上第一台通用电子数字计算机"埃尼阿克"(ENIAC)在美国研制成功。它当时由1.8万个电子管组成,是一台又大又笨重的机器,体重达30多吨,占地有两三间教室般大。它的运算速度为每秒5000次加法运算,这在当时是相当了不起的成就。①

世界上第一台通用电子数字计算机在美国诞生

计算机的使用和普及以及随后信息高速公路的建立,网络媒体的大量出现,使人类的信息传播和交互流动有了革命性的变化,同时也对整个人类社会带来了前所未有的冲击和影响,使人类真正进入了信息传播时代,即资讯时代。

---

① 资料来源:人民网 http://www.people.com.cn/GB/historic/0215/178.html。

（二）传媒产业与经济模式的形成

1925 年 10 月，苏格兰人贝尔德成功地把一个酒店服务员的脸用电视信号显示在一个长方形的屏幕上，标志着电视的诞生。1995 年前后，在世贸组织（WTO）第一届部长级谈判中，开始把以广播、电视、报业为主的大众传媒表述成为一个独立的产业概念。进入 21 世纪后，大众传媒产业的队伍中又增添了互联网这一新成员。由于大众传媒产业是一个新兴的产业，无论以前的关贸总协定（GATT）还是现在的世贸组织（WTO），都未来得及对其进行细化的条款约束，因此，可以说该产业领域国际竞争的游戏规则还没有完全制定出来。

伴随着经济全球化的大趋势，传媒产品的国际市场也逐步形成。时代华纳、迪士尼、贝塔斯曼、维亚康姆、新闻集团、索尼、TCL、环球影业公司和日本广播公司九大媒体集团支配着全球的大众传媒市场。在这些传媒产业巨头的引导下，全球 50 家媒体娱乐公司占据了当今世界 95% 的传媒产业市场份额。

美国是世界传媒产业大国。目前传播于世界各地的新闻 90% 以上由美国和西方国家垄断，70% 又是由跨国大公司垄断，其中美国控制了全球 75% 电视节目的生产和制作。许多第三世界国家的电视节目有 60%—80% 的栏目内容来自美国，几乎成为美国电视节目的转播站。而在美国自己的电视中，外国节目的占有率只有 1.2%。美国公司出产的影片产量只占全球影片产量的 6.7%，却占领了全球总放映时间的 50% 以上。①

据统计，2002 年，美国信息传播业全年经营总规模大约是 6087 亿美元，相当于当年国民生产总值的 5.8%。其中，无线电视业 397 亿美元；有线电视和卫星广播电视业 769 亿美元；广播业 194 亿美元；报业 622 亿美元（其中日报业 551 亿美元，周报业 71 亿美元）；消费类图书出版业 188 亿美元；消费类杂志出版 211 亿美元；电影票房 98 亿美元；录像 244 亿美元；录音 129 亿美元；消费者互联网业 263 亿美元；广告业 2369 亿美元；公共关系业 29 亿美元；赞助活动费 97 亿美元。从传媒行业分类看，电影、音像制作

①　参见王泠一:《全球背景下的传媒产业发展态势》,《新闻记者》2001 年第 4 期。

发行等娱乐业的规模为 872 亿美元,位居第一;其次是有限和电视卫星;报业居于第三;随后是无线电视、互联网、杂志、广播、图书等。[①]

2002 年,美国的人口总数约为 2.81 亿人,家庭约为 1.07 亿个。美国超过 18 岁以上的成年人口达 2.08 亿人,占到总人口的 74% 以上,形成了一个巨大的媒体消费群体。当年,美国人均国民收入为 22759 美元,位居世界前列。美国每年人均花费在各种媒体上的消费高达 700 美元,形成了一个 2000 多亿美元的庞大传媒消费市场。[②]

根据《2011 年中国传媒产业发展报告》显示,2010 年中国传媒产业的总产值为 5808 亿元,比上年增长 17.8%,不仅突破了 5000 亿元大关,而且增长幅度亦是 2007 年以来最大的。这个数字在 2005 年仅为 2460.5 亿元,六年间,中国传媒产业规模翻了一番。

根据新闻出版总署统计,截至 2009 年末,我国共出版报纸 1937 种,平均期印数 20837.15 万份,总印数 439.11 亿份,总印张 1969.4 亿印张。2010 年,中国报业广告市场赢得了高增长。报业广告经营额达 439.0 亿元,比上年增长 18.5%,显著高于上年同期的 8.1%。

截至 2009 年,全国共有出版社 580 家,其中中央级出版社 221 家,地方出版社 359 家。全年出版图书近 301719 种,较上年增长 10.1%。总印数 70.37 亿册(张),总印张 565.50 亿印张,定价总金额 848.04 亿元。2010 年,全国图书纯销售额为 612.9 亿元,比上年增长 5.5%,略低于 2009 年 7.7% 的增长率。根据新闻出版总署统计数据,2009 年我国电子图书读书总数突破了 1 亿人次。

期刊业在 2010 年的广告经营总额约合 30.8 亿元,较上年增长 1.5%,发行收入为 169.6 亿元,较上年增长 2%。从产业规模看,期刊行业也基本处于稳定发展态势。截至 2009 年,全国共出版期刊 9851 种,总印数 31.53 亿册,总印张 166.24 亿印张,定价总金额 202.35 亿元,均比上年有小幅增长。然而,平均期印数(16457 万册)的下跌是一个不良信号,预示着平均每

---

① 参见明安香:《美国超级传媒帝国》,社会科学文献出版社 2005 年版,第 4 页。
② 参见明安香:《美国超级传媒帝国》,社会科学文献出版社 2005 年版,第 31 页。

种期刊的受众面在减少。

　　2010年,我国广播产业表现非凡,出现大幅上扬的发展态势。国家广播电影电视总局数据显示,截至2010年7月我国现有广播电台234家,广播频率2704套,付费广播频率39套,我国广播人口综合覆盖率为96.31%。广告市场在经历了全球金融危机洗礼后,2010年恢复元气。电视广告由于国家广播电影电视总局颁布的《广播电视广告播出管理办法》的影响,发展势头受到遏制,广播广告因而成为受益者之一。2010年,中国广播电台整体广告收入为96.3亿元,比上年同期增长34%。2010年3月,九部委联合下发了《关于金融支持文化产业振兴和发展繁荣的指导意见》,提出加强对文化产业的金融财税支持政策。受政策利好影响,我国广播产业明显呈现集团化和规模化的发展趋势。

　　近年来,受到盗版和网络音乐下载的冲击,音像产业无论在发行品种、数量,还是在金额等指标上都呈现下降趋势,音像产业发展持续低迷。2010年,音像制品行业规模16.3亿元,比上年同期下降6.2%,成为各传媒行业中唯一同比下降的行业。

　　2010年,我国电视基础设施建设持续"精简"趋势。据国家广播电影电视总局统计,截至2010年年底,全国共有电视台247家,比上年减少25家,呈现较大幅度收缩。从节目制播规模看,节目制作时长虽有增加,但增长率持续下降。另外,受政策影响,广告播出时间也有所减少。然而,我国电视行业的经济效益却保持了增长态势。据广电总局初步统计,2010年全国广播电视行业总收入2238亿元,首次突破2000亿元,比上年增长20.78%。其中,电视行业收入增长幅度虽低于广播,但仍较上年有明显增长。

　　2010年,我国三网融合进入实施阶段。国务院明确提出了推进三网融合的阶段性目标:2010—2012年,重点开展广电和电信业务双向进入试点;2012—2015年,总结推广试点经验,全面实现三网融合发展。2010年6月30日,国务院办公厅正式公布包括北京、上海、大连等12个城市、地区成为第一批三网融合试点地区。2010年试点实行了"不对称进入"格局,广电获得了先期发展权,传统广电媒体正积极推进与新媒体的融合发展。

　　2010年1月,国务院发布发了《关于促进电影产业繁荣发展的指导意见》。在政策支持下,我国电影业成为最具成长潜力的行业。2010年,全年故事影片产量达到526部,较上年增长15%。此外,2010年进入城市主流院线的国产影片260多部,比上年翻了一番。同年,中国电影各项产业指标均创造了2000年以来的新高。2010年,国产电影的海外销售收入达到35.17亿元,较上年增长26.9%;全国各电影频道播出电影的收入为20.32亿元,较上年增长20%;全年电影综合收益157.21亿元,较上年增长47.3%。从电影票房收入看,2010年全国电影票房收入达101.72亿元,在2009年电影票房增长42.96%的强势基础上,再次增长63.9%。国产影片票房收入57.34亿元,占全年票房总额的56.4%;进口电影票房为44.38亿元,占全年票房比例与上年基本持平。

2010年,中国互联网经济依旧保持高速的增长态势,网络广告收入321.2亿元,增长了54.9%,网络游戏收入327.4亿元,增长了21%。我们暂未将互联网的其他收入计入传媒产业收入,而根据艾瑞咨询的统计,互联网整体市场规模达1544亿元,比上年增长57.1%。中国互联网普及率攀升至34.3%,超过世界平均水平。中国已成为世界上互联网使用人口最多的国家。互联网经济的发展与资本市场密不可分。截至2010年12月,总计有40家中国企业成功登陆美国资本市场,而互联网企业依然是其主角。优酷网、当当网、博纳影业相继登陆美国纽交所和纳斯达克。①

(三)社会文明进步的综合影响

资讯时代的形成必须同时具备两个基本条件:一个是硬条件,即通讯技术的发展使资讯在新技术条件下的广泛传播成为可能;另外一个就是软条件,即社会的开放与发展水平必须达到一定的程度。如果没有一定的社会进步与发展,即使技术再先进和发达,严格意义上的资讯时代还是不会到来。

现在人类的信息技术和通讯技术已经高度发达,各类媒体的信号已经广泛覆盖了这个星球上有人类居住的绝大部分地区。但是,目前只有部分

---

① 参见《2011年中国传媒产业发展报告》,http://news.xinhuanet.com/newmedia/2011-01/16/c_12986269.htm。

地区的居民能够真正自由地接受并享受到比较广泛真实的信息传播。许多国家和地区由于政治、文化与经济条件等因素还处在信息传播的局限和黑洞之中，他们只能从官方提供的极其有限、单调并经过精心筛选和加工的"新闻"中获取资讯，无论对这个世界的整体发展还是对周围所发生的事件都缺乏真实、全面而清晰的认知。

即便在欧美等发达国家，对于来自于其他国家和地区，特别是与它们社会制度和意识形态不同的国家和地区的传媒信息也照样有不少限制。因此，由于人为的局限以及世界不同国家和地区开放程度与文明进步水平的差异，各地民众获取信息的数量和质量也不尽相同。并非地球上每个国家和每个地区的每一个公民都能够在信息技术高度发展的今天公平而幸运地进入资讯时代，能客观公正地认识这个世界，认识自己的国家与地区的真相。这不仅是当今文明社会的一种残酷现实，更是文明世界一种遗憾与悲哀。

人类自身对于世界认知的局限以及他们的信息偏好注定了他们自身判断的片面性和局限性。加上文化和意识形态的差异以及各自的傲慢与偏见，在信息广泛传播的资讯时代制造种种误解和麻烦的可能性并不会因为资讯的发达而有丝毫的减少，这又无形中成为资讯时代人类社会文明与进步的悖论。

资讯时代最显著的标志之一，就是信息能够最大限度地自由流动。但是，人类由于政治和意识形态的差异，特别是因不同的政治观念和意图而人为设置资讯传播障碍或"妖魔化"对方等现象，都要比信息传播本身的技术壁垒更加森严可畏。因此，不是每个国家和地区都具备平等享受资讯时代信息资源的资格和条件。

根据联合国教科文组织的市场调研，今天全世界的传媒产品流通是一个很不平衡的潮流。在全世界跨国流通的 100 本书籍中，有 85 本是从发达国家流向发展中国家；在跨国流通的每 100 小时的音像制品中，有 74 小时的制品是从发达国家和新兴工业国家流向发展中国家；在跨国流通的每 100 套电脑软件中，就有 85 套是从发达国家和新兴工业国家流向发展中国家。

同时，在信息技术渗透过程中，许多发达国家还掌握着关键技术。比如，因特网的顶级域名注册必须在美国，重要软件的芯片和制式大多由美国掌握。可见,信息与资讯的传播态势与经济、政治和文化的发展态势一样不平等。这就是哈佛大学知名教授约瑟夫·奈(Joseph Nye)先生①提出的"软实力"的不平衡。而软实力在新的世界环境下,在资讯化与全球化时代却显得从未有过的重要。正如约瑟夫·奈教授所说,"软实力从长远来看比硬实力更具有持久性、渗透性与影响力。"

三、资讯时代的主要特征

(一)全球性(globality)

我们从四个方面来认识和理解全球性。首先,在资讯时代,媒体的信息传播缩短了人们的心理距离。我们可以随时在各类媒体上迅速了解全球不同国家和地区的发展变化情况,既可以分享他们取得成就的幸福和喜悦,也能够感受他们艰难挣扎和奋斗的痛苦,同情他们悲惨的遭遇。我们既可以在电视上看到欧美儿童过圣诞节幸福的笑容,也可以看到非洲难民中骨瘦如柴的儿童那饥饿和绝望的眼神;既可以看到威尼斯和巴西的狂欢节,也能够闻到伊拉克、阿富汗那硝烟弥漫的战争气息;既可以享受我们身边安静祥和的生活,也能够感受到中东地区动荡不安的恐怖与血腥……

其次,交通工具的发展拉近了我们与世界的物理距离。我们乘坐国际航班,经过十几个小时的飞行就可以到达我们星球的背面,即从中国任何一个国际机场起飞,越过太平洋或大西洋就可以到达欧洲或美洲。经过30多年

---

① 约瑟夫·奈(Joseph Nye)生于 1937 年,1964 年获哈佛大学政治学博士学位后留校任教。曾出任卡特政府助理国务卿、克林顿政府国家情报委员会主席和助理国防部长。后来重回哈佛,曾任肯尼迪政府学院院长,现为该院资深教授。约瑟夫·奈是国际关系理论中新自由主义学派的代表人物,以最早提出"软实力"(Soft Power)概念而闻名。他在 1990 年出版的《注定领导世界:美国权力性质的变迁》一书及同年在《对外政策》杂志上发表的题为《软实力》一文中,最早明确提出并阐述了"软实力"概念。"软实力"随即成为冷战后使用频率极高的一个专有名词。在 2004 年出版的新著《软实力:世界政治中的成功之道》一书中,他又对"软实力"概念进行了补充。约瑟夫·奈所说的"软实力"主要包括文化吸引力、政治价值观吸引力及塑造国际规则和决定政治议题的能力,其核心理论是:"软实力"发挥作用靠的是自身的吸引力,而不是强迫别人做不想做的事情。近年来,他对中国"软实力"的增长较为关注,并于 2005 年年底在《华尔街日报》上发表了《中国软实力的崛起》一文。他的新概念"巧实力"(Smart Power)也成为奥巴马政府外交战略的主轴。约瑟夫·奈在 1973 年与罗伯特·基欧汉合著《权利与相互依赖》,奠定了其新自由主义学派理论代表人的基础。资料来源:百度百科 http://baike.baidu.com/view/589439.htm。

的改革开放和经济高速发展,中国人的生活已经发生了巨大的变化,出国旅游成为许多国人每年都会考虑的日程安排。亲自到过去那些只能在电视和书本上才能看到的地方去参观旅游,已经不是什么难以企及的奢望和梦想了。

第三,截至2011年2月,共有54个国家的405家新闻机构,向中国派出常驻记者683名。其中,驻北京机构356家,记者548人;驻上海机构117家,记者120人;驻广州机构9家,记者7人;驻重庆机构5家,记者3人;驻沈阳机构3家,记者3人;驻深圳机构1家,记者1人;驻大连机构1家,记者1人。再加上港、澳、台地区的记者,中国被世界500多家国际媒体广泛覆盖,其"国际性"特征可想而知。

最后,资讯时代经济和文化的广泛交融,使地球村日渐形成。人类乘坐着朝发夕至的航班在世界各地穿梭往来,犹如在自己的村落中散步。跨国公司遍布全球的产业与连锁店宣告了这个世界从此不再彼此隔离。华尔街"打个喷嚏"全球股市都"感冒"已经成了人们习以为常的共识。每天发生在地球任何角落的新闻都在晚上成了全世界各家各户人们茶余饭后的谈资……

同时,教育、文化、科技等各方面对外交流也日益增多。中国大批留学生到国外学习,许多人已成为国家建设的有用之才。通过相互学习,人们的视野更加开阔,思想更加解放,开放意识和创新能力有了很大提高。2001年,中国加入世界贸易组织,标志着中国对外开放进入一个新的阶段。① 外资的引进是推动整个中国工业化和现代化进程的一大因素。

美国洛杉矶《中华商报》在报道中国改革开放30周年时,曾发表文章说:"中国共产党取得执政地位以来,中国现代化建设突飞猛进,建立了门类齐全、具有较高国际竞争力的现代工业体系,中国已成为世界第一大出口国、第二大进口国,世界第一大外汇储备国、第二大外资吸引国和重要的资本输出国。"现在,中国的经济总量已跃居世界第二。② 根据商务部2011年6月15日发布的最新统计数据显示,2011年1—5月,外商投资新设立企业共10543家,实际使用外资金额480.28亿美元,同比增长23.4%。仅5月

---

① 摘自温家宝总理2007年11月19日在新加坡国立大学的演讲《只有开放兼容,国家才能富强》。

② 摘自焦点访谈官网 http://news.cntv.cn/china/20110804/120289.shtml。

份,全国就新批设立外商投资企业 2391 家,实际使用外资金额 92. 25 亿美元,同比增长 13. 43% 。①

在中国各大中型城市,麦当劳、肯德基、星巴克、迪欧咖啡等连锁店随处可见,各种国际知名品牌的酒店比比皆是。在三星级以上的酒店里可以收看到 CNN、BBC、HBO、NHK、凤凰卫视等世界主流媒体的众多电视节目。在我国的运动场上可以看到曼联、皇马、拜仁慕尼黑和 NBA 等世界顶级球队以及世界一级方程式赛车等比赛。在国家大剧院、上海大剧院、世博演艺中心等剧场里可以看到来自五大洲的经典音乐会和各类精彩演出。中国已经成为全球经济、政治和文化的重要组成部分,中国的开放度以及与全球交融度日益深入,也为新时代的全球性以及中国特色社会主义的发展作出了最好的注解。

(二)透明性(transparency)

美国哈佛大学肯尼迪政府学院原院长、资深教授约瑟夫·奈先生在一个关于公共民主的论坛上提出了一个"媒体软实力"(media soft power)的概念。他认为,一个国家若能开放地对自己的行为进行反省与自我批评,就能创造出"软实力"即 soft power。举例说,美国的虐囚事件在世界范围内破坏了美国的形象,但是美国的媒体和公众对此能进行深入的自我批评,这是一种健康的自我矫正。

约瑟夫·奈教授认为,如果其他社会看到美国的言论自由、新闻自由、多元的媒体舆论以及有力的理性批判精神,可能反而对美国产生好感,消解由于负面事件对美国产生的敌意。换言之,有自我批评精神和自我批评能力的国家也能因此而创造一种文化的软力量。按照这个道理,他认为,从历史上看,西方文明相比伊斯兰等文明更具有理性的自我批评能力,比方说马克思主义这样强有力的批判工具(有的人认为它是从西方内部诞生的反西方传统)。

在资讯时代,只要有网络和其他传媒触及并开放的地方,世界各国的政治、经济、文化与社会生活即可能全面地公开与展示。全国各地的行政机构以及领导者都应该学会利用媒体的透明性来组织和传播必要的公共信息,

---

① 中华商务网 http://www.chinaccm.com/b4/b424/b42401/news/20110616/084110. asp。

开展公民教育与知识普及。例如,通过媒体开展远程教育,可以让遥远的中部和西部的孩子们接受到北京、上海等发达地区特级教师的授课,弥补农村优质教师资源的不足。

我国的中西部地区要善于在媒体上举办各类教育节目,普及义务教育阶段的各类知识技能,利用媒体开设农业和畜牧业知识、环保与卫生知识等的讲座节目,积极提供信息资讯帮助农牧民脱贫致富。同时,要加大对文明健康的生活方式与传统道德的普及教育,用"软实力"(soft power)推动新农村的建设与发展。

资讯时代的透明性揭示出了公共行政透明的本质。它要求全国的各级领导干部进一步解放思想,积极主动地开展公共行政的传播,让民众了解他们应该知道的公共信息,让权力在阳光下运行。2007 年 4 月发布并于 2008年 5 月 1 日正式开始在全国范围内实施的《中华人民共和国政府信息公开条例》,就是体现中国行政透明以及行政传播的一个重要法律文件。它的颁布与实施极大地推动了我们公共行政的传播与行政沟通,改善行政质量,提高行政绩效,促进行政的发展。

资讯时代的透明性给我们的另一重要启示要求全国的各级领导干部和每一个中国人都要注意培养和提高自己的媒体素养。干部和群众都要学会从传播时代公共信息透明的视角来思考并处理公共事务,防止因行政不当或"暗箱行政"等而遭受民众和媒体舆论的抨击。同时,更要善于运用媒体学习先进有效的行政管理理念和行政方法,积极主动地传播必要的及媒体感兴趣的行政信息,主动疏导舆论,做好危机管理。广大民众都应在接受关于"媒体素养"(media literacy)①方面的教育,学会识别和判断信息,学会客

---

① 媒体素养(Media Literacy),就是人们接触、选择、分析、评价、批判媒体所传播各类复杂信息的能力以及使用媒体为个人生活及社会发展服务的能力。媒体素养不仅是一个国家和社会公众文化素养的体现,一个社会发达程度的标志之一,也是一个国家政治文明的先决条件以及民主体制建设的推动因素。鉴于西方媒体的开放性与自由性,媒体上传播着各种各样的信息,舆论的声音十分庞杂,同时有许多媒体还传播有损青少年健康的有害信息,涉世不深的青少年面对这些信息缺乏足够的理性判断和选择。于是,欧美等国纷纷开展了关于针对青少年的媒体素养教育活动,帮助他们对媒体信息进行筛选和点评,以培养理性与成熟的媒体消费者,使他们在庞杂的媒体信息传播中学会识别与判断信息,不至于在浩若烟海的媒体信息中迷失或沉沦。

观公正地传播信息,谨慎并负责地使用媒体。

（三）即时性(instantaneity)

以光速运行的网络与卫星信号能在瞬间把新闻和信息传输到全球各个角落,发送给千家万户。卫星信号对全球的广泛覆盖为全世界各地民众接受全球各类媒体的信息提供了必要的技术保障,以互联网为核心的网络传播技术把全世界紧密地连接在了一起。同时,媒体间的激烈竞争也推动了媒体新闻传播的即时性和快捷性。在对各类国内外重大赛事、新闻事件以及重要活动的报道中,"现场直播"(live broadcast)已经成为媒体新闻传播的通用方式。通过现场直播,我们可以在家里或办公室里体验到"此时此刻"大千世界的瞬息万变,通过媒体报道同步感受世界各地的脉动。

因此,在这样的传播环境下,各级领导干部必须学会在适当的时间、适合的地点,用适当的方式,抓住转瞬即逝的机会迅速发布必要的信息,进行有效的行政传播与行政沟通,做好危机管理,疏导舆论,化解危机与风险,营造和谐的行政环境。同时,要深谙媒体信息传播的即时性与不可回收性,在积极主动传播的同时不要随意发言、信口开河,注意任何一次传播可能产生的公共影响。

（四）便捷性(convenience)

网络和传媒在影响人们生产方式、管理方式与生活方式的同时,也为人们提供了丰富而便捷的物质产品和精神财富。例如,各类文章、音乐、影视节目等都可通过网络下载即时获得。在网上购买图书已经比亲自到书店购书更为方便。阿里巴巴、淘宝网站等已经成为大家公认的高效而可靠的贸易和购物平台。百度、谷歌、雅虎、搜狐等则成了比较理想的搜索网站,我们可以在上面搜寻需要的信息。全球的人们可以通过各类网站的电子邮件(例如 Gmail、Yahoo、Sina 和 Hotmail 等网站邮件)以及 Skype、MSN、Facebook、Twitter、LinkedIn 等通讯渠道安装视频通话系统,在世界任何地方进行全真的即时联络。

资讯时代的便捷性表现在行政层面就是电子政务的广泛普及实施。为了提高行政效率,世界各国政府纷纷通过各种立法规定,在行政系统运转的各个环节开展电子政务的建设,建立电子政府(e-Government)。例如,在政府文件的登记、流转、审批和落实等环节进行及时的计算机处理,在各个机关单位内部建立 Lotus 等通信系统,选择群组来传输各类文件,收发各类通知,政府各职能部门建立的各类公共事业的信息平台和网站,公民可以在网上办理各类公共事务。这不仅大大提高了传播效率,也改善了行政管理的质量。

（五）交互性（interactivity）

由于新媒体的广泛应用和大力普及,广大民众开始自己掌握和运用媒体,媒体进入了千家万户,自媒体（We Media）[①]时代真正到来。在人人都掌握媒体、人人都是"记者"和"新闻发言人"的新媒体时代,广大民众通过博客 Blog、微博 Micro blog、Twitter、脸谱网 Facebook、微软服务网络 MSN、QQ、网络电话 Skype、谷歌邮箱 Gmail 等自媒体,可以在短时间内进行高速而大规模的信息互通互联。

据国际电信联盟最新公布的统计数据显示,截至 2010 年年底,全球网民数量已达 20.8 亿,手机用户数量已达 52.8 亿。据国际电信联盟秘书长哈马敦·杜尔介绍,2000 年初,全球手机用户数量仅为 5 亿,网民数量为2.5 亿。仅仅 10 年的时间,手机用户和网民数量就迅猛攀升,分别突破了50 亿和 20 亿大关。目前,全球总人口超过 68 亿。这也就意味着每 3 人中几乎就有 1 人是网民。全球网民中有 57% 来自发展中国家。从网络接入方式来看,2010 年全球固定宽带用户已达到 5.55 亿,而移动宽带用户更是飙升至 9.4 亿。[②]

---

①　美国新闻学会的媒体中心于 2003 年 7 月出版了由谢因波曼与克里斯威理斯两位联合提出的"We Media（自媒体）"研究报告,对自媒体下了一个十分严谨的定义:"We Media 是普通大众经由数字科技强化与全球知识体系相连之后一种开始理解普通大众如何提供与分享他们本身的事实以及他们本身新闻的途径。"自媒体（或叫"自主媒体"）是指为个体提供信息生产、积累、共享、传播内容兼具私密性和公开性的信息传播方式,包括 Email、BBS、Blog、SNS,甚至手机（群发短消息）也算自媒体。在自媒体时代,各种不同的声音来自四面八方,"主流媒体"的声音逐渐变弱,人们不再接受被一个"统一的声音"告知对或错,每一个人都在从独立获得的资讯中,对事物作出判断。自媒体有别于由专业媒体机构主导的信息传播,它是由普通大众主导的信息传播活动,由传统的"点到面"的传播,转化为"点到点"的一种对等的传播概念。资料来源:百度百科 www.beike.baidu.com。

②　新华网 http://news.xinhuanet.com/world/2011-01/27/c_13709443.htm。

在中国,姚晨、徐静蕾、韩寒等名人的博客与微博"粉丝"已经超过数百万,甚至达到了数千万人,成为名副其实的"意见领袖"(Opinion Leader)。我们一般报刊的发行量仅有十几万份或几十万份,大多在公务员队伍或者国企队伍中循环,对广大民众的影响力非常有限。而新媒体对当代受众,特别是对于广大青少年的影响力非同一般,值得我们高度关注。

由于以互联网为基础的新媒体和自媒体的诞生,亿万民众摆脱了数千年来自我话语权和传播权不足与不力的有限局面,使各地各人的各类信息在网络平台上最大范围地交互传播,在广泛提高了整个社会透明度的同时,也让民众能够大规模地沟通,相互"串联",使全社会的人际沟通与信息交互性达到了人类历史上从未有过的广泛程度。

(六)扩散性(proliferation)

鉴于快速传播与广泛覆盖的特性,任何媒体都具有信息传播与舆论放大的功能。而掌握着众多新媒体的中国亿万受众对一个他们热衷与关心的突发事件或新闻事件的迅速扩散、放大与传播,有着难以估量的巨大的推波助澜作用。

新媒体时代,一个事件突发后,如果当事人缺少必要的媒体传播素养或者应对失当,带着对公权力体系与强势群体复杂情感与不满的广大公众就会满怀正义的期待,伴随着激动的情绪,裹挟着愤怒与责难,让更危险的信息披露与质询快速而至,把一个原本没那么引人注目的事情迅速放大扩散,变成一个能引起众人广泛注目和兴趣,成为街谈巷议的公共事件和新闻话题。

资讯时代,媒体的扩散性会迅速调动和聚集起最大的社会力量和舆论压力,对被传播对象和当事人及其组织构成巨大的压力和威胁。如果应对疏导不当,就会形成真正的危机与风险,产生意想不到的严重后果。2011年,中国红十字会因为"郭美美事件"而引发的信任危机就是典型的案例。因此,在资讯时代,除了要对必要的公共信息进行披露和传播外,大家都要对媒体可能产生的扩散性威胁高度警觉和重视,尽快在科学、诚实而智慧的原则下应对疏导和传播。

（七）无形性（invisibility）

资讯时代，信息传播成为宝贵的资源，传播产生的无形价值在不断增长，开始逐步超过某些有形资产的价值。公众舆论与口碑成为一种巨大的财富、强大的力量和威力无比的武器。如果说一个地区、一个单位和一个人的声誉和口碑在传统社会十分重要的话，那么在资讯时代就显得更为性命攸关。因为，媒体传播的信息会直接导致成千上万的受众高度关注并密切聚焦一个人、一个单位、一个企业、一个地区乃至一个国家。这种高度"关注的力量"会严重影响大众对于该传播对象的态度、选择取向和行动，既是危险，又是机遇。

如果说，传统社会人们的口口相传以及传统媒体的威慑力与杀伤力相对有限的话，那么在资讯时代，大众传媒就能轻易在短时间内迅速调动起巨大的舆论力量和社会资源，对一个问题进行广泛的报道、深刻的分析，开展集群式的"轰炸"。我们如果不能及时、适当地应对和沟通疏导，多数传播对象都会在媒体"密集的炮火"中因难以招架而"伤痕累累"或"壮烈牺牲"。

笔者在全国领导干部培训的课堂做过多次调查。当问及对山西的印象时，学员们不假思索地就说出"矿难"、"黑砖窑"、"醋"、"乔家大院"等最显著的特征。说到安徽阜阳，人们会立即想起"问题奶粉"、"白宫事件"、"王怀中腐败案"等事例。当问及陕西时，他们又异口同声地说出对"兵马俑"、"肉夹馍"、"黄土高坡"、"延安"等已知的标志性记忆。当问到新疆时，他们马上想到了"乌鲁木齐7·5恐怖事件"、"天山"、"烤羊肉"、"达坂城"、"葡萄"、"哈密瓜"等他们对新疆的基本识别。提到上海时，会马上想到"外滩"、"南京路"、"东方明珠"、"世博会"以及"11·15静安区特大火灾"等标志性名称或事件。谈到浙江时，人们会马上想起"西湖"、"浙商"、"杭州飙车"、"钱江断桥"、"最美司机"吴斌等著名地标特色与典型事件和人物。提到美国，人们会立刻想起"好莱坞"、"纽约"、"华尔街"以及"9·11"等内容，而说到伊拉克或利比亚时，会立刻想到"萨达姆"、"自杀式爆炸"、"卡扎菲"等。说到日本，人们会立即想起"地震"、"海啸"、"核电站危机"以及"侵华却不认罪"等事实……这些能够瞬间在人们脑海中涌现出的印象就是这个地方的典型记忆,是这个地区的"名片"与口碑,也就是该地区的无形性资源。

据传播学者研究,"黑煤窑事件"和"大头娃娃奶粉事件"对山西和安徽阜阳的声誉都影响很大,需要经过至少三年到五年才能恢复。而且这种恢复不能自动进行,需要有新的良性信息(好消息)来替代冲刷掉过去的负面信息(坏消息),"将功补过"才有可能让人们改变看法,对其产生新的印象。

因此,传播时代的无形性特点告诉我们,全国各地,特别是那些过去有较多负面信息、出过不少事故的地区,要尽快整顿社会环境和市场环境,在安全生产、防灾减灾、社会管理等方面有实质性的突破。同时,在科学发展观的指导下,加大经济与社会的协调发展,大力促进社会和谐、生态文明的建设,营造新的传播亮点,新的良性的替代信息,让全国乃至全世界人民"刮目相看",产生新的美好印象。

(八)同质性(homogeneity)

网络与传媒在源源不断地传播全球各地的信息,不知疲倦地"教导"传授着各种理念,引导和诱惑人们学习和借鉴他人的观念与生活方式。从传播的角度分析,如果在国内外媒体上进行良性、强势而持续的信息传播,就会影响他人的思维和观念,增加自己的同质性;如果在传播中没有自己的声音或者声音很弱,我们就会成为别人传播信息的使用者、消费者乃至羡慕者,别人传播的信息就会影响我们的思维和观念。

从本质上看,善于开展必要的信息传播就是展现传播者的实力和魅力,悄然改变信息接收者的思想观念和行为,默默地实现传播者的目标和意图,以达到思想共识或行为同化的目的。这就是资讯时代一个国家或地区,一个单位或个人软实力的博弈和较量,也是一种综合实力的重要体现。因此,从这个意义上看,传播就是软实力的构建,资讯时代的传播本身就是生产力。

美国哈佛大学肯尼迪政府学院著名教授约瑟夫·奈在其名著《软实力:世界政治中的制胜之道》(*Soft Power:The Means to Success in World Politics*)一书中指出,一个国家的综合国力,既包括由经济、科技、军事实力等所体现出来的"硬实力",也包括以文化和价值观念、社会制度、发展模式、生活方式、意识形态等的吸引力所体现出来的"软实力"。软实力虽然没有硬实力那样明显和直接的力量，但具有更加持久的渗透力和影响力。

　　他认为，一个国家的软实力主要存在于三种资源中：第一，它的文化，即对其他国家和人民具有吸引力的文化；第二，它的政治价值观，特别是当这个国家在国内外努力实践这些价值观时；第三，它的外交政策，但这些外交政策需要被认为是合法且具有道德权威的。

　　本书作者与访问中国浦东干部学院教学实验中心的美国哈佛大学肯尼迪政府学院原院长、"软实力"理论的创始人约瑟夫·奈教授在一起。　（摄影：陈浩）

　　笔者在多个干部培训的班上对于软实力的资源和载体及其影响进行了调查。例如，当问到"你吃过肯德基或麦当劳没有？"他们有的说吃过，有的说没吃过。而当问及他们"你们的家属，尤其是孩子吃过没有？"时，他们几乎没有人说"没有"。第二个问题是"你喝过可乐没有"，得到的基本是类似的答复。而当问他们最后一个问题，即"你看过美国的大片没有"时，几乎所有人都看过。

这就是美国文化。美国文化被镶嵌在麦当劳、肯德基、可乐和星巴克咖啡那样的食品和饮料里,渗透在 CNN、HBO、Time、Fortune、America Online 等电视、报纸、书刊和网络里,贯穿在《拯救大兵瑞恩》那样壮观、惊险而刺激的大片以及《阿凡达》那美轮美奂的画面中,融会在席琳·迪昂《泰坦尼克号》的电影插曲《我心依旧》(*My heart will go on*)那优美的旋律中,变幻在例如《亨特》、《野战排》、《汽车人》、《星球大战》那样让人难忘的电视剧里。

美国是世界上最善于对外传播的国家,但它从不喊宣传口号,而是通过感人的故事情节和具有冲击力的画面巧妙地让宣传产生潜移默化、润物无声的效果和影响。因此,美国不仅是世界硬实力大国,也是全球最大的软实力强国。

资讯时代同质性的本质就是软实力的较量和文化的传播与博弈。而文化在人们感知中除了其原有的根基、历史厚度和普世实用性等优势外,其影响力与软实力均与传播密切相关。如果自己的文化和传播处于强势地位,其强势信息就会影响那些处于弱势地位,作为信息接收者的思维,使其产生潜移默化的信息冲击与观念改变。而处于弱势的传播者(更多时间是信息的接收者和使用者)只能被动地接收信息并受其影响。

资讯时代的同质性对全国领导干部的现实启示是,我们应深刻认识并领会当今资讯时代的本质特性,进一步解放思想,深入挖掘与整合自己的各类优势资源,在善治的同时重视本地区、部门以及整个国家的对外传播,增加本单位、本地区在国内的传播量、知晓度和美誉度;在国际上扩大我国对外传播的声音和影响力,努力构建我国在全球以中华传统文化精华为核心和特色,以西方文化为重要补充,以中国新文化产品为载体的中华文化软实力。

第二节　资讯时代对行政的影响

一、资讯时代的综合影响

人类进入资讯时代,在享受信息和资讯的自由与便利的同时,也在经济、政治、文化与社会生活等各个方面受到资讯的强烈冲击。资讯时代对于人类的生产方式、管理方式与生活方式都产生着越来越重要而深远的影响。

（一）对生产方式的影响

从工业革命开始，人类总共经历了四次科学技术的革命。第一次科技革命起源于18世纪的工业革命，其标志是在牛顿力学和热力学基础上发展起来的蒸汽技术及其广泛的应用。第二次科技革命是19世纪70年代以电力的应用为标志的新技术，带动了电机、电讯及汽车等一系列新技术的出现和广泛应用。第三次科技革命是20世纪40至50年代开始的在原子能、电子计算机、微电子技术、航天技术、分子生物学和遗传工程等领域取得的重大突破。第四次科技革命则是21世纪在外太空探索方面的重大突破。

一般来说，把20世纪40至50年代的第三次技术革命叫做新技术革命，其主要标志是原子能、电子计算机和空间技术的诞生，其中计算机技术开辟了人类智力的新纪元。从20世纪70年代开始，新技术革命进入全面发展的新阶段，其主要标志是信息高速公路，即网络技术的普遍运用。网络是现代通信的新方式。从技术角度来看，网络由计算机技术与光纤通信技术等结合而成。信息技术是新技术革命的重要标志。以微电子技术为基础的计算机技术与光纤通信技术结合在一起，形成了新技术革命的核心，它目前是新技术革命的主导技术。

技术革命是人类改造世界技术手段的巨大变革，是旧技术体系的扬弃与新技术体系的确立，实质上是不同历史时期起主导作用的技术以及以主导技术为核心的技术群的更迭变化过程。因此，如果把前两次技术革命依次称为"蒸汽技术革命"和"电力技术革命"的话，那么这场新技术革命就可以被称为"信息技术革命"。

信息技术革命对人类的生产方式产生了重要影响，它不仅让人类从过去繁重的劳动中解脱出来，让机器和电力代替人们的手工劳动和生产，做到了人类"身体的延伸"，更重要的是通过信息技术在生产环节中的广泛应用，革命性地代替了人类的智力，对整个生产流程和工艺进行科学而有效的管理，做到了人类"智能的延伸"，同时，这种管理的智能化程度与精确度是过去人类手工操作机器根本无法实现的。因此，信息技术在人类生产中的运用，大大推进了人类智力的应用与发展，同时也实现并加速了人类智能在生产中的广泛延伸与不断深化。

（二）对管理方式的影响

信息技术在人类的管理领域发挥着越来越重要而独特的作用。作为人类"智能的延伸"，信息技术在生产管理上广泛整合了各类生产资源，极大地提高了生产效率，保证了高科技、高性能产品的质量和精准度，把人类的生产方式推向了一个全新的阶段。

在行政管理领域，信息技术深入到了政府管理的许多方面，提高了政府办公自动化、政务公开、公共服务的水平。同时，在社会管理和家庭管理上，信息技术都扮演着不可或缺的重要角色。信息在金融、经济、贸易等各行各业的广泛使用，也大大提高了其管理的绩效。例如，银行卡使用的前提条件就是信息技术的运用，金融机构以及 Visa、MasterCard 和银联等金融消费平台建设了一个覆盖全球的计算机网络，并对每个持卡客户的信息进行管理，这样才能保证我们手持一张信用卡可以走遍全球，在世界各国能够自由地刷卡消费。

总之，21 世纪的人类社会似乎已经处在了信息技术的严密"监管"之下。我们每个人的身份证件、银行卡、无线通讯、个人档案以及社会保障信息等都在计算机的管理和掌控之中。人类的各种文献档案、历史资料都已经进入了信息管理的范畴，人类已经进入了一个信息管理的时代，并且正在向该领域不断深入。

（三）对生活方式的影响

美国著名未来学家阿尔温·托夫勒曾经预言，"电脑网络的建立与普及将彻底改变人类生存及生活的模式，而控制与掌握网络的人就是人类未来命运的主宰。谁掌握了信息，控制了网络，谁就将拥有整个世界。"21 世纪是新经济的信息化时代，信息技术通过信息交换网络渗透到社会各个领域，将导致社会资源的配置方式、企业生产及管理方式的重大变革。

我们的购物方式经历了从商店到现代超市的转变，信息技术在其中发挥了核心作用。我们可以看到，自己所选择的每一个商品上都有条形码，当我们推着满满一车商品到超市出口结账的时候，电子扫描器会迅速地扫描每一件商品的条形码，瞬间计算出所有商品的价格，并很快打印出一个明细的购单。当然,这时使用银行卡付款就更加方便。当我们走进任何一家正规的图书馆,那浩若烟海的资料和图书都逐一进行了计算机信息管理。要选择相关领域的图书需要在计算机上查询,要知道每一本图书存放的位置需要通过计算机查询,要借出任何一本图书也要通过计算机记录和管理。

今天,人类的生活似乎都处在信息技术的影响之下。无论是乘坐飞机、火车、轮船还是汽车旅游出行,无论是下榻宾馆、用餐、购物还是锻炼、娱乐……这个世界的绝大多数都市和旅游点都处在计算机网络的联系与管理中。全世界几乎所有的机关、学校、厂矿、住宅、机场、车站、码头、商场超市、影剧院、餐厅、图书馆、博物馆等都有计算机和信息技术的身影和踪迹。除了遥远的农牧区和山区还存在原始的生产、生活与管理方式外,在这个世界上绝大部分人口聚居的地方几乎很难找到没有被计算机管理的领域,我们人类已经处在了被信息技术广泛覆盖的严密管理之中,人类对计算机技术的依赖也发展到了前所未有的程度。

二、资讯时代的"蝴蝶效应"

(一)"蝴蝶效应"及其影响

"蝴蝶效应"(butterfly effect)是"混沌理论之父"、美国知名数学家与气象学家、麻省理工学院洛伦茨①教授提出的理论。他认为,在混沌理论中,初始条件的微小变化会引起系统的变化,导致后续长久而巨大的连锁反应。该理论最先被广为认知的是 1972 年他提出的"蝴蝶效应"理论。他认为,一只蝴蝶在巴西拍拍翅膀,会使更多的蝴蝶跟着一起振翅,最后将有无

---

① 艾德华·诺顿·洛伦茨(Edward Norton Lorenz),1917 年 5 月生于美国康涅狄格州哈特福德,自幼喜爱科学,毕业于达特毛斯学院和哈佛大学。二战期间,他作为气象预报员曾在美国陆军航空兵团服役,战后获得气象学硕士和博士学位,后任教于美国麻省理工学院。1963 年提出"混沌理论",1973 年因提出"蝴蝶效应"而知名。"混沌理论"的主要精神是,在一个混沌系统中,初始条件的微小变化,可能导致后续巨大而长期的连锁反应。它是一种兼具质性思考与量化分析的方法,用以探讨动态系统中(如人口、气象变化、化学反应、社会行为等)无法用单一的数据关系判定,而必须要用整体、连续的数据关系才能加以解释及预测的行为。1973 年他获得西蒙斯纪念金奖,1983 年获得有生态学"诺贝尔奖"之称的克拉夫奖,1991 年获得京都奖。评委会称他的"混沌理论"是"继牛顿之后,为人类自然观带来最为戏剧性改变的理论"。洛伦茨先生于 2008 年 4 月 16 日辞世,享年 90 岁。资料来源:百度百科 http://baike.baidu.com/view/1534678.htm。

数的蝴蝶都跟随那只蝴蝶挥动翅膀,结果可能导致一个月后在美国的德克萨斯州发生一场龙卷风。

"混沌理论之父",艾德华·诺顿·洛伦茨(Edward Norton Lorenz)教授

"蝴蝶效应"理论的宗旨是希望说明两个问题,即任何一个微小的初始条件的变化,都有可能引起整个系统的变化,从而导致未来一系列的后果。另外一个启示就是,我们的世界是一个广泛而紧密联系的整体,不能孤立地看待这个世界,不能孤立地判断事物并孤立地作出决策,在媒体信息传播与主导的资讯时代尤其如此。

"蝴蝶效应"不仅是系统论还是因果论。自然界以及社会的任何事物都有因果联系,种下什么因就会产生什么果。在自然界中,如果不重视环保,不顺应自然规律,过度开发攫取资源就会导致环境破坏、气候变化,最后危及人类自身。在社会中如果不建立和完善科学合理的体制机制,构建正义、平等、博爱的文化氛围,就会导致越来越多的社会矛盾和社会问题,影响社会的安定,危及政权。因此,人们需要追寻真理,多种善因,实行善治,常常反省悔改,方可避免将来的审判和惩罚,以收获更多的善果。

一位伟人曾经说过,"敌人一天天地垮下去,人民就一天天地好起来。"这句话用在战争年代很合适,但要放在21世纪全球化与资讯时代的今天就需要重新诠释。中国已经加入了WTO,成为全球第二大经济体。我们无论与欧盟、美国、东盟还是日本的贸易额都在不断上升,彼此成为重要的经贸伙伴,世界与中国彼此之间经济和市场的依赖程度已经大大提高。无论我们是否已经准备好,是否情愿,这个世界都在悄然地发生着改变,已经不知不觉紧密地联系在了一起,对于外部世界的依赖已经成为我们生活的特点。

就在几年前全球刮起"中国制造问题"旋风的同时,美国的许多家庭还因不能用上性价比很高的中国产品而出现了家庭预算的超支,孩子们抱怨不能享用中国玩具。由于不能使用足够的中国产品,美国人的生活以及美国的经济也同样受到影响。因此,对于中国崛起和发展的许多无理质疑和责难不仅不会改变一些西方国家自身的困境,反而还会影响全球经济的稳定与发展。

据新华社 2011 年 1 月 14 日华盛顿电,美国财政部长盖特纳 1 月 14 日表示,美国对中国出口有望在未来四年至五年内翻一番,约在 10 年后,中国有可能成为美国第一大贸易伙伴。盖特纳 14 日在白宫举办的新闻发布会上指出,美国当前对华出口的增速约为美国对其他市场出口增速的两倍。"我们要理解,这是很重要的一点,中美紧密的经贸关系对于美国意味着巨大的经济利益",盖特纳说。中美两国目前互为第二大贸易伙伴。美国商务部前部长骆家辉 13 日也在华盛顿表示,美国欢迎中国经济快速发展,这不仅对中国自身有利,对美国企业和全球经济也有利。[①] 在全球化时代经贸等关系如此紧密的情况下,中美两国之间已经紧密地联系在了一起,需要共同合作,彼此协商才会和谐发展。

综上所述,在 21 世纪的资讯时代,交通、通讯、传媒、跨国经济与文化的飞速发展与相互交融,已经把全世界紧密地联系在了一起。今天的世界已经是"你中有我,我中有你",成为一个密不可分的整体,那就是"我们"。人类都在全球这个大体系的脉搏上跳动,世界上无论什么风吹草动,都会关联四面八方,祸福波及邻里,不是荣辱与共,就是此消彼长。"一荣俱荣,一损俱损"更成为全球化时代全世界各国人民合作与发展的新法则与各国精英阶层需要达成的共识。因此,21 世纪的领导力与发展更需要超乎寻常的智慧。

当今世界的发展不仅验证了英国首相丘吉尔"一个国家既没有永恒的朋友,也没有永恒的敌人,只有永恒的利益"的那句名言,还更多地表现出了密切联系、荣辱与共的关联命运。在现在的国际关系中,即便是一方倒下或遭受重创,对于另一方来说也绝非是什么福音。倒下那方因为倒下产生的"蝴蝶效应"将会波及对方和其他方,出现"一人感冒,大家都吃药"的共

---

① "美财长:10 年后中国将成美国最大贸易伙伴",新华网浙江频道,见 http://www. zj. xin-huanet. com/website/2011−01/17/content_21879985. htm.

苦情形。

当今的人类普遍需要解放思想,增长智慧,学会通过合作与创新来共同做大蛋糕,让大家都获得必要的供应,最后通过协商解决冲突和问题,而不是一味遵循"丛林法则"去抢夺蛋糕。因此,在一个大家都面临威胁,需要对方的时代,谁也没有必要面对他人的苦难幸灾乐祸,人类已经到了必须团结起来应对全球危机与共同挑战的新时代。

(二)"蝴蝶效应"在我国的现实表现

"蝴蝶效应"在我国"运动式"的行政中普遍存在,例子比比皆是。例如,在人口问题上,我国著名人口学家、北京大学校长马寅初先生[①]在1957年7月5日全国反右派运动迅猛开展的时候发表了他的《新人口论》。其主要观点为:我国人口增长太快,但我国资金积累不够快。我们不但要积累资金而且要加速积累资金,因此早就应该控制人口。马尔萨斯的人口论是错误的,但马寅初的人口理论在立场上和马尔萨斯是不同的,从工业原料方面着想亦非控制人口不可,为促进科学研究亦非控制人口不可,就粮食而论

---

① 马寅初(1882—1982年),汉族,浙江绍兴嵊县(今嵊州市)人,中国当代经济学家、教育学家、人口学家。新中国成立后,他曾担任中央财经委员会副主任、华东军政委员会副主任、北京大学校长等职。1957年因发表"新人口论"学说而被打成右派,党的十一届三中全会后得以平反。他一生专著颇丰,特别对中国的经济、教育、人口等方面有很大的贡献。早在20世纪50年代初,他就注意并开始研究中国人口增长过快的实际问题。在著名的《新人口论》中,较系统地论述了中国的人口问题。提出了"我国人口增长过快"的命题,认为1953—1957年,中国人口很可能已超过1953年人口普查得出的年增殖率为20‰的结果。如果按1953年统计的20‰的增殖率估算,"三十年后同实际的人口数字一比,就会差之毫厘而失之千里了",并分别从加速积累资金、提高科学技术、提高劳动生产率和人民的物质文化水平以及增加工业原料等方面,对控制人口的必要性、迫切性进行了论述:1.人口增长与资金积累的矛盾。他认为,因为中国人口多、消费大,所以积累少,只有把人口控制起来,使消费比例降低,才能多积累资金。2.搞社会主义,就必须提高劳动生产率,多搞大工业,搞农业电气化、机械化,然而,为安排好多人就业,就不得不搞中小型工业,农业搞低效率劳动,实际上是拖住了高速度工业化的后腿。3.和工业原料的矛盾。大办轻工业可以有效地积累资金,但是轻工业原料大多数来自农业。由于人口多、粮食紧张,就腾不出多少地种诸如棉花、蚕桑、大豆、花生等经济作物。同时,也由于农产品出口受到限制,就不能进口很多的重工业成套设备,影响了重工业的发展。4.全国人均不到3亩耕地,大面积垦荒短期内又做不到,"就粮食而论,亦非控制人口不可"。他尖锐地指出,控制人口实属刻不容缓,不然的话,日后的问题益形棘手,愈难解决。政府对人口若再不设法控制,难免农民把一切恩德变为失望与不满。他提出了定期举行人口普查,把人口增长纳入第二个、第三个五年计划的建议。资料来源:百度百科http://baike.baidu.com/view/33641.htm。

亦非控制人口不可。

中国当代著名经济学家、教育学家、人口学家马寅初先生

图片资料来源:百度百科 http://baike.baidu.com/view/33641.htm。

马寅初在《新人口论》中指出,人口多、资金少是我国一个很严重的矛盾。新中国成立以来,我国人口增长率为 20%,以此推算,50 年后我国人口将达到 16 亿。他说,"人多固然是一个极大的资源,但也是一个极大的负担。"要保住这个大资源,去掉这个大负担,办法是提高人口质量,控制人口数量。

他根据自己的"新人口理论"提出了三点建议:第一,建议在 1958 年至迟在 1963 年进行普选时再进行一次人口普查,使我们可以知道这 5 年中或这 10 年中我国人口增长的实际情况。接着认真举办人口动态统计,在这个基础上来确定人口政策,把人口增长的数字纳入第二个或第三个五年计划之中,使以后计划的准确性可以逐步提高。第二,要节制生育,控制人口,第一步要依靠普遍宣传,使广大群众都知道节育的重要性,并能实际应用节育的方法,一面大力宣传早婚的害处,迟婚的好处。如果控制人口的力量还不够大,自应辅之以更严厉更有效的行政力量。国家理应有干涉生育、控制人口之权。第三,实行计划生育是控制人口最好最有效的办法,最重要的是普遍宣传避孕。这就是马寅初先生"新人口论"的主要内容。

但是,在那个阶级斗争为纲的年代,受到极"左"思想影响的决策者不但没有虚心听取他的建议,还无知地把他打成右派,结果导致严重后果,出现"批错一个人,多增了三个亿"的"蝴蝶效应",在20世纪50、60年代人口增长过快,一家生三到四个孩子,中国人口迅速膨胀。后来,无情的事实证明了他《新人口论》的正确性。国家根据他的"新人口理论"在全国推行计划生育政策,被迫采取更加严厉的人口控制措施,每个家庭只允许生一胎,中国的"独生子女"阶层就此产生。独生子女问题给中国社会带来的深远的综合影响尚未充分显现。

"蝴蝶效应"在我们的行政考核中也十分突出。过去,我们完全按照一个地区GDP的增长幅度来考核官员,作为最主要的"政绩"确定其升迁沉浮,从而引发了全国各地领导干部单纯追求GDP高增长的风潮,造成了巨额资源的浪费以及严重的环境污染。许多领导干部为了突现"政绩",大搞"面子"工程,把钱花在地面上,建高楼、修公园,但是对于城市发展中十分重要的地下管网、交通等基础设施的建设则是敷衍了事,结果在天气灾害异常的环境中频现城市的脆弱与危机,让老百姓苦不堪言。2011年夏季,武汉等城市频繁出现的水患就是一例。

在资源高度紧缺、环境严重污染、全球不断变暖、气候异常因素增加的今天,作为领导者和决策者,必须要首先警觉并认识到全面发展、和谐发展与科学发展的必要性和重要性。党的十七大把科学发展观写进了党章,作为今后指导中国经济、政治、文化与社会全面协调与可持续发展的方针。

(三)媒体传播中的"蝴蝶效应"

1. 媒体报道引发市场波动。资讯时代全球信息传播的实践反复证明,媒体对地区冲突、企业或社会危机的报道常常会引发市场价格的波动。例如,每次的中东局势紧张都会从侧面引发世界石油价格的上升,而当每次中东地区露出一丝和平的曙光,世界石油价格就会回暖。2011年,利比亚危机爆发后,世界石油价格猛烈上涨,后来本·拉登被美国特种部队击毙后,石油价格又开始下降。

在国内,中央政府的一项宏观调控措施出台,央行的任何一次加息减息都会引起国内外股市的震荡和变化,一个或几个大型国有企业的上市消息或者中央领导一个表态也同样会带动股市价格的上扬。

2.危机传播会引发社会恐慌。媒体对"非典"等传染性疾病的报道会引发人们心理的敏感变化,如果危机管理措施不当,舆论疏导不力,媒体的危机报道就会在无形中传播恐慌。

"非典"是中国危机管理与危机传播史上的标志性案例。据卫生部的官员透露,"非典"期间全国的死亡人数大约300多人(其中不少是受感染的在一线抢救的医护人员),从数量上还没有我国过去重大煤矿事故死亡的人数多。例如,2004年11月28日陕西铜川陈家山煤矿特大瓦斯爆炸事故一次就死亡矿工166人。2005年2月14日,辽宁阜新的孙家湾煤矿特大瓦斯爆炸死亡人数为214人。同年8月7日,广西新宁煤矿渗水事故死亡人数为123人。2007年12月5日,山西洪洞县煤矿爆炸死亡人数为105人。2009年11月21日,黑龙江龙煤集团鹤岗分公司新兴煤矿发生瓦斯爆炸,造成108人遇难。

尽管这些事故和死亡人数让人们触目惊心,但是从灾难事故与全国民众感受的距离和对全国大众的心理影响来看,"非典"却更胜一筹,在全国人民和全世界人民的心中留下了难以磨灭的印象。"非典"本身是一个人们过去从未认识的快速呼吸道传染性疾病,由于易于传染而且当时不知道如何治疗,它在人们心目中就产生了一个"快速传染性不治之症"的印象。加上各地添油加醋、煽情又不断演绎的人际传播以及新闻媒体的报道,更加剧了人们对这种疾病的恐惧。当时,一些境外媒体还对中国关于"非典"报道的不足提出了各种批评,随后,我们每天都会从中央电视台和各地方电视台以及全国各类媒体上看到关于"非典"的各种报道,尤其是全国人民抗击"非典"的种种感人故事。

媒体报道增加了人们对于"非典"的知识与防范意识,但同时也无奈地传播了恐慌,导致了全国异常萧条的景象。与此同时,据亚洲开发银行(Asian Development Bank)2003年初步统计,因受"非典"影响,全球在此期间经济总损失额达到590亿美元,其中中国内地经济的总损失额为179亿美元,占中国GDP的1.3%,中国香港经济的总损失额为120亿美元,占香港GDP的7.6%。另外一些专家估计,"非典"最终对全球及亚洲的经济影响远远超出了这些数字。

3. 媒体信息传播具有延伸性。以安徽阜阳、山西、贵州瓮安、江西宜黄等地为例，尽管"大头娃娃奶粉事件"、"王怀中腐败案"、"白宫事件"，山西的矿难与"黑砖窑"事件、贵州的"瓮安事件"以及江西的"宜黄拆迁自焚事件"等已经过去了不少年，但是全国人民只要一提到这几个地区，心中自然会想起那些危机事件。这就是媒体信息传播后的延伸效果所致。

如果没有新的良性的信息传播来"更新"和替代那些负面的信息，原来媒体传播信息的延伸性会持续扩展，负面信息的弥散效应会沉淀和持续很久。提到这些地区的名字，人们就会想起那些不好的事件，从而对以上地区产生诸多的不良印象，影响该地区经济与社会的全面发展。

因此，过去出现过危机事件的任何地区、组织乃至个人，都要学会在整顿和修正自己行为的同时，拿出良好的表现事实与证据，找准时机发动媒体进行良性的传播，开展"危机公关"，塑造新的形象。

4. 媒体的信息传播具有威慑性与杀伤力。近年来，我们不难发现，已经有不少官员因为言语不慎或行为不当，遭到媒体的批评报道而引咎辞职。例如，某官员问记者"你这次是为党说话还是为人民说话"而被记者原封不动地传播后遭舆论抨击而引咎辞职。有些官员对记者出言不逊而遭到媒体和网民的攻击。有些领导在盛怒之下命令公安局去抓记者或抓作家等，遭到了全国舆论的强烈谴责而辞职。有些官员是在一些事实真相不明确的情况下用领导干部的公信力和职位发誓而导致辞职。有些领导干部则是把新闻记者当作挚友无话不说，"掏心窝子"后遭受"背叛"而引咎辞职……近年来，因为媒体沟通的观念落后、媒体关系定位失当以及传播沟通方法欠妥等原因而辞职的官员比比皆是，令人痛心。

长期处在媒体传播"温室环境"中的中国领导干部，由于全民性媒体素养的缺乏，在突如其来的信息时代面前显得手足无措。他们对媒体舆论传播的威慑性与杀伤力缺乏足够认识，对于媒体沟通缺乏应有的经验、培训和锻炼，许多人在面对媒体时因为不恰当言行成为媒体舆论抨击与轰炸的牺牲者。

5. 对新媒体使用不当会侵犯人权。现在，许多网民把网络等新媒体当成了自己发泄私愤与对社会不满的战场，在网上论坛、博客等地肆意攻击谩骂传播对象,甚至对不少人进行"人肉搜索",致使许多被媒体曝光者和其家人处在巨大的惊恐之中。尽管民众对于贪官污吏、社会黑恶势力有着讨伐批评的权利和自由,但是从人道主义的角度观察,一些人云亦云,带着偏见与愤怒的舆论攻击谩骂与"集体舆论轰炸"行为会严重侵犯和损害人权,影响一个人的尊严和正常生活,不利于营造一个良好的舆论环境。

这里要提醒我们的领导干部:作为公众人物,需要以身作则,言行谨慎。在公众场合自己不仅代表个人和家庭,还无形中代表着党和政府的形象。如果言行不当,甚至是在犯错误后还抬出自己的政府部门和官位来对抗和减轻压力,让组织因为自己的言行而蒙羞,这样不仅于事无补,还会在"仇官仇富"的大社会心理背景下招致公众更大的舆论谴责,也会导致组织的无情惩罚和严厉制裁。

因此,了解资讯时代的"蝴蝶效应",会帮助我们的领导干部深刻认识当今全球化时代和资讯时代的主要特点,培养自己的前瞻性、规划性、系统性的思维和行动的能力,提高必要的媒体素养,在传播表达和行政工作中增加科学性与正确性。

三、资讯时代的领导力建设

资讯时代的到来,标志着信息传播的又一次巨大革命,也昭示着公共信息在更大范围、更广阔空间内自由流通和传播的必然趋势。因此,在公众对公共信息更加广泛自由流通的需求不断增长,对公共行政组织的监督力度不断提升,参与公共行政的积极性不断高涨的形势下,行政机构的开放度和透明度建设也被提上了重要的议事日程,全国所有的行政机构都面临着行政透明的压力和考验。

各级行政机构都必须下决心摒弃过去那一套在计划经济时代形成的封闭保守的心态,消除公共行政的神秘感和暗箱性,积极调整和转变行政观念,把理应属于公众知晓权范围内的公共信息定期向公众报告和公布。

要做到信息公开,不仅需要高度重视公共信息的传播,还要加强各地党政机构对外宣传办公室和新闻办公室的建设,在中央和地方的各级行政机构中普遍建立和完善信息发布制度和新闻发言人制度,认真贯彻落实国家的政府信息公开条例,做到有效行政、公开行政、透明行政、科学行政。

资讯时代信息的广泛传播,民众的充分交流,公共行政机构和行政领导都面临新的压力。在社会转型与变革的新时代,不仅要求我们的领导干部具有开放的心态、全球的视野、合作的理念,还需要他们具备必要的战略规划能力、指挥的沟通能力、科学的领导能力以及持续的开拓创新能力。

(一)开放的心态(Open Mindset)

资讯时代,人类的生产方式、管理方式与生活方式都发生着深刻的变化,不断深入的全球化与信息传播正在改变或者已经改变了世界固有的思维模式与发展格局。因此,人类必须要学会用新的思维、新的视野来看待当今世界的问题,并善于面对和处理业已存在和不断出现的许多新问题。要适应新时代新环境,除了需要诸多的智慧和努力之外,更需要具备开放的心态。

李源潮2008年春季在中国浦东干部学院举行的三所干部学院开学典礼上讲话时,号召全国的领导干部在以胡锦涛为总书记的党中央领导下,以科学发展观为指导,做"眼界宽、思路宽、胸襟宽"的"三宽型"领导,其用心良苦,意味深长。

中国正处于改革开放30年后经济高速增长,社会开始转型,各种利益多元化,各种矛盾不断凸显并纵横交织的时期。各级领导干部在这样一个社会矛盾增加、利益诉求多元、贫富分化加剧的形势下,在一个信息传播与公众舆论开始日益影响行政决策的资讯时代,过去那些已有的经验、知识、思维方式和领导管理方式已经远远不能适应当代社会快速转型及发展的要求。

当人类进入一个工业化和后工业化以及信息化、民主化与个性化等交织转型的变革时代,我们的领导干部在许多观念和方法上要不断地改革创新,对一些长期积弊、大家一直回避的敏感问题,要有足够的勇气进行结构性的矫正和改变。因此,各级领导必须要有更加开阔的眼界、开放的胸襟,在不断地总结和创新中谋求新的发展。

通过学习、调研、参观、考察和体验,可以比较有效地开阔眼界和思路,较为容易做到"眼界宽"与"思路宽",但是,最难做到的是"胸襟宽"。做到

"胸襟宽"不仅需要从我们不熟悉的西方文化的视角观察问题,更需要我们有足够的自省、自知、自纠和自我完善的开放意识、勇气和能力来改造我们不适应全球化和未来发展的文化传统与惯性思维的文化基因。

首先,领导干部要做到有"自知之明"。老子教导我们"知人者智,知己者明;胜人者有力,自胜者强"①。作为掌握着公权力并影响社会和他人发展与生活的领导干部,首先要开明地认识和发现自我的盲区和局限性,勇敢地向自己的弱点、狭隘性和局限性挑战,无情地割舍掉那些自己已经非常熟悉甚至是喜爱,但仍然有局限性的观念、思维方式和行为习惯,对自己进行"创新再造",以实现自我的超越与提升。

例如,要学会发扬民主,听取他人的意见和建议。要用听惯了奉承与赞扬的耳朵去专门接收一些不同的声音,尤其是批评和质疑的声音。从不同的侧面了解群众对一项行政决策的看法,让那些能说真话的人进入自己关心与重用的视野。学习容忍并开明地看待那些我们平时有些"看不惯"或者"不习惯"的干部。只要他们政治坚定、业务能力强、人品端正,能真正为民服务,无论我们自己是否喜欢或适应,都应该大胆地加以任用或提拔。因为,有时候我们这个"小我"喜欢的人并非一定是人民群众这个"大我"真正喜欢和需要的人。因此,要放弃"小我",尊重并选择"大我"。

在"胸襟宽"这一点上,我们应该学习我国古代大唐帝国的皇帝唐太宗李世民,他可以算作我国历史上最为开明和胸襟开阔的君主之一。众所周知,他提拔并重用敢于直谏的大臣魏征为相,而且魏征屡屡直言进谏,多次冒犯他本人,"触怒天颜",也使他多次"龙颜大怒"。但是,唐太宗毕竟是旷世明君,他心里十分明白,魏征是大唐帝国和他本人最忠心、最正直的股肱之臣,只有他敢于说真话,揭露问题,抨击时弊,告知真相。

一个国家必须要有足够的像魏征这样中正的人,一个国家领导人以及任何一位希望有作为的领导干部身边也都必须要有魏征那样十分珍贵的同事、下属作为"镜子",以便有机会随时随地全面审视自己,使自己能获得准确和真实的信息,及时了解社会情况和百姓的声音,防止社会危机的发生。

---

① 《道德经》第三十三章。

魏征的存在是一个奇迹,因为他有唐太宗这样一位贤明的君主和上司支持并欣赏他的直谏和有时候不太让人喜欢的忠诚。唐太宗和魏征的故事也作为我国古代贤明君主与忠臣的佳话与"兼听则明,偏听则暗"等名言警句一起被千古传诵。时至今日,他们的事迹仍然可以作为我们当代领导干部在开放胸襟、虚心听取不同意见方面参考和借鉴的榜样。

选拔和使用什么样的人才不仅反映出干部人事组织和主要领导干部的个人偏好,也可以看出他们的价值观、为人处世原则、道德水准和领导水平,并间接折射出一个政党和政权的价值取向、胸襟视野与综合能力。

(二)全球的视野(Global View)

当今世界,各国经济、政治、文化和社会生活之间的联系与交融日益普遍和紧密,全球化趋势不断加强。世界贸易组织(WTO)、世界卫生组织(WHO)、北美自由贸易区(NAFT)、欧盟(EU)、亚太经合组织(APEC)、奥林匹克、世界杯等各种经济、政治、文化体育组织的活动也加速了区域化和全球化的进程。

中国经济全球化的步伐在改革开放与发展中不断加快,中国经济与国际市场的关联性、互补性以及对国际市场的依赖性都在不断加强。在全球化背景下,任何经济、社会和文化行为都可能牵动世界的神经。因此,我们领导干部的视野不应该只局限在自己所在的地区和城市一隅,应该把目光放大投射到全国和世界范围,这样才能站得高,看得远。

我国北宋时期的大文学家苏轼在游览庐山后写的《题西林壁》中,谈到他观察庐山的感受是"横看成岭侧成峰,远近高低各不同",最后谈到原因时揭示了人们观察事物的哲理,"不识庐山真面目,只缘身在此山中。"领导干部也是普通的人,都有各自不同的局限和盲区,常常处在紧张繁忙的领导和行政事务中,如果不进行深入而全面的调研,不开放多个信息通道,就不会对社会这座庞大的"庐山"有多么深刻而全面的认知,常常不是"横看"就是"侧看",庐山的真正面目没有几个人能全面了解。

在新时代,要用全球的视野和发展眼光看待自己经济与社会的发展现状和问题,在"庐山之外"发现问题和差距,寻找解决的答案,在有限的环境中学会整合资源,集中智慧来为党和国家的发展服务,为具体的行政决策献计献策。这样,如果每个领导干部都做到了在行政中"介乎其中,超乎其外",跳出自己看自己,才可能有新的感悟和全面的认知,才会真正走出自己的盲区和局限,任用新人才,开启新思路,播下新种子,赢得新发展。

（三）合作的理念(Team Spirit)

我国的经济与社会发展受传统计划经济体制的影响,长期以来以行政区划来组合和分配公共资源,属于典型的行政性经济。各省、自治区、直辖市,及其内部大都各自为政,相互隔离,胶着地进行着内部有限的竞争,维护着各自的利益,而总体缺乏整合资源,跨地域合作发展并向海外拓展的大思路。不少的大型国有企业也面临同样的问题。地区隔离与内部狭隘和无序的竞争不仅阻碍了我国区域经济的发展和全国整体的平衡与进步,还因为内部不能有效地整合资源,凝聚力量,积极有效地开展国际合作与国际竞争而丧失了更大的机遇。在我国经济与社会发展极不平衡,需要科学发展的时代,加强地区和区域合作的意义重大而深远。

大合作就是要更加有效地整合物资、人才、资金、项目等各种资源,加强地区间资源和要素的流通与共享,做到全面科学而协调的发展。我国的长三角地区、珠三角地区、大渤海湾地区、中部地区、西部地区、东北等地区内部以及相互之间都需要从区域整体发展战略的视角入手,考虑更加有效地整合和配置资源,优势互补,兼顾全面与重点的原则,把中国的经济与社会发展推向一个新的阶段。长三角地区在此方面做了不少的有益尝试。例如,上海的公交一卡通可以在长三角不少地区通用,社会保障信息和资源开始共享,但是总体的区域协调尚处在初级阶段。

区域合作不仅要突破原有的思维习惯,还要适度打破原有的利益格局,从双赢或多赢的角度和目标出发,寻找更大的共同利益和长远利益。大家需要团结起来勇敢地做大蛋糕,而不是去拼抢和瓜分有限的蛋糕,用精诚协作的精神、新的机制和新的思维来创造新的利益增长点。在全国各地的大协作中,中央政府的协调以及各地政府的积极参与不仅十分重要,更是不可或缺。

合作理念体现在我国的日常行政管理中,就是要求我们国家机关部、委、办、局之间,中央和地方之间,以及每个单位的部门和领导干部之间都要加强协作,彼此沟通,形成团队合力,共同完成一个复杂的行政任务,实现更高的行政目标。长期以来,我们国家机关部门之间、各单位内部机构之间各自为政,单独行政,政出多门,使地方和基层无所适从,行政管理和危机管理都很难有效开展,严重影响整体的工作绩效。2008 年全国两会上决定实行大部制就是对这个各自为政,政出多门问题的有效矫正。由于国情、历史、部门利益以及整个行政体制改革的长期性和复杂性,这种局面在短时间内还难以完全改变,必须加紧改革。

(四)及时的沟通(Timely Communication)

尽管人类已经处在一个以信息传播与信息互动为主导的资讯时代,但是人类之间的沟通似乎并没有因为资讯传播的发达而有太大的改进,信息盲区始终存在。位于这个星球上不同地域的人们对于媒体信息的依赖正在加强。然而,由于自身体验和获取信息的局限性,人民群众对于他们不熟悉和不了解的国家、地区和民族会产生一些歪曲和误解。

2008 年北京奥运会火炬在全球传递中产生的许多不和谐声音和不愉快经历就是明证。正如外交部副部长、原中国驻英国大使傅莹女士在北京奥运会火炬伦敦传递结束后撰文所说,"像我这样身处中西方之间的人,不能不对中国和西方国家公众之间彼此印象向两个不同的方向下滑的趋势而深感忧虑。"她希望西方国家越来越多的人能够努力跨越语言和文化障碍,更多地了解中国。

当"藏独"分子在巴黎街头十分猖獗地抢夺坐在轮椅上的上海残疾姑娘金晶手中的火炬时,当法国的一位母亲在回答自己孩子"他们为什么要抢夺火炬"的问题告诉自己的孩子说"因为中国在 50 年前用武力夺走了他们的国家"时,我们为人类彼此的隔膜与不明事实真相而感到深深的叹息和悲哀。

许多西方国家的民众,甚至大多数议员都没有来过中国,他们心目中的中国不再是过去那个蒙昧落后的"东亚病夫",而是西方媒体报道的那个充满了饥荒、不公、专制与暴政的苏联式的"红色政权"。但对真正经历了 30 多年改革开放飞速发展,日益文明和进步的中国,他们却全然不知。

试想,处在事实与真相传播黑洞中的西方人又如何能够从类似 CNN 主持人卡弗蒂那对中国充满傲慢与偏见的恶毒谩骂声中去了解一个真实的中国呢？西方媒体对于"藏独"分子的袒护，对于拉萨"3·14暴力骚乱事件"和新疆"7·5暴力恐怖事件"的歪曲报道，除了说明其对于中国发展与进步心理失衡的傲慢与偏见之外，达赖集团和疆独分子多年在西方的成功游说与渗透性的宣传也"功不可没"。此外，西藏问题和新疆问题也特别折射出了我们在西藏和新疆的历史与发展上对外宣传及与西方社会沟通等方面的严重缺乏。

记得在美国好莱坞知名导演斯皮尔伯格辞去北京奥运会艺术顾问职务的第二天，美国总统布什就发表讲话说，他将亲自参加2008年的北京奥运会。当记者问他，斯皮尔伯格都辞去了职务，他为什么还要参加奥运会时，布什总统的回答让人印象深刻。他说，"斯皮尔伯格先生没有我有那么多的与中国沟通的渠道，我可以直接给胡锦涛主席通电话。"这就充分说明了沟通的必要性。

我们十分重视加强与西方政府的沟通。在江泽民主席担任国家领导人的时候就建立了与美国等国家元首的热线电话制度，我国与美国政府沟通的渠道更加通畅。但是，我们与美国和西方世界的民间以及其他领域的沟通依然严重缺乏。

美国国会议员中有不少人和众多的西方人一样，对中国的印象只是通过西方媒体等有限途径非全面传播而"偏听"来的信息。由于缺乏"兼听"的渠道，其偏见与成见就可想而知了。

当今世界的无数事实证明，人类资讯的发达与媒体传播的迅捷并不会绝对改善人类沟通不足的状况，尤其不能全面地展示人类社会发展与进步的全貌。既然媒体是人操作的，新闻是人采写的，人类的偏见就一定会折射到媒体传播本身。所有的媒体和人一样都有自己的意识形态和观点，都有自己的盲区与局限性，这也许就是资讯时代传播进步的困惑与误区所在。

如果媒体缺乏全面、客观公正的资讯，道听途说，再加上自己的传播偏好，就注定了会在新闻报道中携带并传播偏见。更何况，西方媒体为了满足讨好、争夺受众与广告商的需要，还要故意制造一些容易引起人们好奇与轰动的事件，甚至为了刺激公众，赢得关注而不惜窃听私人信息，造谣中伤。随着媒体竞争的加剧以及新闻道德的下滑，记者与媒体造假的例子不在少数。

人类沟通缺乏的严峻形势不仅表现在国际关系和国家交流上,同时也表现在我国的地区之间、行政部门之间、领导干部之间、干部与群众之间以及朋友或家人之间。沟通不足不仅是人类历史的缺陷,同时也遗憾地成为资讯时代的普遍现象和传播悖论。因此,我们需要开辟更多的对话与沟通的渠道,建立更加灵活的沟通对话机制,营造更加开放的沟通文化。让我们的家庭成员之间、同事之间、领导之间、领导与群众之间、单位之间、地区之间以及国家之间都不再有不必要的误解,或者把误会缩小到最低限度,让我们在沟通中理解,在沟通中宽容,在沟通中调整,在沟通中发展。正如约瑟夫·奈教授 2010 年应邀到中国浦东干部学院讲学时所说,愿景(Vision)、情商(Emotional Quotient)与沟通(Communication)是 21 世纪领导干部最需要的三大能力。

(五)综合的能力(Comprehensive Ability)

当今时代,单一性的领导干部面临严峻挑战。由于经济、社会、文化发展的复杂性、多元性与交互性,只具备某单一领域知识、经验和能力,或者是性格过于单一或有缺陷的领导干部很难适应全球化、信息化以及转型时代领导形势的发展,无法满足复杂领导环境的需要。

例如,只懂技术的领导干部倾向于技术化,只懂经济的干部侧重 GDP,而这两种领导干部往往不会对社会和文化建设有足够的重视。文科背景的领导干部不善于搞经济和科技,理工科出身的领导不重视文化建设与文化改造。学者型的领导有时候书生气太重,缺乏对政界官场世故人情的谙熟与把握,忽视员工的福利,由于理想主义倾向明显,常常会在复杂的政界受挫。那些熟悉并推崇传统文化的领导往往过度沉溺在狭义国学的思维中,陶醉于悠久的历史文化,容易忽视对西方文明的了解,容易出现狭隘的民族主义和封闭保守倾向。那些单纯受西方文化影响的人又对中国的复杂国情与历史文化缺乏深刻的了解,容易过度崇拜西方。北方地区出身的领导总体为人办事大度爽气,但却可能陷入粗糙与固执;南方文化背景出身的领导轻巧、细致、认真,但性格中容易欠缺必要的爽朗、大度、开明和宽容……

因此,当今时代,我们需要一种在认知经验、观念思路、学识能力以及气质性格上能够兼顾传统与现代,融合东方与西方,学术与实践经验并重,在性格上刚柔相济,威信与情商并存,理想与现实结合的复合型领导。这不是对领导干部理想主义的苛求,而是社会现实对领导干部复合型能力的需要。要达到这个目标,除了领导干部自身的开明、开放和不断的学习之外,组织上的工作岗位调换,公务员在不同地域的轮岗,全方位的培训等都是改进与改善的方法。

21 世纪的领导干部不仅要具备经济发展的能力,社会管理的能力,危机管理的能力,还需要具备文化建设的能力,媒体沟通的能力以及对外交往的能力。在自己熟悉的专业领域之外,还要学习国内外的经济、政治、科技、社会、军事、文化、外交、审美等知识,丰富经验,做到专兼结合,对必需的领域都通晓理念,学会统筹兼顾,以适应新时代综合领导力的需要。

（六）不断的学习创新（Continuous Learning and Innovation）

21 世纪不仅是一个知识经济的时代,也是一个社会观念和社会结构不断变化、发展与转型的时代。在这个时代,新问题层出不穷,各种利益与矛盾纵横交织,各种不确定因素增多,传统与非传统威胁加大,危机事件频发,即使过去有着很丰富经验的领导者,都不可能在这个剧烈变化和转型的社会面前完全应对自如。因此,当今社会的领导干部,在面对新形势、新矛盾与新问题时,需要有新思路、新观念、新知识、新能力和新方法来应对和处理。因而,持续不断的学习和创新就显得十分必要。

这里的学习不仅包括通过高校、干部教育机构授课、培训等形式的传统学习,还包括向专家请教,通过设立专门的咨询顾问机构,组织研讨会,深入基层调研,到国内外参观考察以及通过多媒体等途径进行全方位的学习。此外,除了学习,还要创新。社会转型与社会变革中出现的诸多新问题、新矛盾用以往的观念和体制无法解决,需要新思路、新观念、新机制和新方法来解决,以适应未来社会的发展需求。因此,面对21世纪中国社会的转型,无论是我们的文化观念和结构、党的领导、政府行政,还是人大的立法监督和政协的参政议政都需要适应新形势,不断地改革创新,以适应未来中国社会长治久安与繁荣发展的要求。

当前,各级领导干部要重点学习战略管理、经济管理、城乡规划管理以及社会管理等知识和经验,培养对外交流与跨文化沟通的能力,锻炼媒体沟通和行政传播的能力,学习和演练危机管理的能力,学会危机公关与危机传播。领导干部要特别学习和提高自己在新形势下的战略管理、人力资源管理及领导科学发展的能力,善于调动最有效、潜力最大的人力资源,通过科学的制度建设和文化建设来完成行政目标,保证国家的科学发展与可持续发展。

第三节　公共行政及其新发展

一、公共行政的概念

（一）行政的内涵

要理解行政,需要首先了解政治。政治和行政都是国家诞生后的产物,属于同一历史范畴,但长期以来彼此没有明确的界限。随着近代资本主义国家的产生以及政府职能的细分,二者的区分才逐渐明确。

政治中的"治"就包括了行政的含义。美国行政学家,第 28 任总统伍德罗·威尔逊认为,政治是立法团体和其他政策制定团体的专有活动,行政是行政官员执行法律和政策的专有活动。美国行政学家和法学家弗兰克·古德诺指出,"在所有的执政体制中,都存在着两种基本的政府功能,即国家意志的表达功能和国家意志的执行功能。"因此,"国家意志的表达就是政治,国家意志的执行就是行政"便成为区别政治和行政的普遍观点。

行政有广义和狭义之分,广义的行政包括国家机关与非国家机关,如企事业单位、社会团体乃至私人组织中的计划、决策、协调、人事、后勤事务等管理活动;狭义的行政特指政府机关执行的任务和进行的活动。

除了私人组织中的私人行政之外,行政最大、最普遍的特点就是其公共性,因此,我们通常把一般意义上的行政叫做公共行政。由于公共行政的主要职责就是对政府组织和非政府组织的管理,因此,公共行政也叫做公共管理(Public Administration)。

在剑桥辞典中,公共行政被定义为"通过运用管理、行政和法律的理论及实践,以完成为社会整体及各社会领域提供立法、行政和司法服务的行为。它强调宪法、公共利益、市场以及主权四个要素"。我国的权威公共行政管理教材《行政管理学》把公共行政定义为"国家权力机关的执行机关,依法管理国家事务、社会公共事务和机关内部事务的活动,是一种以国家权力为后盾和依据、行使国家政权的一种公共管理"①。

在西方国家,国家权力分为立法权、行政权和司法权,分别由议会、政府和法院独立行使,从而形成了"三权分立"的普遍民主政治体系。在我国,全国人民代表大会是最高国家权力机关,行使立法权;国务院和地方各级人民政府行使行政权;审判机关和检察机关行使司法权。我国的国家行政机关、审判机关和检察机关由人民代表大会产生,并对人民代表大会负责,接受人民代表大会的监督。由此可见,在承认国家权力统一性的前提下,立法、司法和行政是一个国家权力的三大系统,行政是有别于立法和司法的一种国家权力。②

(二)行政的本质

英国政治思想家托马斯·霍布斯③与约翰·洛克④在 17 世纪和 18 世纪就对国家和政府的起源及作用进行了精辟的论述。霍布斯认为,人类虽然在拥有平等和自由的"自然法则"状态下可能实现和平与幸福,但是因为人自私的本性和利益冲突会产生矛盾与斗争,破坏自然法的状态,加之人类感情的作用大于理性的作用,人人都想攫取更大的权力以保存自己,真正的和平难以实现。因此,他主张必须有一个大于一切个人权力的公共权力作自然法的后盾,这样才能震慑住人们无限的欲望,使人们的安全得到保障。

---

①　夏书章主编:《行政管理学》,高等教育出版社 2006 年版,第 2 页。

②　参见夏书章主编:《行政管理学》,高等教育出版社 2006 年版,第 5 页。

③　托马斯·霍布斯(Thomas Hobbes)(1588—1679 年),是英国的政治思想家、哲学家,自然法和社会契约论的创始人之一。他在 1651 年所著的《利维坦》为西方的政治哲学发展奠定了基础。霍布斯认为,人性的行为都是出于自私的,这也成为哲学人类学研究的重要理论。资料来源:维基百科 http://zh.wikipedia.org/wiki。

④　约翰·洛克(John Locke,1632—1704 年),英国哲学家。在知识论上,洛克与大卫·休谟、乔治·贝克莱三人被列为英国经验主义的代表人物,但他在社会契约理论上作出了重要贡献。他发展出了一套与托马斯·霍布斯的自然状态(state of nature)不同的理论,主张政府只有在取得被统治者的同意,并且保障人民拥有生命、自由和财产的自然权利时,其统治才有正当性。洛克相信只有在取得被统治者的同意时,社会契约才会成立,如果缺乏了这种同意,那么人民便有推翻政府的权利。洛克的思想对于后代政治哲学的发展产生巨大影响,并且被广泛视为启蒙时代最具影响力的思想家和自由主义者。他的著作影响了伏尔泰和卢梭,以及许多苏格兰启蒙运动的思想家和美国开国元勋,他的理论被反映在美国的独立宣言上。洛克的精神哲学理论通常被视为现代哲学中"本体"以及自我理论的奠基者,影响了后来大卫·休谟、让·雅各·卢梭与伊曼努尔·康德等人的著作。资料来源:维基百科 http://zh.wikipedia.org/wiki。

这个公共权力就是国家。

霍布斯把《圣经》中的一种巨大的海兽"利维坦"作为他的书名,表明他要求国家用强力来制止"内乱",维护和平的态度。霍布斯认为国家是契约的产物。人们为了摆脱不安全的"自然状态",彼此共同约定,大家放弃自己的一些权力并把它交给一个人或者一些人组成的会议,使他们担当起大家的人格,并且承认他们在公共和平与安全等事务方面所作的一切都经过了大家同意。这样,公共权力和国家就建立起来了。①

约翰·洛克也认为,人们为了克服自然状态的缺陷,更好地保护他们的人身和财产安全,便相互订立契约,自愿放弃自己惩罚他人的权利,将其交给被指定的人,按照社会团体成员或他们授权的代表所一直同意的规定来行使。这样,国家就成立了。"这就是立法和行政权力的原始权力以及这两者之所以产生的缘由,政府和社会本身的起源也在于此。"②

与霍布斯的社会契约论不同,洛克认为,不仅是生命权,自由和财产权也是在订立契约时不可放弃和转让的权利;人们在订立契约时交出的只是保护自己不受他人侵犯的权利,而不是任意伤害他人的权利;被授予权力的人也是契约的参加者,必须受到契约的限制,按照社会成员的委托来行使权力。洛克指出,"国家即政府权力的性质不是,并且也不能是专断的,而是保护人民的。"③

马克思主义的观点认为,政治和行政都是建立在一定经济基础之上的上层建筑。政治的实质是阶级之间的关系,其核心是国家政权。行政是以国家政权为后盾,维护和巩固国家政权的力量。政治主导行政,行政应该从属于政治,行政的目标、职能、行为和活动都不同程度地、直接或间接地具有政治的属性。④

无论从行政的思想起源还是从中国特色社会主义行政的属性来看,公共行政的本质属性都是其公共性,即公共行政作为现代国家政府体系中一

---

① 参见徐大同主编,高建副主编:《西方政治思想史》,天津教育出版社 2000 年版,第150 页。

② 约翰·洛克:《政府论》下篇,商务印书馆 1981 年版,第 78 页。

③ 约翰·洛克:《政府论》下篇,商务印书馆 1981 年版,第 83 页。

④ 参见夏书章主编:《行政管理学》,高等教育出版社 2006 年版,第 3 页。

种最广泛、最经常、最直接的国家行为,必须依法运用公共权力和公共资源,认真履行公共职责,有效解决公共问题,勇于承担公共义务和公共责任,竭力维护公共秩序与公共安全,最大限度地保障公众利益,满足公众的需求。

公共行政就是以公共权威为基础,以公共政策为途径,以公共问题为对象,以公共财政为保障,以实现公共利益为目标的公共管理。但是,由于我国长期的封建历史文化传统,诸多朝代和政权都缺乏对公权力的正确认识和清晰定位,数千年来的国家公权力都属于家族。例如,汉朝是刘家的,唐朝是李家的,隋朝是杨家的,宋朝是赵家的,元朝是成吉思汗家族的,明朝属于朱家,清朝则属于爱新觉罗家族……

尽管中国历史上有孟子"民为贵,君为轻,社稷次之"①以及墨子"选天子之贤可者,立以为天子;选天下之贤可者,立置之以为三公;选天之贤可者,立置之以为正长"②的民本思想与民主思想,但中国古代长期以来都缺乏国家公共权力属于全体人民的成熟理论和思想,数千年来以家族宗法社会为基本特征的封建文化积淀深厚,这种封建文化的基因难以在短时间内去除。

时至今日,中国官员对公权力的"公共性"还缺乏足够清醒的意识和深刻的理解。一些领导干部把手中的本属于全体人民,让其代管的公共权力当作自己的私有资源和财产随意滥用,缺乏对权力授予者和权力来源——人民的足够敬畏与尊重。人民肯定的那些好干部大都受惠于传统的"父母官"教育和党性教育,主要依靠超出一般人的良知与党性来行政,那些典型人物的精神和行为可嘉,但是很难普及成为一种大家都遵守的制度,这些有待在今后的政治体制改革中加以确立和完善。

二、行政在国家管理中的功能

行政在国家管理中有五个主要功能。

首先是执行国家意志,确定法律法规,建立司法保障制度,建立政府及其行政制度体系,使国家管理中的立法、行政和司法体系趋于完善,并代表

---

① 《孟子·尽心》下。
② 《墨子·尚同》上。

人民行使其公共权力。

其次是弥补市场缺陷。生产力发展到一定阶段后,社会化大生产程度提高,原始而自然的市场调节功能无法完全有效地应对复杂的社会发展形势。因此,政府就必须出面干预,代表民众,体现公共意志,制定市场规则,应对各种市场失灵现象,弥补市场自然调节的不足,对无形的市场进行必要的调节和干预。

第三是促进社会公平。由于政府代表公共意志,体现公共利益,掌握着公共权力和公共资源,其本质特性就是公共性,因此,政府也是最适合的利益协调人和利益公平的分配者,是公民"最后的依靠"。政府的一个重要职责就是根据公民的诉求以及社会现状,通过制定有效的政策来对公共利益进行合理的调节和分配。例如,在工资收入的首次分配之后,再通过建立社会保障制度,对不同的地区和人群进行不同程度的转移支付,进行利益调节,实现国民收入的再分配,以维护和促进社会公正。

第四就是维护国家利益和公民权益。政府是建立在公民公共权利契约基础上的公共行政组织,其根本的目标就是维护公共安全,促进社会正义,保障公共利益,增进公共福利。因此,政府不仅要拥有军队、警察等防范侵略与威胁,保护人民的国家机器,同时要通过制定法规,执行内外政策来维护国家利益和公民权益。

第五就是推动经济与社会的发展。政府是国家行政的推动者与执行者,也是国家立法、行政与司法体系中最为主动,最为活跃的力量。行政价值理念的公正与否,行政管理能力的高低以及行政管理绩效水平的优劣都是最终影响国家经济与社会发展的重要因素。因此,在以和平与发展为主题的当今世界,各国政府的一个非常重要的职能就是采取各种积极有效的措施,推动经济发展,促进社会和谐,实现公民权益,建设文明社会。

三、公共行政学的溯源

"行政学"一词最早由著名德国学者劳伦斯·逢·施塔因于1865年在其著作《行政学》一书中提出。他认为19世纪应该是行政学的世纪,希望建立一门有关国家行政的真正社会科学。但在欧洲,行政法学代替行政学的现象一直延续到了二战之后。美国最早在行政学研究领域取得了突破。

行政学创始人之一、美国第 28 届总统托马斯·伍德罗·威尔逊（Thomas Woodrow Wilson）

图片资料来源：百度百科 http://baike.baidu.com/view/148491.htm。

19 世纪下半叶，美国经济高速发展，国际力量不断增强。美国的政府机构不能适应这一快速发展的新形势，无力应对社会挑战。公共财政、行政人员、行政组织、行政道德、行政方法、行政手段和行政效率都不能适应经济、政治以及文化的快速发展与变化。在这样的背景下，美国政治学者、后来担任美国第 28 任总统的伍德罗·威尔逊①最先提出了把行政研究发展

---

① 托马斯·伍德罗·威尔逊（Thomas Woodrow Wilson），美国第 28 任总统。作为进步主义时代的一个领袖级知识分子，他曾先后任普林斯顿大学校长，新泽西州州长等职。1912 年总统大选中，由于西奥多·罗斯福和威廉·塔夫脱的竞争分散了共和党选票，以民主党人身份当选总统。迄今为止，他是唯一一名拥有哲学博士头衔的美国总统（法学博士衔除外），也是唯一一名任总统以前曾在新泽西州担任公职的美国总统。资料来源：百度百科 http://baike.baidu.com/view/148491.htm。

成为一门独立学科的想法。①

1887年,威尔逊在《行政学季刊》上发表了《行政研究》一文,提出现实社会的发展要求行政研究具备资金、队伍、出版物以及社会地位等条件。他主张重点研究欧美国家的差别,建立政治上中立、职业上学有专长、道德上清廉、工作上富有成效的公共体制。其后,哥伦比亚大学行政法教授弗兰克·古德诺②把行政学的研究向前推进了一大步,使其更具影响力。

1900年,行政学家弗兰克·古德诺在其出版的《政治与行政》一书中,提出了"政治是国家意志的表达,行政是国家意志的执行"的著名论断,从功能上区分了政治与行政。1906年,"纽约市政研究署"成立,负责研究如何建立一个经济而有效率的市政机构,从而促进对市政管理的科学研究。后来许多城市效仿,也建立了自己的研究机构。纽约市政研究署负责人克利夫兰德被塔夫脱总统任命为"总统经济与效率委员会"主席,建立出版行政实践的手册和资料,并于1911年建立了公共行政人员的公共服务培训学校,将泰勒的科学管理理论具体地加以运用。总统经济与效率委员会在克利夫兰德、古德诺、魏洛比的领导下,首次对全国的行政情况进行了广泛调查。1916年,政府研究机构"全国联盟"与"政府研究所"相继成立,其他类似的研究机构也纷纷出现。

1926年,行政学家和历史学家怀特出版《公共行政研究导论》,对行政学的主要内容作了论述,成为行政学的大学教材。1926年他又出版了《城

---

① 参见王沪宁、竺乾威主编:《行政学导论》,上海三联书店1998年版,第15页。

② 弗兰克·约翰逊·古德诺(Frank Johnson Goodnow),1859年出生于美国纽约州布鲁克林市。1882年毕业于哥伦比亚大学法学院,获法学学位。从1884年起到1913年来华前,在哥伦比亚大学任教,讲授历史学和行政法学等课程。中国近代著名外交家顾维钧1909年在哥大读硕士时,就曾修过他讲授的宪法和行政法课程。古德诺的学术成就主要是在行政法学领域,是美国公共行政与市政学的重要的奠基人和权威,著有《政治与行政》等书,对20世纪美国功能主义政治学的发展颇有影响。在19、20世纪之交的美国市政管理体制改革运动(即美国历史上著名的"进步运动")中,古德诺是积极的推动者和倡导者。当时美国原有的市政体制弊病丛生,腐败现象层出不穷,社会上要求改革的呼声不断高涨。古德诺积极参与纽约市的市政体制改革,起草该市市政法案。是当时颇负盛名的社会改革人士。他主张行政适度集权并对政治保持一定的独立性,将效率、等级官僚制以及纪律引进公共管理的实践之中,对美国公共行政体制的改革发挥了积极作用。后古德诺经由卡耐基国际和平基金会引荐来华担任民国政府的宪法顾问。资料来源:百度百科http://baike.baidu.com/view/5515041.htm。

行政学创始人、美国行政学家、法学家弗兰克·古德诺及其行政学的开山之作
《政治与行政》

图片资料来源：百度百科 http://baike.baidu.com/view/5515041.htm。

市管理》。1927 年，魏洛比出版《公共行政原理》。1937 年，古德诺和俄威克编辑《行政科学论文集》。此后，各种行政学专著纷纷出现，行政学的研究和发展出现了比较兴旺的景象。[1]

现代行政学在 19 世纪末传入中国，其中，江南制造局印发了《行政纲目》以及《行政学总论》等著作。1935 年，张金鉴所著的《行政学之理论与实践》被认为是中国第一部行政学专著。20 世纪 40 年代，我国成立了行政学会并加入国际行政学会。20 世纪 50 年代初，由于在高校院系调整与学科建设上的分歧，行政管理学被取消并中断达 30 年之久。党的十一届三中全会后，在邓小平同志的支持下，政治学、法学和行政学等开始紧急补课。1984 年 8 月，国务院办公厅和劳动人事部举办了新中国成立以来第一次由

---

① 参见王沪宁、竺乾威主编：《行政学导论》，上海三联书店 1998 年版，第 17 页。

政府主持的"行政科学研讨会",探讨了中国行政学研究的必要性、学科体系的任务及其原则。在随后的 20 年内,我国的行政学得到了飞速发展。

四、公共行政理论的发展

公共行政学从学科创立以来,逐步形成了"政治与行政分离"、"科学管理决定组织管理"、"行政中立"等新观点。同时,在行政管理中开始运用预算工具,重视人事管理并提倡建立行政法规,依法管理。这些观点的出现,推动了行政学的发展。行政学的理论发展主要经历了以下五个发展阶段。

(一)传统行政理论阶段

在行政学创建初期,传统的行政理论侧重对行政原理、行政组织、行政人员以及行政法规等静态对象的研究。传统行政理论力求使行政现象成为一门独立学科,追求行政研究的独立性并让行政开始与政治分离。但是,在政治学研究影响深厚的大背景下,行政学的研究很难脱离其政治学的传统思维和观察视角。传统的行政理论侧重根据过去的习惯行政,过分注重正式组织与正式权限,忽视了行政人员的主观精神和心理活动,研究方法也有局限性,仅局限于中观和微观的研究。

(二)科学行政理论阶段

科学行政理论是受美国管理学者泰勒影响发展起来的行政管理理论。弗雷德里克·泰勒(Frederick Winslow Taylor)是美国古典管理学家,科学管理的创始人,被管理界誉为"科学管理之父"。在费城米德维尔钢铁公司,他从一名学徒工开始,先后被提拔为车间管理员、技师、小组长、工长、设计室主任和总工程师。

在这家工厂的工作经历使他了解了工人们普遍怠工的原因,他感到缺乏有效的管理手段是提高生产效率的严重阻碍。为此,泰勒开始探索科学的管理方法和理论。他从"车床前的工人"开始,重点研究企业内部具体工作的效率。在他的管理生涯中,他不断在工厂实地进行试验,系统地研究和分析工人的操作方法和动作所花费的时间,逐渐形成其管理体系——科学管理。泰勒在他的主要著作《科学管理原理》中阐述了科学管理理论,使人们认识到了管理是一门建立在明确的法规、条文和原则之上的科学。泰勒的科学管理主要有两大贡献：一是管理要走向科学；二是劳资双方的精神革命。

　　泰勒认为科学管理的根本目的是谋求最高劳动生产率。最高的工作效率是雇主和雇员达到共同富裕的基础，而要达到最高工作效率的重要手段是用科学化、标准化的管理方法代替经验管理。泰勒认为最佳的管理方法是任务管理法。

　　最佳管理模式包含两层含义，即在科学的管理体制下，工人们发挥最大限度的积极性；作为回报，则从他们的雇主那里取得某些特殊的刺激。这种管理模式被称为"积极性加刺激性"的管理或称任务管理。泰勒还提出了一些新的管理任务：第一，对工人操作的每个动作进行

"科学管理之父"弗雷德里克·泰勒

科学研究，用以替代老的单凭经验的办法。第二，科学地挑选工人，并进行培训和教育，使之成长，而在过去，则是由工人任意挑选自己的工作，并根据各自的可能进行自我培训。第三，与工人亲密协作，以保证一切工作都按已发展起来的科学原则去办。第四，资方和工人们之间在工作和职责上几乎是均分的，资方把自己比工人更胜任的那部分工作承揽下来；而在过去，几乎所有的工作和大部分的职责都推到了工人们的身上。[①]

　　20世纪20年代，行政学的研究深受科学管理思想的影响，主张用科学的方法探讨行政活动的规律，根据一定的步骤进行实验，从而确定行政的目

————————————

① 参见泰勒：《科学管理原理》，团结出版社1999年版，第23—24页。

标、行政方法和行政措施。科学行政理论包括了三项内容。首先是对时间和动作的研究,即把行政人员的行政活动分解成基本动作,并计算出其所需要的时间,最终确定最适于完成行政活动的过程、方法和工具,剔出无效动作,提高行政效率。其次是对任务的研究,即确定明确的工作目标和标准,实行激励工资,以刺激工作人员提高效率,实行工作的奖惩制度等。第三就是组织职能化,即把管理者的职能和工作人员的职能进行有效分离,使其各司其职。管理者主要负责制定行政过程中的科学法则,选拔和培训行政人员并支持他们的工作;工作人员则根据管理者确定的规则来具体完成工作任务。科学行政理论影响很大,其运用大大提高了行政的效率。

(三)人际行政理论阶段

由于科学管理理论过度强调制度与规则,把行政对象当作机器来管理,用机械模式规定行政活动和行政关系,忽视了人的主观能动性、复杂的情感因素和心理因素,引起了人的不满。因此,在20世纪30年代又出现了人际行政理论,主要代表人物有艾尔顿·梅奥和巴纳德等人。

人际行政理论主张,不仅要研究行政组织和行政条件,更要把行政活动中的人作为研究的重心,关心人的行为及影响人行为的各种要素和条件。他们把心理学、社会学、社会心理学等多学科运用到行政研究中,注重对团队、激励、个人动力以及团体关系等的探讨。

1924—1932年,以哈佛大学教授 G. E. 梅奥为首的一批学者在美国芝加哥西方电气公司所属的霍桑工厂进行了一系列旨在了解工作人员在不同工作环境中的态度和心理反应的实验,历史上称为"霍桑实验"。

1924年11月,霍桑工厂内的研究者在本厂的继电器车间开展了厂房照明条件与生产效率关系的实验研究。研究者预先设想,在一定范围内,生产效率会随照明强度的增加而增加。但实验结果表明,不论增加或减少照明强度都可以提高效率(有两个女工甚至在照明降低到与月光差不多时仍能维持生产的高效率)。随后,研究者又试验不同的工资报酬、福利条件、工作与休息的时间比率等对生产效率的影响,也没有发现预期的效果。

1927年梅奥等人应邀参与这项工作。从1927—1932年,他们以"继电器装配组"和"云母片剥离组"女工为实验对象,通过改变或控制一系列福利条件重复了照明实验。结果发现,在不同福利条件下,工人始终保持了高产量。

研究者从这一事实中发现,工人参与试验的自豪感极大地激发了其工作热情,促使小组成员滋生出一种高昂的团体精神,职工的士气和群体内的社会心理气氛是影响生产效率的更有效的因素。

在此基础上,梅奥等在 1928—1932 年中,又对厂内 2100 名职工进行了采访,开展了一次涉及面很广的关于员工士气问题的研究。起初,他们按事先设计的提纲提问,以了解职工对工作、工资、监督等方面的意见,但收效不大。后来的访谈改由职工自由抒发意见。由于采访过程既满足了职工的尊重需要,又为其提供了发泄不满情绪和提合理化建议的机会,结果职工士气高涨,产量大幅度上升。

为了探索群体内人际关系与生产效率之间的联系,研究者在 1931—1932 年间进行了对群体的观察研究。结果发现,正式群体内存在着非正式群体,这种非正式群体内既有无形的压力和自然形成的默契,也有自然的领导人,它约束着每个成员的行为。

霍桑实验表明,工作人员有自己的一套文化和行为模式。要进行有效的管理,就必须认识和理解每个人都是有自己需要、动机、情感、动力以及个人目标的人。作为"社会人",工作人员不仅需要稳定的收入来源,而且需要友谊、安定与归属感。因此,情绪、态度、心理活动以及非正式组织都在行政过程中发挥着不可忽视的重要作用。

霍桑实验第一次把工业中的人际关系问题提到首要地位,并且提醒人们在处理任何管理问题时要特别注意人的因素,这对管理心理学的形成具有很大的促进作用。梅奥根据霍桑实验提出了人际关系学说。人际关系学说为西方管理科学和管理工作指出了新的方向,也为行政学的发展提供新的研究和实践的视角。

(四)系统行政理论阶段

在传统行政理论发展的基础上,科学管理理论和人际关系学说大大地丰富和发展了行政学。随着社会的发展,行政的职能不断增加,行政的作用更加凸显。20 世纪 60 年代,行政学吸取了控制论、信息论和系统论,把行

哈佛大学教授 G. E. 梅奥等学者在研讨所进行的"霍桑实验"

政过程看成一个相互联系的整体和系统。系统论的出现使行政学的内涵不断丰富,体系日趋完善。

系统论的先驱亨德森认为,任何有机体都以维持平衡为目的,具有自我调节的功能。如果因为环境变化而出现系统不平衡,该有机体就会立即作出反应,进行平衡校正,以维持其生存,这就是开放系统的基本特征。系统论的另一位学者贝塔朗菲认为,一切有机体都具有开放系统的特征。开放系统通过与环境交换物质、信息和能量,通过资源的投入和产出使系统的构成因素发生变化,并通过保持稳定状态使有机体得以延续生存。①

社会学家用系统理论来分析社会,把社会看成一个系统和整体,然后探

——————————

① 参见王沪宁、竺乾威主编:《行政学导论》,上海三联书店 1998 年版,第 22 页。

讨其中的基本关系。行政学家运用系统论把行政活动和行政关系都看作一个体系,基本方法是确定系统的各个要素,并分析各要素之间的关系。为了确定系统的内涵和外延,需要首先确定该系统的边界,同时,一个系统可能是另一个系统的一个部分、因素或子系统,一个事物可能构成一个或数个系统的子系统,系统又是具体的,与环境之间相互影响。

（五）决策行政理论阶段

决策行政理论的创始人是美国行政学家赫伯特·西蒙。他认为,在传统行政理论中,没有把决策作为全部行政活动的统一概念,但是,管理本身就是决策。在行政体系的三层中,最高行政人员决定行政的目的和方针;中层行政人员贯彻执行最高行政人员决定的总目标和总方针,决定部门的目标和规划并向下传达;基层的行政人员就日常的行政作出决策。在作出决策时,需要考虑组织目标、效率标准、公正标准、个人价值等决策的前提,注意防范信息和知识的非完整性,分析行政人员的心理因素、学习过程和习惯,克服团体行为及价值体系的不稳定性,完善计划系统、组织结构、控制系统,最大限度地弥补决策的缺陷。

（六）新公共管理理论的兴起

诞生于19世纪末20世纪初的传统公共行政理论,随着社会的发展日益面临挑战。由于政治与行政的天然联系,威尔逊和古德诺倡导的"政治与行政分离"的理论在具体的行政实践中很难真正实现,行政体系的属性会影响政治体系的政策。韦伯官僚制理论的不透明性、组织僵化以及等级制特点与民主制产生了冲突,现代人并不喜欢官僚组织过度严密完善、行政的官僚化以及高度发达的官僚机器。官僚制在人事制度实践中所产生的僵化、过度的形式主义与精英主义的不足都导致了行政体系效率的降低。

二战后,西方各国政府普遍实行凯恩斯主义,对社会生活实行全面干预。当政府解决了"市场失灵",承担了众多的公共事务并获得巨大成功,成为"万能政府"的同时,因行政过度而导致的"政府失灵"现象也同时出现。结果,官僚机构膨胀,管理效率低下,财政支出增长,政府面临严峻挑战。在此背景下,20世纪70年代,强调自由主义和市场取向的公共选择理论开始进入公共管理领域。

美国第一位诺贝尔奖获得者,著名经济学家保罗·萨缪尔森(Paul A. Samuelson)指出,"公共选择理论用经济学的行为假设和方法研究了当国家干预不能提高经济效率或收入分配不公平时所产生的政府失灵问题"。

公共选择理论行为,人类社会由经济市场和政治市场两个市场组成,在这两个市场上活动的都是自利和理性的同一个人。政府公职人员与普通市民一样,都以自己利益最大化为目的。政府由于其集权特征以及与民众的关系缺乏对等等原因,使民众监督困难。再加上没有市场竞争的机制予以制约,自利的官僚便得以不顾社会公益的目的,专注于追求个人的权力、名望和利益,最终造成政府的低效与腐败。

因此,公共选择理论认为,在政府与市场的博弈中,失败的是政府而不是市场。要解决公共管理的危机,就应减少政府的职能,由更有效率的市场来调控物品和服务供应,以达到资源配置的最佳绩效。

20世纪90年代后,知识经济的兴起加速了全球经济一体化并将其推向新阶段。全球化背景下,一个国家政府的命运与前景开始从其国内的历史习惯定位向其全球适应能力和领导竞争的能力方向转移。新时代,政府需要通过在全球化的合作与竞争中不断提高自己的领导力,积极改善和增进全民福利来获得本国人民的认同和支持。如果对社会的要求和民众的愿望反应迟钝、不愿作出反应或者应对无力,政府将可能面临公共权威、政府信任以及合法性的严重危机。

随着时代的发展,传统的公共行政模式已经不能适应形势的要求,以经济学和私营管理理论为基础的"新公共管理运动"开始登上公共管理的舞台,并引发了公共管理领域的革命。新公共管理更加注重管理绩效和管理效率,更注重市场的力量、管理的弹性以及公共部门运行的政治环境,更注重私营部门管理方式在公共部门的应用等。但是,当今世界,社会环境与国际形势日趋复杂多变,单纯依靠市场又会出现新的失灵。近年来,国内外一些非营利性组织的价值变异以及某些"第三部门"的世俗化与功利化的事实表明,新公共管理理论在中国的发展仍然处在实验阶段,其走向成熟还需要文化与制度相适应,政府积极有效的作用依然不可低估。

新公共管理理论出现的实质是全球公众在新形势下对影响效率与公

平,限制民主和自由的"强势政府"、"万能政府"与高度集权的"控制型政府"和"垄断型政府"提出的批判性思考,也是对传统公共行政理论和凯恩斯主义在新形势下"水土不服"所作出的有效矫正与适应性调整,旨在敦促政府在其使用公共权力、控制公共资源、作出公共决策等方面体现"公平"、"适度"与"最佳绩效"原则,以保证政府权力、管理效率、管理绩效以及公众诉求等各方面的平衡,同时也寻求新的非政府性公共事务管理的补充路径。新公共管理是对政府公权力运用的理性反思及理性的调整,而不是简单草率地大幅度削弱政府职能,回到传统的自由主义状态。

中国历史悠久,以家族伦理关系为核心的儒家文化和以宗法社会为特征的封建专制统治占据着国家行政管理历史的绝大多数时间。个人威权思想与人治的传统与文化积淀十分深厚与顽固,行政的环境土壤与西方社会差异悬殊,国情特殊而复杂。因此,在中国实行新的理论需要根据国情与世界发展的趋势兼收并蓄,整合发展,既不能对西方的理论和体制机制完全照搬照抄,也不能维持以封建的人治为主体的行政管理现状不变,找各种理由推脱变革,停滞不前。

由于缺乏社会契约传统、法律思维,公共理性文化积累不足,特别是涉及公权力机构和人员自身的利益等原因,中国公共行政的改革、发展与完善还需要一定的时间。目前,在国家和社会的法制体系尚不完善,全民公共理性有待于加强,行政难以及时满足民众日益增长需求的背景下,公众对行政交集着习惯性依赖、美好的期待、日益强烈的监督与参与诉求以及不满等复杂情感,这些都期待能在新公共管理理论的发展以及在我国今后公共行政体制的深度改革中不断地加以克服和完善。只有建立完善的法律制度体系和与时俱进、健康可持续的文化环境,变革国民与社会中的诸多落后因素,中国才有可能真正地走向可持续发展、科学发展与社会文明。虽然任重道远,但每一位领导干部和公民都当为此不懈努力!

五、公共行政学研究的领域

公共行政学从 19 世纪诞生以来,经过了 100 多年的发展和完善,已经形成了自己独特而完善的学科体系,成为一个覆盖整个行政领域的大系统。

公共行政研究的触角已经延伸到了行政实践的各个方面,包括行政环境、行政职能、行政组织、行政人事、行政领导、行政立法、行政文化、行政伦理、行政财务、行政决策、行政目标、行政计划、行政执行、行政咨询、行政协调、行政公关、行政监督、行政效率、后勤管理、行政改革等行政领域的广泛内容。

第四节　资讯时代的行政变革

资讯时代的到来和全球化程度的不断加剧,使行政环境发生了巨大的变化。传统的行政理念、管理模式、组织构架、人员素质以及运行机制等已经远远不能适应新的行政环境以及行政发展的要求,广大民众对于行政变革的呼唤与期待已经成为全球的共识。

一、中国公共行政面临的挑战

(一)社会转型对行政的影响

世界各国政府在 21 世纪的社会转型时期所面临的行政问题和行政困境大都具有普遍性。其主要表现为:政府在经济管理中效率低下;在追求社会公平中效率不足;因控制着稀缺的行政资源引发寻租与腐败;因垄断导致专横,影响资源配置效率;因威权特性无法自省,使外界难以对其绩效进行有效评估;由于缺乏有效监督,行政的利己现象严重;由于行政信息不透明,"暗箱行政"现象严重;由于行政成本居高不下,行政中的资源浪费巨大。凡此种种,使"行政至上"的弊端与"政府失灵"的问题更加突出。

另外,社会转型带动了生产方式与社会发展模式的转型。公共资源配置组合的公平性与合理性缺失超出人们的预期。利益分配格局的改变与调整引起了社会关系的深刻变化和人们思想观念的改变。收入的悬殊,发展的不均,加之自然环境的脆弱,人们的利己性、对资源需求的刚性和政府、企事业单位以及社会管理的乏力和价值偏移等多种因素聚集,最终引发了各种社会矛盾,导致了各种危机的不断爆发。

（二）我国公共行政面临的十大挑战

近年来，我国不少的行政学专家对中国公共行政存在的诸多问题进行了研究，取得了不少成果。其中，北京航空航天大学公共管理学院副院长胡象明教授提出的中国公共行政面临的十大挑战①比较全面地总结了我国行政领域存在的主要问题，让人耳目一新，印象深刻。

1. 如何克服行政中的"物本性"

"物本行政"是中国传统行政管理的特征之一。尽管行政管理的根本目的是为了人，但由于传统儒家"集体主义文化"（collectivism）的影响，几千年来，中国的"个人"和"个体"一直被湮没在抽象的"集体"和"组织"之中，"个体主义文化"（individualism）在中国基本没有生长发育的市场。这就是中国只有组织没个人，只有集体没个体，社会精英与创造性人才不发达的根源。处于这种文化环境中的我国公共行政长期以来就无形中偏向了抽象的"组织"和"物"，而忽视了活生生的"个体"和"人"。

首先，在行政目标上，政府把促进物质财富的增长作为其最终目的，认为政府行政的根本目标就是发展经济，增加财政收入，但却没有深刻意识到，发展经济，创造和增加财富的最终目的都是为了满足人的需要，促进人的全面发展。例如，我国的财富总量很大，国民收入和政府财政收入都很高，但老百姓急需的教育、医疗、社会保障以及公共卫生和安全等领域的经费却严重不足。

其次，在政府职能上，过分强调政府促进物质财富增长的职能，忽视政府社会服务和公共管理的职能。由于对"以经济建设为中心"的片面理解，政府在充分发挥经济职能，促进物质财富增长的同时，对其他职能重视不够，尤其是对社会管理的重视不够。

最后，在政府绩效评价上，过分强调政府在促进物质财富增长方面的绩效而忽视政府在促进人的成长与发展、做好社会服务和公共管理方面的绩效。由于人本主义精神缺乏，全社会也就自然缺少对人权、人格和人的尊严的重视与保护。

---

① 参见胡象明：《全球化背景下中国行政管理面临的十大挑战》，《探索》2006 年第 1 期。

因此,在新的历史时期,中国的公共行政必须要大力转型,学会"以人为本",认真落实胡锦涛在党的十七大报告中代表中国共产党向全体人民作出的庄严承诺。在强调发展的同时,更要重视"发展为了人民、发展依靠人民、发展成果由人民共享"这个最终的根本目标。

2. 如何克服行政中的"全能性"

中国传统行政的第二个特征是"全能性行政"。由于集体主义文化和计划经济的影响,我国政府长期以来是一种"全能型"的政府,几乎对全社会的所有事务都负责管理,结果导致了政府的职能从"全能"走向了"无限"。

首先,我们的政府被习惯性地定位成具有无限能力的机构。我们的政府在用有限的能力承担着"无限"责任的同时,也承担着无限的期待和无限的风险。实际上任何一个政府的能力都是有限的,如果政府管了很多不该管、管不了、也管不好的事情,在没有达到民众和社会期待的时候,就一定会挨"无限的骂"。全能型政府的错误定位与全能性控制,不仅导致民众自我管理和必要的社会组织管理的缺失,让老百姓像我们某些娇生惯养的独生子女一样,事事都想着依靠政府这个"家长",政府就无形中陷入"无限责任"的泥沼之中难以自拔。

其次,如果政府被定位为具有无限的管理能力,就会导致行政权力无限制地延伸到社会和个人生活的各个领域,使仅仅作为公共权力的行政权力可以轻易地侵犯私人的权力边界与私人空间,反而招致民众的反对。

政治学理论的基本原理告诉我们,行政权力作为一种公共权力,主要是管理国家事务、社会公共事务和机关内部事务。我国对政府职能的定位分为"经济调节、市场监管、社会管理和公共服务"四大领域。但是,由于传统政府管理的"全能性",无意中干涉和侵犯了属于宪法和法律保护的私人权力空间。

第三,如果政府被定位为具有无限能力的行政机构,政府就应该为社会和个人负有全面责任。而事实上政府不可能具有无限的能力。那么,政府的承诺或者被习惯性期待的无限责任会因自己无法完全兑现而落空,导致社会责任的真空,最终又会严重损害政府自身的公信力。

在全球化时代,建立"有限政府",让政府"有所为,有所不为"已成为必然的趋势。建议全国各地在胡锦涛要求"创新社会管理"的号召下,通过建立和完善各类社会组织、非政府机构和社团等,来承担那些政府试图承担又无法承担的责任,调动全社会的积极性,让政府与社会组织互补互进。

3. 如何克服行政中的"经验性"

长期以来,我们对行政管理缺乏全面而深刻的认知。大家习以为常地认为,公共行政就是一种既不要学问也没有什么专业知识的一种领导和管理,许多行政管理者全凭自己或前人的经验处理各种行政事务。

首先,我们的行政管理以过去的经验和习惯作为依据和参照,缺乏科学理论的指导,行政中战略与规划缺失严重。我们习惯在行政中用前人的经验来代替科学,对变化的社会反应迟钝,许多规章制度早已不符合现在的社会实际。

其次,我们的行政中缺少战略管理与长远规划,缺乏一个持续推进并不断完善的科学体系。一届领导班子一个政策,只要完成本届领导的任务目标就可以提拔升迁,一般不管下一届或者今后的事情。这种短视而功利的行政为以后的建设和发展埋下了诸多的隐患,不断引发各类危机。李源潮部长多次要求干部学院开设城乡规划方面的课程,让领导干部了解并重视城市化过程中的规划问题。因为没有科学的规划,就不可能有科学的建设和科学的发展。

第三,我们的行政以手工操作为主要方法,缺少科学方法在行政管理过程中的运用。随着现代科技的发展,大量的科学研究成果和技术手段被运用于行政管理过程之中。但由于受传统观念和现有技术、经费等因素的影响,我们目前的行政管理手段仍然比较落后,多媒体技术在行政管理中运用程度低,电子政务仍然没能大规模普及应用并很好地为公共行政服务。

最后,经验型行政过分强调行政领导个人的作用,不重视行政决策中的科学规划、严密论证和制度建设,缺少专家参与。因此,行政中的主观主义、经验主义和长官意志盛行,以权代法现象严重。许多事实证明,由于忽视或排斥了专家对行政过程和行政决策的必要参与和咨询,许多行政决策缺乏科学性,造成了决策失误和对民众及社会的危害。

4. 如何克服行政中的"低效性"

效率包括成本、效益两个基本要素,效率是管理的生命。效率不高一直是我国公共行政中存在的普遍问题。

首先,低效行政的表现之一是行政成本居高不下,行政管理经费占财政总支出比重逐年上升。1978 年为 4.71%,1980 年为 6.15%,1985 年为 8.53%,1990 年为 13.44%,1995 年为 14.6%,2000 年为 17.42%,2003 年达到 19.03%,这 25 年间,行政管理经费占财政总支出比重年均提高 0.57 个百分点。这一水平在财政五大类型支出中比重排列在第三位。

以 2003 年为例,我国的经济建设费用占 30.05%,国防费用占 7.74%,社会文教费用占 26.24%,其他经费占 16.91%。中国行政经费占 GDP 的比重,除了 1995 年有所下降外,其余时期都是逐年上升的。1978 年仅为 1.46%,1980 年为 1.67%,1985 年为 1.90%,1990 年为 2.23%,1995 年为 1.70%,2000 年为 3.08%,2003 年为 4.00%。

全国政协委员任玉岭研究发现,国际上公认的行政人员占总人口的比重,一般以 1% 为标准,以 3% 为界,在 3% 以内就比较科学合理。这一界线说明三个问题:第一,表明一个国家纳税人的负荷能力。第二,显示一个国家领导体制的模式是"大社会、小政府"还是"小社会、大政府"。第三,表明一个国家是节约、高效的,还是人员膨胀、铺张浪费、低效率的。根据任玉岭委员透露的数字,当今我国吃"财政饭"的大约有 4500 多万人,还有 500 万人依靠政府给予的权利,实行自收自支。两者加起来占总人口的 3.94%,平均每 26 个平民养活一个官员。这样的比重显然高于国际上大多数国家的水平。①

低效行政的表现之二就是办事拖拉。虽然通过多次改革有所好转,尤其在长三角等发达地区,行政的效率提高较快,但就全国总体来看没有达到应有的水平。尤其是我国的中部、西部与东北等地区,政府的办事效率还需要提高。造成这种现象的原因很多,除了地方文化和官僚主义作风外,还有机构臃肿、责任不明等体制问题和利益问题。有利的事各个部门抢着干,没

---

① 资料来源:新浪财经 http://finance.sina.com.cn/g/20060315/13172419332.shtml。

利的事则相互推诿踢皮球。

低效行政的表现之三是公共资源运用效益低下。从计划经济时代走过来的政府掌控着大量的公共资源。由于政府行政缺乏应有的效率机制，造成了公共资源的惊人浪费，而急需扶持的公共医疗、社会保障、教育和民生方面的投入远远不足。我国在医疗卫生方面政府投入由 20 世纪 80 年代的 30% 左右降低到 20 世纪末的 8% 以下，而在欧洲这一数据一般在 80%—90%，连市场化程度最高的美国这一数据也在 45% 左右。①

笔者在党政机关工作多年。据观察，我们的行政成本居高不下有多方面的原因。首先是行政预算不科学，不少的机关常常是"年年有余"，钱反而没花完，到了年底"突击花钱"。其次是行政浪费严重，即行政机关和领导干部每年因为"公务"浪费的公款很多，自己和家庭一年的平均收入水平并不高，而实际消耗掉的公共经费却惊人。

例如，我国一名地厅级及以上的领导干部，平均每年要花掉国家公款约 100 万—200 万元人民币（因地区不等）。这些消费包括一部专车（车费、修理费、汽油费、过路费）的费用、一名专职驾驶员费用（工资和福利）、每年一次的出国访问费用（往返机票、中途车船费、宾馆餐饮招待费等）、一年的国内出差费用（往返机票、中途车船费、宾馆餐饮招待费等）、在单位媒体的宴请和招待费用等。

如果通过改革按照适当比例规定一个实际公务开支的额度，把节省的其中一部分作为领导干部办公经费发给本人，让他（她）为国家节省出目前公务费用总量的三分之一或四分之一完全可以做到。据笔者了解，大多数领导干部都愿意如此。

但是，我们长期以来沿袭的传统就是"公家的钱可以随便花，不花白不花"，"因公花多少都可以，就是不能给自己口袋里拿"。这样，就形成了许多领导干部和公务人员把没有特别需要的无数个宴请和吃饭、出国和出差当作了必要的工作任务，吃得"三高"②现象严重，而自己家庭实际收入和工

_____

① 参见胡象明：《全球化背景下中国行政管理面临的十大挑战》，《探索》2006 年第 1 期。
② "三高"是指血压高、血糖高、血脂高。

作绩效都不高的怪现象。

笔者认为,反腐败是一个系统工程。领导干部不仅需要价值观、普世信仰、党性等的教育锻炼和熏陶,还需要与自己岗位和生活方式基本一致的收入待遇和福利保障。例如,香港和新加坡的公务人员待遇较高,同时廉政公署严密监管,这样双管齐下,腐败才得以消除。如果我们不从文化和制度上重视和解决腐败问题,在反腐中缺乏系统的文化、制度安排与必要的系统改革,每次的反腐败就会成为一个"惩治过度贪腐官员"和"惩治被发现的贪官"的阶段性运动,公权力体系的腐败现象将难以彻底根除。

5. 如何克服行政中的"管制性"

中国的传统行政就是"命令+服从"的管制性行政。

首先,行政管理的基本价值取向在于"管",这个管实际上不是 manage(管理),而更多的是 control(控制),即不让你做什么,不让你说什么。而真正的现代行政管理是通过公众的参与和协商来作出科学的决策,引导公众去做什么。一个科学的社会要"疏"、"堵"结合,而民主开放和自由的背景下转型的社会重在疏导,要慎用堵截之法。

中国儒家传统文化中的等级观念深厚,政府中科层组织严密,领导(leadership)和管理(management)行为往往被误解为只是上级对下级的命令、控制和指导,人民群众被排斥在行政管理的主体之外,只能被动地成为行政管理的客体或对象。虽然我国宪法明确规定人民是国家的主人,但在行政管理实践中,人民群众的主人翁地位往往被领导者与行政管理者严重忽视。

其次,由于政府与公众的关系是一种管理者与被管理者的单向关系,公众参与行政管理的渠道不畅,参与的机会较少,群众的利益得不到充分表达和维护。因此,群众对于己无关的决策不闻不问,但对于涉及切身利益和安全,违背他们心愿的决策,在"忍无可忍"时候,就会采取上访、聚众抗议甚至暴力的行为。厦门 PX 事件、上海"磁悬浮事件"、江西宜黄"强拆自焚事件"、贵州"瓮安事件"等就是例证。

总之,行政决策中的行政命令必不可少,政府的权威性也需要体现。但是,在全球化、信息化与民主化的时代,我们的公共行政需要抛弃过去传统的强权行政或命令式行政的不良习惯,重视行政协商与行政沟通。所有的行政领导和公务员都要树立"公共行政需要与公众协商"的理念,通过沟通协调,让公众理解和支持我们的行政,做到公共利益和民众个人利益的双赢与融合。

6. 如何克服行政中的"暗箱性"

所谓"暗箱行政"是指政府的公共行政事务、政策、程序不对社会和大众公开,而是由政府领导和行政机构的工作人员通过内部运行和决策来实施。

首先,公共行政管理的事务、方法、程序不对社会公开。中国传统的行政系统不是一个开放的系统,我们的行政管理一直在系统内部封闭运行。大多数的行政决策都缺乏一个从"调研咨询论证——互动研讨磨合——决策执行"的科学而开放的流程和体系。即使"开放"也主要是对党政等政治机关、权力机关、司法机关开放,而没有真正向社会和民众开放。

其次,行政信息严格保密。任何一个国家对机密信息的保护都十分必要,但对于属于公众应知的公共信息"保密"过度,就从政治上侵犯了公众的知情权,从经济上降低了公共信息的利用价值。有资料表明,我国80%以上的公共信息掌握在政府手里,但真正得到有效利用的不到20%。其中一个重要原因就是,政府不但垄断了大量信息,而且对其中相当部分的信息(不仅包括自然灾害造成的伤亡损失数据,还包括大量的行政决策失误和浪费等对政府的不利信息)处于严格保密状态。作为国家"主人"与公共行政重要参与者和协商对象的人民,对于这些必要的信息根本无从知晓。

第三,行政的公开未能成为习惯。尽管公共信息的公开透明是全球化和信息化时代的必然趋势,是 WTO 中的一个重要原则,也是我们党和政府的要求,但是长期处于"讷于言、敏于行"、"民可使由之,不可使知之"的文化环境中,带着自身利益诉求的政府和组织,总是迟迟不愿意公开。国务院在 2008 年就制定并颁发了《中华人民共和国政府信息公开条例》,但是我们的许多政府仍然反应不积极。想公开就公开,不想公开就不公开,缺乏对信息公开的约束、激励、惩戒和监督仍然是我们行政管理中的一种常态。

7. 如何克服行政中的"人治性"

行政管理中的"人治性",就是以行政领导和行政长官的个人主观意志为行政的依据和基本模式,缺乏行政中的法律和制度约束。在人治的行政模式中,领导者的思想观念、个人意志等主观因素在公共行政的政策制定和执行过程中起着决定性的作用。领导团队、专家学者和广大公众的意见基本被忽略不计,因而决策的疏漏和隐患颇多。

人治型行政表现为,行政管理的基础权威来自领导者的个人威权,权大于法。谁的职位最高、权力最大或最具个人魅力,谁就拍板说了算,其他人即使掌握着真理,了解真相,因慑于领导的权威也不敢轻易发表意见。这样,就无形中纵容了一些领导干部的独断与专制,给缺乏科学论证的行政决策埋下诸多隐患。

此外,在人治的行政模式中,领导干部把必要的道德教育变成了自上而下的一种道德说教和压力,成为维护领导者个人权威的一种手段。威权政治文化以等级服从为基础,提倡忠于领导、服从领导,最后是权威和道德压制了事实,真理的声音十分微弱。尽管人治的行政在领导开明智慧的前提下有其高效的特性,但是人治的行政总体建立在领导者个人的权威和魅力之上,放大了领导者的弱点和局限性,总体是弊大于利。因此,我们需要在发挥卓越领导者个人能力和水平的同时,尽快向民主和法制的行政过渡,做到二者的有机结合,以保证行政的科学性。

8. 如何克服行政中的"缺信性"

中国的传统文化十分重视诚信。古人说的"人无信不立,国无信则衰",就是提倡政府和官员要"取信于民"。然而,由于中国传统行政管理中的人治特性与功利性,在社会转型时期的利益分配面前,在信仰危机的环境下,政府与民众之间、官员与百姓之间以及民众彼此之间不仅缺乏平等的契约关系,也缺乏相互的信任。

此外,我们在官员的政绩考核上注重显性的成绩和看得见的量化指标,各级政府的每一届领导班子都需要创造出让上级组织部门和领导"看得见,摸得着,又满意"的政绩,以便在最短的任期内可以得到提拔和升迁。

因此,新官上任后就出现了一届领导对上届领导政策的必要和不必要的修改和变动,以显示自己的政绩和特色。同时,官方与民众之间没有严格意义上的信用契约关系,政府对民众做的是单向承诺,政府也可以单向收回这种承诺。政府是否兑现了这种承诺也不受信用契约的约束,承诺的事做到做不到都由政府自己说了算,他人无法裁量。

最后,我们行政中的一个十分突出的失信现象是,上一届政府提出的目标要求,下一届政府不热衷于负责兑现。各提各的要求,各自负责各自任期内的行政,只关心在自己任期内平安无事。由于只关注自己任期内的事,不同任期内政府下发的文件、制定的计划目标常常矛盾和冲突。上一个指标任务还没有完成,下一个新的目标要求又出来了,缺乏连贯性与科学性,结果导致下级单位和民众无所适从,对政府行政的权威性与公信力产生怀疑和漠视。

9. 如何克服行政中的"轻责性"

在传统的行政习惯思维模式下,政府更多地强调公民的义务,而普遍忽视公民的权利。政府自身的权力则被过度放大,政府的责任却被置于次要的地位。"重权轻责"是中国传统行政文化的重要特征。

首先,行政机关和行政官员的法律责任意识淡薄,即使有责任也多为道德责任,面对责任总是相互推诿。其次,行政责任追究制度建设滞后,甚至长期以来不存在严格意义上的行政责任追究制。在一个法制完善的国家,政府部门及行政官员应该承担哪些责任都有明确的规定。当一个行政部门或政府官员因失职渎职造成损失时,必须由相应的机关依法追究其行政和法律责任。再次,在已有的行政责任追究实践上存在着避重就轻的现象。行政机构或者行政领导出现责任问题,存在"大事化小"或"小事化了"的现象。全社会的"轻责"现象不仅让我们的国民法制意识淡漠,遵纪守法的行为缺失,也让许多领导干部的责任心和敬畏心受损,不注重决策的科学性和严肃性,不认真对党和国家以及人民负责,行政的随意性和危害性很大。

10. 如何克服行政中的"非廉性"

廉洁奉公是行政机构和行政领导必备的品质和修养,也是党和政府以及广大人民群众的基本要求和共同期待。总的说来,我国大多数行政领导和公务员都能做到廉洁奉公,尽职尽责,其行政能力和管理水平都在提高。

但我们必须清醒地认识到,我国公权力体系内存在的各种腐败现象仍然十分严重,领导干部和官员贪污受贿的现象屡禁不止,时有发生。正如温家宝总理在全国"两会"的记者招待会上所忧虑的那样,我们的腐败问题已经到了"危险的地步"。

据公安部统计,截至 2004 年年底,中国外逃经济犯罪嫌疑人 500 多人,涉案金额 700 多亿人民币,目前抓回的贪官仅仅 70 余人,追回的金额更是微不足道。此外,官场上买官卖官,贪污受贿现象已非个案。有一些官员缺乏人生理想、必要的党性原则和应有的领导价值观,丧失了一个共产党员和领导干部对人民应有的博爱精神、基本责任和义务,一味追求个人享乐,为官冷漠自私,生活腐化堕落。这些现象正在严重地侵蚀着我们党和政府的肌体,伤害着人民的情感和信任,损害着国家公权力系统的形象,威胁着我党执政与政府行政的稳定与安全。

笔者经常在课堂上请领导干部们讨论并思考以下几个问题:为什么1921 年 7 月诞生在上海"新天地"那个地方仅有 13 人参加的中国共产党,能在当年一无所有的情况下不断地壮大发展,能够战胜各种艰难险阻和多次大规模的"围剿",团结全国各族人民抗日卫国用"小米加步枪"打败了当时拥有 800 万军队,控制着整个中国的蒋介石国民党政府? 为什么当年如此强大的国民党政权和数百万军队却在装备大大落后于他们的共产党军队面前节节后退,兵败如山倒? 为什么今天这个全球经济总量第二,迄今为止是中华民族历史上最富强的国家是共产党建立和领导的政权? ……

尽管胜败可以有无数个原因,但是一个政权的倾覆和更替决不是一两个简单的技术原因能够引发,一定有一个作为领导中心的政党和政权的核心价值理念与不同寻常的行为表现发挥最重要的作用。笔者认为,这个核心价值理念和不同寻常的行为表现就是那个希望让绝大多数的劳苦大众翻身解放,过上自由、平等、有尊严生活的现实的梦想,就是那个希望消灭一切剥削制度,构建一个人人自由平等和博爱新社会的美好理想。

当共产党人用自己的实际行动动员和培养的人民群众都笃信这种理想并全心全意地将其付诸实施的时候,这种崇高而美好的理想犹如"星星之火"在中华大地上不断地燎原,聚集,燃烧,释放,温暖着这块长期以来只顾及着自己家族和王朝的冰冷土地,创造出了一种历史上从未有过的"一切为了人民"的集体主义和共产主义的先进文化,孕育并催生出了当时神州大地上作为一个民族群体最先进、最强大的英雄模范行为和"利他主义"的感人业绩。

相对于这种先进性十足的共产党营造的文化理想和社会制度,面对饱受剥削和欺凌的广大民众趋之若鹜,尽管有着数百万军队、占据着广大中国土地,并得到外国政府资助的蒋介石政府,只是站在一小部分资本家和地主阶级的立场上,为保护他们的利益而战。因为失去了最广大人民群众的支持,多数领导人自私顾我,腐败盛行,党内和军内派系林立,矛盾斗争不断,国民党的集体战斗力自然无法与内心火热,动机纯净的共产党人相提并论。尽管国民党内部也有不少的中正之士和精英人才,但与共产党相比,根本价值理念明显落后的国民党政权自然难以挽回自己覆灭的命运。

总之,共产党因为其先进的价值理想和制度文化,因为其全心全意为人民服务的奋斗目标、不同寻常的优良品质和行为,能够吸引和凝聚众多的仁人志士献身理想,能够因为自身清廉无私而十分地强大有力。

如今,在我们夺取政权成立了人民共和国后,在我们也曾经因为自己的极左路线而犯下错误付出代价之后,在我们进行自我反省、勇敢修正并崛起的时候,我们自当带着"与时俱进"的思想,时常回望自己过去的峥嵘岁月,时刻注意反躬自省,用更加先进可靠的制度来反省并监督自己作为执政者那固有或新生的局限与错误,以及可能的迟钝、疏忽、懈怠甚至是无意的纵容,勇敢地对于任何执政者因人性弱点都可能滋长的骄傲自满、官僚腐败、无意识的专制保守等病毒作坚决而明智的斗争。

作为承担了中华民族崛起历史使命的共产党人和优秀的中华儿女,我们要虚心地学习和借鉴一切人类文明的优秀成果,发掘和提炼适应时代的中华传统文化精神,通过建立和不断完善一个在全球化时代,既适合中国又顺应人类文明发展趋势和潮流的民主、法制、文明的社会制度,在新世纪把中华民族推向一个人类文明发展的新高度!

因此,对于我们公权力体系内以及整个民族文化习惯中那些具有系统性特征的腐败现象和诱发根源,我们需要从新的文化和价值观建设、党性修养、道德建设、普世信仰、法律制度建设,市场经济环境下必要的待遇和福利保障,以及严格的监管等多方面入手,带着对党和国家前途命运负责的态度,带着对中国长治久安的责任,带着把拥有世界四分之一人口的大国引向科学发展与文明未来的崇高使命,来系统地解决我们的领导问题、行政管理问题、社会治理问题和反腐败问题。

（三）我国行政的国际传播能力亟待加强

由于地域辽阔、位置特殊、气候适宜,文明发端早、历史悠久、文化凝聚力与同化力强等原因,中华文化在古代与外界文化交流沟通不畅的情况下,得以在中国这片辽阔的土地上生息发展。虽然几经北方游牧民族的入侵,但因中华文化的同质性很强,加之从内陆到江南的回旋余地很大,中华文化兼收并蓄,融合了多民族的文化特点并得以长足发展,并获得了巨大的成就。

然而,我们必须坦白承认,尽管我们的文化具有相当的包容性,但由于中国农业社会生产方式的封闭性与保守性以及中国社会的家族本位和私密性传统,我们在古代享受着自己古老文明优越感的同时,也带着我们自己农耕社会的自给自足、不善迁徙变化、过度稳定的利和弊悄然地走向了封闭与保守,落到了一个在"突如其来"的列强入侵面前手足无措,节节败退的悲惨境地。

中国改革开放三十多年来,经济高速增长,国际地位不断提升,中国的国际影响力也在不断加强。全球化背景下的中国,由于综合影响力越来越大,无论内政还是外交都会受到国际社会的广泛关注。加上中国的历史文化传统和社会制度与西方迥然不同,东西方之间本来就存在着巨大的文化认知距离和观念差异,相互间的误解、矛盾和冲突自不待言。

近年来,随着中国的飞速发展和快速崛起,"中国威胁论"、"中国傲慢论"等观点甚嚣尘上。尽管我们的外交和外宣机构以及学术界等做了大量的工作,鉴于我们内敛的文化特征与"讷于言,敏于行"的历史传统,我们虽长于内部宣传,但却不善于对外传播,不善于和我们依然很陌生的"洋人"沟通。时至今日,我们自己的文化传统、思维模式、民族心态和生活习惯的固有封闭性与保守性,依然无情地影响和阻碍着我们整个国家和民族走向世界,迈向更加广阔未来的步伐。

我们常常抱怨西方社会不理解我们,也常常遭受西方媒体和政客对于中国的歪曲和妖魔化,当我们真正身处欧美等国和其他的外部世界,我们才发现误解我们的人是如此之众。但是我们很少静下心来研究这到底是为什么,更没有多少领导干部重视并认真地研究和思考过如何解决这些问题。每次都是在某些西方国家发出不友好的言论,作出对中国不利的决定时,我们在自己的主流媒体上慷慨陈词一番,给予谴责和还击,很少见到我们自己进行主动的议程设置①,下功夫、花力气开展全方位的国际传播。

当我们为自己的辉煌成就津津乐道的时候,当我们为自己遭受的委屈和误解无力地辩解的时候,我们仍然没有从根本上意识到,中国在当今的国际社会被误解、曲解后留给外部世界,特别是西方社会的诸多"不良"印象正在严重地威胁着我们作为一名健康的国际社会成员的威信。我们诸多的让西方世界看不懂、想不明白,需要用浓厚的中华文化才能体"悟"的东西,多么需要有兼备东西方文化背景和语言沟通能力的组织和人才来传播和沟通!

作者 2009—2010 年夏在美国科罗拉多大学斯普林斯分校(UCCS)访问讲学时,开发讲授了《中国文化与传播》(*Chinese Culture and Communication*)和《中国当代领导与媒体》(*Contemporary Chinese Leadership and Media*)两门课程。作为从事了多年外宣事业的对外传播工作者,我对中国在外国人心目中的具体印象十分敏感,也很想知道这群可爱的美国大学生怎么看待中国,但结果却让我大吃一惊。

我清楚地记得,2010 年 3 月,我在 UCCS 的第一次课堂上鼓励我的美国学生畅所欲言(美国学生一般都不隐瞒自己的观点),问他们"提到中国你会想到什么"时,很多学生告诉我说,提到中国他们会在脑海中浮现出"红色政权"、"缺乏民主"、"官僚腐败"、"缺乏人权"、"宗教信仰不自由"、"不尊重知识产权"、"新闻审查严厉"、"环境污染"、"办事需要找关系"等一系列负面印象,正面的只有"中国很富有"、"中国历史悠久"、"中国菜好吃"

---

① 关于媒体的议程设置理论在第二章中专门讲述。

等三项。

而当我把以上两门课讲完,又让大家举手回答"现在提到中国你想到了什么"时,许多负面的问题变成了"中国文化很古老"、"中国人不远征"、"中国人重视家庭"、"中国人赡养老人"、"中国人均收入不高"、"中国真的支援非洲"、"中国是集体主义文化"、"中国政府很重要"、"中国领导人比较关心老百姓"等新的印象。

笔者对这些介绍中国的课程能在美国产生良好效果感到欣慰的同时,也更加深刻地意识到,我们整个国家在全球化和信息化的时代对外传播的重要性和必要性。

改革开放后,随着中国的快速发展,我们的综合国力大大增强。中国的国际地位和国际知名度都上升到了一个新的阶段。在这个大形势总体有利的背景下,中国必须要清醒地认识到,我们在文化和社会制度等方面的"软实力"(Soft Power)要远远落后于我们经济增长的"硬实力"(Hard Power)。因此,我们全社会都需要高度重视中国的国际传播,调动国内外一切热爱和喜欢中国的积极因素,加大中国对外传播和国际公关的力度、深度和广度,树立中国应有的国际形象。

我们在进行国家的对外传播中,既要系统地介绍中国传统文化,还要学会用跨文化的思维习惯和传播方式来介绍当代中国。从广义的文化角度耐心解释中国的国情、政治特色、行政文化、领导特征、生活方式和风俗习惯等,让外部世界真正了解和理解我们那些从数千年文化和传统中来的东西,也让他们看到我们对适应外部世界所作的努力。

这样,通过科学而有效的传播沟通,会大大降低外界对"中国特色"的神秘性猜忌、茫然无知与误会歪曲,增加文化共识,减少不必要的摩擦与冲突,以便寻求共识,加强合作,为中国的发展营造一个和谐友好的外部环境和国际环境。

党和政府是中国国际传播的主导力量,要高度重视中国的国际传播和国际交流,制定国家的传播战略和传播规划,大力培养和提高我国各级行政机关和领导干部的国际交往能力。同时,还要大力扶持民间的传播力量,积极发挥各类社会组织、教育机构、民间团体、国内公民以及全球华人的作用,在全球各地传播中华文化,开展公共外交,团结一切可以团结的力量,营造中国的软实力。

二、资讯时代我国的行政变革

(一)全球行政改革的趋势

面对新世纪的诸多挑战和行政危机,各国政府纷纷开始了公共行政领域的改革,主要表现在以下五个方面。

第一是公共行政的民主化。在行政改革中注意扩大民主,提高公民对于公共行政的认知和了解,加大公民对行政决策的参与力度,在涉及公共利益和公共诉求的重大行政决策方面,广泛听取民众的意见和建议。同时,加大公共信息的开放力度,通过必要的公共舆论来监督和提醒政府,防止行政价值的偏移。

第二是公共部门民营化。一些国家在行政改革中,把一些可以由社会管理的公共部门交由那些信用良好的民营机构来实施,以提高管理效率。

第三是公共服务市场化。为了提高行政效率,防范垄断和寻租,各国政府都开始通过市场招标、集中采购等方式来提供更加经济和专业化的公共服务。政府主要负责整合资源,制定规范,监督市场。

第四就是公共管理企业化。这是新公共管理理论的核心内容之一,主要是指政府用企业管理效率和效益优先的原则来开展对公共行政的管理,用企业管理的方法对公共行政管理的流程设计、任务分配、激励机制、绩效评估、监督完善等环节进行建设和优化,以提高管理效率,节约行政成本,增加行政绩效。

第五就是公共运营信息化。人类已经进入资讯时代,以计算机管理为代表的信息管理不仅可以提高管理效率,降低成本,还会提高管理的准确性与公正性。行政管理的信息化不仅指行政事务的信息处理、政务公开等狭义的概念,而是利用信息技术来提高整个行政系统的运行质量和效率,促进行政的科学发展。

(二)中国公共行政的改革与发展

中国经过了三十多年的改革开放,经济高速发展,经济总量已经位居全球第二位,外汇储备全球第一。由于历史和国情的限制,我们实事求是地进行了"先经济,后政治"的改革方针,其正确性与成功已经被历史证明。

众所周知,经济和政治是一个密不可分的整体,我国在经济上的高速发展使得"经济这条腿"远远地迈到了前面,而"行政这条腿"的步伐则相对滞后和迟缓。我们滞后的行政正在无形中拖拉着经济发展的后腿,让中国的整体发展受到牵制。近年来,各类危机事件不断发生,社会管理已经面临严峻挑战,许多深层次的问题都触及体制机制的根源。我国的领导与行政面临巨大的冲击和挑战,行政改革势在必行。

改革开放以来,我国先后于 1982 年、1988 年、1993 年、1998 年和 2003 年进行过 5 次行政机构的改革。这些改革为提高行政效率,提高科学行政的水平,推进科学发展奠定了基础。21 世纪的中国公共行政正在经历着如何保持经济持续稳定发展与繁荣、如何在政治一体化和政治民主化之间寻求平衡,以及如何在社会转型期间的各种矛盾中保持社会发展与进步这三大难题的考验。①

中国的行政变革始终与政治改革相伴而行。2002 年 11 月,中国共产党的十六大报告中就提出了政治建设和政治体制改革的任务。2003 年 10 月,党的十六届三中全会作出了完善社会主义市场经济体制的决定,对国有资产管理体制、农村经济体制和市场体系进行了改革和完善,提出转变政府职能,深化行政体制改革,完善经济法律制度的方针。

2004 年 9 月,党的十六届四中全会上通过了《中共中央关于加强党的执政能力建设的决定》,提出把共产党建设成立党为公、执政为民、科学执政、民主执政、依法执政的政党的主张,要求深化干部队伍建设以及对公务员的培训力度,对我国的公共行政发展产生了重要影响。2005 年 10 月召开的党的十六届五中全会上提出,要着力推进行政管理体制改革,坚持和完善基本经济制度、推进财税体制改革,加快金融体制改革,加强现代市场体系的建设等指导方针。

---

① 参见王石泉、何小蕾:《资讯时代背景下的中国行政变革》,《毛泽东邓小平理论研究》2006 年第 11 期。

2006 年 3 月,十届全国人大四次会议批准的《中华人民共和国第十一个五年规划纲要》成为指导政府实现经济调节、市场监管、社会管理、公共服务五大职能的重要依据。报告中特别提出了深化行政体制改革的方针,强调着力推行行政管理体制改革,按照"精简、统一、效能"的原则和"决策、执行、监督"相协调的要求,建立决策科学、权责对等、分工合理、执行顺畅、监督有力的行政管理体制,加快建设服务型政府、责任政府和法制政府。①

2006 年 10 月,党的十六届六中全会提出了构建社会主义和谐社会的重大决策。要求大力加强我国的民主制度、法律制度、司法体制、公共财政制度、收入分配制度以及社会保障制度的建设,完善社会管理,落实科学发展观。

2007 年 10 月,在党的十七大报告中,胡锦涛提出了"加快行政管理体制改革,建设服务型政府"的要求。他指出,行政管理体制改革是深化改革的重要环节。要抓紧制定行政管理体制改革的总体方案,健全政府职责体系,加大机构整合力度,探索实行职能有机统一的大部门体制,健全部门间协调配合的机制。精简和规范各类议事协调机构及其办事机构,减少行政层次,降低行政成本,着力解决机构重叠、职责交叉、政出多门问题。统筹党委、政府和人大、政协机构设置,减少领导职数,严格控制编制。加快推进事业单位分类改革。②

2008 年 3 月 5 日,温家宝在十一届全国人大开幕后所作的工作报告中指出,要加快行政体制改革,加强政府自身的建设,主要是转变政府职能,建设服务型政府,深化机构改革,完善行政监督制度,加强廉政建设。3 月 15 日,十一届全国人大一次会议在北京人民大会堂举行第五次全体会议,表决通过了国务院机构改革方案。根据方案,这次国务院机构改革涉及调整变动的机构为 15 个,正部级机构减少 4 个。批准新组建工业和信息化部、交通运输部、人力资源和社会保障部、环境保护部、住房和城乡建设部五个大部。国家食品药品监督管理局并入卫生部。改革后,除国务院办公厅外,国

---

① 详见 2006 年 3 月《中华人民共和国国民经济和社会发展第十一个五年规划纲要》。

② 参见胡锦涛总书记 2007 年 10 月 15 日所作的《高举中国特色社会主义伟大旗帜 为夺取全面建设小康社会新胜利而奋斗》。

务院组成部门设置为 27 个。

这是新时期以来第六次国务院机构改革。大部制的实施,旨在实现政府不同部门在公共管理过程中决策权与执行权的分离,要求在政府的部门设置中将那些职能相近、业务范围相同的事项相对集中起来,由一个部门统一管理,最大限度地避免政府职能交叉、政出多门、多头管理、相互扯皮的现象。同时,改革也减少了部门和机构的数量,达到了提高行政效率、降低行政成本的目的。

未来,我们要根据中国和全球经济与社会发展的趋势和要求,下大力气从宏观、中观和微观三个层面入手,建立起以人为本的政府、职能权有限的政府、责任政府、绩效政府和依法行政的法治政府。学会在领导并建立法治文化和法制体系并保证司法公正的前提下,逐步降低"人治"的非科学性与非稳定性,用法律思维行政,依照法律行政,带领中国进入一个科学法治的健康发展轨道。

三、资讯时代的行政原则

资讯时代,伴随着全球范围内的行政变革,我国的行政环境及行政文化都在发生着深刻的改变。中国的社会转型以及在不断开放环境下行政的广泛传播性,对今后我国的公共行政提出了新的要求。在当前及今后较长的时期内,我国的公共行政都要把遵循"以人为本,建设和谐社会,落实科学发展观和建设社会主义新农村"作为行政的重点。与此相适应,我们要遵循依法、科学、绩效、人本、透明、创新的行政原则,建设资讯时代新的适应科学发展的行政文明。

(一)依法原则

依法原则就是依照法律行政的原则,即要求政府在宪法和法律允许的范围内行政,所有的行政行为都受法律制度的约束和监管。公共行政不应该超越国家的宪法和法律制度之上。

由杭州市市长,原温州市委书记、市长邵占维同志提议并亲自参与编纂的《温州市行政案例选编》一书成为当时温州市政府各部门局长、处长们的必读教材。该书一共选编了 50 个典型行政违法案例,均为温州市各级行政机关近年来败诉的案件,涉及的行政行为包括行政处罚、行政许可、行政征收、行政强制、行政确认、行政裁决等。行政违法和行政不当行为的原因包括事实不清、证据不足、适用法律错误、行政程序违法、超越职权、滥用职权、行政不作为等。每个案例都分为案情描述、分析、点评三部分。选编者以案说法,针对其中难点、疑点,深入浅出、逐条分析,提出了许多有见地的建设性意见。

　　浙江温州与我国行政诉讼法律的发展有着密切关系。1988 年 8 月 26日,全国首例"民告官"行政案件就出现在温州市苍南县。20 年来,温州市创造性地建立与实施了行政问责、行政首长出庭等多项制度,将政府行为逐步纳入法治轨道。但是,一些政府部门和执法人员依法行政的观念还比较淡薄,有法不依、执法不严、违法不究的现象还时有发生。时任市长邵占维同志要求把这些政府败诉的案例作为一面有价值的镜子,注意在今后的工作中多一分理性、多一分责任、多一分依法行政的意识、多一分对权力的正确对待,这样就会少一分政府运作的成本,多一分人民群众的信赖和支持。①

　　导致我国行政违法主要有三个原因。首先,我国行政规范性文件的制定中存在制定主体乱、规范的事项乱和规定程序乱的"三乱"现象。其次,我国对行政规范性文件的监督处于虚置状态。根据宪法和地方组织法等法律规定,全国人大常委会有权撤销国务院制定的同宪法、法律相抵触的决定和命令;国务院有权改变或者撤销各部、委、办不适当的命令、指示和规章,以及地方各级国家行政机关不适当的决定和命令;县级以上的地方各级人大及其常委会有权撤销本级人民政府不适当的决定和命令;县级以上的地方各级人民政府有权改变或者撤销所属各工作部门的不适当的命令、指示和下级人民政府不适当的决定和命令;乡镇一级的人民代表大会有权撤销乡镇人民政府的不适当的决定和命令。但在实际工作中这些规定基本处于虚置状态。

---

　　①　陈东升:《温州市长编纂行政败诉案例 宣传依法行政意识》,《法制日报》2008 年 3 月31 日。

第三,法律体系和行政体制的层级过多。我国具有多层次的立法体制和法律体系。在繁冗复杂的法律体系和行政体制下,每一级政府都是执法机构,都有权制定各类行政规范性文件。上下级关系看似等级分明,实则错综复杂,这就使行政规范性文件违反法律的现象不可避免。

最后,就是我们公共行政中的人治思想严重,缺乏依法行政的习惯。一些行政机关,特别是行政领导对规定得十分具体的法律法规也会置若罔闻,热衷于用领导意志代替行政决策。他们喜欢用"一枝笔"来签署红头文件,作批示,而不习惯直接用法律法规去管理国家、管理社会。

总之,我国目前还缺乏一套让公共行政机构和行政人员完全以公共意志和法律为基础,对民众高度负责的法制文化、法制环境以及法制体系。其结果是直接导致许多行政规范性文件的出台,貌似维护公共利益、加强社会管理,实则是强化和扩大了行政权力,推进政府及其部门自身利益,甚至表明个人政绩的需要。[①]

中国法学会宪法学研究会理事,华东政法大学法律学院教授刘松山博士在他的文章《违法行政规范性文件之责任追究》[②]中列举了五个典型的行政违法案例,分别是违反宪法、违反刑法、违反担保法、违反药品管理法、违反公益事业捐赠法,给我们以深刻的警示。

案例1 违反宪法:《中国青年报》2002年1月9日和11日连续报道,中国人民银行成都市分行年初在媒体上刊载招聘通知,对报考职员的身高作出限制性规定,要求男性身高不得低于1米68,女性身高不得低于1米55,引起四川大学一副教授代理求职学生提起诉讼,状告银行的招聘通知侵犯了宪法规定的平等权。

案例2 违反刑法:20世纪80年代后期,昆明市官渡区副区长储某在为四川攀枝花市驻昆明办事处协助办理征地事项的过程中,收受该办事处送给的彩电等物品,被昆明市官渡区人民法院、昆明市中级人民法院两审依据刑法认定构成受贿罪。而1991年底,昆明市中级人民

---

① 刘松山:《违法行政规范性文件之责任追究》,《法学研究》2002年第4期。
② 刘松山:《违法行政规范性文件之责任追究》,《法学研究》2002年第4期。

法院对该案决定再审,判决上述被告人无罪。理由是:上述被告人收受财物的依据是中共攀枝花市委、市政府下发的[86]40号文件。该文件规定,为使攀枝花市驻昆办事处能够顺利设立,应对当地有关干部给予协助,对有贡献者可以作出不同程度的奖励。昆明市中院认为,储某等被告人收受物品的行为,是"受惠于异地政策规定,不能定为受贿",并报经省高级人民法院同意,从而将储某的受贿罪改判无罪。

案例3　违反担保法:2000年1月12日,《法制日报》刊载出一则题为《政策和法律打架责任谁来承担?》的疑难案例:福建省长乐市财政局先后与27家企业签订周转金借款合同,并由企业所在地的乡镇财政所提供担保(财政所由财政局领导,实际是财政局的派出机构)。这27家企业倒闭后,财政周转金尚有745.8万余元未能收回。长乐市人民法院以玩忽职守罪判处该市财政局局长王凯锋有期徒刑5年6个月。法院认为,担保法规定:"国家机关不得作为担保人";王凯锋身为财政局长,应当对财政周转金的发放、回收等工作负领导责任。而王凯锋则大喊冤枉,认为自己不存在玩忽职守的问题,因为他是严格按照福州市榕委(1999)9号文件精神办事的,而福州市政府在2000年6月还专门以《关于研究协调第三批产业扶持资金安排有关问题》的专题会议纪要形式,要求坚决落实榕委(1999)9号文件。福州市委、市政府制定的文件违背了担保法的规定,王凯锋因为认真执行违法文件被判犯有玩忽职守罪,而违法文件的制定者却未承担任何法律责任。

案例4　违反药品管理法:《法制日报》2002年1月15日以《部门通知比法还大?》,16日以《岂能变通或"架空"法律》为标题,报道国家药品监督管理局等二部门以部门通知形式将修订后药品管理法中有关内容推迟2个月实施的违法行为及社会反响。修订后的《药品管理法》明确规定:"处方药可以在国务院卫生行政部门和国务院药品监督管理部门共同指定的医学、药学专业刊物上介绍,但不得在大众传播媒介发布广告或者以其他方式进行以公众为对象的广告宣传。"该法自2001年12月1日起实施。国家药监局等二部门《关于加强药品广告审查监督管理工作的通知》的红头文件,恰恰是"为了切实贯彻药品管理法",但此番贯彻却成了对法律的超越和变通。它规定,非抗生素类感染处方药、激素类处方药等三类处方药,以及已经审批的广告审查批准文号在有效期内的处方药,在2002年2月1日起停止在大众媒介发布广告。这实际是公然以部门红头文件的形式,将《药品管理法》的实施日期推迟了2个月。

案例5 违反公益事业捐赠法:《深圳都市报》2001年5月10日以《手机用户状告陕西省长》的醒目标题报道:1998年,陕西省政府发布了经省民政厅签署的(1998)4号文件,规定向当地手机用户收缴每个月10元钱的"帮困基金",由电信部门为陕西省政府代收。省政府的这个文件显然违反了公益事业捐赠法第4条的规定:"捐赠应是自愿和无偿的,禁止强行摊派或变相摊派"。2000年8月3日,西安市的两名手机用户——西北政法学院一教师和《消费者导报》一记者向西安市中级人民法院提起诉讼,状告陕西省政府及省长,请求法院确认政府收取帮困基金的文件违法并予以撤销,判决政府返还所收取的帮困基金及利息。但结果是,这个具有轰动效应的起诉,从西安市中级法院到陕西省高级法院均遭到驳回。

以上只是几则被媒体公开报道的具有代表性的行政违法案例,在实际生活中行政机关制定违法文件的数量决不在少数。特别是一些政府和部门的乱收费、乱罚款、乱摊派、实行地方保护甚至非法限制公民人身自由和财产权利等违法行为,都是以制定和执行违法行政规范性文件的方式进行的。

(二)科学原则

科学原则就是科学行政的原则,即以科学发展理论为指导,最大限度地整合各种行政资源,通过最适合的行政途径作出最科学、最全面、最合理、最有效的行政决策。这是行政的理想状态,也是行政者与行政对象共同的企盼。但由于我们现实的行政中充满了信息盲区与认知不足,行政不慎、不力、不全、不利、不公等现象依然严重,要真正达到行政的理想境界还需要时间。

要达到科学决策的效果,首先需要遵循科学决策的程序。任何一个科学的行政决策都包括三个必要的环节,它们依次是调研咨询→沟通论证→正式决策。我们现实中习惯的行政决策,大多由行政机构的首长办公会和同级党委的常委会决定。尽管这是关键的决策程序之一，也有"集体"决策的因素，但它是决策进入最高行政程序的终点，而非科学决策程序的本身。因为从决策的动议到决策的终点和执行还需要一个广泛认知、民众参与，集体（大集体概念）讨论和修改、补充完善的较长流程，对这个流程中任何必要环节的省略都会影响决策的质量。如果只有这个对决策"拍板"的最终程序，这个行政决策在很大程度上不是无效就会残缺不全。

我们的许多行政机构，通常在行政中只重视并使用行政决策的最后一个程序，忽视了之前两个非常重要的决策环节，即深入的调研和充分的论证。即使有所谓的"调研论证"环节，大多是让自己所管辖的委、办、局或国有公司来实施。由于是上级"交办"的事务，下级一定会根据上级的意思来"调研"和"论证"，得出的结论自然也符合上级的意图。这样的"咨询"、"调研"和"论证"形同虚设，难以发现其中的隐患。

针对一项行政动议，第一步要做的是深入基层，认真调研，最大限度地征求行政对象和行政利益相关方的意见，充分了解情况，收集信息。第二步是根据充分了解到的情况（必须首先保证调研的充分和有效），与行政对象和公众进行充分的沟通交流，对那些群众反映激烈和正确的意见要认真听取并及时纠正或补充；对于群众理解偏差或误解的地方，要做深入细致的解释说服工作，尽量做到与行政对象和相关者达成最大限度的共识。

与此同时，还要广泛征求相关专家学者的意见，以便获得对该项行政决策的权威信息和决策咨询的支持。对于不适宜的地方要及时修正，对专家学者不熟悉的环节要耐心解释，以保障对该行政内容论证的全面充分，尽量做到在宏观、中观和微观层面上都能保证该项行政决策的科学与合理，经得起时间的考验。

最后的环节才是进入行政决策和"拍板"的程序，将决策议题上报行政首长办公会和党委常委会，做最后的论证决策，以便付诸实施。这样，经过了三个流程的行政决策才具有科学性与前瞻性，才经得起时间的考验。

建立行政咨询制度是科学决策，克服行政决策盲区和缺陷最有效的方法之一。所谓行政咨询，就是把我们早已习惯了的由行政机构内部的领导"自我决策"转变成以行政机构为主体，兼顾广大行政对象、行政相关者和专家学者与顾问的"集体决策"。这样,行政机关就可以在广泛的调研论证,征求意见和建议的基础上,大量增加"兼听"之"明",避免"偏听"之"暗",使行政决策在集合众人智慧的基础上达到最大限度的客观、全面和科学。

长期以来,中国的行政层与知识界一直处在"两张皮"的隔离状态。政府是政府,专家是专家;领导是领导,学者是学者。大家各自忙碌,互不相干,彼此"老死不相往来",造成了行政资源和智力资源的双重浪费。

由于行政"官本位"的传统习惯、一些专家学者过重的书生气和理想主义等原因,使行政领域和知识界充满了误解与隔阂。一边是专家学者埋怨政府对自己的研究不理解、不重视,没有提供足够的实践阵地和资金支持,常常讥笑某些行政决策的不明不智,也谴责某些政府机构和官员善治的缺乏;另一边是政府官员抱怨学者们终日沉湎在书斋之中,不谙世事,学问空泛,夸夸其谈,理论脱离实际,不是对学者的言论观点不屑一顾,就是认为他们过于理想主义。

由于彼此交流和实践的缺乏,这种理论脱离实际,实践缺乏理论的现象一直存在并延续至今,仍无大的改观。如果官员和专家学者能彼此坦诚沟通,深入交流体验,了解彼此的现状和需求,建立普遍的合作机制,无论我们的学术研究领域还是行政领域都会呈现另一番美丽的风景。

上海市过去20多年来在行政咨询方面的一些成功做法值得全国各地的行政者借鉴和参考。早在朱镕基同志担任上海市市长期间,就建立了"上海市市长国际企业家咨询会议"(The International Business Leaders Advisory Council for the Mayors of Shanghai)的行政咨询制度①。根据上海发展的需求和问题,每年确定咨询会议的主题,请全球五百强企业的CEO、高管和国内外知名专家学者汇聚上海,为上海市领导提供行政咨询。

实践证明,这种咨询制度使上海市委、市政府和全市各级领导干部,能够站在全球的高度审视自己的发展,从全球发展利弊的参照和"跳出上海看上海"的角度观察自己的长处和不足,从而能够在更高的起点和更宽广

---

① 笔者当时作为上海市政府新闻办公室的新闻官,受托负责上海市国际企业家咨询会议新闻中心的工作,感受很深。

的视野下进行超前的科学谋划与决策。这样,整合了全球智力资源和经济资源(许多企业家也带来了投资)的行政咨询制度不仅帮助上海市提高了自己的决策水平和行政质量,也带来了大量的经济效益。因此,上海的繁荣与发展不仅有行政者自身的功劳,也有全国和全球许多智者的贡献,这也是上海"洋气"、"大气"和现代化背后不为人所知的原因之一。

笔者作为江阴市国际咨询委员会的委员,参加了两次江阴的国际咨询会议,感受了出产"华西村"的中国最富有最发达的城市——江阴市的领导集体,带领全市干部群众虚心学习、不断奋进超越,勇攀高峰,建设科学发展观指导下的"幸福江阴"的精彩过程。

第一次国际咨询会议与江阴市支持举办的"2010年中国电影金鸡百花奖"评奖活动一起进行。由于当时的发言时间不够,笔者应江阴市委的要求,专门撰写了书面发言材料,提出了一些对江阴建设和发展以及改进咨询会议等的建议。该建议得到了时任无锡市委常委、江阴市委书记朱民阳同志的重视和批示。随后召开的第二次咨询会采纳了笔者不少的建议,不仅增加了咨询专家发言的时间、精选了发言专家,还让该市的各部、委、办、局的主要领导参加,以便把咨询建议落到实处。这样的咨询会议不仅增加了咨询效果,也让我们看到了江阴市委、市政府领导谦虚的态度和追求卓越的精神。目前,江阴市作为中国浦东干部学院的重要教学基地,正在发挥着把科学发展观指导下的"幸福江阴"理念辐射到全国的重要作用。

总之,在社会急剧转型和变化的知识经济与信息时代,一个缺乏智囊和参谋,缺少公众参与的"孤独"的行政机构和行政领导,要想作出经得起历史考验的科学决策十分困难。无论我们的行政领导学历多高、经验多丰富、能力多强,过去的行政多么有效,面对复杂的变革时代,我们过去所有的知识和经验都显得力不从心。建立行政咨询制度,集中专家学者和广大民众的智慧,是科学行政的必由之路。

（三）绩效原则

行政绩效就是行政机关在公共管理和公共服务活动中所取得的成绩和效果。它既包括整个行政体系的绩效,也包括具体行政部门的绩效,其实质是通过一定的科学标准来检验衡量政府的行政能力与行政效果。衡量行政的绩效一般从三个层面展开。

在宏观层面考察和衡量整个行政体系实现其行政职能的总体程度和效果。例如,公共行政中政治民主与开放的程度,经济的健康和繁荣程度,文化的进步程度以及生活环境的改善程度等。

在中观层面,衡量政府各职能部门履行行政职能、实现行政目标的程度和效果。即各个政府部门是否完全体现了自己行政部门的职能定位,是否完成了自己的行政目标,是否在比较经济的行政成本基础上达到了行政效果最优化的结果,是否能够让行政对象、行政相关者及广大民众满意。

在微观层面,要考察衡量每一名公务员的个人业绩、贡献程度与绩效水平。用具体的可以量化的指标评估公务员在单位时间内完成的工作情况,工作效率、使用的资源以及满意度等。

行政绩效的评估可以通过内部和外部两个途径来进行。内部评估就是由行政体系内部的人员进行评估。这样做的优点是他们熟悉环境,了解情况,掌握资料,评估能够切合实际。但其缺点是,由于人员来自体系内部,会出现人情关系、同类怜悯等情况,可能产生"官官相护"的偏袒现象。

外部评估是由来自于行政体系之外的独立机构进行评估。这样会增加评估的独立、客观和公正性,能够比较客观地了解行政绩效的情况。但由于外部评估人员缺乏对该行政系统内部情况的熟悉和了解,评估不一定能够全面准确地反映行政的问题,从而会缩减评估的效力。

行政绩效的测定方法分为三种,即经济测定、效率测定和效益测定。

经济测定(Economic Measurement)是指在完成一项行政任务或达到一个行政目标的过程和结果中,行政成本与行政投入的比率测定以及行政开支与业务开支的比率测定。这种开支包括人均开支、单位成本以及经济改进余地等。经济测定的重点是行政成本的计算和行政资源的使用。

效率测定(Efficiency Measurement)是指行政资源投入与产出的比率,包括工作负荷、要素分析与产出评估等,侧重行政的成本与收益的分析。

效益测定(Effectiveness Measurement)是指行政成本投入与产出的关系、行政质量、行政产出达到的社会期望效果以及公民与顾客的满意程度等,侧重于大众对行政实际效果的评价。

目前,我国各级行政机构对于行政绩效的考察、评估与测定均处于起步阶段。各级行政领导不仅对行政考评测定的观念和意识落后,普遍重视不足,由于我国行政环境的复杂性,我们还缺乏一个从宏观、中观到微观三个层面考评行政的科学标准,我国的行政绩效考评远远落在全球之后,造成了巨大的资源浪费和无效行政。今后,要在深化行政体制改革,重视行政绩效考评的同时,通过深入调研,学习借鉴和反复研究论证,逐步建立和完善我国的行政绩效测定与考评体系。

(四)人本原则

以人为本,重视人权不仅是人类文明的特点,也是全世界和平与发展的潮流,更是公共行政制度建立的价值基础、出发点和奋斗目标。以人为本的"人"既包含全体社会成员,即受我国法律保护的一切社会成员。以人为本的"本"不仅是一种价值观,涉及人利益和幸福的核心与目标追求,还具有世界观和社会历史观的意义。

首先,"以人为本"体现在行政价值理念中,就是要尊重人、关爱人并促进人的全面发展。尊重人,就要摒弃传统的等级观念,用平等的态度对待所有人,肯定所有人的人格、权利、价值和尊严。关爱人,就是关心和爱护他人,关心人民群众的物质文化生活与精神需要,保障人民群众的基本权利以及政治上的成长与进步。促进人的全面发展,就是要使全体国民和人民在经济、政治、文化以及社会生活等各方面得到发展,体现人民的经济利益、政治利益和文化利益,也包括当前利益、长远利益、局部利益和整体利益等。在统筹城乡发展、区域发展、经济与社会发展、人与自然和谐发展、国内发展和对外开放的基础上来促进全民族的共同协调发展。

其次,"以人为本"体现在行政决策中,就要求一切公共政策的制定和实施、所有公共产品的研发与供给都要首先考虑是否满足了人民群众的需要,是否体现了最广大群众的利益。例如,城乡的道路、桥梁、机场、车站、码头、学校、商店、医院、公厕、邮局、银行、图书馆、博物馆、体育馆、影剧院、警署等公共设施是否齐全,水、电、煤气、网络通讯等是否完备。此外,所有的市政工程、基础设施和动用巨额公共财政搞的重大工程,在决策论证之前都应该与民众沟通交流。

"以人为本"是具体的而不是抽象的,是丰富而不是单一的。它既包括党和国家的大政方针、行政理念与制度措施等宏观层面的内容,还包括那些事关人们衣、食、住、行的方方面面。例如,在任何城市的中心地带十五分钟内是否能找到公共厕所,公共厕所内是否有卫生纸等如此具体和细节的内容都是以人为本的表现。

最后,"以人为本"重在落实。如果没有实际行动和具体的措施,没有人民群众的广泛参与、严格监督和制度保障,"以人为本"就只是挂在领导干部嘴上的政治口号,是大会小会例行的呼吁和领导讲话中美丽的词句,成为各级政府用来应付上级检查,搪塞群众的幌子。

习近平在担任上海市委书记期间说过,"一百个口号也比不上一个行动"。这句通俗而管用的话应该成为那些惯于喊口号、善于喊口号,却不能脚踏实地、认真贯彻落实的领导干部最好的提醒与警示。

(五)透明原则

党的十六届四中全会通过的《中共中央关于加强党的执政能力建设的决定》中指出,"发展党内民主,是政治体制改革和政治文明建设的重要内容。要认真贯彻党员权利保障条例,建立和完善党内情况通报制度、情况反映制度,逐步推进党务公开,增强党组织工作的透明度,使党员更好地了解和参与党内事务。""重视对社会热点问题的引导,积极开展舆论监督,完善新闻发布制度和重大突发事件的新闻报道快速反应机制。"

2006年11月1日,温家宝签署中华人民共和国国务院第477号令,公布了《北京奥运会及其筹备期间外国记者在华采访规定》。除了对外国记者来华采访提供采访器材托运等提供免税、快速通关等方便之外,还规定,外国记者在华采访,只需征得被采访单位和个人的同意便可接受采访。也就是说,外国记者采访不再需要上级主管部门的审批。这不仅是对外开放的一个重要信号,同时也是对全国各级行政机构和行政官员与境外记者沟通能力的挑战。

胡锦涛在党的十七大报告中也明确地指出,要确保权力正确行使,必须让权力在阳光下运行。2008年5月1日,《中华人民共和国政府信息公开条例》(以下简称《条例》)正式实施。这一条例的实施是为了保障公民、法人和其他组织依法获取政府信息,提高政府工作的透明度,促进依法行政,充分发挥政府信息对人民群众生产、生活和经济社会活动的服务作用。《条例》规定,县级以上地方人民政府办公厅(室)或者县级以上地方人民政府确定的其他政府信息公开工作的主管部门,负责推进、指导、协调、监督本行政区域的政府信息公开工作。

《条例》规定,各级人民政府及县级以上人民政府部门应当建立健全本行政机关的政府信息公开工作制度,并指定政府信息公开工作机构负责本行政机关政府信息公开的日常工作。行政机关应当及时、准确地公开政府信息。公民、法人或者其他组织还可以根据自身生产、生活、科研等特殊需要,向国务院部门、地方各级人民政府及县级以上地方人民政府部门申请获取相关政府信息。行政机关应当将主动公开的政府信息,通过政府公报、政府网站、新闻发布会以及报刊、广播、电视等便于公众知晓的方式公开。

《条例》规定,各级人民政府应当在国家档案馆、公共图书馆设置政府信息查阅场所,并配备相应的设施、设备,为公民、法人或者其他组织获取政府信息提供便利。行政机关可以根据需要设立公共查阅室、资料索取点、信息公告栏、电子信息屏等场所、设施,公开政府信息。行政机关应当及时向国家档案馆、公共图书馆提供主动公开的政府信息。行政机关收到政府信息公开申请,能够当场答复的,应当当场予以答复。不能当场答复的,应当自收到申请之日起 15 个工作日内予以答复;如需延长答复期限的,应当经政府信息公开工作机构负责人同意,并告知申请人,延长答复的期限最长不得超过 15 个工作日。

《条例》在其监督和保障部分规定,各级人民政府应当建立健全政府信息公开工作考核制度、社会评议制度和责任追究制度,定期对政府信息公开工作进行考核、评议。政府信息公开工作主管部门和监察机关负责对行政机关政府信息公开的实施情况进行监督检查。各级行政机关应当在每年 3月 31 日前公布本行政机关的政府信息公开工作年度报告。

《条例》规定,公民、法人或者其他组织认为行政机关不依法履行政府信息公开义务的,可以向上级行政机关、监察机关或者政府信息公开工作主管部门举报。收到举报的机关应当予以调查处理。公民、法人或者其他组织认为行政机关在政府信息公开工作中的具体行政行为侵犯其合法权益的,可以依法申请行政复议或者提起行政诉讼。

《条例》规定,行政机关违反本条例规定,未建立健全政府信息发布保密审查机制的,由监察机关、上一级行政机关责令改正;情节严重的,对行政机关主要负责人依法给予处分。行政机关违反本条例的规定,有不履行信息公开义务等违反规定的行为,由监察机关、上一级行政机关责令改正;情节严重的,对行政机关直接负责的主管人员和其他直接责任人员依法给予处分;构成犯罪的,依法追究刑事责任。

《中华人民共和国政府信息公开条例》的施行,是中国政务公开历史上的大事,对于深化行政改革具有重要的历史意义。它的实施不仅为"权力在阳光下运行"提供了法律依据和保障,也使中国的公共行政迈向了一个公开透明的阶段。政府公共信息的公开,不仅体现了我国公共行政"以人为本"的理念,开始对政府行政中的一些盲区和暗箱操作等现象进行法律约束和监督,同时,也会从侧面提高中国公共行政的管理绩效,推动我国的行政改革与行政发展。

除行政领域外,我国司法领域的信息公开也有了新发展。据中国法院网报道,2009 年 12 月 23 日,最高人民法院召开新闻发布会,对外公布《关于司法公开的六项规定》和《关于人民法院接受新闻媒体舆论监督的若干规定》,向社会承诺立案、庭审、执行、听证、文书、审务六公开,规范人民法院接受新闻媒体监督工作。

党务公开是又一个新亮点。2010 年 6 月 30 日,在建党 89 周年之际,中共中央外宣办召开新闻发布会并宣布,中共中央纪委、中央组织部、中央宣传部、中央统战部、中央对外联络部、中央台办、中央外宣办、中央党校、中央文献研究室、中央党史研究室、中央档案馆 11 个中共中央部门和单位建立新闻发言人制度。执政党党务的公开不仅是加强党委与公众沟通、消除误解和神秘感、密切党群关系的现实需要,也是实现党内民主,促进中国政治发展的重要途径。

(六)创新原则

创新是一个民族的灵魂,也是一个国家前进和发展不竭的动力和源泉。

对于古老的中国来说,创新具有更加特殊的意义。

中华文明是人类历史上最为古老悠久的文明之一,但在数千年的发展和延续之后,沉浸在"天朝大国"梦幻中的清政府受到了西方坚船利炮的猛烈轰击,保守封闭的大门被迫打开,仍然处于农业社会落后生产力水平的清政府自然无法抵挡经过了工业革命历练的西方列强,略微交手,便一败涂地。紧随其后的便是一系列丧权辱国、割地赔款的条约,让中国陷入了半殖民地半封建的苦难岁月。

当18世纪英国发生工业革命,蒸汽机代替了牛车,产业工厂代替了作坊的时候,我们依然处在"康乾盛世"的繁荣与梦幻之中。假如没有工业革命,假如人类没有这第一次技术革命和科技创新,也许发生在中国身上的许多梦魇就不会出现,至少不会出现得如此突然,以至于让沉迷在"天朝大国"自满与骄傲中的满清皇室猝不及防。后来的土地沦丧、军阀混战、资源外流、租界林立,日本军国主义在中国的烧杀抢掠和肆无忌惮的蹂躏等都是我们民族创新不足的残酷历史的延续。

如果说缺乏科技创新是我们民族文化基因中的某些缺陷,后来中国的落后挨打也就成了我们民族必然的宿命。著名哲学家黑格尔在评论中国时说过,"中国是文学的巨人,是科技的婴孩。"一个个王朝在用封建伦理维系着自己家族专制统治,把科技创造鄙视为"奇技淫巧"长期压制的同时,也在残酷地构筑着中国这样东方大国技术创新与生产力发展的悲剧梦魇。

当我们从历史的纵深处惊醒过来,理性地洞察体会创新,抚摸着我们自己近代社会的累累伤痕思考创新、追根溯源的时候,就会发现"创新"这两个字在我们国家和民族的历史上留下了多么沉重的记忆。战国时期,正是商鞅变法的创新,才使秦国不断发展壮大,实现大一统。在唐代,由于广纳贤才,在经济、政治和文化上的开放与创新,才造就了一个当时全球最为繁荣与昌盛的大唐帝国,谱写了一组传诵千古的贞观长歌。

曾经热播过的纪录片《大国的崛起》也是一部欧洲各国创新与发展,摆脱贫困,不断影响世界的波澜壮阔的历史画卷。从最早的葡萄牙通过航海发现东方香料成为欧洲首富,到西班牙殖民者发现美洲,荷兰成为"海上马车夫";从英国发生人类的首次工业革命,影响了人类的生产方式到美国整合全球智力资源,不断积聚全球智慧,以前人从未有过的开拓创新力度,一跃成为世界超级大国……这些铁的事实都告诉我们,正是人类持续不断的创新,才给人类社会带来了新的契机、新的变化和新的未来。

中国变革的历史就是创新的历史。中国共产党以马克思主义理论在中国的创新实践推翻了"三座大山",建立了人民当家作主的新中国。计划经济年代,由于极"左"思想的影响,受到教条理论的束缚,创新缺乏,国家陷入困境,使刚刚成立的共和国错失了宝贵的发展机遇。以邓小平为首的老一辈革命家,用超乎寻常的领导智慧和胆识,用"农村联产承包责任制"的改革与创新打破了僵局,使中国在党的十一届三中全会后焕发了青春,走上了改革开放的道路。

今天中国的改革开放事业发展到了一个新阶段,中国成为世界第二大经济体,外汇储备全球第一。目前,中国在国际社会正发挥着越来越重要的作用。

历史无数次证明,创新是一个国家持续发展和进步的不竭动力和源泉,如果创新停滞,就意味着这个国家和民族的落后与衰亡。

行政创新是国家创新中的重要组成部分,是影响其他创新的决定性要素。21世纪,在我国大力提倡创新,建设创新性国家,经济创新已经走出很远路程的背景下,落在后面的行政改革与行政创新更加让人期待。

行政的创新事关国家权力的执行,涉及行政资源的配置,人力资源的发展,关系党和国家的前途命运。行政的创新就是行政文化、行政理念、行政内容、行政体制机制和行政行为等的一系列改革创新。通过改革创新,我们要从原来"物本"的政府变成"人本"的政府;从"全能"的政府变成"有限"的政府;从"控制型"的政府变成"服务型"的政府;从"官本位"的政府变成"民本位"的政府;从"神秘"的政府变成"透明"的政府;从"人治"的政府变成"法治"的政府;从"封闭"的政府变成"开放"的政府。

(七)服务原则

邓小平曾经说过,"领导就是服务"(leadership is service,leader is to provide service)。这不仅是对领导本质的说明,也是对当代行政领导学的最新诠释。

上海闵行区城市综合管理和应急联动中心集综合管理功能和
应急管理功能于一身,成为我国社会管理创新的典型。

　　从世界各国行政发展的历史观察,任何政府或多或少都有自己的集权
特性和官僚特征。这种集权特征与官僚特性最大的影响就是导致公众与政
府的权力关系不对等,丧失了政府创建时与民众建立的契约精神。政府倾
向于"领导"和"管理"而普遍缺乏必要的公共服务,使行政体系不断僵化,

无形中走向专制并出现危机。因此,缺乏足够自省意识和严密自省系统设置的任何政府都会面临官僚化的危机。

　　服务型政府的意义不仅体现在政府公共服务功能的完善与提升,政府职能的转变,还体现在政府行政理念的与时俱进和深刻变革。在 21 世纪的新型行政环境中,政府不仅可以通过转换行政角色、改善和提高服务质量、向公众提供更多的公共产品来体现"善治"及公平的契约精神,实现党和政府"为人民服务"的宗旨,还可以通过良好的服务赢得广大群众的拥护,真正实现社会的科学发展。

问题思考

　　1. 资讯时代及其特征是什么?

　　2. 如何看待公共行政的本质及其变革?

　　3. 资讯时代对于公共行政有哪些影响?

　　4. 当代公共行政如何适应形势的发展?

第二章　媒体及其传播的发展与变迁

随着传播技术的发展和社会的开放进步，特别是新媒体的广泛应用，受众与书、报、刊、广播、电视等传统媒体之间的传统"新闻契约"关系正在发生改变，长期垄断着信息传播领域的传统媒体市场正在急剧地分化重组。在社会转型背景下，我们传统的官方传播正在向民间传播转型，组织传播在向个人传播转型，政治传播在向社会传播转型，传播主体由领导干部、企业家和专家学者等精英正在向普通民众转型。随着媒体信息量的急剧增加和多媒体平台的大大拓展，传统媒体和新媒体的联系与互动更加紧密，新的媒体系统与传播格局正在形成。

当世界各国的亿万民众在未经过必要的媒体素养教育和传播培训的情况下，迅速地作为"新媒体人"大规模地集结进入全球的信息市场，并以巨大的热情和活力参与信息传播时，不仅更大范围的社会透明不可逆转，而且这些充当着"记者"、"编辑"、"新闻发言人"和"主持人"的新兴传播力量将会极大地搅动已有的传播格局，让全社会的信息传播和舆论市场产生从未有过的震荡与变化。这种震荡与变化不仅会影响全社会的信息传播，还会由表及里触及我们社会的系统神经，影响并改变我们已有的不适应资讯时代发展的文化和体制等深层结构。

面对着与日俱增的开放透明的压力，长期处于媒体传播"温室"中的我国领导干部，不仅需要调整心态，换位思考，重新认识媒体，了解和熟悉媒体信息生产和传播的周期和规律，更要在对媒体科学认知的基础上遵照中央的指示精神，善待媒体、善用媒体和善管媒体，认真学习并掌握媒体沟通的理念、能力、方法和技巧，学会及时传播、主动传播、恰当传播和智慧传播，以提高自己与媒体打交道的能力。

第一节　媒体的概念及其认知误区

随着信息传播技术的发展,媒体的概念也发生了深刻的变化。原有的传统印刷媒体不断地受到电子媒体的威胁,其原有的竞争优势面临严峻的挑战。正当电子媒体的信息传播气势如虹、兴旺繁荣的时候,以互联网和手机等为代表的新媒体又脱颖而出,成为媒体家族的翘楚。与此同时,网络媒体本身也在衍生出博客、微博、MSN、QQ、Skype、Facebook、Twitter 等以人际交互传播为特征的自媒体。传统的媒体正在受到猛烈冲击,新媒体雨后春笋般地出现,媒体的概念和内涵都处在不断的延伸和变化之中。

一、媒体及其相关的概念

(一)媒体的基本概念

媒体(media),就是传播各类信息的媒介和载体。广义的媒体泛指所有能够传播信息的媒介,包括报纸、杂志、图书、广播、电视、网络、手机、信件、电话、电子邮件、宣传册、广告折页、名片、信息卡片、人体以及自然界的风、雨、雷、电、潮汐、彩虹等。狭义的媒体一般是指我们日常获取信息的报纸、期刊、广播、电视、网络、手机等媒体,也叫大众新闻传媒,即向大众传播新闻和信息的媒体。

通常,人们把大众新闻传媒中的报纸、杂志、图书等传统媒体称为"平面媒体"①(也有人将其称为纸质媒体或印刷媒体);把广播、电视等称作电子媒体;把互联网、手机等称为新媒体。媒体的"新"与"旧"是相对而言的。一般来说,相对于传统意义上的图书、报刊、广播、电视这些大众传播媒体而言,新媒体是指随着传播技术的发展和传媒市场的进一步细分而产生的传播技术最新、传播模式最新的媒体,目前主要是指互联网、手机等信息媒介。

(二)媒体概念的延伸

传统媒体的传播是由"信源——信道——信众"这三个要素形成的信

---

① 这里的"平面"是指广告界借用美术构图中的"平面"概念,因为报纸、杂志上的广告都是平面广告。

息传播链。即通过信源（信息源头，information sources）找到信息，通过信道（信息通道，information channel）释放和传递信息，再由信众（信息受众，information audients）接受信息。

新媒体则改变了这种传统的传播结构。在新媒体环境下，人人都是信源，即人人都可以发现并产生信息。人人都掌握着信道，只要有网络和手机并拥有博客、微博、MSN、QQ、Skype 等账号或者作为过客加入评论或聊天论坛等，人人都掌握着信息传播的通道。人人都是信众，还可以选择并影响受众。此时，拥有几万、几十万、几百万、几千万，甚至更多"粉丝"的"意见领袖"不断出现，传统媒体时代"信源——信道——信众"的格局正在被新媒体无情地打破，媒体的信息传播环境变得更加开放、丰富与自由。

新媒体的特点表现为传播者对交流的信息内容有相互对等的影响力和控制力，交流内容可以针对每个参与者的特定需求和兴趣而个性化，即分众化。例如，传统媒体环境下，信众只能对广播、电视和书报刊等信息进行被动接收，而在互联网或手机等新媒体环境下，受众不仅可以主动选择信息，也可以生产信息，发表言论并对传播产生自己个性化的影响。

以网络为载体衍生出来的博客、微博、QQ、Facebook 等社交网站以及由网民自由发起的各种论坛等都是新媒体家族的新成员与代表。博客与微博的出现改变了传统的信源和信道模式，让原来的信众（众多的个人）变成扩大了的信源，再通过其发布平台（自我控制的信道）又一次将信息传递给了其身边的朋友和陌生的网友（自由选择并改变了的信众）。网络评论（尤其是匿名网络评论）更是公众自由发表观点的信息发布与传播平台，突破了传统媒体集中控制信息的限制。

另外，搜索引擎也成为了新媒体的翘楚。无论是全球最大的搜索网站谷歌、不断发展壮大的大众搜索门户百度、雅虎，还是垂直搜索门户网站阿里巴巴、互动百科、当当网、亚马逊网等，其最根本的变化就在于，它们通过平台的打造最大限度地整合汇聚了各类信息资源，省略了传统媒体时代信息传播的中转环节，把众多浩繁的信息进行有机地组织整理编排后直接向受众开放。

新媒体上这种看似分散的信息在满足了受众巨大的个性化需求的同

时,也吸引了比传统媒体更多的"被解放了"的自由受众,汇聚起更大的舆论传播力量,往往比传统媒体的信息更具穿透力和影响力。

但是,由于受众的教育水平、综合素质、媒体素养、心态以及信息的客观性等局限,新媒体上也常常出现各种谣言、发泄私愤、攻击中伤他人等信息垃圾。此外,新媒体也成为受众情绪偏执、冲动集聚和暴力宣泄的平台。2011 年 8 月上旬,发生在英国的大规模青少年骚乱和暴力事件,就是一些人利用 Facebook 等社交网站传播不满情绪,动员青少年寻衅闹事,不少青少年跟风并且无意中犯罪的例证。英国首相卡梅伦宣布,可能采取措施和运营商一起制止这种利用网络等新媒体传播不满并严重危害社会的不良行为。

尽管在日益开放的资讯时代,控制信息并实行新闻审查会遭到非议和责难,但由于人类自身理性的缺乏以及在过度自由环境下人性之恶肆意泛滥的事实,处于对大多数人利益的保护以及维护整个社会必要秩序与安全的考虑,对某些新媒体的不良信息进行监控是必要的。否则,那些不为人所知或不被人重视的某些阴暗角落滋生的恶性病毒会大量积聚,严重危害社会。因此,我国采取一些必要的控制某些网站传播危害国家和社会安全等不良信息的举措是必要之举。

著名传播学家马歇尔·麦克卢汉[①]认为"媒体即讯息"(the medium is the message),媒体就是人的延伸(the medium is the extension of man),即媒体在时间和空间上延伸了人的视觉、听觉和感觉。[②] 例如,报纸、广播、电视

---

① 马歇尔·麦克卢汉(Marshall Mcluhan,1911—1980 年):20 世纪原创媒介理论家、思想家。麦克卢汉 1911 年出生于加拿大艾伯塔省埃德蒙顿市,他于 1933 年在加拿大曼尼托巴(Manitoba)大学拿到了文学学士学位,1934 年在同一所大学获得硕士学位,此后不久到剑桥大学留学,继续文学方面的研究,1942 年获得剑桥博士学位,并在美国多所大学执教。期间出过许多巨著,在社会上有很大影响。麦克卢汉一生勤于学问,拿了 5 个学位,完成了几次重大的学术转向:工科—文学—哲学—文学批评—社会批评—大众文化研究—媒介研究,终于成为 20 世纪最重要的媒介思想家之一。麦克卢汉在对传播的研究中进行了独特的探索。他试图从艺术的角度来解释媒体本身,而不是用实证的方式来得出结论。在这种艺术的探索中,麦克卢汉得出了"媒介就是讯息"、"媒介是人体的延伸"这些影响全球的结论。资料来源:百度百科(http://baike. baidu. com/view/978197. htm)。

② 参见斯坦利·巴兰、丹尼斯·戴维斯:《大众传播理论:基础、争鸣与未来》,清华大学出版社 2004 年版,第 296 页。

和网络不仅延伸了我们的眼睛、耳朵,还全面地延伸了我们的感觉和思维,把人类的感觉伸向了更加广阔的时空。

总之,媒体正在通讯传播技术迅猛发展的推动下发生着剧烈而深刻的变化。媒体介质不仅由印刷平面转向了电子和网络,引发了传播方式与传播格局的革命,媒体还在由传统时代信息高度集中垄断的同质化大众传播向满足各类受众需要和兴趣的分众化传播方向转变。同时,这种新的分众传播又在不断地分化、积聚、重组,形成新的以社会传播为特征的大众化传播浪潮。媒体的概念正在延伸。

二、我国领导干部的媒体认知误区

如果深入考察就会发现,媒体本身作为一种传播机构不仅反映一个国家的经济基础,也反映这个国家的上层建筑;既是一个国家或地区经济与社会发展的外化,又能通过其传播窗口深刻地折射出一个国家和社会的发展进步水平与文明程度。

由于缺乏对全球传播环境的全面认识和深入了解,长期处在我国特定传播环境中的中国领导干部在习惯了媒体"工具与喉舌"定位的同时,也无形中对媒体产生了不少的认知误区。这些认知误区主要表现在传播环境以及媒体功能两个方面。

(一)传播环境的认知误区

由于长期计划经济体制的影响,我国过去的传播主要是以"自上而下"为主的习惯性单向传播。在比较封闭的环境下,中国的领导干部与西方国家的党政官员相比,总体缺乏对媒体全面的认知。我们内地的领导干部是在计划经济体制以及党和政府对媒体严格监管所营造的"温室"里成长起来的,大部分人没有经历过媒体监督"枪林弹雨"的考验和历练。因此,他们也自然而然地对媒体认知产生了"安全"或"完全用行政手段可以控制"等错觉和误区。

许多领导干部认为,自己所要面对和沟通的媒体就是那些自己熟悉并经常使用的媒体,就是那些能够按照各地宣传和新闻管理部门的行政旨意,通过行政控制正面传播自己的党报党刊。他们认为媒体就是新华社、人民日报、光明日报、经济日报、中央广播电台、中央电视台,媒体就是自己所在省、自治区、直辖市以及所在地、市、县的党报、党刊、党台和政府网络。有些人甚至对我国专门从事对外传播的中国新闻社、中国国际广播电台、中国日报(China Daily)、上海日报(Shanghai Daily)、北京周报(Beijing Review)等外语媒体都比较陌生,更不用说那些风格迥异的港澳台媒体和外国媒体了。

随着我国改革开放的不断深入,世界各国媒体驻中国的记者站和分社都在不断增加。目前已经有包括港澳台地区在内的约400家境外媒体在北京等地设立记者站、分社和代表处。根据我国在北京奥运会期间的管理规定,所有常驻的境外记者都可享受"国民待遇",只要当事人同意就可以采访,不需要行政审批。此外,这些高度自由开放的境外媒体几乎每周都要编辑有关中国的舆情简报(China Menes Briepiny),发回到本部。

因此,我国早已处在全球媒体的覆盖与监督之下,成为在国际视野下领导与行政、建设与发展的透明社会,许多领导干部却对此浑然不觉。全国的领导干部不仅需要面对日益开放变化的国内媒体,更需要学习与港、澳、台地区的媒体和外国媒体打交道。这些媒体与处在党和政府监管下的内地媒体不同,其传播理念、传播价值与传播方法都以"收视率"为中心,关注自身的经济利益。除非有明显的违法行为会受到法律制裁外,一般情况下,境外媒体都没有类似我们宣传部和新闻办那样的行政监管机构,传播的自由度很高。这些境外媒体是我国大多数领导干部比较陌生甚至感到恐惧,但却是传播影响力很高的媒体。

面对全球化的传播环境与开放度要求,长期处于我们党内传播环境下的我国领导干部需要解放思想,更新观念,改变心态,消除习惯性的传播误区,学会用开放透明的理念、认真诚实的态度、跨越本民族文化的传播能力,用大多数人理解的语言和方法开展中国的行政传播,实现从计划经济体制下长期习惯的国内政治化传播向信息时代的社会传播与国际传播转型。

(二)传播模式的认知误区

许多人认为,媒体都会像我们的党报、党刊、党台那样,长期积极、主动、热情地帮助我们引导舆论、分忧解难,处处根据我们的意愿弘扬"主旋律",

一直对我们的行政给予"正面"传播,对一些敏感的"负面"①信息和问题采取回避和"护短"的态度。许多领导认为这就是在我国的政治与社会环境下,具有中国特色也符合中国实际的媒体传播模式。

事实上,随着全球化的趋势以及我国市场经济与社会的不断开放与进步,即便是一直弘扬"主旋律"的国内主流媒体,在新媒体的压力和威胁之下,其报道的开放透明度与监督力度也在不断上升,否则就会被日益崛起的新媒体边缘化甚至淘汰。包括港澳台地区在内的境外媒体长期把自己定位为继立法、行政和司法三权之外的"第四权力",对政治、经济与社会采取全面开放与透明的传播报道和舆论监督,把西方所谓的"新闻自由"精神发挥到了极致。

为了增加自己媒体的收视(听)率和阅读量,提升自己的竞争力与广告吸引力,西方媒体一味地迎合受众,甚至不惜用牺牲客观真实等新闻职业道德来抓住他们所谓的"热点",对一些奇闻、丑闻、冲突和争端、暴力和摩擦、灾害和事故等"坏消息"倾注了极大的热情和关注,而对于需要传播的积极信息则根据他们的意识形态偏见或主观意愿进行回避和删减。CNN、BBC、德法等国的电视台等为代表的西方主流媒体对"3·14"西藏拉萨的骚乱事件和随后的北京奥运会圣火海外传递中的片面而歪曲报道,就极好地诠释了这一现象。

因此,处于中国和谐、主流与"正面"媒体传播环境中的我国领导干部,不仅需要在日益开放的全球化背景下增加对西方媒体的传播环境、传播规律与传播模式的认知和了解,学会在东西方的文化差异中与全球媒体进行恰当而自如的沟通与交流,还需要用良好的心态来学习和适应中国在崛起中和崛起后全球大规模的关注、评论和批评,各界接受境外媒体的"挑战"。我国所有的领导干部都要逐渐学会公开、公平、公正地行政,学会在不同意见的舆论潮流中镇定自若、谦虚谨慎,开放诚实,积极整合信息,加强沟通协调,披荆斩棘、勇往直前。

---

① 许多记者对于传播中的所谓"正面"和"负面"颇有微词。客观地讲,不是好听的就是"正面",而逆耳的信息就是"负面"。我们的领导干部首先要听真话、了解真相,反而需要多听逆耳的忠言,自我反省,这些忠言恰恰都是极其正面的。

（三）媒体监管的认知误区

许多领导干部认为，媒体都是在党和政府的严密监管之下，以弘扬主旋律为己任，积极、正面、主动地传播行政的媒体。所有的媒体都可以通过各级党委宣传部门的文件和行政命令加以管理。只要给宣传部领导打个招呼，宣传部就可以指定哪条消息能报，哪条消息不能报。全国各地都完全可以通过党政机构的媒体监管来完成对于媒体舆论的控制和管理。这些在不开放的计划经济体制下形成的传统媒体控制方式，目前在开放的市场环境中与新媒体的不断发展的形势下，正面临着严重的挑战。

随着中国改革开放的不断深入，我国新闻媒体自身决定和选择报道内容的空间也在不断扩大。从 2008 年 5 月 1 日起正式实施的《中华人民共和国政府信息公开条例》又从法律的角度推动了行政信息的公开。伴随着中央电视台"焦点访谈"等栏目的出现，各地媒体舆论监督报道的比例也在不断上升。我国新闻媒体遵照胡锦涛在党的十七大报告中"要让权力在阳光下运行"以及加强舆论监督的有关指示精神，对于政务公开的报道力度正在不断加强，日益公开透明的行政传播将成为新形势下我国传播的主流。一些过去完全禁绝的"对政府形象不利"的报道，例如贵州"瓮安事件"、江西"宜黄事件"、"郭美美事件"等都已经成为我国主流媒体的传播内容。全国和全球媒体对四川汶川等地地震后大规模抗震救灾的空前报道，再次验证了在重大危机面前主流媒体公开、透明、主动、及时报道的必要性和正确性。

我们可以肯定，随着我国的开放与发展，一个开放而透明的传播时代正在到来。开放而透明的行政传播不仅是资讯时代的必然要求，也是我国行政发展与政治文明的必由之路。因此，我们必须要从过去的习惯性传播思维中解放出来，用更加宽广的视野、开阔的思路和开放的胸襟，来尽快适应我国新的更加开放的传播环境，在开放中自信地走向新的发展、进步和繁荣。

（四）媒体使用习惯的误区

媒体使用习惯是媒体素养的重要组成部分。我们全国大多数领导干部都在规定或约定俗成的范围内使用媒体信息，不少人由于工作忙或对媒重视不够,其媒体使用习惯与信息时代的要求不符。有些领导干部一天甚至多日不看中央电视台的《新闻联播》,不阅读《人民日报》,不浏览新华网等主流核心网站的信息,除了每天阅读和学习必要的文件外,大部分时间都花在开会和其他行政事务上,缺乏充足的使用媒体的时间,难以感受主流行政领域的"体温"和"脉搏",从而使自己处于信息盲区,影响其对中央精神的领会、对周遭环境的正确认识和判断,以及对行政事务的有效处理。

不少领导干部即便在媒体上花费了时间,也都是关注在本地媒体、国内媒体和传统媒体上,总体缺乏对于港澳台媒体、外国媒体和网络等新媒体信息的必要获取,缺乏对民众诉求的最新情况和最真实信息的了解和调查研究。这样,我们就难以从全局的高度、全球的角度以及全面信息的纬度来观察和认识事物,不能做到"知己知彼",使自己处于对真相了解不足的盲区和局限中,严重影响行政应有的公平与最佳绩效。

随着领导干部对信息的日益重视,越来越多的领导也被信息所累。他们的级别越高,文件就越多,内部参考和刊物不断,一天收到的信息资料即使一个月也看不完。在这种情况下,就需要我们的信息主管部门和研究部门,根据领导主管或分管的领域,参照国内外媒体的信息以及内部情报有效地筛选、整合并编辑信息,形成各种有针对性的简报提供给领导,让他们在有效的时间内获取最需要了解的信息。在此方面,浙江绍兴市、江苏镇江市和江阴市等都有很好的尝试。

第二节　媒体信息生产与传播的规律

一、新闻的概念及特征

在中国,"新闻"这一词最早出现在唐代。据《新唐书》记载:初唐神龙年间有一个叫孙处玄的文人曾说过:"恨天下无书以广新闻"。唐末诗人李咸用在其《冬夕喜友生至》、《春日喜逢乡人刘松》诗中都曾提到"新闻"一词。姚福申在其《中国古代官报名实考》中称"唐代在宣宗以后是有朝报的,至于以前是否有,尚需史料证实"。黄卓明先生在《中国古代的报纸探源》中认为,宋代"新闻"一词已较正规。南宋赵升的《朝野类要》一书记载:

"边报,系沿边州郡,列日具干事人探报平安事宜,实封申尚书省枢密院;朝报,日出事宜也,每日门下后省编定,请给事判报,方行下都进奏院,报行天下,其有所谓内探、省探、衙探之类,皆衷私小报,率有漏泄之禁,故隐而号之曰新闻。"程栋在《第二代新闻学》中把新闻的定义分两层:即从本体论看,新闻是先于主体的客观事物变动的重要信息;从认识论上看,新闻是主体感知或传播并为受众接收的客观事物变动的重要信息。

美国著名新闻学家布雷恩·布鲁克斯在其《新闻报道与写作》一书中指出,新闻就是新近或突然发生,引起公众瞩目与兴趣,涉及公众利益或对公众造成影响的事件。他认为新闻有八个特点,即时性、冲击性、突出性、接近性、冲突性、异常性、当即性和必要性。

1. 即时性(timeliness),即新闻必须是"最新"发生的事情,距离我们的时间距离最近。如果超出了一定的时效范围,就不是新闻了。这符合新闻是"最新发生的事情"这一基本定位。人的好奇心会一直驱使自己获取更为新鲜的信息,因此人们对于新闻和信息有着持续的向往以及持续更新的需求与渴望。我们可以从媒体上的"正点播报"、"随时滚动播报"以及每日的"新闻联播"中感知到新闻"新"的特点及时效性。

2. 冲击性(impact)是指新闻和信息能让大众在接受后产生比较强烈的视觉和感觉的冲击,留下深刻的印象,产生一定的影响。冲击性的新闻"大喜大悲"的居多。例如,奥运会、世博会、全运会、春节假期等重大赛事和庆典的热烈欢庆场面让人欣喜;东南亚海啸的灾难现场,缅甸飓风后满目疮痍的景象,美国新奥尔良洪水后的惨状,纽约双塔倒塌后的残垣断壁、四川、青海等地地震的严重破坏场面、美国墨西哥湾石油污染造成的环境损害、中国高铁的重大事故等都会对人产生强烈的冲击,令人痛心和难忘。

3. 突出性(prominence)就是指新闻的典型性。即该事件必须有特别与众不同之处,不能过于平淡。有了典型性和代表性,新闻才可能引起人们的关注,如果是一件我们随时随地都可以看到的普通事情,就没有必要放在媒体上作为新闻来加以传播。例如,一项重要惠民政策的出台,一个标志性工程的建设,一个典型人物的介绍,一个典型案件的审理或判决都有着自己的典型特色而受到公众的关注。

4. 接近性(proximity)就是我们与该条新闻的事实相关性、心理相关性以及该条新闻和信息让我们产生的个人兴趣与联想等。例如,一个在异国他乡的人,当新闻播报到自己的祖国或家乡的时候,会立刻引起他(她)的兴趣。当我们在报道中了解到了自己和家庭特别喜欢的人或感兴趣的事情时,就会特别关注。

5. 冲突性(conflict)是新闻引起大众瞩目和兴趣的另一个重要特点。冲突事件的矛盾特征,斗争与扩散效应会牵动大家的神经,引起绝大多数公众的关注,因此,任何冲突的事件都会"有幸"成为媒体新闻报道的对象。中东地区的冲突、伊拉克问题、阿富汗"基地"组织的活动、利比亚问题,朝鲜半岛问题、英国青少年骚乱以及世界各地发生的冲突事件等都是媒体常年关注的目标。其中,中东的问题让全世界的媒体一直关注了几十年,堪称为地区新闻之最,可惜至今还没有一个和平的结果。

6. 异常性(abnormality)就是特别、不一般或者不同寻常,超出了大众习惯性的认知和想象,从而会让大众产生特别的兴趣和关注。例如,媒体中经常报道在某地发现了什么大家都没有见过的特别的生物就属于"怪"的新闻。世界上所有的吉尼斯纪录、某国首个女宇航员、女总统、女子特警,某个小孩唱京戏堪与成人和专家媲美,某位驾驶单引擎飞机飞越五大洲,谁游泳横渡英吉利海峡、骑自行车走遍全国或世界等都属于特别的引起人们注目的事情。由于异常不同,人们很有兴趣。俗话说"狗咬人不是新闻,人咬狗才是新闻"就是这个道理。

7. 当即性(instantaneousness)与即时性有很多的关联类似之处。但是新闻的当即性强调新闻的"当下时间"和"正在发生"的同时性与现场性,让大众具有与新闻同步的"现在正在发生"的身临其境之感。媒体为了增加新闻的当即性,常常采用现场直播的方式来传播新闻。

8. 必要性(necessity)又与相关性类似。但是必要性强调新闻和信息"必不可少"和"不可或缺"的特点。通过传播,让公众明白这条新闻和信息就是自己一定"应该知道"或"必须知道"的事情,庆幸媒体传播了这条新闻。例如,涉及国计民生的重要消息、重要通告等,虽然不是重大新闻事件,但是对于民众来说却是很必要的生活信息等。例如,建设保障性住房等改善民生的举措、税费和利率的调整、医疗保障、教育等改革新政策的出台等。这些新闻因为与广大受众的日常生活和切身利益密切相关,因此,收视率和关注度都很高。

新闻的八个特点并非一定要同时存在于某一条新闻和信息之中。有些新闻可能只有一个特点,有些新闻和信息可能具有一个或者多个特点。媒体根据每天发生在世界上的事情,按照这些特点中一个或多个特性来定位和选择信息,经过编辑组合向外传播。

一般来说,距离我们越近的事我们越会关注,事件和问题越严重就越会引起我们的注意。了解了新闻的这八个特点,有利于帮助我们认识和判断信息,掌握新闻的规律,以便我们能根据自己的行政现实和需要组织活动,整合资源,开展针对性的对外传播。因此,我们的行政机构和领导干部需要不断地学习,以适应新闻传播的规律,将行政信息和行政决策纳入到媒体的传播之中。

熟悉和了解新闻的这些基本特点,有利于增加领导干部的媒体素养,善于发现、捕捉和组织策划那些媒体感兴趣的新闻,做到在行政传播与媒体公关中更加有的放矢,积极有效地开展本单位或本地区的传播。

二、"新闻契约"(News Covenant)

新闻契约是指各类传播媒体与广大受众(读者、听众、观众和网民)之间由于自然的信息传播和信息接收格局而形成的一种传播关系和传播伦理约定。即媒体为了自己生存与发展的需要,尽最大努力为公众提供完整而准确的新闻报道和信息服务;公众由于对信息的依赖以及对媒体的信任事先认定该报道和信息真实准确,不加怀疑地吸收并作出自己的各种反应。

由于大众新闻传媒在信息传播中需要并不得不具备的"真实"、"准确"与"客观"等基本的信息传播道德准则和公信力①,公众就以自然推想并承

---

① 媒体也是一个公共机构,如果媒体传播虚假的新闻并对公众撒谎,它就要承担被公众谴责和不信任等反应而产生的严重后果,损害其作为大众信息传播媒介的公信力。因此,为了自己的生存和发展,媒体不敢轻易产生对自己有严重损害的撒谎行为,从而会对其信息传播的真实准确保持必要的道德约束和自我端正。——作者注

认媒体传播"诚实"的道德准则为基本前提来认知、判断其传播的信息,相信媒体信息的真实性,并作出自己的价值判断和行为反馈。于是便有了媒体与受众之间无形中的信息传播关系约定,这种媒体和受众之间的传播关系及约定就是新闻契约。

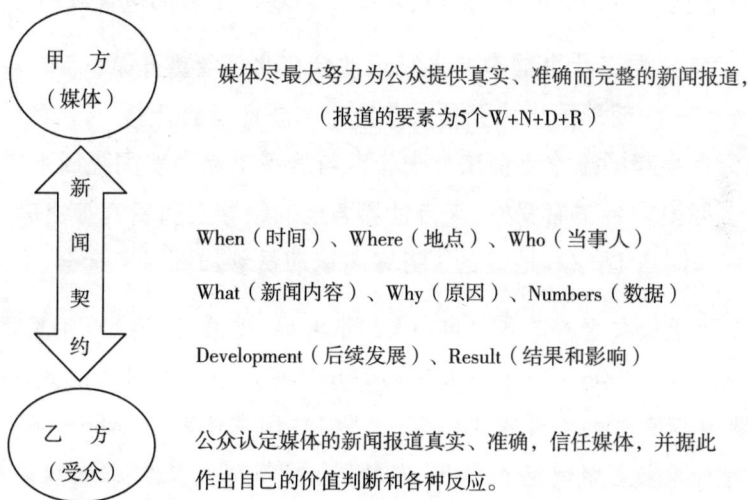

甲 方
(媒体)　　媒体尽最大努力为公众提供真实、准确而完整的新闻报道,
　　　　　　（报道的要素为5个W+N+D+R）

新
闻　　　　When（时间）、Where（地点）、Who（当事人）
契
约　　　　What（新闻内容）、Why（原因）、Numbers（数据）

　　　　　　Development（后续发展）、Result（结果和影响）

乙 方
(受众)　　公众认定媒体的新闻报道真实、准确,信任媒体,并据此
　　　　　　作出自己的价值判断和各种反应。

图 2-1　新闻契约

新闻契约的建立开始于传统媒体时代"传播—接受"的传播模式,而在新媒体环境下,"新闻契约"的格局有所变化。新媒体不仅改变了受众被动接受信息的局面,让受众从被动的信息接受者变成了主动的传播者。同时,由于新媒体的传播环境还不太成熟,新媒体上传播的不少信息其真实性与可靠性都存在问题,因此,新媒体环境下的"新闻契约"关系会更加复杂和脆弱。

然而,无论如何,谎言的生命力都是短暂的。新闻本身的结构要素也为信息的真实性和准确性提供了一定的保障,决定了其契约的可靠性。一个完整的新闻故事或新闻事件,一般由以下几个基本要素组成,即五个 W,一个 N,一个 D 和一个 R。五个 W 是指 When(时间)、Where(地点)、Who(主要嘉宾、当事人和处理人等)、What(具体是什么内容)、Why(新闻事件发生的原因),一个 N 是指 Numbers(新闻事件中的必要的统计数据),一个 D 指的是 Development（新闻事态的发展），一个 R 就是 Result（新闻事件的结果和影响）。

现在，让我们根据新闻的这几个要素来分析一下《人民日报》对 2008 年 8 月 8 日北京奥运会开幕式的报道。这也是 8 月 9 日《人民日报》的头版头条新闻，是奥运特刊的特别报道，其新闻的基本要素都包含其中。

第二十九届奥林匹克运动会在北京隆重开幕
胡锦涛出席开幕式并宣布本届奥运会开幕
江泽民吴邦国温家宝贾庆林李长春习近平李克强贺国强周永康、
国际奥委会主席罗格、来自世界各地的领导人和贵宾等出席
204 个国家和地区的 1 万多名运动员参加本届奥运会

新华社北京 8 月 8 日电（记者孙承斌、汪涌、高鹏）百年奥运梦，今夜终成真。2008 年 8 月 8 日晚（when 时间），举世瞩目的北京第二十九届奥林匹克运动会开幕式（what 主题）在国家体育场（where 地点）隆重举行。国家主席胡锦涛（who 人物）出席开幕式并宣布本届奥运会开幕。具有两千多年历史的奥林匹克运动与五千多年传承的灿烂中华文化交相辉映，共同谱写人类文明气势恢弘的新篇章。

江泽民、吴邦国、温家宝、贾庆林、李长春、习近平、李克强、贺国强、周永康等党和国家领导人，国际奥委会主席罗格、终身名誉主席萨马兰奇，以及来自世界各地的领导人和贵宾（who 人物）出席开幕式，同全场观众共同见证这一激动人心的历史时刻。

（以下为 how 如何）夜幕下，"鸟巢"造型的国家体育场华灯灿烂，流光溢彩。可容纳 9 万余人的体育场内座无虚席，群情激动。开幕式正式开始前，来自一些省、自治区、直辖市和香港特别行政区、澳门特别行政区、台湾地区的表演团队，献上精彩纷呈的民族歌舞，把现场气氛渲染得十分热烈。

19 时 51 分，在欢快的乐曲声中，胡锦涛、江泽民和罗格等走上主席台，向观众挥手致意。全场响起长时间的热烈掌声。

一道耀眼的光环，照亮古老的日晷。体育场中央，随着一声声强劲

有力的击打,2008 尊中国古代打击乐器缶发出动人心魄的声音,缶上白色灯光依次闪亮,组合出倒计时数字。在雷鸣般的击缶声中,全场观众随着数字的变换一起大声呼喊:10、9、8、7、6、5、4、3、2、1……在一片欢呼声中,迎来了开幕式正式开始的时刻:20 时整。

2008 名演员击缶而歌,吟诵着"有朋自远方来,不亦乐乎",表达对世界各地奥运健儿和嘉宾的欢迎。五彩的焰火沿北京南北中轴线次第绽放,呈现出象征第二十九届奥运会的 29 个巨大脚印。一个个燃烧的脚印穿过夜空,一路向北,在国家体育场上空幻化成飞泻而下的繁星,在地面汇聚成闪闪发光的奥运五环,被空中轻盈起舞的"飞天"仙子缓缓提起……充满浪漫情调和独特创意的奥运五环展现方式,让现场观众深受感染和震撼。

"五星红旗迎风飘扬,胜利歌声多么响亮。歌唱我们亲爱的祖国,从今走向繁荣富强……"在清脆的女童歌声中,身着中国各民族服装的 56 名少年儿童,簇拥着鲜艳的五星红旗进入体育场。

20 时 12 分,全体起立,军乐队奏响中华人民共和国国歌,中华人民共和国国旗冉冉升起。现场观众放声高唱,嘹亮的国歌声在体育场内回荡。

灯光转暗,古琴声起,巨幅画轴缓缓展开,以"美丽的奥林匹克"为主题的大型文艺表演拉开帷幕……艺术家们历经 3 年多精心准备的这台演出,以新颖的创意、浓郁的中国风情、富有感染力的表现手法,向世界奉献了一部奥林匹克与中华文明交融交汇的华丽乐章。

清雅、悠远的古琴声中,黑色的身影在白纸上飞舞,如同一只无形的大手在挥毫泼墨,一幅中国水墨画随后在体育场中央缓缓升起;手持竹简的 810 名士子,齐诵"四海之内皆兄弟也""三人行必有我师焉",897 块活字印刷字盘变换出不同字体的"和"字与蜿蜒耸立的长城……"画卷""文字"等节目含蓄隽永、意境悠远,形象地表现了中国文化的源远流长和印刷术等古代"四大发明"的不朽魅力。移动的戏台上,在京胡、锣鼓伴奏下,4 个京剧木偶和 800 名演员表演喜悦的凯旋场面;辽远无边的沙漠、波涛汹涌的海洋,陆上、海上"丝绸之路"的开拓者艰苦跋涉、破浪前行；优美的昆曲声远远飘来，5 幅中国长卷画一一展开，身披彩衣的仙子婆娑起舞，32 座龙柱缓缓升起……"戏曲""丝路""礼乐"等节目热烈奔放、辉煌壮观，生动展现了中华文化的博大精深。钢琴声清亮、欢快，1000 名演员扮成群星在舞台上欢舞，如同浩瀚的银河在流动，搭建起星光闪闪的"鸟巢"，红衣少女放飞起美丽的风筝；太极表演刚柔相济、气势磅礴，天圆地方的太极阵里，天真烂漫的孩子唱着童谣，手持彩笔在水墨画上描绘出青山绿水和笑吟吟的太阳，五彩斑斓的鸟群展翅翱翔……这些空灵简约、韵味深长的艺术表现，深刻体现了中国人民喜迎奥运的激动之情和对和平、和谐的真诚追求。

宏大的音乐骤然响起，浩渺的宇宙中，群星闪耀，蓝色的地球缓缓旋转，58 名演员在地球上奔跑、翻跃。"我和你，心连心，同住地球村。为梦想，千里行，相会在北京……"英国女歌手莎拉·布莱曼和中国歌手刘欢深情地唱起北京第二十九届奥林匹克运动会主题歌《我和你》。体育场上展现出 2008 张世界各地儿童的笑脸，体育场上方的投影屏上也呈现出孩子们笑盈盈的脸庞。情真意切的主题歌和不同肤色儿童的笑脸，生动诠释了北京奥运会"同一个世界、同一个梦想"的主题。

21 时 10 分，运动员入场式开始。反映世界五大洲风格的乐队轮番奏响不同大陆的经典乐曲。来自奥林匹克运动发源地的希腊代表团首先入场，其他国家和地区代表团按简化汉字笔画顺序先后进场。共有 204 个国家和地区的代表团参加本届奥运会。今后 16 天里，来自世界各地的 1 万多名运动员（numbers 数字）将在五环旗下同场竞技。陆续入场的运动员个个朝气蓬勃、精神抖擞，不时微笑着向观众挥手致意。现场观众用热烈的掌声和欢呼，欢迎他们的到来。

23 时 09 分，东道主中国代表团最后入场。中国体育代表团共1099 人，其中参赛选手 639 人，创中国历届奥运会参赛人数之最，也是本届奥运会参赛运动员最多的代表团。

中国队持旗手、著名篮球运动员姚明拉着四川省汶川县映秀镇渔子溪小学二年级学生林浩的手，走在队伍最前列。在汶川特大地震发生的那一刻，9 岁的小林浩临危不惧，冲进废墟营救同学，被评为抗震救灾英雄少年。中国人民面对灾难展现出的坚忍不拔、顽强不屈,让全场中外观众备受感动。观众席上掌声雷动、欢呼不断,"中国加油"的呐喊声响彻体育场上空。

入场过程中,每个运动员都在体育场中央的画面上留下了彩色足迹。五颜六色的足迹与文艺表演留下的图画,共同构成一幅"人类家园"的美丽景象。

北京奥运会组委会主席刘淇在开幕式上致辞,他代表北京奥组委,向来自世界各个国家和地区的运动员、教练员、来宾表示热烈的欢迎;向国际奥林匹克委员会、各国际单项体育组织,向参与北京奥运会筹办的建设者和工作者,向所有关心、支持北京奥运会的朋友们表示衷心的感谢。刘淇说,北京奥运会的重要使命在于促进世界各国文化的交流。我们真诚地希望,中华民族悠久的历史文化、热情好客的人民,能给朋友们留下美好的记忆。

国际奥委会主席罗格在开幕式上致辞。他感谢北京奥组委和成千上万志愿者不辞辛劳的工作。罗格表示,我们处在同一个世界,我们拥有同一个梦想,希望本届奥运会带给大家欢乐、希望和自豪。

23 时 36 分,一个万众期盼的时刻到来了。国家主席胡锦涛用洪亮的声音宣布:北京第二十九届奥林匹克运动会开幕!

顿时,璀璨的焰火绽放夜空,激昂的旋律响彻全场,彩旗挥动,欢呼声经久不息……

8 位执旗手手持奥林匹克会旗入场。他们是我国不同时期优秀运动员的代表——创造我国田径史上第一个世界纪录的女子跳高运动员郑凤荣,3 次打破百米蛙泳世界纪录的泳坛健将穆祥雄,多次获乒乓球世界冠军的张燮林,首次登顶珠穆朗玛峰的女运动员潘多,获得过 13 个世界冠军的羽毛球运动员李玲蔚,曾刷新 10 米移动靶项目奥运会纪录的射击运动员杨凌,连续在 4 届奥运会上摘金夺银的跳水运动员熊倪,实现我国冬奥会上金牌"零的突破"的短道速滑运动员杨扬。80 名身着民族服装的儿童,唱起奥林匹克会歌。奥林匹克会旗缓缓升起,和五星红旗一道,在体育场上空高高飘扬。

在五环旗前,中国运动员张怡宁、中国裁判员黄力平分别代表全体参赛运动员、裁判员宣誓。

"我们在这里相逢,语言不同一样的笑容……"优美的歌声中,100名白衣少女和着节拍,交叉双臂、挥动双手,如同洁白的和平鸽振翅高飞。运动员和观众也和少女们一同舞起双臂,场内呈现万鸽齐飞的壮观场景,表达了人们对和平的殷殷期盼。

23时54分,取自奥林匹亚的奥运圣火抵达国家体育场,激动人心的奥运圣火点燃仪式即将开始。全场观众挥动彩色手电,宛如万点繁星,熠熠闪烁。在过去4个多月里,奥运圣火穿越五大洲,传遍中华大地,首次登上世界最高峰珠穆朗玛峰,在2万多名中外火炬手的接力传递中,一路点燃激情,一路传递梦想。

8名火炬手高擎火炬,在体育场内进行最后的传递。摘取中国奥运史上第一枚金牌的许海峰、中国第一位奥运会跳板跳水金牌获得者高敏、第一位夺得体操世锦赛个人全能金牌的中国选手李小双、中国举重史上唯一得过两枚奥运金牌的占旭刚、中国奥运史上第一枚羽毛球混双金牌获得者张军、中国首枚67公斤以上级跆拳道奥运冠军获得者陈中……曾经创造一个个辉煌的著名运动员,手举圣火在体育场内慢跑,受到全场观众热烈欢迎。

9日0时整,第七名火炬手、曾为中国女排夺得"三连冠"立下汗马功劳的中国女排前队长孙晋芳举着火炬,来到体育场上的一个高台,等候在这里的著名体操运动员李宁将手中的火炬点燃。高举火炬的李宁腾空飞翔,在体育场上空一幅徐徐展开的中国式画卷上矫健奔跑,画卷上同时呈现出北京奥运圣火全球传递的动态影像。(Development发展)

0时04分,在空中奔跑的李宁来到火炬塔旁,点燃引线,巨大的火炬顿时燃起喷薄的火焰,熊熊燃烧的奥林匹克圣火把体育场上空映照得一片辉煌。

圣火点燃,全场沸腾。绚丽的焰火腾空而起,在体育场上空辉映成七色彩虹。奔放的音乐、热烈的欢呼震耳欲聋,现场气氛达到了高潮。

同一时间,北京各地4万余发焰火齐放。从灯火辉煌的奥运村,到古色古香的永定门;从巍然雄踞的居庸关长城,到花团锦簇的天安门广场,万紫千红的焰火如星空下的一条彩带,与国家体育场上空的焰火遥相呼应……

欢歌劲舞庆盛事,火树银花不夜天。这是13亿中国人民永难忘怀的时刻,这是现代奥林匹克运动又一辉煌的瞬间。历经7年的精心筹备,中国向世界奉献一个共叙友情、同享和平的盛大庆典(result 结果)。

今夜,北京不眠!

今宵,世界同庆!

出席开幕式的各国各地区贵宾有:(who 人物)土库曼斯坦总统别尔德穆哈梅多夫、马达加斯加总统拉瓦卢马纳纳、马来西亚最高元首米詹、马里总统杜尔、乌兹别克斯坦总统卡里莫夫、巴西总统卢拉、文莱苏丹哈桑纳尔、毛里求斯总统贾格纳特、瓦努阿图总统马塔斯凯莱凯莱、东帝汶总统奥尔塔、以色列总统佩雷斯、加纳总统库福尔、加蓬总统邦戈、卢森堡大公亨利、圣马力诺执政官扎费拉尼、圣马力诺执政官阿马蒂、布隆迪总统恩库伦齐扎、白俄罗斯总统卢卡申科、亚美尼亚总统萨尔基相、刚果(金)总统卡比拉、吉尔吉斯斯坦总统巴基耶夫、安哥拉总统多斯桑托斯、老挝国家主席朱马利、克罗地亚总统梅西奇、库克群岛女王代表古德温、阿尔及利亚总统布特弗利卡、阿富汗总统卡尔扎伊、阿塞拜疆总统阿利耶夫、拉脱维亚总统扎特莱尔斯、法国总统萨科齐、波黑主席团轮值主席西拉伊季奇、罗马尼亚总统伯塞斯库、哈萨克斯坦总统纳扎尔巴耶夫、挪威国王哈拉尔五世、柬埔寨国王西哈莫尼、美国总统布什、莫桑比克总统格布扎、密克罗尼西亚总统莫里、菲律宾总统阿罗约、萨摩亚国家元首埃菲、塔吉克斯坦总统拉赫蒙、斯里兰卡总统拉贾帕克萨、斯洛伐克总统加什帕罗维奇、朝鲜最高人民会议常任委员会委员长金永南、越南国家主席阮明哲、韩国总统李明博、黑山总统武亚诺维奇、塞尔维亚总统塔迪奇、塞舌尔总统米歇尔、塞浦路斯总统赫里斯托菲亚斯、新西兰总督萨蒂亚南德、瑞士联邦委员会主席库什潘、蒙古总统恩赫巴亚尔、摩纳哥国家元首阿尔贝二世亲王、几内亚总理苏瓦雷、巴基斯坦总理吉拉尼、日本首相福田康夫、瓦努阿图总理利尼、乍得总理阿巴斯、吉布提总理迪莱塔、安道尔首相潘塔、汤加首相塞韦莱、芬兰总理万哈宁、阿尔巴尼亚总理贝里沙、俄罗斯总理普京、泰国总理沙马、荷兰首相巴尔克嫩德、斐济临时政府总理姆拜尼马拉马、缅甸总理登盛、澳大利亚总理陆克文、丹麦王储腓特烈、比利时王储菲利普、卡塔尔王储塔米姆、汤加王储图普托阿、西班牙王储费利佩、阿联酋哈雅公主、英国公主安妮、泰国公主诗琳通、荷兰王储亚历山大、关岛总督卡马乔、佛得角总统夫人阿德尔西娅、南非总统夫人扎内莱、津巴布韦总统夫人格蕾丝、格鲁吉亚总统夫人桑德拉·鲁洛夫斯等。

出席开幕式的党和国家领导人还有：王刚、王兆国、王岐山、回良玉、刘云山、刘延东、李源潮、汪洋、张高丽、张德江、俞正声、徐才厚、郭伯雄、薄熙来、李瑞环、尉健行、李岚清、吴官正、罗干、何勇、令计划、王沪宁、乌云其木格、韩启德、华建敏、陈至立、周铁农、李建国、司马义·铁力瓦尔地、蒋树声、陈昌智、严隽琪、桑国卫、梁光烈、马凯、孟建柱、戴秉国、王胜俊、曹建明、杜青林、白立忱、陈奎元、阿不来提·阿不都热西提、李兆焯、黄孟复、董建华、张梅颖、张榕明、钱运录、孙家正、李金华、郑万通、邓朴方、万钢、林文漪、罗富和、陈宗兴、王志珍和杨白冰、丁关根、迟浩田、张万年、吴仪、曹刚川、曾培炎、王汉斌、倪志福、铁木尔·达瓦买提、彭珮云、周光召、曹志、李铁映、司马义·艾买提、何鲁丽、成思危、许嘉璐、蒋正华、顾秀莲、热地、盛华仁、肖扬、韩杼滨、贾春旺、宋健、胡启立、陈锦华、毛致用、王文元、王忠禹、李贵鲜、罗豪才、张克辉、郝建秀、徐匡迪、张怀西、李蒙，中央军委委员李继耐、廖锡龙、常万全、靖志远、吴胜利、许其亮，以及傅全有、于永波、乔清晨。

香港特别行政区行政长官曾荫权、澳门特别行政区行政长官何厚铧出席开幕式。

中国国民党荣誉主席连战、中国国民党主席吴伯雄、亲民党主席宋楚瑜也出席开幕式。

国际奥林匹克委员会、各国际单项体育联合会负责人等出席开幕式。①

从这条2008年8月9日《人民日报》的特别报道中,我们可以看出第二十九届奥运会在我国首都北京隆重开幕,全球运动员和嘉宾云集"鸟巢"欢庆奥运盛典的盛况。这篇报道涵括了北京奥运会开幕式的时间、地点、与会的党和国家领导人、国际奥委会主席和官员以及世界各国领导人、港澳等地的与会嘉宾、200多个国家的运动员以及开幕式内容等要素。同时,报道还特别对我们奥运会开幕式的精彩演出和点火等细节进行了生动而细致的描述,呈现了北京奥运会开幕式气势磅礴、恢宏壮丽以及创意独到和美轮美奂的景象,让人们能够把文字描述与当晚精彩绝伦的仪式有机地结合并产生美妙的联想。

我们再来分析一下新华社对于2010年上海世博会的报道②。

新华社上海4月30日电(记者 孙承斌、李斌、厉正宏) 展示中国发展新貌,荟萃世界文明精华,举世瞩目的中国2010年上海世界博览会开幕式(what 内容)30日晚(when 时间)在上海世博文化中心(where 地点)隆重举行,国家主席胡锦涛出席开幕式并宣布上海世博会开幕。党和国家领导人李长春、习近平、李克强、贺国强、周永康,国际展览局主席蓝峰,来自世界各地的领导人和贵宾(who 人物)出席开幕式。

(以下为 development 发展)上海世博会是继北京奥运会后我国举办的又一国际盛会,也是第一次在发展中国家举办的注册类世界博览会。本届世博会的主题是"城市,让生活更美好",来自世界各地的参展方将通过展示、论坛、表演等形式,共同探讨城市未来发展理念,尽情畅想人类进步美好前景。

夜幕降临,浦江两岸华灯璀璨,世博园内流光溢彩。造型宛如飞碟的上海世博文化中心内,8000多名观众(who 人物)欢聚一堂,热切期

① 人民日报2008年8月9日头版新闻(http://news.sina.com.cn/c/p/2008-08-09/140416090031.shtml)。
② 新华社2010年5月1日头条新闻。

待盛会开幕时刻的到来。

20时许,在欢快的乐曲声中,胡锦涛和蓝峰等走上主席台,向观众挥手致意。全场响起长时间的热烈掌声。(how开幕式如何推进)

场地中心舞台的大屏幕上呈现出中国韵味的彩墨荷花。700名少女在舞台上亭亭玉立,手中变幻出晶莹剔透的水晶球;无数个白色浮球从天而降,组合成一只象征和谐美好的和平鸽;身着我国各民族服饰的男女青年,在《和谐欢歌》的歌声中翩翩起舞……创意独特、浪漫瑰丽的开幕式序演,表达了全国人民喜迎世博的真挚情感,把现场气氛烘托得热闹非凡。

20时10分许,主持开幕式的中共上海市委书记、上海世博会组委会第一副主任委员俞正声请全体起立,军乐队奏响中华人民共和国国歌,鲜艳的五星红旗冉冉升起,在会场上空高高飘扬。伴随着国际展览局曲和上海世博会主题曲,国际展览局旗和上海世博会旗也相继升起。

参展方旗帜入场式开始了。青春焕发的少女手举参展国家和国际组织的旗帜,踏着音乐的节拍,从舞台两侧次第入场。上海世博会共有246个国家和国际组织参展,国际参展方数量创造了世博会的历史纪录。五彩缤纷的旗帜组成了气势宏大的旗阵,象征着四海宾朋欢聚上海、共襄盛举。

国务院副总理、上海世博会组委会主任委员王岐山在开幕式上致辞,感谢国际展览局的成员国,感谢246个国家和国际组织以及中外企业的参展方,感谢全国人民尤其是上海市人民和上海世博会的建设者、工作者和志愿者。他表示,第一次以城市为主题的上海世博会,将打开未来城市的大门,引领新的生活方式,促进人与城市、自然相和谐,推动建设平安、文明、幸福的城市。我们会以周到的服务、真诚的笑容,让所有观众在中国体验一届成功、精彩、难忘的世博会。

国际展览局主席蓝峰用中英法3种语言致辞,表示相信这次世博会将促使人们提高认识,努力建设更持久、更公正、更安全、更和谐的城市。他预祝上海世博会圆满成功。

20时29分(when时间),激动人心的时刻到来了。国家主席胡锦

涛(who 谁)用洪亮的声音宣布:中国 2010 年上海世界博览会开幕
(what 什么)!

（how 如何）顿时,场内彩旗挥舞、鼓乐震天,大屏幕上百花绽放、笑
脸灿烂,舞台上少年儿童欢呼雀跃、各族青年载歌载舞;场外五彩焰火
腾空而起、辉映夜空。场内场外激情相应、欢声相连,共同庆祝上海世
博会盛大开幕。

随后,中外艺术家联袂登台,奉献一台精彩的大型文艺演出。整台
演出分 4 个章节,气势恢宏、热情洋溢的表演,引起现场观众强烈共鸣。
3 名中国歌手唱起优美抒情的歌曲,兴高采烈的孩子们手持"海宝"、挥
动彩带,来自世界各大洲的艺术家踏歌而舞——第一章节《相约上海》
用明快的歌舞、款款的深情,营造出"海内存知己,天涯若比邻"的浓厚
氛围。

1867 年巴黎世博会之际创作的《蓝色多瑙河》奏响,为上海世博会
编配的《新上海协奏曲》弹起,155 名芭蕾演员在琴声中优雅起舞,大屏
幕上依次呈现过去历届世博会上展出过的新发明新产品——第二章节
《江河情缘》通过多瑙河与长江跨越时空的深情对话,表现了新时代中
国海纳百川的胸襟和朝气蓬勃的活力。

美国歌手倾情献唱的专为上海世博会创作的歌曲《城市,让生活
更美好》,粗犷奔放的南太平洋民族歌舞《勇敢的号角》,日本歌手动情
唱起的经典名曲《星》,热力飞扬的非洲歌舞《一种爱》,意大利盲人歌
唱家引吭高歌的《今夜无人入眠》——第三章节《世界共襄》充满浓郁
异国情调,传递出世界各地人民对上海世博会的真诚祝愿,赢得现场观
众一次次热烈的掌声。（how 如何）

"这一刻你把世界交到我手中,这一刻分享城市晚风,这一刻我们
聆听心灵的沟通,这一刻生命和谐永恒……"上海世博会主题歌《致世
博》唱响了。在炫目变幻的五彩灯光中,舞台中央缓缓升起一朵象征
五大洲人民团结友爱的"友谊之花",花瓣徐徐旋转,合拢成人类共同
的地球家园。随后,舞台上出现了温馨的一幕:3 个不同肤色的三口之
家走到一起,把青海玉树地震灾区的两名藏族孤儿护拥在中间,不同国

家、不同民族的孩子们手拉手,小脸上荡漾起爱的表情。伴随着欢快热烈的歌声,75名演员飘然飞向天空,拼搭起"心手相连"的造型……最后一个章节《致世博》感人肺腑,表达了繁衍生息在地球上的人们心手相连、共同开创美好生活的深刻主题。世博文化中心内,歌声如潮,舞姿翩跹,欢声雷动,整台演出达到了高潮。(development报道的发展和深入)

文艺演出结束后,胡锦涛等来到世博文化中心的室外平台,兴致勃勃地观看大型灯光喷泉焰火表演。

火树银花夜上海,姹紫嫣红黄浦江。矗立在西岸的巨大电子屏幕上,"有朋自远方来不亦乐乎"10个大字格外醒目;水流不息的江面上,绚丽的焰火跳起多姿的水上芭蕾……以"五洲欢庆"为主题的灯光喷泉焰火表演,分《中国欢迎你》《欢聚在世博》《世界同欢庆》3个章节依次展开。红色礼花弹飞上夜空,红色激光束齐射江面,黄浦江犹如铺上了巨幅红地毯;彩色灯束从两岸交错着伸向天空,在南浦、卢浦两座大桥间搭起辉煌的"光芒之桥";6000个三色发光球顺流而下,200多艘旗船浩浩荡荡逆流而上,在江中心交汇成锦绣灿烂的壮观场面;伴随着《梁祝》的优美旋律,一道道水柱婀娜起舞,与璀璨的焰火构成如真似幻的"水火交响曲"……整个表演绚丽多姿,令人目不暇接。最后,在振奋人心的旋律中,密集喷放的焰火争奇斗艳,所有光束、喷泉都加入狂欢,大屏幕上交替出现大红灯笼、鲜艳中国结等吉祥图案,焰火绽放形成无边星雨从天而降,为上海、为中国、为人类的未来送上最美好的祝福。(development发展和推进)

出席开幕式的世界各地领导人有:亚美尼亚总统萨尔基相、刚果(布)总统萨苏、朝鲜最高人民会议常任委员会委员长金永南、法国总统萨科齐、加蓬总统邦戈、肯尼亚总统齐贝吉、马拉维总统穆塔里卡、马里总统杜尔、密克罗尼西亚联邦总统莫里、蒙古国总统额勒贝格道尔吉、巴勒斯坦国总统阿巴斯、韩国总统李明博、塞舌尔总统米歇尔、土库曼斯坦总统别尔德穆哈梅多夫、柬埔寨首相洪森、欧盟委员会主席巴罗佐、哈萨克斯坦总理马西莫夫、荷兰首相巴尔克嫩德、越南总理阮晋勇。

出席开幕式的中方领导人还有：刘云山、李源潮、郭伯雄、何勇、令计划、王沪宁、韩启德、孟建柱、戴秉国、黄孟复以及中央军委委员李继耐。

香港特别行政区行政长官曾荫权、澳门特别行政区行政长官崔世安出席开幕式。

中国国民党荣誉主席连战、吴伯雄，亲民党主席宋楚瑜，新党主席郁慕明，无党团结联盟主席林炳坤出席开幕式。

国际展览局秘书长洛塞泰斯和有关国际组织负责人等出席开幕式。(who 人物)

从新华社的精彩报道描写中，从精美的图片上，我们看到了一个气势磅礴、美轮美奂的世博园、大上海以及精彩绝伦的世博会开幕式，从中也感受到了祖国的巨大变化和飞速发展带来的勃勃生机，生出了对于国家的热爱和民族的自豪。

由于媒体与受众之间存在的新闻契约关系，当媒体传播任何一条信息时，都会在公众中产生不同程度的影响。同时，这种现象在某种程度上也可以用"媒体涵化理论"(media cultivation analysis)①来解释，即电视等媒体"涵化"、"培植"并"营造"了一个世界观，尽管该观点未必一定准确，但是因为受众相信，就轻而易举地变成了现实，因此人们会相信"事实"本身"确系如此"并基于这样的"客观现实"对我们的日常生活作出判断。

不过，媒介信息在绝大多数情况下都是以事实和新闻源为根据而产生的，由于媒体的公信力和生存环境约束，真实性是媒体必须要时刻恪守的准则。因此，从更深的层面上看，媒体的信息传播实质上就是信息传播者与信息目标受众之间关于所发生"事实"的沟通与交流，是对于一些有争议的问题和观点的解释、说明和讨论，是传播者各自利益的博弈和竞争，也是不同

---

①　涵化理论(cultivation analysis)，又称培养理论、教养理论、涵化假设、涵化分析，是美国传播学者乔治·格伯纳(George Gerbner)于 20 世纪 70—80 年代提出的理论。1967 年，格伯纳及其同事在美国全国暴力成因及预防委员会的资助下于宾夕法尼亚大学的安南堡传播学院开始了他们一系列有关电视内容的研究。他们不仅关心电视节目中的暴力的量，也关心它的质。根据研究，他们发现了电视的"涵化"效果，即潜移默化的效果。格伯纳还提出了"暴力指标"(Violence Inedx)的概念。资料来源：百度百科 http://baike. baidu. com/view/1559344. html。

传播者之间软实力的较量。

三、媒体信息生产和信息传播的规律

信息是媒体的血液,信息的传播则是媒体"血液"的必要流动和有效循环,也是保持传媒"肌体"健康和生命持续发展的重要前提和保证。因此,不断地更新新闻和信息并进行持续的传播是媒体永恒的使命与亘古不变的主题。

由于媒体与受众之间新闻契约的长效性,即公众每天都要从媒体上持续不断地获取各类信息,了解国内外经济、政治、文化、社会生活以及娱乐等各方面的资讯,公众就会对媒体产生信息依赖。这种现象不仅验证了传播学界的媒体系统依赖理论①的正确性,也被人类的诸多社会实践所证明,从而使公众与媒体之间的新闻契约更加稳定和持久。

当今世界的绝大多数媒体都是全天候滚动刊播,进行着连续的信息传播和新闻报道。全球的日报每晚 12 点截稿印刷,随即紧急向读者分送。日报必须根据自己设置的版面,每天把国内外的经济、政治、文化、社会与体育等新闻收纳其中,充实自己的要闻版、财经版、理论版、社会新闻版、文化娱乐版、体育版等版面,同时要尽量吸引并刊登自己赖以生存的经济来源——广告。几乎天下所有的日报都是在这样不断地忙碌着采访、编辑、印刷和发行等工作,每天夜以继日地重复着这样的流程,把世界上发生的消息分类打包整理后,通过报纸这个新闻纸(newspaper)呈现出来,分发给自己的读者。

月刊、季刊、周刊类的杂志必须要在规定的周期内准时刊播新的内容。

---

① 媒体系统依赖理论(media system dependency theory),是狄弗勒和博罗奇等(DeFleur & Ball-Rokeach)1976 年提出的理论,主要焦点在于讨论大众传播媒介系统和社会制度之间的关系。该理论提出由媒介系统、社会系统与受众系统三者间的互动依存关系,用于观察微观和宏观系统之间的关系。该理论试图描绘的是整个传播活动的图像,所以狄弗勒又称媒介系统依赖理论为"传播生态理论"。该理论假定在一个现代社会里,媒介可能受到资讯系统的维持、改变和冲击,在组织化的社会过程以及社会行动的个人化中,阅听人对大众媒介有多种不同的依赖,而社会内个人化也会越来越依靠大众传媒得到资讯并发现自我社会定位。就社会体系来说,社会的变动越是剧烈,对人造成的不确定感也越强,阅听人对媒介的依赖就越深。此外,从媒介体系来看,社会愈复杂,大众媒介在社会系统中担负的功能就越多,阅听人对大众媒介的依赖也会越深。阅听人对媒介的依赖程度依照阅听人的特性而不尽相同。资料来源:维基百科 http://wiki.mbalib.com。

一般来说,期刊类媒体的新闻时效性相对较弱,但其侧重于在大新闻时事背景下对于一些重要的、受众普遍关注的问题或敏感问题进行深度挖掘和探讨,它有着自己固定的读者群。

作为电子媒体的广播和电视,则兼顾了媒体快速、迅捷、广泛与深入的多种特点。在快捷方面,广播可以随时播出,记者可以随时用手机发稿,只要把新闻的声音传播出去就达到了广播的目的。这是其他媒体难以企及的便捷性优势。在新传播时代,广播在竞争力下降的情况下充分发挥了自己快速、迅捷与方便的优势,让自己的信息附着在汽车、迷你型收音机和MP3、MP4 以及手机等设施上。电视用色彩斑斓的图像优势和"现场直播"的方法来吸引观众,增加对重大新闻报道"身临其境"之感。

除此之外,电视专栏节目也因为容量大(可以系列报道),形式丰富(可以兼容图像、声音、文字等多种信息载体),报道深刻(用大篇幅深入剖析)而受到广大观众的喜爱,成为优势媒体。例如,我们中央电视台拍摄并播出的大型历史专题片《大国崛起》对于世界上主要大国的崛起与发展进行了一个全方位的图景介绍,气势恢宏,不仅有历史的纵深感,更有积极的现实参考价值和借鉴意义,其他媒体难以企及。

网络和手机等新媒体颠覆了报刊、书籍、广播、电视等传统媒体的信息生产模式和传播格局,不仅让公众获取信息更加自由,而且可以让广大受众普遍参与到媒体信息生产与信息传播的过程中来。现在,我们每个人不仅可以建设自己的网站,还可以在一些知名的网络媒体上购建自己的小媒体。例如,在谷歌(Google)、雅虎(Yahoo)、新浪(Sina)以及新华网、人民网等国内主流媒体网站和其他门户网站上建立自己的信息发布平台和言论阵地——博客。利用 Google、Yahoo 或 Baidu 等网站搜寻自己需要的任何信息,在当当网、亚马逊等网站上购买需要的图书。另外,每一位手机用户都可以根据自己的喜好和选择编辑或转发各类短信,利用手机传播信息,形成一个巨大的分众媒体群落。

这些新媒体的诞生和发展,颠覆了过去传统媒体的传播模式,极大地解放了媒体的信息传播,第一次让"新闻自由"真正成为人人唾手可得的权力。新媒体的诞生,第一次让广大民众成为新闻和信息传播的主人,每个人都有可能成为信息的制造者、发出者、接受者和享用者。公众既是信源，又是信众，在某种程度上也掌握着信道。新媒体的出现让人类的信息传播发生了历史性与革命性的变化。

新媒体时代，公权力系统的所有领导干部和公务人员的开放性和透明性都在日益加强，公共系统的内部神秘性日益缩小。即使传统媒体——报刊、广播、电视没有报道或不能报道，知情的公众也会通过网络把这些信息向外传播。任何网民都可以对于任意一条新闻发表自己的评论，对社会上的不公进行评价评判，从而在网络上形成一股巨大的民间舆论力量。

面对网络和手机等新媒体的自由传播，传统媒体背景下的监管机构已经越来越难以用传统的方式对新闻和信息进行监管和限制。科技的发展为人类的言论自由拓展了巨大的空间，政治与行政机构已经无法用单纯的公共权力来完全加以控制或消除。我们必须要学会在新形势下，用大禹治水的方法智慧地加以疏导，同时要学会不断地发出自己的声音，学会"利用信息来疏导和管理信息"，而不是利用大禹父亲鲧治水的方法单纯地堵截，否则只会让信息的洪流大量聚集，结果造成更加汹涌的泛滥。当今社会，智慧的领导与管理要疏堵结合，以疏为主。"不发声音就会有异样的声响，不传播真相就会出现谣言"是这个信息时代的本相和规律。

四、不同媒体环境下的危机传播模拟与比较

为了让领导干部切身体验媒体信息生产与传播的规律，了解媒体对必要的新闻和信息的刚性需求，笔者曾经在全国领导干部培训课堂上做过"面对同一突发事件的两种传播环境"的情景模拟。选择了在中国浦东干部学院培训的城市领导班（全国地级市的市委书记和市长）的学员分别在开放和封闭的不同传播环境下扮演记者，模拟对该突发事件进行现场采访，加深对媒体信息生产和传播规律的认知。

情景模拟假设：大江市（化名）第三化工厂（化名）凌晨四点钟发生了爆炸事故，浓烟滚滚，消防车笛声大作，一辆辆警车呼啸而过。驻扎在该地区的中外记者闻讯而动，迅速聚集在这家工厂的大门口，准备对该事件进行现场报道。

情景一:封闭的传播环境

该化工厂的厂长和书记对于此次爆炸事故的发生非常担心和焦虑,尤其对闻讯赶来的大量媒体记者摩拳擦掌心存恐惧,害怕媒体的报道和曝光会影响自己工厂的形象和声誉,引发不必要的危机。于是,他们紧急商议后,采取了回避的办法,让几个保安到大门口站岗,以安全为由,维持秩序。除了警车、消防车和救护车外,任何其他车辆和人员不得入内。

记者们在大门外,面对着近在咫尺的现场不能进入而焦急万分。该市政府的新闻管理部门以及该厂的负责人等都没有踪影,记者打遍了有关部门的电话,不是没人接就是不知情。他们拿着记者证,带着沉重的采访设备和站在门口的保安们协商许久,但是保安都因为厂里出事不安全或情况混乱不准任何人进入等理由一一拒绝,记者们无论如何也无法入内采访。

附近路过的群众不断地聚集,围观者越来越多……

时间飞逝,记者们心急如焚,他们用尽了全身解数打电话寻找各种可以采访的线索。面对着无法进入的尴尬局面,不少记者便开始在工厂门口进行现场采访。摄影记者和摄像记者都不约而同地对着工厂的大门拍摄,那几位保安人员成了镜头的主角。同时,记者们把镜头对准了在不远处升腾起来的滚滚浓烟和呼啸而过的消防车辆。有些记者开始在路边寻访并拦截过路人采访,一些群众正在津津有味地接受着媒体的采访,大谈对于这家工厂的印象和看法以及对于此次爆炸事件的各种观点。许多记者以工厂大门和后面的浓烟为背景,开始做现场直播报道……在完全封闭的环境下完成了对此次突发事件的采访任务。

各大报纸及广播电视和网络对于此次化工厂的爆炸事故进行了充分的报道,主要内容如下:

"今天凌晨4点钟,位于大江市郊区的第三化工厂发生了严重的爆炸事故。当我们闻讯赶来时在工厂门口却被多名保安拦住,他们以安全原因为由不让任何人进入,尽管我们做了许多工作,还是不让记者入内。大家可以看到在我身后,一辆辆警车、消防车和救护车正在呼啸而过,灭火和抢救工作正在紧张地进行中。"

"据说,这次爆炸事故造成了大量人员伤亡,估计有数百人死伤。据说,该厂常年管理混乱,亏损严重,经济效益下滑,安全事故频发,群众上访不断。但是令人疑惑的是,该厂在去年还被评为大江市的安全生产先进单位,书记和厂长分别是本市的人大代表和政协委员。具有讽刺意味的是,这个'安全生产先进单位'却事故不断,据说这已是第三次出现安全生产事故。据群众反映,这个工厂在四年内换了三任厂长,中下层干部也不断地调换,大家不知所措,全厂人心涣散。听说,现在的厂长刚从市里派来不久,原来是搞政工的,不太懂得技术和安全生产。据说,他还是某市领导的亲戚。由此可见,在这种背景下出现任何突发事故都是不难想象的了。今天的报道到此结束,明天我们将为大家做追踪报道。"

封闭的传播环境下,尽管记者不能到现场采访,获得第一手的资料,但是在自己的多方努力和群众的帮助下,"新闻"照样被采访和传播了出来。但是,当观众和读者接受了这样整篇充满了"据说"等猜疑和假设的报道,他们会产生什么样的印象,会作出什么样的反应,会对该工厂和当地政府产生什么影响? 看了以上的"新闻"后自然不难得出结论。

情景二:开放的传播环境

面对同样的突发事件,我们又进行了另外一种模拟,检验一下大江市和第三化工厂在一个开放的传播环境中进行有效危机传播的效果。

大江市第三化工厂爆炸后,工厂立即拨打了119向消防局报警,通过110报告了市公安局,请求支援。同时,迅速启动了本厂的应急预案,并将事故情况向大江市政府作了汇报。大江市获悉第三化工厂的爆炸事故后,迅速启动了突发事件处置的应急预案,成立了以陈市长为组长,以负责安全生产的赵副市长为副组长的应急管理小组,组织全市消防、医疗、公安、专家等力量实施抢救,同时,将事故情况报告给省政府。

大江市委杨书记,陈市长和赵副市长等亲临现场指挥抢救,随后,杨书记和陈市长向赵副市长交代了情况,让赵副市长坐镇现场指挥,他们回到大江市应急指挥联动中心,让各有关委办局的负责人一起到场,通过应急指挥中心的大屏幕察看情况,调集组织全市的力量进行应急管理。陈市长还特别吩咐市环保局的刘局长专门紧急成立环保监测小组,对化工厂灭火消防等进行环保监测和环境危害评估。随后,杨书记让陈市长坐镇联动中心指挥,自己带卫生局长等到医院去看望伤员,询问医院对于伤员的救治等情况。

在大江市启动应急预案的同时,也迅速通知了各家新闻单位,本省市媒体和中央驻当地媒体开展对此次危机事件管理的报道。各家媒体目睹并跟踪报道了市领导镇定自若、积极有效地调动全市的力量抢救受伤人员,消防灭火,让环保局尽早介入环境管理以及采取其他措施,防止次生危机发生等全过程。

经过了几个小时的英勇奋战,化工厂大火被扑灭,所有受伤的人员都被送进了医院进行治疗。卫生局紧急调动全市的医疗资源,组织烧伤等相关领域的专家到几大医院会诊抢救。公安局等也与工厂一道对在此次爆炸事故中遇难的人员进行了识别和认定,同时工厂和本市民政局等有关部门一起开始通知遇难者家属,并已妥善安排了家属到来的交通、食宿,同时开始着手准备灾害赔偿等事宜。

上午十点钟,大江市政府在应急联动中心举行了第三化工厂爆炸事故的新闻发布会。出席发布会的有市政府、市卫生、医疗、消防、公安、环保等部门的负责人和厂长等。大江市政府新闻发言人郭主任主持发布会,并通报了爆炸事故的基本情况。他向媒体介绍了与会的有关领导和负责人,大家面色凝重,心情沉痛。各位负责人在介绍了自己负责领域的应急管理措施后相继回答了记者提出的关于爆炸事故的伤亡人数、抢救情况、引起此次爆炸事故的原因、工厂的管理以及全市的安全生产形势等问题。

上午11点,发布会结束。记者们迅速把采访好的报道发回到各自的新闻单位。不久,大江市全市、所在的全省以及全国都陆续看到了大江市第三化工厂爆炸事故以及应急处置的相关消息。通过报道,全国的观众看到了大江市应急管理的及时、高效和科学有序,看到了市领导和省领导亲临现场沉着镇定,有效指挥的情景,看到了集合全市之力,奋力抢救伤员,做好环保工作的决策;看到了领导亲民爱民、指挥得力的良好形象,也看到了大江市领导对于自己安全生产中存在问题的省察与反思的态度。次日,CNN、BBC、《纽约时报》《洛杉矶时报》以及港澳台等地的媒体也纷纷转载了中央电视台等媒体的报道。

通过对以上同一事故的两种截然不同的报道模拟发现,在发生突发事件时,除了个别涉及国家安全和军事等极为机密和特殊的情况外(即便如此,也需要在调查研究后给予信息披露和传播,以防封闭信息可能造成的误解和谣言),一个开放的传播环境可以让媒体采访和了解到事件的真相,可以通过媒体传播我们科学有序、高效的应急管理过程,无形中也树立了高效、爱民、负责、管理与指挥得力的行政形象。更重要的是,通过媒体对突发公共事件管理过程真实有效的传播,防止了因为真实信息缺乏而导致的人际传播或网络传播出现的各种猜疑和谣言,积极引导舆论,以正视听。

而在一个封闭的传播环境下,任何突发事件的应急管理如果对媒体采取躲闪和信息封锁,不但不会避免任何消极的传播,反而会引起许多媒体的猜忌和不满,引起受众的好奇与想象,引发各种不必要却杀伤力巨大的谣言。如果对媒体封锁消息,隐瞒事实真相,就等于逼迫媒体去向其他非正规信息渠道和不了解真相的民众进行信息"求助"。大家的道听途说以及毫无根据的"据说"等非权威渠道的信息就会通过媒体的传播在读者、听众和观众中引起更大的猜忌和不良反响。同时,受众还会通过网络和口口相传进行自己第二次、第三次和多次的再传播,把这个本来源头就不准确的"新闻"演绎成五花八门、耸人听闻的谣言。

所有重大突发事件发生后的谣言传播都具有几何效应,它会连续不断地扩散和加剧,迅速在全国和全世界范围内形成更强大的被扭曲的信息流和舆论风暴,让原本已经遭受伤害的单位、城市以及领导者甚至是整个国家雪上加霜。

新闻传播的规律告诉我们,媒体对必要的新闻和信息具有难以妥协的刚性需求。虽然突发事件对于当事人来说是坏事,但对于急需爆炸性新闻的媒体来说则是"喜讯"。在"难得"的标志性信息或新闻事件面前,任何稍有基本常识的媒体都不会保持沉默或被动等待,对重大突发事件的采访和报道几乎是所有新闻类媒体必须要达到的传播目标。

受新闻单位的派遣,已经到场的记者必然会想方设法得到新闻,及时发稿,绝不能拖延。他们更不会天真地放弃此次采访机会,在信息封锁等困难面前退缩或打道回府,让其他的竞争对手竞相报道,而让自己的媒体哑然无声。这是媒体传播竞争中的大忌,几乎没有任何一家媒体的记者会如此怯懦。

如果媒体缺乏第一手资料和源头的真实信息,在报道形势紧急的情况下,记者们会自动转向第二手或第三手的资料和信息,而在那些没有被求证的"转手信息"中很大一部分都可能是谣言。但是,当记者在新闻和信息极度缺乏的状态下,尽管他们可能知道那些信息不是最可靠或最理想的,但是面对信息"饥渴"的公众以及"等米下锅"的媒体,这些信息也完全可以作为"宝贵的饮食"权且充饥止渴,以避免自己媒体因为缺乏新闻而出现的"开天窗"等"空腹"现象。

这就是媒体对必要的新闻和信息传播的刚性需求原则。这个原则和规律是许多媒体之外的人,尤其是完全站在行政立场上考虑问题的广大领导干部所不熟悉而且容易误判和犯错的地方。因此,领导干部需要培养自己必要的媒体素养,学会用媒体和记者的思维来考虑重要的新闻事件,以便作出积极而恰当的反应。

总之,在一个信息传播日益开放和透明的资讯时代,对于那些所有媒体都认定是"重要新闻"的事件采取封闭和保守的态度和行为是极不明智的,也注定要遭受媒体歪曲报道或片面传播的厄运。而此时,那些无意中进行了"歪曲"报道的真正"罪责"恰恰不在于传媒,而在于当事人和公共行政部门自身对于公共信息无知的封锁和人为的限制。

1994年3月发生在浙江的"千岛湖事件"以及后来其他许多发生在我们领导干部思想和观念尚不解放年代的突发事件,都是因为权威真实的信息供应不及时,媒体只好勉强使用转手的信息和自己的主观猜测,引起了许多的误解和负面效应。而过去那些没有处理好的突发事件,都曾或多或少地被境外的媒体"妖魔化",成为"台独"、"疆独"等组织以及某些人权组织攻击我们的借口。

坦率地说,在许多被妖魔化的新闻中,除了极少数不负责任的记者和媒体的刻意偏见、误解和歪曲之外,我们可能从未料到,媒体上不少消极信息的始作俑者却是我们自己。因为传播的规律告诉我们"谣言止于公开","真相应走在谣言之前",任何虚伪不真实的东西都不敢直面阳光。因此,了解媒体信息生产的周期和传播规律,学会与媒体及时而有效地沟通,擅长通过媒体来进行积极主动的行政传播并避免任何因不恰当的信息封锁而导致的误解和谣言,就是我们以上模拟的初衷和目的,也是我们每一位领导干部必须具备的媒体素养和传播能力。

五、新媒体及其传播

(一)网络媒体的认知

新媒体是指与传统媒体比较而言出现的传播技术最新和传播模式最新的新型媒体形式,不同的时代有不同的新媒体。报纸的历史最早,后来的广播电视相对报纸而言都是"新媒体"。目前的新媒体主要是指在计算机和互联网技术发展后出现的网络媒体及其衍生媒体。

每一种媒体形式的出现都是对传统媒体的一次革命,也是对原媒体垄断市场的一次"瓜分"。目前的新媒体正在通过多媒体多平台的整合进行着媒体传播领域的革命。新媒体正在占领传统媒体的信息传播平台,威胁着传播媒体的生存和发展,大有替代传统媒体之势。2010 年,美国有 100 多家报社和 280 多家杂志社倒闭。2010 年末,世界媒体大亨默多克与微软合作开发新媒体。

中国的新媒体发展迅速。据中国互联网络信息中心(CNNIC)2011 年 7 月 19 日在京发布的《第 28 次中国互联网络发展状况统计报告》显示,截至 2011 年 6 月,中国网民规模达到 4.85 亿,较 2010 年底增加 2770 万人;互联网普及率攀升至 36.2%,较 2010 年提高 1.9 个百分点。我国手机网民规模为 3.18 亿,较 2010 年底增加了 1494 万人。手机网民在总体网民中的比例达 65.5%,成为中国网民的重要组成部分。

目前,无论是新华社、中央电视台、中央广播电台、人民日报、光明日报、中国日报等国家媒体还是各地方媒体都在进行战略调整,在尽力保持传统媒体优势的情况下纷纷建立自己媒体的网站,开展网络传播。同时,这些媒体在集团化和市场化的改革中注意整合资源,开发更多的新媒体传播平台。例如,我国的主流媒体目前都有自己的新媒体平台,例如,新华网、人民网、中国网络电视台、中国广播网以及各大报业集团的网站等。

尽管不少的领导干部不习惯使用新媒体传播,但是,网络媒体异乎寻常的发展与开放透明性对整个社会形成了从未有过的巨大冲击。据调查,中国70%的官员有"新媒体恐惧",他们不是害怕自己的隐私曝光,就是担心工作中的疏漏和问题被检举揭发。还有不少的领导干部还担心一些对其行政不满的人散布谣言,利用网络媒体进行人身攻击。

(二)网络媒体的特点

1. 多媒体混合的平台。网络媒体能够把文字、图片、声音和图像等多种符号和信号进行融合,是汇集书籍、报纸、期刊、广播、电视与互联网等多媒体为一身的多媒体混合平台。

2. 多平台的立体传播。广义的网络媒体是指融合互联网、电信、移动电话和广播电视等传播平台为一体的多平台综合网络媒体。在这个网络中,电脑、手机、广播、电视、网站等平台既可以单独传播也可以融为一体,开展立体传播。

3. 统一的网络技术支撑。广义的网络媒体除了互联网媒体外,还有移动电话和广播、电视等媒体。现在,过去曾彼此隔离的媒体通道正在通过"多网合一"的集成技术转换成为统一的数字网络传播平台和网络体系。

4. 统一的组织经营管理。在进行了数字化的"多网合一"的技术整合后,多家媒体被统一到一个大的网络平台上。原来的单个媒体整合成为一个传媒集团,在集团内部实施统一的组织管理,过去单一的媒体及其管理瓦解成为集团内部的部门。

5. 多领域的综合性服务。在实施了数字化技术整合、媒体整合与平台整合后,大的网络媒体的服务领域不断拓展和延伸。该网络不仅提供比过去更加丰富的信息传播服务,还可以提供综合的管理、统计、咨询和传播等服务。

(三)如何利用网络媒体开展行政传播

利用网络媒体开展行政传播需要从五个方面着手。

首先,要高度重视网络媒体,增加对新媒体的全面认知和深度了解。

其次,要在各级政府增设网络舆情监控的专门机构,例如网宣办或者网络处等,根据需要编辑整合适合自己的网络舆情动态或简报。

第三,领导干部要学会每日上网,关注新华网、人民网、中国网、新浪网等核心网络媒体,以及本地论坛、全国公共论坛和专业论坛上的信息。作为暂时的旁观者或参与者看看大家到底在关注和议论些什么问题,做到"兼听"之明。

第四,领导干部在适当的时候,还要学会通过博客、微博或者电子邮件(利用电子邮件传播在美国等西方社会非常普遍)开展必要的行政沟通与传播。

最后,建议领导干部聘请熟悉行政和媒体的专家,同时考虑与专业的传播机构合作,在本系统设立传播顾问制度,通过整合智慧来开展本单位和本系统的行政传播。

第三节　媒体的本质与价值困惑

一、媒体的本质

媒体就是事实(facts)与受众(audience)之间信息互通的桥梁。理想中的媒体就是把所发生的事件、存在的各种社会现象和问题客观真实地记录下来,再通过自己的媒介原原本本地介绍传播给受众,让公众作出自己的价值判断和结论。

真实与客观公正不仅是新闻的本质,也是媒体传播需要永远恪守的道德准则和精神价值。但是,由于媒体存在的社会性、竞争压力和利益诉求,所有的媒体都有自己的价值判断和立场观点,都在某种程度上代表自己或其他的利益集团传播信息。

影响媒体的因素很多。政治体制、意识形态、经济发展、社会的开放度与文明程度、监管体制、从业人员素质以及公众修养等都会影响媒体的传播,但最主要的影响要素是权力的控制、利益的驱动、竞争的变异和发展的诉求四个方面。在这种背景下,媒体就有可能背离或偏移自身应该恪守的

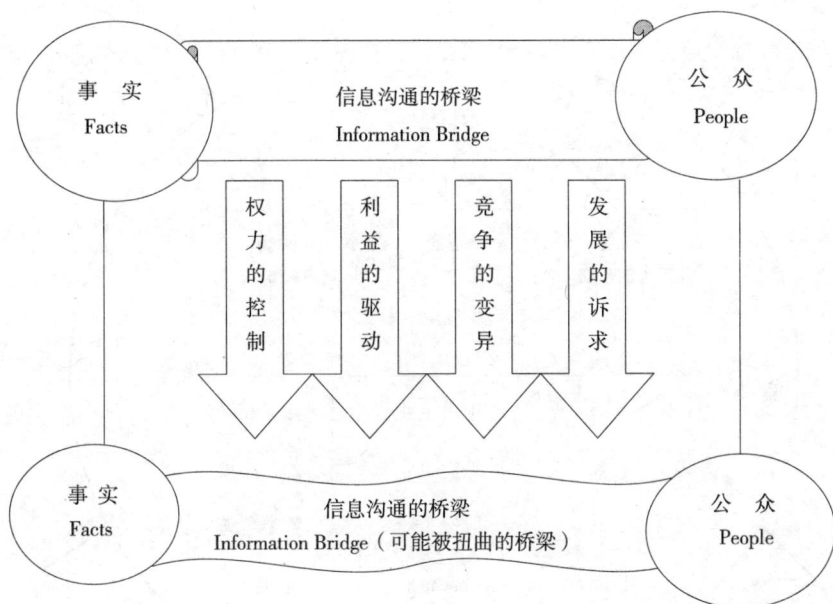

图2-2　媒体的本质与价值困惑

道德准则和价值标准,影响其作为"桥梁"的公正性,出现片面传播、夸大事实、利己炒作或有偿新闻等情况。

二、媒体的功能及其传播平衡

作为大众传播机构,媒体肩负着对一个国家或地区以及全球经济、政治、文化和社会生活进行全面介绍、解释、传播、沟通以及劝服等多种功能。但媒体在行政传播中主要有三大作用,即报道、监督和支持功能。媒体无论对国家的政党、政府、立法和司法机构以及军队、社团等组织,对跨国公司和其他各类企业,还是对党和国家领导人、公务人员、各类名人以及普通人等都具有广泛传播、监督批评和帮助劝服三大功能(见图2-3)。

(一)广泛传播功能(communication)

媒体是公众的眼睛,其主要职责和任务就是传播,广泛的传播功能是媒体最重要的功能。这里广泛的传播是指媒体对于国内外发生的所有事件、举办的各类活动、存在的问题、产生的争端、出现的冲突等都能够自由地采

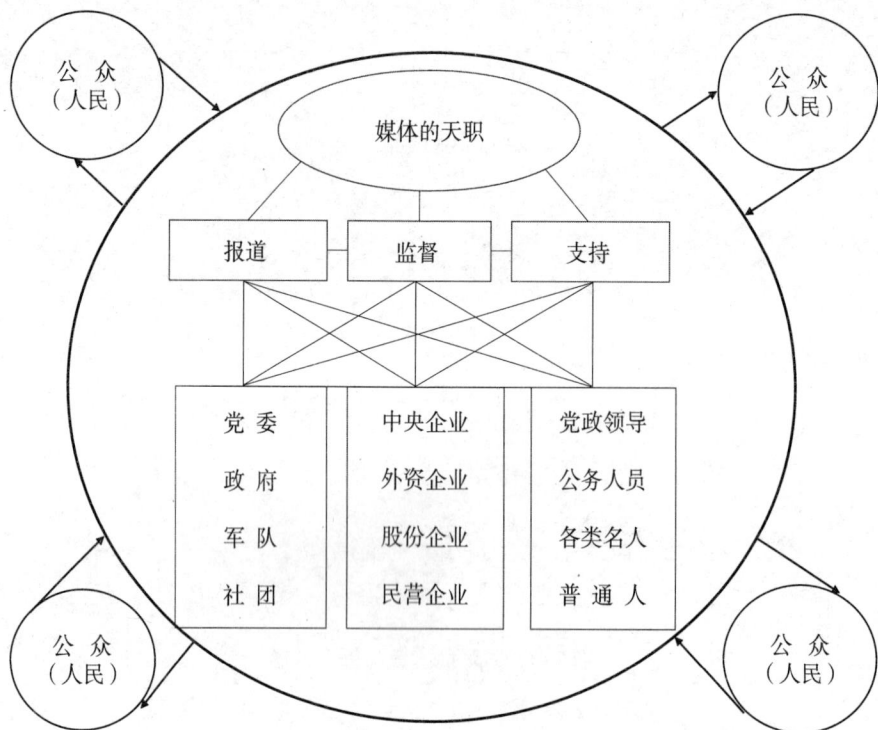

图 2-3　媒体的基本功能

访,充分地报道和开放地传播。

　　广泛的传播需要具备的一个重要条件,就是被报道对象所在国家或地区的文明与开放程度。一个国家和地区的开放程度越高,信息就越透明,媒体的传播环境就更开放自由,媒体传播的范围就会更加宽广,传播内容也会更加丰富。当今世界上大部分国家都对媒体的信息传播采取了开放和包容的态度。

　　中国在改革开放前对媒体传播实行了十分严格的监管政策,几乎所有的媒体都只传播上级的政治信息和个别的经济建设信息,阶级斗争和批判文章充斥着我们的媒体。党的十一届三中全会结束了"以阶级斗争为纲"的错误路线,我国的工作重心向经济建设转移,媒体的报道重心也发生了深刻变化。

　　改革开放后,新闻和舆论传播始终凸显了改革开放与发展的主题,报道的内容也更加丰富,传播视角也更加多维。除了政治报道外,经济、文化和社会生活等各个领域的报道丰富了我们的媒体频道和版面,传播变得更加丰富多彩。

1989 年 1 月,中央发出了《关于改进突发事件报道工作的通知》,规定包括疫情在内的重大突发事件要请示国务院领导,一般由中央新闻单位报道,必要时由新华社统一发布。在媒体的广泛传播功能中,危机事件的传播具有典型性,而中国的危机传播又是在一个个血的教训中成长和成熟起来的。

1994 年 3 月 31 日晚,浙江淳安县境内的千岛湖湖面发生惨案,3 名歹徒登上正在航行中的"海瑞"号豪华游艇,致使船上 24 名台胞、8 名船员和导游全部遇难。惨案发生后,由于当地有关部门封锁消息,海外媒体炮制了大量"推测性"的新闻,一次偶发性的突发性事件被描述为"有军警参与"的政治事件,海峡两岸关系陡然紧张,"台独"势力也借势而动。在港台和国外新闻界对这一案件已造成声势后,地方新闻单位才开始报道,长篇通讯《两岸同悲愤,严法慰亡灵——千岛湖事件始末记》的播出已经是 6 月 20 日,离事发已近 3 个月之久。

1994 年 8 月,中共中央办公厅和国务院办公厅发出《关于国内突发事件对外报道工作的通知》,重申了 1989 年 1 月《关于改进突发事件报道工作的通知》精神,规定突发事件的对外报道一律由中央对外宣传办公室协调,归口管理,新华社统一发稿。如果没有有关部门的授权,各地新闻单位一般不能擅自公开报道。

2002 年 4 月 2 日至 6 日,江西九江市 5 天内 4 名食客在街边餐馆就餐致死。由于消息得不到确认,事件变得真假莫辨。而九江市公安局一位负责人解释说,他们之所以没有向公众公布此事,是因为公安部有相关规定:一般情况下,没有侦破的案件不能向外界披露。当时他们也没有向公安部报告此事,因此没有得到特别批准。无论出于对案件侦破还是对社会稳定的考虑,公安部门都不能过早透露跟案件有关的一切情况。市民的恐慌在 4 月 8 日前后达到高潮并逐渐向周边县市扩散,九江县、湖口县等地相继传来"有人中毒身亡"的消息。有关部门给新闻单位打招呼要求"不要对此事进行报道",九江警方直到 4 月 11 日才第一次发表电视讲话,开始对投毒事件进行澄清。

2003 年 4 月 20 日开始的对"非典"(SARS)的报道是我国危机传播的一个历史性转折点。通过"非典"事件,政府和公众都充分认识到了"谣言止于公开"的道理。在此推动下,2003 年 5 月 7 日,国务院审议通过了《突发公共卫生事件应急条例》,其中第 25 条规定,国家建立突发事件的信息发布制度,国务院卫生行政主管部门负责向社会发布突发事件的信息,必要时可以授权省、自治区、直辖市人民政府卫生行政主管部门向社会发布本行政区域内突发事件的信息。这表明我国政府在危机信息公开方面迈出了一大步。同年,又通过了《中共中央办公厅、国务院办公厅关于进一步改进和加强国内突发事件新闻报道工作的通知》,要求加大对突发公共事件的报道力度。

2004 年 9 月 2 日至 5 日,四川省突降区域性暴雨。事后,一位工作人员说:"如果事先得到预警,我们的 2 名保安就不会牺牲,机场的重要设备也完全能得以转移。"当记者问到"为何不将预报结果及时通知沿河市民"时,四川达州市水文局局长吴敏无奈地表示,国家法律规定,水文局无权独立向社会公布预测结果,这个结果只能提供给达州市防汛指挥部。截至 9 日 16 时 30 分,全省在暴雨洪灾中的死亡人数已增加到 106 人,另有 25 人失踪。灾害共造成直接经济损失约 35.12 亿元人民币。

从以上几个事例可以看出,在突发事件发生后,信息不透明会给国家和人民群众的生命财产造成巨大的伤害和损失。

2005 年 1 月,温家宝总理主持召开国务院常务会议,审议并原则通过了《国家突发公共事件总体应急预案》。在 2005 年的十届人大二次会议上,温家宝总理在《政府工作报告》中指出:"为便于人民群众知情和监督,要建立政务信息公开制度,增强政府工作的透明度。"

2006 年初,国务院又出台了《国家突发公共事件总体应急预案》,其中规定:"突发公共事件的信息发布应当及时、准确、客观、全面,事件发生的第一时间要向社会发布简要信息,随后发布初步核实情况、政府应对措施和公众防范措施等,并根据事件处置情况做好后续发布工作。"此后,危机事件的新闻发布制度逐步确立并不断完善。

2007 年 4 月 24 日,温家宝总理签署国务院第 492 号令,由新华社发布了《中华人民共和国政府信息公开条例》,并规定该条例于 2008 年 5 月 1 日正式实施。《中华人民共和国政府信息公开条例》的发布与实施标志着我国的政务公开与行政传播发展到了一个新的历史阶段。

(二)监督批判功能(supervision)

舆论监督是媒体的重要功能,也是媒体价值的重要体现。但是,由于各国历史文化及国情不同,对媒体开展舆论监督的态度也各不相同。一般来说,在欧美地区和日韩等国,由于国家制度设计中的权力制衡特性以及宪法对媒体新闻自由的高度保护,媒体作为独立的传播机构和"第四权力",充分实现了对国家权力部门以及全社会的有效监督。媒体作为"公众的眼睛",与公众一道密切监视着全国机关和个人的一举一动。只要有令公众瞩目的事情发生,并找到事实和证据,无论是公权力部门还是社会团体,无论是国家领袖、政府领导、社会名流还是普通百姓,都可能出现在媒体的聚光灯下,成为舆论关注的焦点,成为曝光的对象、舆论批判的靶子。

一些不公的现象或暗箱操作的腐败问题一旦经媒体披露和传播放大,就会发动起成千上万的公众作为监督的同盟军参与其中,对这个根深蒂固或者有着深厚背景的事件和人进行集群式的舆论"轰炸"。这样,再强大的后台和再顽固的势力,一旦在公众声讨和谴责的义愤之下,在强大的舆论潮流面前,一般都会土崩瓦解,许多西方政客也因为媒体对个人非法行为的曝光而丢掉了乌纱帽。1973 年,美国第 7 届总统尼克松就是因为"水门事件"被《华盛顿邮报》曝光引咎辞职,而报道该事件的该报记者卡尔·伯恩斯坦和鲍博·伍德沃德也因此获得了 1973 年美国最高新闻奖——普利策新闻奖。"水门事件"无论对美国政治还是对全世界的新闻界都影响深远。

改革开放后,我国的舆论监督有了一定的发展。众多的贪污腐败案例都是经群众举报,媒体曝光而得到查处。全国某些政府部门的官员和农村基层干部与一些黑暗势力沆瀣一气,横行乡里,欺压百姓,为所欲为。后来,经举报被媒体曝光,引起了中央以及有关部门的高度重视,领导批示后,才使犯罪分子受到了法律的严惩。为此,舆论监督发挥了应有的作用。

1994年4月1日,在朱镕基等中央领导的亲自关心支持下,中央电视台新闻评论部创办了我国第一个国家传媒的评论与监督类专栏节目《焦点访谈》,在黄金时段专门对国内外存在的突出问题和突发事件等进行重点聚焦和深度报道,多年来一直受到广大人民群众的热烈欢迎和喜爱,许多群众亲切地把《焦点访谈》称作"今日包青天"。据传播学者研究,当时全国的监督类新闻节目占到总新闻节目的30%。

但是,在以表扬、宣传和积极传播为主的"正面"报道环境下,《焦点访谈》这样专门"挑刺"的"负面"新闻节目在得到广大群众热烈欢迎的同时也遇到了很多的障碍和不为人所知的困难。一边是监督报道和曝光,一边是被曝光单位与个人密集的公关活动,不时向媒体监管部门打报告诉苦、辩白或告状。更困难的是,中央电视台《焦点访谈》栏目的记者在采访中经常受到各种各样的刁难和威胁。当他们采访监督事件的当事人或单位时,遇到的不是搪塞就是躲闪,不积极配合者很多。这与那些写成绩、报发展、讲好事的记者受到的热烈欢迎和热情礼遇形成了鲜明的对比。

尽管《焦点访谈》曝光的大多是乡镇以下机关和干部的问题,而且以小公司和小单位的非法问题为主,远远没有达到媒体舆论监督应有的程度。但是,在我国舆论监督还没有形成主流气候的背景下,在我们还不善于用宽容的心态看待有缺点和错误的人和事,不能用开阔的胸襟对待"回头浪子"的时候,长期处在一片"和气"和浓厚"面子"文化环境中的国人就很难超越自己原有的思绪和心理障碍。

那些被曝光者不仅不能对自己的问题进行深刻的反省和认真的悔改,不能用开放的心态对待自己的问题,反而对媒体产生了深深的恐惧甚至不应该有的狭隘的仇恨。据传播学者研究统计,现在我国监督类新闻的比例已经下降到了总新闻量的10%至5%左右,舆论监督在中国仍是一个沉重的话题和异常艰巨的任务。

除了传播环境开放度不足等因素外,导致中国舆论监督乏力还有一个重要的不为人所知的文化因素。我们的儒家文化以血缘和家族关系为核心,重视人际伦理,讲求修身、自省,对自己要求严苛。中国文化的重心是把精力放在人与人的关系上,过于"向内用力",注重君臣、父子、夫妇、兄弟、朋友等的关系定位和角色扮演,通过"格物、致知、诚意、正心、修身、齐家"等程序达到"治国、平天下"的理想境界。

由于中国传统文化的内核中既缺乏西方社会对超自然上帝的认知和信仰,对超自然力量的敬畏以及用超自然的力量和权柄赦免宽容天下的精神传统和对美好天国的向往、悔改与修炼,也没有把"世俗社会充满悲苦,需要戒除贪欲,潜心修炼,注意阴阳平衡,积累功德,以达到寂静涅槃境界"等东方精神文化元素深刻地吸收融化。因此,全社会都把注意力和人生期待放在了现实的诉求与人际关系之中,过分注重和在乎人的评价,对于"面子"过度敏感,格外重视,总体的宽容精神不足。

一般来说,多数西方人都会在对方真诚道歉和深刻忏悔的态度和行为面前宽恕和原谅别人,也不会从心理上对此人产生很久的成见。不是他们有多崇高,而是因为他们从小就被其奉行的经典谆谆教导,"你们饶恕人的过犯,你们的天父也必饶恕你们的过犯;你们不饶恕人的过犯,你们的天父也必不饶恕你们的过犯。"[1]这就是西方社会主流的文化与价值信仰中对于宽容的强制性规定。在这种大环境下孕育生长的文化与社会相对于其他文化与社会更具有宽容精神。

但是,在我们的东方文化环境中犯错者压力要大得多,即使再怎么道歉和忏悔,也很难恢复人们对其产生的成见,"错误"与"罪恶"的烙印会永远深深地留在人们那并不宽阔的心胸之中。如果克林顿在中国,绝对不可能有机会在后来还经常上电视,在全国奔走讲演,从事他悔改后的慈善事业并仍然受到许多人的尊敬和喜爱。

基于这样的文化传统,长期以来笃信"善恶必报"的国人一般不会从心理上和感情上真正宽恕和原谅那些曾经冒犯、伤害、辜负过我们但已经道歉和悔改的人。中国的社会心理也倾向于在人际社会关系中不断地寻求"完美"形象以获得人的认可,但人又有诸多的软弱、局限和不完美之处。于是,面对缺点和不足,人们如果不能尽力克服就会拼命掩饰,对于那些被曝光出来的人和事更是"千夫所指","万人唾骂",让他们"无地自容"。即便

---

① 《圣经》马太福音 6：14—15。

他们愿意悔过自新,我们也没有多少人会真正原谅他们并重新给他们机会,这就无形中把他们逼向了反面。这是我们人所共知并习以为常的事实。

因此,在一个缺乏必要宽容文化的环境下,领导干部和官员自然十分害怕甚至恐惧媒体的曝光。因为一旦被曝光,就意味着他们一生的苦苦奋斗和孜孜追求会因这一件小小的过失而全部报销,今后绝对不可能有其他类似的发展机会。这就是东方文化环境中因"一团和气"而不利于监督,或因"得理不饶人",大家尽力掩盖错误,监督难以有效实施的重要文化根源。

(三)帮助劝服功能(persuading)

帮助与劝服功能是媒体的重要功能,但在东西方媒体中的表现各不相同。在政府严格监管和控制媒体的国家或地区,媒体首先是政治和行政的舆论工具,其次才是传播其他信息的媒介。媒体的主要职责是进行"正面"而积极的行政宣传,配合行政部门传播主流的信息和价值观,统一思想,引导舆论,用各种新闻和事实劝导和说服公众,教化和引导公众的思想和行为,保持公众思想与政府主流思想的和谐,保持公民意志与国家行政意志的统一,从而为经济与社会发展营造良好的舆论环境和社会环境。

一个国家的文化传播、社会环境、媒体传统、公民的心理素质和群体修养都是决定其媒体传播的重要因素。媒体及其传播的开放发展,不仅需要法律制度的完善、领导思想的解放以及社会观念的开放,还需要全体公民教育程度和媒体素养的提高以及心理的成熟。

过去,我国对媒体的监管采取了相对比较严厉的措施,充分发挥了媒体对行政的帮助与劝服作用,总体符合中国的国情与社会实际。但是,随着我国改革开放步伐的加快,新媒体不断推动的信息公开以及公民自身民主与权利意识的觉醒,广大公众对涉及自身权益、公众利益以及公共服务等领域重大行政决策的监督力度和关注及参与程度都在不断上升。在此背景下,媒体的传播功能也在发生变化。媒体从单纯的舆论工具逐步转变成信息传播工具,媒体传播从以政治和行政内容为主的传播逐步转向以经济、文化与社会为主的综合传播。

在欧美日韩以及我国的港澳台等地,媒体作为独立的传播机构和私人企业,在对大量的新闻和信息传播报道的同时,也无形中帮助营销了自己的国家和政府。从媒体表面的新闻报道上,很难看出西方媒体明显的政治立场和观点(当然像针对我国西藏问题和对奥运会的抵制那样赤裸裸的攻击除外)。西方媒体的帮助和劝服功能巧妙地隐藏在其新闻和综合信息的传播中,悄然地蕴含在新闻和故事里,让受众自己思考并产生潜移默化的思想和观念改变。

综上所述,从媒体信息传播的价值定位与公正性等方面观察,传播、监督和劝服三大功能的比例各占三分之一是比较平衡的状态。但是,世界各国媒体报道的事实往往是传播比例较高,特别是新闻类节目和专题类节目的比例高,客观中性的报道约占全部新闻和信息的50%,其他两项的比例相对较低。但是,在非正常状态下,即发生恐怖袭击、国家和民族遭受威胁的时候,带有明显阶级立场和国家民族意识的帮助劝服类报道会大幅度上升,成为维护国家和民族利益的有力工具。当社会转型,利益重组,政府内出现贪污腐败或渎职等现象时,媒体的监督批评功能就会不断凸显,成为抨击时弊的有力武器。

目前,全球的媒体传播主要呈现三种状态,即相对平衡状态、非平衡状态和向平衡过渡的发展状态。欧美日韩等地区的媒体三大功能的比例基本相当,媒体的传播相对比较平衡。一些极少数高度集权,对媒体完全控制和监管的国家这三大比例很不平衡:帮助和劝服功能过度,舆论监督缺失,而开放和广泛的信息传播功能也因为国家和社会的开放度不足而受到限制。

我国的媒体正在向报道、监督和支持这三大功能平衡发展的方向过渡。长期以帮助和劝服为主的媒体,在经济高速发展、社会不断开放文明的大潮下,要不断地增加其报道与监督功能。然而,我国媒体的监督功能和传播潜力还远远没有发挥出来,许多应该监督和曝光的事件没能得到及时的披露,一些隐藏的深层次问题和矛盾因为没有机会得到充分传播报道而被忽视。这不仅引起了广大群众的强烈不满,也无形中影响和阻碍了我国的进一步改革开放与发展。笔者相信,随着我国政府信息的公开和整个社会的不断开放,监督类新闻的比例还会不断上升,媒体对全社会监督的力度也会不断加强,媒体"啄木鸟"的作用将会得到更有效的发挥。

三、媒体的价值困惑

(一)权力控制的利弊

世界上任何国家或地区都或多或少地对媒体进行着监管。中国的执政党和政府从根本上控制和管理媒体不仅是我党革命斗争的经验总结和国家建设与管理的历史传统,也是中国社会稳定与健康发展的需要,总体符合中国的社会现实。政府对于大众传媒的有效监管不仅能让主流的媒体舆论与主流的行政发展目标相一致,保证国家主流舆论环境的和谐,防止媒体在市场经济环境下导致的过度趋利现象或被某些利益集团收买利用后产生的传播价值偏移,也保证了媒体在充分享受行政资源及经济高速发展后自身能获得发展。这些都是我们行政体系对于媒体监管的合理性与优势所在。

在我国,媒体是受政府直接管理的公共性传播机构。党委和政府对媒体的传播原则、传播方针,包括主要的传播内容都有一定的要求,以保证媒体的客观公正性、主流传播导向和与执政党、立法、司法和行政机关的意志相一致的传播定位。正如不同的国家有着自己的国情和具体的制度体系一样,中国等社会主义国家对于自己国家传播媒体的管理总体符合自己的国情,也是国家制度特色的一种延伸。

随着我国经济与社会的不断发展,随着资讯时代的到来,公众对于国家公权力机构公共信息的透明需求在不断上升。媒体作为实现这种开放与透明的重要手段和渠道,自然率先承担了执政党、立法、行政与司法领域广义行政传播的义务和使命。如果对媒体过于放松,媒体作为盈利企业的利己倾向就会暴露无遗,会完全根据自己的利益需要肆意传播或被利益集团收买或雇佣,成为他们的传播工具,而国家管理与公众诉求的主流信息传播会受到影响,维持社会正义与稳定的核心舆论阵地就可能丧失。

但任何事物都有两面性。如果行政体系对媒体监管过度,导致开放社会中必要信息的堵塞,凡是对行政"不利"的信息都不允许在主流媒体上刊播,这在新媒体日益深入人心并成为人们生活方式的资讯时代,不仅解决不了"堵截不良信息"的问题,反而会抑制和扼杀我们主流媒体的创造活力,导致我国主流媒体在全球传播的大潮中丧失其应有的竞争力,使主流媒体边缘化,损害我国软实力的构建与发展。

另外,对于媒体和信息传播的过度控制,会间接地损害一个国家健康的文化肌体及自我修复功能,抑制和影响整个民族的创造性与思想活力,无形中造成整个社会的思想窒息、僵化与平庸。我们不仅要注意防止因媒体舆论控制而影响社会发展的现象,也要防止舆论过度自由可能出现的混乱,用智慧保持好平衡,处理好这二者之间的辩证关系。经历了严格的监管和轰轰烈烈的对内传播,我国媒体在国家经济政治日益发展、社会不断开放的背景下,需要发挥更加积极主动的传播作用和监督功能。同时,需要更进一步地解放思想,让我国媒体以更加开放的姿态,用世界人民熟悉的语言和方式来介绍中国的最新发展,通过呈现事实,构建与全球沟通的桥梁,在国际传播上有所作为,最终为中国的可持续发展和软实力服务。

西方媒体绝大多数是独立的传播机构和私人企业,控制他们的主要是传媒集团的领袖、股东、总裁、主编和编辑等人。随着世界格局的变化,特别是传媒产业的发展和垄断性媒体集团的出现,以美国为代表的西方媒体发生了根本性的改变。西方媒体弱化了原有的价值定位,有些媒体甚至放弃了原有的"传播正义"的价值理想和追求,逐步蜕变为以信息传播为手段,以谋利为目的,屈从于政治和行政,与实力集团联盟勾结并为利益集团服务的传播工具。它们从原来的行政监督者变为行政的合作者,由信息传播主体演变为经济运行主体,从单纯的舆论权力演变为综合权力。

（二）利益驱动的困惑

市场经济的发展不仅对传统的经济领域产生了重要影响,还催生了媒体资讯等新经济产业的发展。2002 年,美国的信息传播业全年经营总规模大约为 6010 亿美元,相当于国民生产总值的 5.8%,大大高于许多中小国家的国民生产总值。其中,无线电视业 397 亿美元;有线电视和卫星广播电视业 769 亿美元;广播业 194 亿美元;报业 622 亿美元(其中日报业 551 亿美元,周报 71 亿美元);消费类图书出版 188 亿美元;消费类杂志出版 211 亿美元;电影票房 98 亿美元;录像 244 亿美元;录音 126 亿美元;互联网业 263 亿美元;广告业 2369 亿美元;公共关系业 29 亿美元;赞助活动费 97 亿美元。从传媒行业分类看,电影、音像制作、发行的娱乐业规模最大,近 872 亿美元,排行第一;有线和卫星电视排行第二;报业位居第三;随后是无线电视、互联网、杂志、广播、图书等。①

中国的传媒产业发展迅速。据《2010 年度中国传媒产业发展报告》统计,2009 年我国期刊广告经营总额为 30.37 亿元,发行收入为 166.3 亿元,广播电台整体广告收入为 81.46 亿。

(三)过度竞争的变异

由于媒体传播扩散的特性,市场份额的局限以及信息传播的高成本等特点,为了满足日益挑剔的受众胃口,吸引他们的注意力,媒体用尽了浑身解数,不断地迎合与讨好受众。报纸根据读者的口味不断改版,还使用彩色印刷吸引读者。广播增加了直播的比重,与汽车、微型收音机、MP3、MP4 等新型电子设备广泛结盟,用方便和快捷赢得听众。电视媒体变换节目内容,增加对观众感兴趣的问题、人物的访谈以及在枯燥生活中的贫民化娱乐节目,通过增加对重大事件的直播,甚至通过启用一些美丽大方、性感迷人、个性化甚至异类的主持人来吸引观众。

网站增加了五花八门的服务内容,让网民在上面能够找到足以消磨大量时光的游戏和其他兴趣点。大多数网站都增加了博客、评论、聊天、游戏、对话、交友、购物等新功能。通过搜索网站,我们可以随意找到自己想要的相关内容,可以下载电影和图书,也可以听课、完成学位。而有些网站为了私利,甚至不顾媒体的道德与良心,在网上传播色情、暴力、犯罪的内容,以吸引和诱惑网民,尤其是年轻人沉湎其中,不能自拔。

当北京奥运会的火炬在美国旧金山传递的时候,当时在与福克斯新闻电视台竞争中一直处于下风的美国有线新闻网 CNN,为了改变自己的颓势,雇佣了像卡弗迪那样的一些著名的"臭嘴"担任主持人。但是 CNN 没有想到,自己那违背新闻职业道德的"臭嘴"在全球直播的媒体上恶毒谩骂中国和华人的行为,激起了全球华人的强烈愤慨和抗议,也催生出了"反CNN"网站(www.anti-cnn.com)的诞生。BBC 和 CNN 等西方主流媒体在报道我们奥运圣火的传递时每次都要加上抗议的画面,甚至多次插入 30 多年前"文革"期间红卫兵跳"忠"字舞及毛主席接见红卫兵等镜头,这些恶劣的

①　参见明安香:《美国:超级传媒帝国》,社会科学文献出版社 2005 年版。

傲慢与偏见让任何了解真相并稍有正直之心的人都会产生愤慨。

英国的 BBC 网站在 2008 年西藏拉萨"3·14"事件的报道中竟然把抢救伤员的救护车说成是"军车";德国的《柏林晨报》网站将一张西藏公安武警解救被袭汉族人的照片硬说成是在"抓捕藏人"。加拿大 CTV 的主持人 Mike Duffy 在采访中国大使时,竟然在与大使的对话过程中插入尼泊尔警察抓人的画面来说明中国大使正在"说谎";德国《明镜周刊》、《德国画报》等媒体把发生在尼泊尔的事情硬是套在了中国西藏身上。美国《奥克兰新闻报》、德国《西德日报》、《明星周刊》等西方媒体把 2001 年 9 月武警西藏总队官兵在拍摄电影《天脉传奇》过程中充当群众演员,分发演出服时拍摄的照片说成"士兵伪装成喇嘛制造混乱",肆意传播谣言。《明星周刊》在报道达赖散布谣言时,还配发了所谓有"依据"的图片。德国的 NTV 电视台在报道中将尼泊尔警察抓捕藏人抗议者说成是"发生在西藏的新事件"……

以上这些西方媒体对于西藏拉萨骚乱事件的歪曲报道不仅仅是媒体竞争或误解的问题,而是带着对于我国西藏"特殊而复杂的情感",长期在达赖集团的宣传影响下对中国充满偏见的表现。因为他们一直偏听达赖一家之言,站在"藏独"分子的立场上考虑问题,因此,就很难真正了解西藏发展的历史和真相。

(四)发展的诉求与挣扎

所有的媒体,从其本身利益的角度出发,都有增加发行量、扩大覆盖面、提高收视(听)率、提升关注度和影响力等涉及自身发展的强烈诉求。所有媒体都有对外扩张的欲望,都希望有更多的人订阅自己的报纸和杂志,有更多的人收听和收看自己的节目,有更多网民成为自己的注册用户,终日盯着电脑,在网上游览消费。通讯部门也希望公众多买手机,多打电话,多发短信……

无论是传统媒体还是新媒体都有自身成长、壮大和不断发展的强烈愿望和正常的诉求。从本源上讲,正是媒体的这些发展诉求构成了媒体自身传播与发展的原动力和活力。媒体的生存本性、经济愿望、市场特性与价值追求依附在不同的时代背景下,表现出不同的传播特征。

当代社会,除了某些重大的原则性政治因素以外,全球的绝大多数媒体都无形中向市场屈服,追求市场份额,以发展"注意力经济"①为己任。诺贝尔经济奖获得者赫伯特·西蒙说过:"随着互联网的发展,有价值的不再是信息,而是你的注意力。"美国管理大师托马斯·H.达文波特在其著作《注意力经济》中也指出:"在新的经济模式下,注意力本身就是财产","如果金钱真能有效购买注意力,那么我们要做的就是付给你一定的钱,让你全神贯注地听讲。但若有人想获取你的注意力,他不可能依靠付钱的方式来真正获得。虽然金钱流向注意力,但注意力很难流向金钱"。无论是世界明星还是中国明星,哪位关注度高,哪位就是大明星,他/她也就因此会更加富有。因此,明星们也时常通过绯闻等事件来制造注意力,引起粉丝以及观众对于他们的关注,从而获得影视传播的机会。

英特尔公司前总裁葛鲁夫也有类似的观点。他认为,整个世界将会展开争夺眼球的战役,谁能吸引更多的注意力,谁就能成为主宰。可见注意力形成经济,争夺眼球成为新的竞争已是当今世界不争的事实。在新经济时代和信息社会,有价值的不再单纯是货币,也包括关注的程度。相对于浩如烟海的信息而言,个人的注意力将是极为稀缺的资源。因此,研究人注意力的规律,吸引别人的更多注意力将成为品牌竞争的重点,这也是如何让品牌在其目标消费者的心目中随时保持新鲜度的重要方法。

媒体是吸引公众注意力最有效的载体。全球媒体的发展紧紧伴随着全球化的发展脚步。媒体从过去追求新闻自由的精神、注重社会价值的传播

---

① 著名的诺贝尔奖获得者赫伯特·西蒙在对当今经济发展趋势进行预测时也指出:"随着信息的发展,有价值的不是信息,而是注意力。"这种观点被 IT 业和管理界形象地描述为"注意力经济"(the economy of attention)。"注意力经济"这一观点最早见于美国加州大学学者 Richard A. Lawbam 在 1994 年发表一篇题为《注意力的经济学》(The Economics of Attention)的文章。最早正式提出"注意力经济"这一概念的是美国的迈克尔·戈德海伯(Michael H. Goldhaber)1997 年在美国发表了一篇题为《注意力购买者》的文章。他在这篇文章中指出,目前有关信息经济的提法是不妥当的,因为按照经济学的理论,其研究的主要课题应该是如何利用稀缺资源。对于信息社会中的稀缺资源,他认为,当今社会是一个信息极大丰富甚至泛滥的社会,而互联网的出现,加快了这一进程,信息非但不是稀缺资源,相反是过剩的。而相对于过剩的信息,只有一种资源是稀缺的,那就是人们的注意力。注意力经济向传统的经济规律发起挑战,认为经济的自然规律在网络时代会产生变异,传统经济的主导稀有资源由土地、矿产、机械化设备、高科技工厂等物质因素转变为"注意力"。资料来源:维基百科 http://wiki.mbalib.com。

理想转向了在追求新闻和信息传播的同时,关注传播机构自身的利益诉求和发展目标。这是全球媒体在全球化和信息经济时代的重要转变,这种转变会无形中影响我们对阅读、收听和收看节目的习惯和感受。

第四节　媒体传播的发展与变迁

绝大多数西方媒体自诞生之日起就是一个独立的传播企业,覆盖面与经济利益诉求始终是其追求的最重要目标。那些完全享受政府财政拨款或在领导体制上属于政府的媒体,理所当然地就成为政治和行政传播的工具,其政治诉求远远大于经济诉求。但是,在全球化背景下,无论是老牌的完全市场化的西方传媒还是新兴的以行政传播为主导的以中国为代表的国有媒体,都在坚守自己信息传播主体地位的同时悄然成为经济运行的主体,不知不觉地进行着市场化的演变。

一、媒体发展的主要趋势

（一）全球传播提升了媒体的经济欲望

全球化背景下,媒体不再是单纯的传播机构和舆论工具,而日益演变成能传播资讯的大企业,成为硬实力和软实力的结合体。因为媒体的信息敏感性和传播特性,媒体更容易对大众和社会产生影响。当媒体有能力吸引到足够的"注意力"时,媒体自身的盈利能力就令人刮目相看。

欧美等西方国家的媒体,作为独立于立法、行政和司法之外的"第四权力"和自主确定传播原则的信息传播机构,在与政府沟通、较量、博弈与合作中逐步走向世故与成熟,也在媒体企业化、垄断集团化与国际化的新浪潮中获得了巨大的发展,并逐步进行着以自身利益诉求为核心的适应性改变。中国的媒体正在从过去完全计划经济体制下的政治和行政的传播"工具"和舆论"喉舌"逐步转向在改革开放和社会主义现代化建设背景下,遵守核心传播价值的经济、政治、文化与社会发展的综合传播企业。

以西方媒体为代表的全球媒体的发展演变绝不是传播力量的削弱和对传媒基本价值理念的摒弃,乃是其核心价值与多种利益诉求的有效折中与整合。作为西方媒体的代表，美国媒体在其发展演变中率先在全球实现了其传播理念的创新，把过去传播媒介单一的舆论力量与经济、政治、文化、社会等多种力量进行了有机的整合，让媒体广泛渗透在全球各个领域。这不仅使美国变成了世界超级传媒帝国，也成为了垄断全球舆论与信息传播产业市场的巨大的综合力量。[①]

总之，随着冷战的结束和全球化与信息化时代的到来，各国媒体都在原有的侧重意识形态传播的基础上，进行着以经济、政治、文化和社会生活等领域的综合信息传播为主导的变革。作为传播类的企业，世界各国媒体的市场化趋势在所难免，其经济欲望和经济诉求正在不断上升。

（二）新媒体的出现使信息传播更加自由

以互联网和手机为信息载体，以 Email、Facebook、Twitter、MSN、Skype、QQ、博客、微博等新成员为代表的新媒体，在 21 世纪的资讯时代发挥着越来越重要的作用。新媒体正在威胁并替代着某些传统媒体，进行媒体的革命。仅 2010 年，美国就有 100 多家报社和 280 多家杂志社倒闭。媒体大亨默多克正在与微软公司合作开发新媒体。中国的网民已经接近 6 亿，手机用户达到 10 亿。

在网络和通讯技术的统一支撑下，新媒体不仅整合了书、报、刊、广播、电视等各类信息资源，把海量的信息储存在不同的服务器里，提供给人们方便取用，成为多媒体的混合信息平台，还通过电脑、手机、广播、电视和互联网等渠道进行多平台的立体传播。

网络等新媒体除了方便、快捷等特点外，其革命性的变化就是极大地解放和发展了传统媒体的生产力，使得信息传播的效率和传播自由度都有了前所未有的提高。传统媒体的信息传播需要记者到现场采访或者通过其他渠道获得信源，然后写作、拍摄、编辑后通过自己的媒介信道传播给自己的读者、听众或观众。

新媒体除了可以方便地转载和使用传统媒体的信息外，扮演着"记者"

---

① 参见王石泉：《美国媒体——新兴权力及其影响》，《中国浦东干部学院学报》2008 年 11 月。

与"编辑"身份的所有公众都可以把自己获取的信息随意编发传播。另外，网友在网络上既可以阅读和使用信息，也可以随时提供信息，发表意见，大大增加了媒体的信息量，增强了公众的互动与参与，使媒体的交互功能大大增强。手机用户可以自编短信，与互联网接通并自由选择传播的对象。简便易携带的手机正在成为悄然兴起的新型大众传媒。

网络和手机等新媒体从技术上保证了公众广泛参与的可能性，从物理上为信息的自由流动和公民的言论自由表达提供了更加广阔的平台，这也是互联网等新媒体对人类自由最重要的贡献。新媒体伴随着全球化与社会开放的浪潮，不断地改变着人们习惯的传播模式和管理模式，也带来了人类信息传播自由的革命。在新媒体的自由传播模式下，公众可以更加自由地获取全球的信息，网民可以"设置议程"，发起并传播公共事件，也能动员更多的人参与对某一事件或人物的讨论。他们可以绕过有政府机构控制的传统媒体，形成自己的舆论力量或舆论压力。

在此形势下，传统媒体必须紧跟形势，从网络媒体上获取自己缺乏的信息，或者帮助网络媒体一起传播，以获得更广泛的认同，否则就有可能被网络媒体边缘化。许多在传统媒体上不能刊播的消息，照样可以在网络媒体上传播。这不仅大大提高了社会信息的透明度，也加大了媒体对于国家机构、公务员、名人以及其他公众人物的监督力度。在新媒体环境下，街上的任何过客与公众都可能是记者，只要离开自己家和办公室走到街上就是在"面对媒体"，任何引人注目或者是过分的事情都可能通过一个毫无新闻素养的公民传播给全世界。这就是新媒体的魅力和威力所在，它既是新媒体的可爱之处，也是其可怕与危险之处。

因此，在新媒体环境下，人人都需要小心谨慎，公众人物需要格外注意自己的言行举止，否则就有可能被曝光。在新媒体环境下，领导干部头上多了好几道"紧箍咒"，高悬着数把"达摩克利斯之剑"。如果出现官僚腐败、欺压民众、领导不公或者在重大决策中不与民众沟通协商，行政专断，违反民意以及诚信缺乏等问题，都可能激起广大民众的义愤，会在新媒体上爆料，给自己造成巨大的舆论压力。

由于公众在很大程度上对新媒体拥有"自主权"，不仅在网络畅通时

"拥有"这个新媒体,也具有在该媒体上编辑和传播信息的自由。新媒体具有迅速动员民众注意力,调动社会资源和传统力量,对任何霸道或不公的现象给予抨击或摧毁的能力。但是,如果使用不慎,特别是网民及公众的媒体素养和个人素质不高,新媒体就会传播垃圾信息,造成信息污染和信息病毒,危害社会。这需要在提高公民道德素质的同时加强对网络的法律监管。

（三）媒体传播的时空范围进一步扩大

全球化使各国经济、政治、文化与社会生活的互动性与依赖性不断加强,通讯技术的发展又使信息的远距离传播与更大范围的覆盖变得轻而易举,由通讯卫星和互联网编制的信息"天罗地网"无处不在,几乎覆盖了这个星球的各个角落。

当今世界,人们关注的目光不仅局限于自己身边行政区域所属的那一片天空和土地,其兴趣和视野还不断地借助媒体向更加广阔的空间延伸。同时,由于受众兴趣的多样化以及世界各地公民全天候的生活方式,媒体信息传播的内容也日益丰富。全球化媒体必须实行全天候的播出,以满足这个星球不同地域的不同受众在不同时区内生活和工作的信息需求。

我们可以从自己熟悉的 CNN、BBC、中央电视台（CCTV）、凤凰卫视等以及其他全球媒体的 24 小时报道中感受到全球传播的情况。总之,当今世界的媒体正在成为无处不在,无时不有,无所不包,跨越时空的"无休止"的新闻和信息传播载体。

二、媒体行政传播的变化

（一）行政领域将不断适应媒体的传播规律

全国越来越多的领导干部逐渐意识到新闻媒体对其行政的重要性和巨大影响力,正在努力学习和认识媒体信息传播的规律,了解新闻与信息传播中的必要性、当即性、时效性、突出性、独特性、关联性等特点,并根据这些特点开展行政传播。同时,越来越多的单位和领导干部开始重视媒体沟通,不断开展各类媒体公关活动,希望获得媒体的舆论支持。

但是,仍然有很大一部分领导干部和公务人员不知道什么样的行政行为和行政活动会让媒体和大众产生兴趣,也不知道该在媒体上讲些什么才有效果。他们一直在使用自己在传统行政时期约定俗成的那些只有党员干部在内部开会时才能听得懂的语言传播，事与愿违地树起了一个讲官话、讲大话和讲空话的官僚形象，导致自己的传播行为与传播主旨严重背离，招致了公众对领导干部和公务人员的不满。

随着资讯时代的深入发展，公共信息的开放透明以及领导与群众之间积极主动的沟通已经成为当今时代行政的趋势和潮流。纵观全球，传统的"自上而下"的命令式领导方式在面临巨大挑战的同时正在向着"自下而上"的沟通对话式领导方式转变。我们的领导干部只有顺应潮流，解放思想，调整心态，改变习惯，尽快适应媒体大众信息传播的规律，学会及时传播、主动传播、充分传播和智慧传播，才能在"善待媒体"的同时真正做到"善用媒体"并有效地开展行政传播。

（二）媒体行政传播的开放度不断扩大

随着我国改革开放的不断深入，我国行政改革的步伐正在不断加大，正在形成责任政府、法治政府、透明政府和服务型政府。过去许多被界定在"内部"范围的公共信息都被"解放"了出来，进入了公开传播的领域。过去那些"只做不说"、"多做少说"、"踏实低调"的陈旧观念在资讯传播时代已日趋落伍，积极、主动、开放而透明的传播正在成为当今行政的主流。

在全球化的资讯时代，我们每位领导干部都要特别清醒地意识到，一个政党和政府公共信息的开放透明和有效传播，领导者和行政者与广大民众和利益相关者的必要沟通不仅是我们的责任和义务也应成为领导和行政的一种方式，更是我国经济与社会发展的需要以及政治文明的重要标志。全球化的资讯时代，一个国家经济、政治、文化与社会信息的透明和传播已经成为其执政和行政的必要组成部分，成为硬实力延伸和软实力发展并良性互动的象征。

传播、对话与沟通不足会导致一系列的问题。从资源传播的角度看，由于传播不足，我国许多地方的特色优势资源不能为人所知，很难吸引和聚集足够的"注意力"去开发或消费，传播不足已成为制约许多欠发达地区发展的主要障碍之一。从内部沟通的角度观察，由于沟通的观念陈旧、渠道不畅、信息发布局限，我们行政体系内部的上下级之间、干部与群众之间，干部与干部之间、群众与群众之间等都缺乏充分的了解和交流,从而引发了许多不必要的误解、矛盾和冲突,引起了各类突发事件。从国际传播的角度观察,由于文化差异和交流缺乏,我国与西方各国的政府、国会、媒体以及公民之间的误解很多,隔阂严重,需要尽快消除。

随着 2008 年 5 月 1 日《中华人民共和国政府信息公开条例》的正式实施,国家公共行政信息的透明和传播已经成为法律对行政机构、行政领导以及广大公务员的刚性要求。我国行政领域中的信息公开范围正在不断扩大,公共信息的"黑洞"日渐缩小,开放透明的行政已经成为越来越多领导干部的共识。但从几年的实施看,我国的信息公开总体缺乏监督和评价,还未发展到应有的程度。

总之,信息的开放不仅是社会发展的潮流、公权力运行的特征,也是我们立党为公和执政为民应尽的告知责任与沟通义务,是"让权力在阳光下运行"的重要形式,也是宪法赋予每一个公民的基本权利。此外,新时代背景下公共信息的公开与传播还能够建立和加强政府与广大群众的沟通机制,在协商行政中增加民众对行政的支持和认同,防止暗箱操作与腐败现象,避免因为政务不公开而导致的猜忌、误解和矛盾。公共信息的公开透明还会提高行政效能,做好危机管理和应急管理与传播,最大限度地减少人民和国家的生命与财产损失。

(三)行政传播中的客观性要求增强

过去,我们的媒体是阶级斗争的工具和政治传播的喉舌。改革开放前的媒体过于强调自己的意识形态和政治喉舌作用,忽视了大众新闻和信息传播的功能,信息内容单一,传播形式刻板。在阶级斗争和政治挂帅的时代,许多领导干部习惯了党内约定俗成的政治语言和行政表述,反而不善于在媒体的对外传播中进行逻辑清晰、简洁明了、通俗易懂的大众化传播,结果导致官话、套话、空话连篇。空洞的说教和冗长的报告不仅浪费了公众的宝贵时间和精力,还会让人对我们的行政系统产生厌倦与反感,反而损害自己的形象。

中国的改革开放极大地解放和发展了生产力,媒体的新闻传播也获得了前所未有的思想解放与发展。媒体的信息传播从过去行政机构严格控制下单纯意识形态的宣传(propaganda)走向了以信息传播和信息扩散为主体的客观宣传(publicity)。在全球化背景下,我国媒体的新闻和信息传播在保持自己特色的前提下,更多地遵循了新闻本身的规律,注重事实的客观性,开始了信息式的传播(information communication)。

为了做好对外传播,建立与国际惯例相一致的新闻管理制度和新闻发布制度,我国于1991年成立了国务院新闻办公室(State Council Information Office),并在全国的各级政府中设立了相应的新闻办公室,负责组织召开新闻发布会,为中外记者采访提供服务,通过各种方式对外介绍中国。从此,中国政府正式开始了与国际社会进行符合国际惯例的沟通、对话与传播。

在日益信息化与社会化的时代,增强行政传播中的"客观性"(objectiveness)是适应世界形势发展,符合媒体传播潮流,提高行政管理绩效的明智选择。具体来说,就是要求我们的领导干部在接受媒体采访、通过媒体开展行政传播时多讲事实(facts),多举例证(examples),适当引用数据(numbers),做到实事求是,客观公正,言之有物、言之有据、言之有理,让公众能够从自己的传播中迅速获得关于该主题所需的足够信息,以避免不必要的八股与空洞,给公众和媒体留下"客观、负责、高效、务实、可爱"的良好印象。

（四）行政传播中的主动性要求提高

观念陈旧、主动性缺乏与传播能力不足是导致我国对外传播效果缺失的主要原因。长期从事我国对外传播管理的国务院新闻办公室副主任王国庆同志把我国领导干部面对媒体时存在的三种问题归纳为不愿说、不敢说和不会说。

首先是"不愿说"。"讷于言,敏于行"和"踏实低调"是千年古训,"人言可畏"不仅是现实的告诫,也是严酷的事实呈现,加之长期以来对领导干部严格的宣传纪律约束,在面对突然开放的社会和传媒时,观念、习惯和能力都跟不上。尽管已经进入信息时代,我们社会的言论自由和思想自由总体还跟不上经济与社会的发展。"只做不说"、"少说多做"已经成为我们行政的潜规则和领导干部私下遵守的无形信条。

受传统文化心理的影响,有些领导干部不仅自己不善于对其领导的行政机构进行必要的沟通传播,还常常"看不惯"那些经常通过媒体传播行政的领导干部和公务员,觉得他们太"张扬",喜欢"个人表现"。于是,大家都谨守着几千年来中国封建官场里的那些潜规则,在资讯时代的行政传播中一个比一个"低调"。结果,需要解释和说明的事情不仅没有得到及时的传播,反而引起了公众的误解和不满。

其次是"不敢说"。"人言可畏"的历史传统、政治与行政科层组织的等级差别、领导干部上下级之间的严格等级界限以及社会舆论的威慑性等都是造成许多领导干部在行政传播中"不敢说"的主要原因。一个单位的一把手格外重要,只要一把手没有认知,不重视,不行动或者没有明确的指示和带动,下面的副职和其他干部都不敢"乱说乱动"。由于一把手管理全局,日程安排很紧,几乎没有时间就一些具体的行政问题接受采访或主动传播,有些一把手不喜欢、不善于传播或者他(她)没有意识到传播的必要性,也就没有人敢主动地通过媒体传播。

笔者在授课时与许多领导干部交流时发现,在他们单位普遍存在着这种现象。他们想说,也能说,就是不敢说,怕上级和领导不高兴。而许多一把手忙,没时间接受采访,不愿说,不敢说,也不会说,却不让别人说。因此,这个地区的行政传播就基本处于悄然无声、一片沉寂的状态。这种行政的传播"滞胀"现象在全国普遍存在,需要引起各级领导干部的高度重视。

最后是"不会说"。这是传播能力问题,即不知道如何在媒体上讲话,怎样说才效果好。"不会说"首先表现在对公共行政与媒体关系的认识不清。不是严防记者不传播,就是把记者当成亲人和朋友"知无不言,言无不尽",内外不分,不知道应该在什么场合说什么话,因而就不会说。

"不会说"还表现在传播者不会换位思考,只是站在政府的立场上刻板地为政府辩护,缺乏对受众心理和社会心理的了解和体察,没有在政府行为失当、需要与公众沟通或出现错误时改变态度,真诚道歉,严肃表态,认真处理。由于观点和心态不对,说的内容就可能失当,因而就"不会说"。

"不会说"的最后一个原因是语言问题。由于长期的计划经济思维与阶级斗争经历,我们已经习惯了以政治动员和政治说教为主的对内宣传模式,习惯念稿子说话,习惯长篇大论,习惯使用我们自己发明的并不规范的缩略式语言,例如"五讲四美三热爱"、"七不"、"八要"、"九不要"、"三个高"、"四个底"等中国特色的表述,却没有做必要的详细解释与背景介绍。全国有全国的缩略语,各地方政府有自己的缩略语,每逢讲话必然有一个浩大的开场白和一大堆的客套话,让人在"谦虚"中感到虚伪和厌烦。

不是不能用缩略语,而是要慎用并在使用时一定加上详细的背景介绍和解释,否则,处在不同文化背景或不同环境下的受众就会感到迷惑。过去那些习惯性的地方特色表述在对外传播中遇到过很多的问题和麻烦,也惹出了不少的笑话。当长期习惯于中国特色政治语言的领导干部在国际交流场合讲话或接受记者采访时,兴致勃勃地大谈特谈"七不"、"八要"、"九不要",却未作任何解释的时候(他们以为别人都懂),观众和记者都是一头雾水,一脸茫然,大家不知所云。翻译因为不知道内容而找不到合适的外语来准确表达。

这不仅影响了我国对外传播的效果,还可能起到"反宣传"的作用。这就是我们过去长期以来"内宣"和"外宣"分离,宣传和传播不统一,过分突出意识形态而忽视大众传播,思想封闭保守带来的弊端和后果,也是我国开放度不足的一种表现,需要尽快在资讯时代加以改变。

综上所述,在信息时代,社会向纵深发展,新媒体引领舆论潮流,政治与行政信息公开透明已成为必然趋势,公众呼唤更多政务公开的背景下,我国的领导干部必须要不断地解放思想、更新观念,克服行政传播中"不愿说、不敢说、不会说"的三大障碍,积极营造新的健康的言论自由的环境,提高自己在转型社会背景下,在新媒体环境下,将公共行政进行大众传播的意识和能力,学会在善治的前提下,敏感把握舆论动态,提前设置传播议程,认真准备素材,主动传播,积极引导舆论。

(五)领导干部媒体传播中的"三要"、"三不要"

1."三要",即要多讲事实、要多举事例、要引用数据。从传播效果看,"实在"和"具体"是信息的种子和新闻的生命。如果缺乏这两个要素,我们的新闻和信息就无处生根,传播只能是空泛的概念和口号,夸夸其谈,流于形式,犹如秋冬的落叶与尘土被风卷起,虽沙沙作响,四周弥漫,却会瞬间飘散。而好的新闻一定是"实在"的新闻和"具体"的信息,是带着健康生命基因的种子顽强地扎根泥土,深入人心,孕育发芽,健康成长并能结出正义的果实。

因此,领导干部在传播中需要多讲事实,让人感到真实;要多举事例,让人觉得亲切实在和具体;还要适当引用数据,拿出"证据"来支撑自己的观点。只有这样带着生命气息的传播才会"落地"、"入心",产生良好的效果。

2."三不要",即不要说空话官话套话、不要说绝对的话、不要轻易下结论。由于我国数千年来传播表达中"重文轻理"和"重理轻据"的历史传统,我国不少领导干部至今仍然在会议传播、讲演发言和媒体采访中沿袭过去的一些习惯,空话、官话和套话连篇,冗长拖沓,言之无物,言之无据。

例如,凡讲话开头必说一套"在……(罗列所有上级组织单位名称,列出所有上司的职位和名字)的英明领导下……",中间只谈"我们要……"这些提要求、表决心的态度,顶多有几个观点,绕来绕去,就是没有落实的措施,缺乏"我们做了哪些"、"我们将做哪些"和"我们怎样做"这些具体的信息。只见雷声滚滚,狂风大作,甚至搞得"天昏地暗",就是不见雨点下来。这样的传播不仅没有效果,还会让人反感,遭人诟病。

另外,领导干部在媒体传播中不要说绝对的话。当今社会瞬息万变,不定因素极多,任何人都不敢为不断变化的事物打包票。如果出言绝对或者轻易下结论,被媒体报道后情况有变或被人找出漏洞,领导干部的公信力就会受损。例如,某领导为了表示自己管辖领域的清廉,在记者问到"有没有腐败现象"时,会用"我敢保证我们单位绝对没有任何腐败现象"这样过度强调的表述,其结果往往是给自己挖坑,让媒体抓到把柄。

综上所述,开展有效的行政传播不仅需要我们的领导干部懂得媒体传播的规律,学会使用媒体新闻报道所需要的逻辑、简洁、务实、通俗、举例等表达方法,还需要懂得对外传播的语言、文化和思维,用局外人和外国人都听得懂、记得住、熟悉和认可的语言来表述。即使不会使用外语传播,如果用媒体欢迎的方法来表述,借助良好的翻译,也同样会获得外国公众和传播对象的理解和欢迎。

三、资讯时代媒体发展的新特点

媒体自诞生后的几百年来,一直伴随并推动着人类的技术革命和社会发展。媒介形式从最早的书、报、刊等印刷媒体过渡到以广播和电视为标志的电子媒体,又发展到了现今以互联网和手机等为主的新媒体时代。媒体的传播内容也随着社会的开放不断地扩大和丰富,媒体自身的功能已经发展成为兼顾信息传播与自身经济发展的综合传播企业。其中以互联网和手机等媒体为标志的新媒体对当代传媒的发展和社会的变革影响深远。

纵观媒体几个世纪的发展,从印刷媒体到电子媒体以及新媒体的演变历程可以看出,资讯时代媒体发展的特点呈现出六个新特点,即"BFFUMP效应"。

(一)传播覆盖更广(Broader)

全球的大多数主流媒体都是跨国媒体,都有横跨五大洲的专设频道和针对不同地域受众的节目内容。另外,以光缆技术和卫星传播技术为支撑的当代媒体大大提升了信息传播的速度,也极大地扩展了信号覆盖的广度。从技术上讲,目前地球上任何一个人类的聚居区都可以收到全球卫星传播的媒体信号。

目前,在地球轨道上飞行的商业通讯卫星有400多个,地球已经被卫星和广播电视信号全面覆盖。美国时代华纳所属的有线电视新闻网(CNN)通过一个覆盖全球的卫星网和有线电视网进入全球212个国家和地区的1.5亿个家庭,并为遍及全球的上千家宾馆饭店提供节目,全球观众超过10亿人。美国鲁波特·默多克的新闻集团(News Corporation)拥有一个用卫星联起来的全球电视网,主要包括英国的天空广播(British Sky Broadcasting)和香港卫视频道。新闻集团的电波已经覆盖全球三分之一的面积和三分之二的人口。[①] 仅香港卫视几乎覆盖全亚洲,成为亚太地区最大的电视网。

(二)传播速度更快 (Faster)

卫星、网络和无线电波会在瞬间把发生在世界任何地方的新闻和信息

---

① 参见明安香:《美国:超级传媒帝国》,社会科学文献出版社2005年版,第17页。

传向地球的各个角落,送到千家万户。当今资讯时代,信息传播给人们以快速和迅捷印象的另外一个原因是,人们在通讯技术飞速发展的基础上对于周遭世界的反应速度、方便程度、反馈速度以及生活节奏都在不断加快。人们被无形中卷进了资讯时代引发的汹涌澎湃、奔流不息的信息洪流之中,让人产生出当今世界"一切都比过去更加神速"的感觉。因此,资讯时代行政传播的速度和节奏也应该相应地加快加强。

（三）信息自由更大（Free）

在传统媒体传播开放度大大提高的同时,以网络和手机为主的新媒体进入了千家万户,从技术和传播方式上引发了媒体传播的革命,也宣告了传统的行政传播方式以及传统的媒体监管方式和危机的到来。

新媒体时代,广大的受众可以自由地、最大限度地参与到媒体信息获取、制作、传播与互动的全流程中来,公众可以自由地把发生在他们身边或者任何地方的新闻和信息传送到网络上开始更大范围的传播。由新媒体形成的日益强大的民间舆论阵地和监督力量正在逐步地成长、壮大和成熟。与此同时,网络等媒体的信息垃圾也大量出现,新时代的媒体监管面临前所未有的挑战。

（四）行政控制更难（Uncontrollable）

由于网络和手机等新媒体本身的个性化特征以及信息传播技术的自由性,除了传统媒体之外,对新媒体的管理和控制日益艰难。媒体监管总体由行政可控逐步转向控制困难或基本不可控制。

当信息传播成为潮流,不可逆转的时候,尽管大禹之父鲧的"神土"可以在刹那间筑起一座高山,暂时挡住气势汹汹的洪水。但是,当汹涌的水流聚满围坝之时,还会出现更大范围和程度更严重的决堤和泛滥。因此,当今时代,需要用大禹治水的方法对媒体舆论和公众情绪进行积极的"疏导"和管理,对舆论问题标本兼治,而不是利用其父鲧治水的方法,一味对信息流进行"堵截",结果必然招致失败。

（五）传播手段更多（Multiple communication）

当今时代的媒体是群雄并起,逐鹿世界。传统的书报刊等印刷媒体、广播电视等电子媒体以及网络和手机等新媒体都在跃跃欲试,用尽招数吸引人们的注意,积极占领市场。如今的受众也可以说个个拥有媒体,人人能够自由传播信息。人人都不同程度地成为了"记者"、"编辑"和"主持人"。异军突起的新媒体不仅对传统的媒体形成了强烈的冲击,还使我们习以为常的传统生产方式、管理方式和生活方式面临变革的压力和挑战。

中国传媒大学媒体管理学院院长李怀亮认为,新媒体的发展对当代传媒经济的影响表现出三种特征。首先是新媒体与传统媒体进行了有机的融合和对接。新媒体对原有传播媒介的不足进行了全面的补偿,这不仅改变了人类的文化传播过程,也深刻影响着传统媒体在新技术和时代语境中的前途命运。其次就是新媒体使媒体资源碎片化。新媒体对空间进行了双向拓展,并在拓展过程当中表现出强烈的碎片化特征,依托液晶技术和数字技术,楼宇电视使电视媒体从民用领域向商用领域扩展。还有一个是便携式媒体,也使媒体的空间领域由原来固定的空间向移动的空间拓展。

第三个特点是分众化。江南春的分众传媒所缔造财富的神话这个事实说明,在新媒体时代,原本的大众传播模式在信息时代已经逐步让位给了分众传播模式。如果哪一家媒体希望将目标确定为所有的受众,在新媒体时代反而可能失去更多的受众。媒体的分众传播其实是根据受众的总体需求进行分类传播,把具有不同经验和兴趣,具有不同年龄、爱好与收入水平的大众人群进行分类,然后根据其特点整合出具有针对性的信息进行传播,从而使自己的信息具有更加明确的目标性,也能引起更多的信息共鸣。

(六)媒体形成财团和权力体系(Powerful)

西方的一些主流媒体,早在数十年前就已经伴随着其资本的膨胀、跨国企业的发展以及在全球利益范围的不断扩大而成为全球性的传播公司。索尼公司、迪士尼集团、新闻集团、时代华纳集团、维亚康姆集团、贝塔斯曼集团和西格拉姆集团等都是全球知名的多媒体集团。

世界著名媒体自身形成的传播产业集团,无论是其舆论影响力还是产业经营业绩都令人刮目,许多传媒集团已经位居世界500强的行列。美国的十大报业集团:甘尼特公司、论坛公司、纽约时报公司、奈特里德公司、前进出版公司、赫斯特公司、考克斯实业公司、道琼斯公司、麦克拉奇公司、华盛顿邮报公司以及洛杉矶时报、华尔街日报等在全球报业和舆论界中具有主导性的影响力。另外,微软(Microsoft)、谷歌(Google)、百度(Baidu)、雅虎(Yahoo)、新浪(Sina)、搜狐(Sohu)、阿里巴巴(Alibaba)等网站以及国内外主流传统新闻媒体各自设立的网站都成为人们获取新闻和信息的主要媒体,成了收益丰厚的传播企业。

我国的中央电视台、中央广播电台和国际广播电台、新华社、人民日报、光明日报、凤凰卫视等国家媒体以及北京、上海和广东、浙江、江苏、东北等地的报业集团和媒体集团,例如歌华有线、解放日报、文汇新民报业集团、文广集团、南方报业集团、北方联合出版(传媒)集团等已经形成了相当规律的传媒产业。

总之,以上这些媒体产业的发展及传播集团形成的事实都清楚地说明,媒体在全球化背景下作为传播企业参与全球信息市场的竞争以及发展"注意力经济"卓有成效的结果。但是,由于媒体不同于其他企业,其新闻和信息传播特性以及巨大的舆论影响力又使其成为具有特别威力的传播机构,具有明显的软实力特征。因此,媒体也被西方学者称为继立法、行政和司法之后的"第四权力"。

了解媒体的本质、特性及其传播的发展和变迁,可以很好地帮助我们各级领导干部在领导传播和行政传播中认清形势,解放思想,转变观念,适应媒体的传播变化和发展规律,建立必需的传播制度,改进传播方法,有效地借助大众传媒开展政治、经济、文化和社会领域的综合传播,把曾经令人担心和敏感的媒体变成自己在新形势下进行领导和行政的重要信息载体和沟通平台,让传播推动行政的发展,也让行政的发展帮助和提升传播的质量,构造健康和谐的社会。

问题思考

1. 媒体的本质以及在新时代的价值困惑是什么?

2. 我们的领导干部对媒体有哪些认知误区?

3. 新闻有哪些特点,如何把行政实践变成好的新闻?

4. 公共行政该如何适应媒体的新变化并做好行政传播?

5. 资讯时代媒体有哪些特点,如何利用新媒体开展传播?

第三章　公共行政与媒体关系

公共行政除了其自身的组织性、权威性和强制性等特点外,传播性也是一个十分重要的特征。因为传播不仅是行政的本质和行政运行的特点,也是提高行政绩效的重要手段,还是行政发展与政治文明的基础和保障。如果行政系统传播态度积极、向度①正确、系统完善、模式科学,行政的决策就会正确有效,这样的行政才能得到广大民众的拥护。

中国正处在一个经济、政治和文化急剧转型的重要历史时期,在此背景下,全国的整体传播形势也在发生着深刻的变革:由官方传播(official communication)向民间传播(civil communication)转型;由组织传播(organization communication)向个人传播(individual communication)转型;由政治传播(political communication)向社会传播(social communication)转型;由精英传播(elite communication)向大众传播(mass communication)过渡。

笔者欣喜地发现,目前我国的大多数领导干部都能正确地认识媒体及其变化,重视媒体关系并愿意积极主动地与媒体沟通②,他们只是需要并期待着系统而具体的媒体沟通的实践锻炼和有效的培训。因此,资讯时代中国的公共行政与媒体关系需要走出传统的"行政完全控制媒体"或者"媒体过度商业化"的单向关系误区,根据时代的需要调整并重新定位,学会相互理解,彼此尊重,建立一套能防止双方都可能出现惰性或价值偏移等现象的监督机制,在合作互惠中相互促进,共同发展。

---

① 请参见本章图 3-2"行政传播的系统"。
② 请参见本章第三节"中国领导干部媒体关系的调查"。

第一节　公共行政的传播特性

　　世间一切事物都处在永恒的运动和变化之中,这就是事物发展的本质规律。行政作为一种体现公共意志、满足公众需求的公共管理活动,本身就是一种运动。行政中的"行"就有"执行"、"操作"、"行动"的含义,本身就是一种动态行为,具有明显的运动和传播特性,因此,行政本身就是一种传播。

一、传播是公共权力的本质

　　由于权力的"公共性"特点,公权力系统首先要围绕它的直接对象——公众来进行权力体系各个环节的传播和运行。因此,国家的公权力体系,特别是行政体系需要建立起一套与行政对象沟通并保证其自身系统正常运转的科学机制和管理流程,做到权力的公平分配,权力的合理使用以及对公权力的有效监督和约束。对此,国内外的著名思想家、哲学家和领袖都对国家权力的公开有着各种精辟的论述。

　　法国著名启蒙思想家孟德斯鸠①认为:人民不仅善于选择,而且"具有足够的能力听取他人关于处理事务的报告",尽管他们并未直接参与管理。他认为,公民享有充分的知情权。② 罗伯斯庇尔认为:公民有权了解自己议

---

　　① 夏尔·德·塞孔达·孟德斯鸠(Charles de Secondat, Baron de Montesquieu, 1689—1755年)是法国著名的启蒙时期思想家,社会学家,是西方国家学说和法学理论的奠基人。孟德斯鸠虽为贵族,却是法国首位公开批评封建统治的思想家,他突破"神授君权"的观点,认为人民应享有宗教和政治自由。他认为决定法的精神和法的内容是每个国家至关重要的,保证法治的手段是"三权分立",即立法权、行政权和司法权分属于三个不同的国家机关,三者相互制约、权力均衡。"三权分立说"对1787年的《美国宪法》、1791—1795年的《法国宪法》和1792年的《普鲁士法典》的制定工作产生重大的影响,也完全否定了当时法国社会的三个基石:教会、国会和贵族。他以专制政体为三种基本的政府形态之一,使得专制政体成为18世纪政治思想中的一个核心主题。他也是西方思想家中第一个将中国划入"专制政体"的。他的这个说法强烈影响了西方对中国的印象,用"专制"二字来描述总结中国政治制度的细节和特点。资料来源:维基百科 http://zh. wikipedia. org/wiki。
　　② 参见孟德斯鸠:《论法的精神》(上),商务印书馆1999年版,第69—72页。

员的一切行为;议员们应当向人民提出自己管理事务的翔实报告,并很尊敬地服从人民的判断。在他看来,对群众开诚布公是政府的一项责任,并且不仅止于宪法作出规定,还需要使公开达到最大限度。① 康德指出:"公共权力,包括全部法律普遍需要公布。"②黑格尔则把"国家行为公开论"具体化为"法律的公开"、"审判的公开"和"议会的公开"。③ 马克思指出:"官僚政治的普遍精神是秘密,是奥秘;保守这种秘密在官僚政治内部是靠等级制,对于外界则靠它那种封闭的同业公会性质。因此,公开的国家精神及国家信念,对官僚政治来说就等于泄露它的奥秘。"④

我国《尚书》中有"举烛尚明"的政论,意即政事应力求公开透明,方可"纳万民之言悉归庭策"⑤。毛泽东曾说过,"让人讲话,天不会塌下来,自己也不会垮台;不让人讲话呢,那就难免有一天要垮台。"⑥邓小平认为:"发扬民主可以经过很多渠道来实现。比如党内政治生活的准则就规定要讲真话,有意见摆到桌面上。我们这次会议就是人人畅所欲言,包括中央常委讲的话,有不妥当的,大家纠正,这很好嘛。……发扬这样的民主风气,就有利于维护和发展安定团结、生动活泼的政治局面。"⑦

公权力是通过传播、流动和运行来发挥其作用的。如果公共权力不能开放、公平、科学而有效地运行和传播,不仅会丧失公权力本身的控制、约束及管理能力,还会导致权力资源和信息的"滞留"、"截流",出现过度集权行为,引发寻租与腐败现象,最终导致公权力体系的信用危机,甚至会引发整个公权力体系的崩溃。

因此,公权力主流和支流系统的正向流动(科层组织中上级向下级的传播)和反向流动(科层组织中下级向上级的传播)都十分重要。这就像人有动脉和静脉是"主流"系统,但还有遍布全身的毛细血管作为"支流"系统

---

① 参见罗伯斯庇尔:《革命法制与审判》,商务印书馆 1984 年版,第 139 页。
② 康德:《法的形而上学原理:权力的科学》,商务印书馆 1991 年版,第 136 页。
③ 黑格尔:《法哲学原理》,商务印书馆 1961 年版,第 224 页。
④ 《马克思恩格斯全集》第 3 卷,人民出版社 2002 年版,第 60 页。
⑤ 胡仙芝:《政务公开与政治发展研究》,中国经济出版社 2005 年版,第 43 页。
⑥ 《毛泽东著作选读》下册,人民出版社 1984 年版,第 819—820 页。
⑦ 《邓小平文选》第 2 卷,人民出版社 1994 年版,第 277 页。

把血液送遍全身一样。大脑首先需要足够的血液和养分，以保证全身指挥机关的灵敏和有效。但是，四肢、内脏、全身各个部位以及皮肤都需要充足的血液和养分，否则就会导致身体某个部位的功能损伤或功能不足，引发身体不适或疾病。

一个真正健康的人，其身体各个器官都应该是健康的，身体的各个部位都能够有机地配合，各个功能也可以得到有效的发挥。权力体系的运行以及行政的传播也是同一道理。一个国家权力系统的运行也和一个人身体的运行一样，权力资源或行政信息的"血液"循环分布必须要合理，"血液"的流动要通畅，每个部位的"供血"都要充分及时，否则就会导致各种可能的身体不适和疾病，威胁人的健康。

目前，我们在公权力的运行体系中建立了比较完善的"自上而下"的权力运行机制，自上而下的传播相对比较顺畅，但我们的公权力体系中普遍缺乏科学合理的"自下而上"的反向传播机制。由于行政的威权特性和传播制度的不完善，在行政的传播运行中往往容易对行政体系的"下游"即基层的信息产生种种阻隔，使行政体系的"中游"缺乏对下游信息的了解；行政体系的"上游"又缺乏对于中游和下游信息的了解，结果导致公权力体系信息传播的普遍"滞障"现象。

具体地说，就是我们的行政体系中从"上游"——中央到"中游"——各部、委、办（省、自治区、直辖市）、厅、局（地、市）的"主流"系统的正向传播运行都比较通畅和高效，但是从"下游"——县、处（区、县、市）及其县、处以下的科、室（乡、镇、村）等的"支流"和"毛细血管"系统自身，特别是向部、委、办、厅、局、地市级、省部和中央的反向信息流通更加不畅，为此常常导致行政体系的传播信息阻隔，导致群众不满，引发规模性上访或群体性事件。对此，我们的各级领导干部和行政机关需要从行政传播的角度高度重视、认真考察并尽快完善。

二、传播是行政运行的特点

传播不仅是公权力的本质，也是行政运行的特点。公权力系统的上、中、下游之间需要全面合理的运行和流动，以形成权力意志和观点意见等科

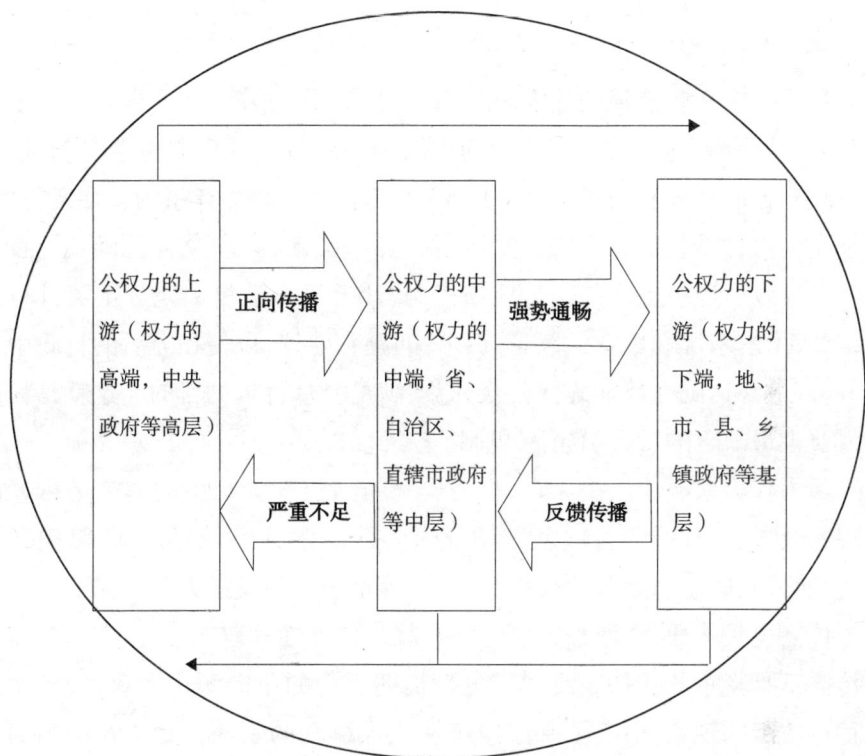

图 3-1 国家公权力的传播运行示意图

学合理的循环系统,达到公共意志、公共权力和公共利益最大限度的传播运行,实现公共资源最合理的分配以及行政价值的实现。

首先,公权力的"上游",也就是权力体系的最高端——国家最高政党、立法、司法和行政机关需要向权力目标的"中游",即权力系统的中端和权力系统的中层机构传达旨意和命令。例如中央政府向全国各省、自治区、直辖市人民政府和中央各部门等机构传达信息,发布政令,以保证全国各地各级公权力机构与中央政府意志的协调一致。

其次,权力系统的"中游"同样也需要向"下游",即各基层组织和群众传达上级权力机关的旨意,保证逐级行政命令的畅通。例如,由省、自治区、直辖市人民政府向其所属地区(市)、县人民政府传达中央政府以及本省、自治区、直辖市的指示和行政命令;各地、市、县再向其所属的乡、镇、街道和村、居委会等逐级下达指令,形成一个"自上而下"全流程的公共权力的传播链条。我们将其称为"正向传播"。

最后一个不容忽视的重要环节就是,所有行政系统必须建立一个由权力系统的"下游"——最基层逐级向中层和高层流动的反向传播机制,以检验行政运行的水平和效果。具体地说,就是在国家权力体系的日常运行中,必须完善由村委会、居委会向乡、镇、街道和地、市、县以及省、自治区、直辖市和中央政府逐级上溯的信息反馈机制,让上级行政机关充分了解其行政的绩效,了解基层和民众的意见、诉求、问题和建议,以便在今后的行政中不断改善,最终达到行政能确保公众利益,满足公众诉求的目的。这就是目前最需要也最缺乏的"反向传播"机制。

因为权力来源于人民大众,权力也只有通过在大众中的实施运行才能体现其效果。因此,要行政就必须征求公众的意见,了解公众的愿望和诉求,按照公众的意志来行使权力,并最后满足公众利益最大化的需要。

传播也是沟通,沟通最重要的特点就是交互性和双向性,只有单向流动的传播不是真正的传播。我国历史上长期实行的单向型传播政策,导致了各种行政阻塞现象,引起了基层组织和广大群众的不满。无论在中国的传统行政还是现代行政中,都存在着"只有正向传播,没有反向传播"或"正向传播远远大于反向传播"的现象,缺乏一个制度性的由基层逐级向上级传播流动的行政反馈与传播机制。尽管设有信访制度,但是在社会转型的新形势下,由于人口众多、矛盾集中、问题复杂,广大公民的诉求难以有效表达,冤屈难以申诉,权益难以得到有效的保障,原有的信访制度和传播机制面临严峻的挑战,领导与行政方式亟待改变。

公共行政是一个庞大而复杂的体系,传播是公权力系统运行的特点,也是行政的基本规律。中央政府在调查研究,了解民意的基础上制定政策,向省、自治区、直辖市各级下达行政指令,省、自治区、直辖市再逐级下达指令的传播方式已形成习惯,也收到良好的效果。但同时,下级也必须有机会和渠道不断地向上级反馈信息,反映问题,提出意见和建议,以保证行政决策的"落地"。在我国地域差别很大的情况下,更需上下级双方传播。因此,行政系统自身及各环节之间都需要增加其"肌体血液循环"的通畅性和科学性,让行政体系之间保持高度的运转协调,使公共政策真正能够在运行中实现公共价值与行政目标。

三、传播是危机管理的手段

公共危机管理本身就是一个涉及范围广,影响面大,需要调动多种公共资源,通过多个系统密切配合与良性互动才可能产生效果的综合管理行为。

首先,在危机发生之初就需要全面详细地了解情况,掌握信息,同时采取积极主动的传播措施。反映在具体的行政决策中,就是要把发生的事故迅速及时并诚实地逐级向上汇报,向公众通报,不要隐瞒。其次,要通过各种传播途径迅速组织力量,开展抢救和应急管理,彻底消除安全隐患。最后,还需要通过传播对所发生的事件进行认真的总结和反思,并做好危机教育及善后工作。

2008 年 5 月 12 日,四川汶川等地发生强烈地震后的抗震救灾,就是一个全国动员,军地各种力量高度整合,国际社会广泛参与,全国各个系统紧急联动,高效、及时而成功的应急管理。需要特别指出的是,四川的抗震救灾也是中国历史上迄今为止传播最广泛、信息最透明的一次大规模危机管理行动。全国各大新闻媒体在第一时间播出了地震的消息,随即中央政府启动应急预案,温家宝总理等中央领导第一时间奔赴灾区,指挥抗震救灾。新华社、中央电视台等全国多家媒体和境外媒体都进行了丰富而持续的信息传播和新闻报道。其中,中央电视台进行了连续数日、每日 24 小时不间断的救灾现场直播。全国各地媒体也紧密配合党中央、国务院和中央军委的指挥,迅速把各类重要信息向全社会公布,有效发挥了危机传播、公众动员、全球告知与阶段性管理等重要作用。需要说明的是,众多境外媒体在此次抗震救灾的报道中充分发挥了人道主义精神,把中国政府和人民,以及国际社会援助中国抗震救灾的感人事迹传播到了全世界,报道比较客观,令人耳目一新。

总之,国内外媒体在四川地震后全国性的抗震救灾中发挥了重要的信息桥梁与危机管理黏合剂的作用,也把全中国人民万众一心、众志成城、团结友爱、守望相助的民族精神、爱国主义精神和人道主义精神向全世界做了详细的介绍和传播,让全世界看到了一个蒸蒸日上、欣欣向荣、团结友爱、无私奉献的伟大中国和中华民族。对于抗震救灾的开放报道也是我国历史上最为成功的一次中华民族精神的凝聚,中国人新形象的全民动员、全国传播和国际传播。

四、传播是提高行政绩效的保障

行政绩效就是行政的表现、成绩和效果,包括行政效益和行政效率。行政只有通过有效的传播和运行才可能产生良好的绩效。行政中不同的传播理念、传播流程、传播模式以及传播速度和传播质量都会影响传播的绩效。因此,行政传播要做到理念创新、流程合理、模式科学,既有速度也有质量,这样才能保证最佳的绩效。

我们常规的行政传播一般都是"自上而下"的正向传播,即由上级向下级传达指示,下达命令,作出决策,下级只有无条件地服从、执行和汇报。而下级却没有获得授权,没有合适的机会,特别是没有开放的反向传播机制和通道向上级反映情况、反馈信息。尽管理论上和法律上有公民可以自由表达的权利和规定,但是,在具体行政的中观和微观的操作和运行层面,普遍缺乏制度性的信息上溯与信息反馈机制。导致这种现象主要有三个原因。

首先是文化因素。由于历史上以儒家伦理为核心严密的科层文化与科层组织的影响,我们行政组织中的上下级之间等级森严,上下尊卑的地位鸿沟普遍存在。

其次是行政习惯问题。由于上级领导和行政机构长期习惯于"命令"、"指挥"和"指导",形成了行政中的思维定式与习惯。因此,在长期的传统行政中,上级不重视下级和基层的意见和建议,大家都理所当然地认为行政就是管理,管理就是下达命令,就是上级"让下面干事"。

第三个原因就是下级的行政依赖。由于害怕承担责任、受到处罚或因为行政能力不足,下级对上级说的话、作出的任何指示都是不加思考地全盘接受。他们认为,上级总是信息多、见识广,领导总比群众知道得多,比群众水平高,除了顺从就是服从,即使有好的意见和建议也不敢表达。因此,下级和基层不仅没有表达自己意见和诉求的渠道,也缺乏表达的态度和愿望。

从传播学的角度观察,如果行政中正向传播的信息远远大于反向传播的信息,就会导致两种现象出现:一是下级和基层的长期"缄默";二是通过在背后或私下无休止的抱怨、冷漠、叛逆等行为聚集危机的暗流,酝酿危机事件的爆发。尽管在现实行政中很难做到正向传播与反向传播的行政信息百分之百的对等,但如果能够做到行政中正向和反向的信息基本保持平衡,行政信息能够最大限度的自由流动,就不会发生行政"血液"的"栓塞梗阻",也不会产生影响行政"肌体"健康的"疾病",这样才会减少或避免行政危机,产生最佳的行政绩效。

五、开放的传播是行政发展与政治文明的表现

行政的公开透明是 21 世纪资讯时代发展的要求,是公众表达诉求,提出意见和建议,更大程度地参与并改善公共行政的必然趋势。通过必要的行政传播,行政机构与行政对象和广大公众之间就有机会开展有效的行政沟通和行政协商。这样,就能汇聚民意,吸收专家的智慧,使行政机关能够在全面和深刻的意见基础上作出最佳的决策,提高行政绩效。

传播不仅是行政运行的规律和行政的特点,也会影响一个国家和政府的行政发展,折射出一个国家的政治文明。公开、透明、及时、有效的行政传播不仅能大大提高一个国家和政府公共信息的开放度和透明度,让"权力在阳光下运行",消除外界对我国公共行政领域的神秘感或"暗箱操作"的猜忌,增加公众对行政的理解和支持,还可以大大提高行政系统自身的运转效率。因此,开放、透明、广泛、积极而有效的行政传播能极大地促进我国的行政发展,推进政治文明。

2008 年 8 月 9 日,到北京参加第 29 届奥运会开幕式的英国广播公司(BBC)总裁马克·汤普森应邀参观新华网时表示:中国比以往任何时候都更加开放,而开放的中国将会让世界更加亲近她。汤普森首先讲述了北京奥运会开幕式给他留下的深刻印象。他说:"虽然任何一届奥运会的开幕式都会给人带来奇妙的感受,但北京奥运会的开幕式让我觉得很有新意,特别刺激"。他说,"整个开幕式贯穿了中国文明、文化的传统,也体现了中国对包括西方文化在内的世界文化的接受。随着北京奥运会的召开,全球对

北京、对中国的兴趣都会更为浓厚,这一点是不会改变的,只会不断深化。"

汤普森说,每次来中国都会因中国变化程度之大,速度之快而感到惊奇。"我这次来北京一个明显的感受就是,中国政府为媒体尤其是来自西方的媒体提供了更多的机会和更大的采访空间。"他说:"毋庸置疑,中国比以前任何时候都更加开放,希望这种开放能够持续下去。这有助于让英国的受众以及全球受众对中国有更广泛、更多元、更深入的了解,有助于增进其他国家的人民对中国的亲近感。"汤普森说,无论是英国还是世界其他国家,目前对中国的发展和变化都给予了极大的关注。这一方面是因为中国是一个大国,更重要的是因为中国的未来与世界的未来前所未有地密切相关。①

让我们再来看看一些境外媒体对 2008 年 8 月 8 日北京奥运会开幕式的报道和评论,就会对一个正在不断发展、开放、繁荣的中国有更多的信心和感悟。

据美联社 8 日报道,曾经闭关锁国的中国今天主宰了世界舞台,它在夏季奥运会开幕式上以宏大华丽的场面和焰火表演,庆祝它首次成为奥运会东道主。作为新崛起的世界强国,中国欢迎数十位来自世界各国的领导人出席开幕式。9.1 万人在引人注目的国家体育场观看了开幕式,全球可能有 40 亿观众收看现场直播。开幕式被描述为奥运会历史上规模最大的盛典,期间燃放约 3 万发焰火。

震撼 观众和着灯光闪烁的节奏,倒数表演开始前最后的几秒钟。一大群鼓手——总共 2008 名——用双手击出节拍,然后悬在钢丝上的杂技演员缓缓降落到体育场,烟花自体育场的边缘发射,照亮夜空。

美国总统布什和俄罗斯总理普京以及其他政要名人观看了北京展示其辉煌的成就。布什成为第一位在海外出席奥运会开幕式的美国总统。

国际奥委会坚定地维护它把奥运会主办权授予北京的决定。它

---

① "BBC 总裁:开放的中国会让世界更加亲近她",2008 年 8 月 9 日新华网 http://news.xin-huanet.com/olympics/2008-08/09/content_9105555.htm。

说,该是把奥运会带给占世界人口五分之一的 13 亿中国人民的时候了。国际奥委会主席罗格说,奥运会"是世人了解真实的中国的一个机会"。

今天的开幕式力图提炼中国 5000 年历史,主题包括从长城到戏剧、木偶到宇航员等等,突出表现中国在艺术、音乐和科学方面取得的成就。大约 1.5 万人参加演出,包括开场节目中的 2008 名鼓手。

英国《独立报》网站 8 月 8 日发表文章,题目是"处于历史变革边缘的中国",摘要如下。

中国,这个发明了火药的国家今天在北京这个古老城市的上空,用璀璨的焰火展示它对美好未来的坚定信念。

北京奥运会开幕之际,人们会欣赏到前所未有的震撼画面。这个场面仿佛是一个长期被排斥在国际社会之外,几百年来受外国欺凌的国家在说:你们看到的不仅是一个奥运会的开幕式,它标志着一个新世界的开始。

据英国《每日电讯报》网站 8 月 8 日报道,收看第 29 届奥运会开幕式的电视观众人数将创历史最高水平,达到 40 亿人。

这是 7 年来积聚的能量爆发的一刻,这些年来,中国大力建设场馆和基础设施。中国公众一直对奥运会给予了强大的支持,许多人将奥运会视为他们一生中最激动人心的大事。

辉煌　开幕式的时间正是这个千年古国也许最幸运的时刻。中国把 8 视为幸运数字,2008 年 8 月 8 日的晚 8 点也就成为再吉祥不过的时刻。

《印度教徒报》网站 8 月 8 日发表文章,题目是"奥运会开幕式——中国崛起的隐喻",摘要如下。

2008 年 8 月 8 日晚,中国向世界展示了一幅令人眼花缭乱的壮丽画卷——第 29 届奥运会开幕式。北京希望这不仅仅是一场重大国际体育赛事的开幕式,也是一个长期以来与世隔绝且几乎不为人所了解的文明国家对世界的开放仪式。

中国从来没有看到过这么多外国游客来到中国。过去几周,有数万名外国记者、运动员和观众来到北京。电视镜头将把中国发生的新闻和画面传送到世界各国人民的客厅里。

尽管奥运会是一个体育赛事，但对于中国来说，它却远远超出了体育竞赛的范畴。奥运会关系到的是中国的声望。

据美国《纽约时报》8月8日报道，北京奥运会在盛大的开幕式中拉开序幕。

欣喜若狂的中国8日晚终于迎来了自己的奥运时刻，这个古老的国家一心要成为现代化强国。2008年北京奥运会的开幕式在一飞冲天的焰火、盛大壮观的场面以及对中国的文化及善意的赞美中拉开序幕，来自全球各地的领导人在中国国家体育场内目睹了这一盛况。

本届奥运会颁奖音乐的创作者、著名作曲家谭盾说："这对我们的文化来说是一个巨大的光荣。它的内涵远远超越了中国本身。如果我们认为这只是中国的时刻，那就大错特错了，这是世界的时刻。"

日本《朝日新闻》8月8日发表社论，题目是"盛典折射出邻国苦难的历史"，摘要如下。

到处可以看到身穿红色服装的人们和挥动着的五星红旗，迎来奥运会开幕式的北京街头俨然一片红色的海洋，每个人的脸上都洋溢着兴奋与喜悦。

中国人今天的喜悦并不仅仅源自建国后这几十年的发展。

从19世纪的鸦片战争开始，饱受西方列强和日本侵略的历史令中国人备感屈辱。可以说，这种心灵的创伤直到今天仍潜藏在中国人最深层的意识中。主办奥运会很可能就是消除这种屈辱感的大好机会。北京奥运会翻开了中国历史上辉煌灿烂的新篇章。所有的中国人都期待着这一刻。

据共同社8日报道，承载着13亿中国人"百年梦想"的北京奥运会今天开幕。国际社会也屏住呼吸，密切关注着这次在政治经济影响力日益增强的中国举办的奥运会。

作为世界的一员应当遵循相同的规则彼此和平友好地相处，这也是中国所希望的。奥运会对于中国来说绝不仅仅是一场体育盛会。①

第二节　行政的传播

由于公共行政主要是国家权力机关的执行机关,即政府对于一个国家和地区的政治机关(党派等政治团体、组织与立法机构等)在公众愿望和诉求的基础上确定的政治方针和法律原则等的执行和落实②,因此,要达到执行和落实的目的,政府就需要把这些政治意图和法律原则变成广大公众能够理解和接受的公共政策,成为受公众欢迎、得到公众支持与配合并共同参与的公共行为和行动。而实现这个目标,达到这个行政目的最有效的方式就是传播。

一、行政传播的概念

公共行政的传播也叫行政传播(communication of administration)。所谓的行政传播就是行政机构、媒体以及公众等传播主体(在接受信息时又是客体)对于国家权力机关的执行机关依法管理国家事务、社会公共事务和机关内部事务的行为及其过程的传播。无论是行政的公共性特征、行政管理与决策的调研、咨询以及沟通论证,还是行政全过程中的信息流动性与交互性都说明行政本身就是一种传播。行政传播的内容包括了行政法规的传播、行政决策的传播、行政过程的传播以及行政者本人的传播活动等。③

二、行政传播的内涵

行政传播的内涵十分丰富,它不仅包括公共行政整个系统的运转,还包括行政中各个环节的传播,主要内容包括对行政法规、行政决策、行政过程

---

① "外媒:奥运开幕式震撼全球观众 标志新世界开始",中国台湾网 http://www. chinataiwan. org/olympic/shijkaoy/200808/t20080809_719439. html。

② 请参见本书第一章"资讯时代背景下的公共行政"第三节中关于政治与行政的区别的论述。

③ 参见王石泉:《资讯时代的行政传播与媒体责任》,《新闻记者》2006 年第 10 期。

以及行政者的传播等。

行政法规是行政命令的一种法律表达,是一种具有强制效力的行政决策,其强制性、标准性与参照性很强。行政传播中要十分重视对行政法规的传播,不仅让管理者完善法规,依法行政,也让公众学会遵守国家和地方的各种法律制度,保证行政体系以及整个国家遵照法律法规健康有序地运行和发展。

行政决策就是日常的各种行政决定和政策颁布,它直接关系到行政对象及其相关者的权益,关系民众的生活。因此,必须在决策制定的前、中、后期都进行有效的传播,以便使整个行政决策获得有效的告知、执行、反馈和完善。

行政过程就是行政的步骤、经过与流程。由于行政过程中所产生的固定成本、必然的资源损耗以及可能出现的行政主旨价值的偏移会严重影响行政决策和行政效果,因此,要十分重视对行政过程的管理和传播,让媒体和公众及时了解行政的主要步骤和全过程,保证过程的规范、正确、合理、健康,从而保障行政绩效。

行政者包括各级行政机关和行政领导、公务员以及其他行政人员,他们是行政的主体之一。对行政者的传播(例如行政机构组织和主办活动、让领导干部接受采访和媒体的舆论监督等)不仅可以体现公开、透明、激励、促进的原则,还能够节约资源,提高效率,发挥舆论监督作用,防止行政者因为专断或利己现象导致其行政行为与行政目标和行政价值的偏离。

三、行政传播的渠道

行政传播分为内部传播和外部传播两个主渠道。内部传播就是在行政机关系统内部的各种传播活动。例如开会、内部学习、公文流转、调研讨论、内部协商、干部培训、行政咨询以及决策等。外部传播就是面对国内外广大公众的各种传播活动,包括大众传媒的报道,行政公关,行政机构开展的经贸与文化交流活动以及行政的国际传播等。本书暂且把行政传播的渠道分为以下六类。

（一）会议传播

广义的会议既包括全国以及地方公权力机构的党代会，人大和政协会议，常委会、政治局会议，也包括国务院和各级行政机构决策的总理办公会；国家部、委、办的部长（主任或局长）办公会；各省、自治区、直辖市以及地、市、县、乡镇街道的党委（支部）常委会（会议）；各省、自治区、直辖市最高行政首长的办公会议（省长办公会、自治区主席办公会和市长办公会）以及委办局和其他组织的行政首长办公会议和其他会议。这些会议是我国开展行政咨询，进行行政协商，特别是行政决策的重要途径。

（二）人际传播

人际传播包括所有领导干部、全体公务员和其他行政人员无论是以公务身份还是以私人身份进行的广义传播。行政人员作为公务身份的传播一定是行政的人际传播。即使行政人员强调自己的私人身份，公众还是以行政人员的公共身份和标准来看待他们的行为并对他们的言行作出判断。因此，从严格意义上讲，行政人员除未暴露自己的公务身份，在家人或朋友的范围内活动属于私人的传播外，暴露其身份后在其他任何公共场所的传播活动都可以被视为行政传播。这是公务人员在公众场所需要言行谨慎的原因之一，也是公众人物必须要付出的自由的代价。

（三）组织传播

行政组织和行政机构在公共行政管理中开展的所有传播活动都是行政组织的传播。行政组织和行政机构本身就是行政的重要组成部分，是公共行政在某一行业和领域的具体管理者和行政者，是政府在某一行政领域的代表。例如，民政部和民政局就是国家公共行政体系中管理民政事务的具体部门；公安部和公安局就是公共行政中维护社会治安秩序、保护公共安全的管理机构；教育部和各地教委、教育局是国家负责管理教育事务的行政机构。其他政府机构一样，这些机构的一言一行都代表公共行政组织的形象，事关全国该领域的发展，涉及公众利益，责任重大。

（四）公文流转

公文流转是行政传播中最普遍的现象。由于我国人口众多、社会组织机构力量薄弱以及政府强势并且职责过宽等原因，长期以来形成了一个庞大的行政体系。在传统时代,行政的观念比较保守,行政主导性过强,人际沟通缺乏,媒体技术手段有限,公文流转就成了行政的最主要传播手段。

中央政府通过中共中央文件、国务院令和国家各部、委、办、局的各种红头文件向全国下达各类行政命令,传递信息,以保持对经济和社会的有效监督和管理。各地方政府也依次类推,使国家的行政命令和各地政府的行政意志能够在全国范围内有效传播。但是,我们在长期的公文流转中也积累了一些问题,不仅忽视政府间沟通机制的建设以及面对面的沟通协调,造成了政府上下级之间以及政府各部门之间的沟通障碍,还出现了政府文件堆积成山,不少文件规定相互冲突,让地方和基层无所适从的现象。

(五)公务活动

行政机构和行政人员为了履行自己的行政职责,完成行政任务,体现行政意志,实现行政目标所开展的所有公共行政活动都是公务活动。例如,我国外交部和驻外使领馆等机构以及地方外事部门开展的各种外交活动,商务部以及各地商务局开展的招商引资、经贸洽谈和展览活动,国家和地方领导在世界各地开展的各类交流活动,中央或地方政府在国内外举办的各种经济、文化、政治活动等都属于公务活动。开展这些公务活动就是行政的外部传播。

(六)媒体报道

大众传媒是公民实现政治社会化的主要渠道,其目标在于补充和丰富家庭、学校等在实现政治社会化功能时的不足。[①] 媒体传播可以有效整合行政传播的其他形式,缩短行政传播从上游——行政决策者向中游和下游——基层与公众之间流通的长途距离,缩减传播的中间环节,减少信息中转与信息截流,降低行政传播的成本,扩大信息的覆盖面,保证行政信息的真实、及时和有效。此外,大众传媒对行政系统广泛而深入的报道还可以增加行政的透明度,体现宪法和法律赋予公民的知情权,避免可能对行政机构和行政领导产生的误解和谣言,大大提高行政效率。

---

① 参见余琴:"媒介与政治的互动——政治传播",http://media.people.com.cn/BIG5/22114/44110/55469/3954874.html。

2008年5月12日下午2点28分,四川汶川等地发生强烈地震后,全国党、政、军、企业和社团等各界紧急动员,媒体发挥了其独特的舆论动员、信息传播、舆论管理和危机管理作用,把全国上下一心、军民团结一致、守望相助、紧急救援的信息传遍了全国和全世界。世界各国也通过我国媒体和全球媒体的传播,迅速了解灾情并进行了积极的援助。台湾飞机首次直飞成都,带来了广大台湾同胞的深情厚谊。港澳地区的政府和民众纷纷捐款和调集物资救灾。美国、日本、俄罗斯、韩国等国还派出了救援队伍奔赴灾区,实施现场救援。

中央电视台首次进行了十几天以"抗震救灾,众志成城"为主题的不分昼夜的现场直播报道,充分发挥了媒体的综合传播作用,让全国人民和全世界能够随时通过CCTV了解到中国全国动员、紧急救灾的最新进展,也无形中向全世界展示了中国党、政、军、企、社团等组织以及全国人民的精神面貌,凸显了行政效率,进行了最好的行政传播。

这次抗震救灾是中国举全国之力,中华民族一起动员,全世界广泛参与的最迅速、最有效的"以人为本"的应急管理行动和人道主义壮举,也是我国媒体传播历史上反应最快、报道最及时、信息传播最广、动员能力最强的传播壮举。全世界的许多媒体和多国政府都给予了高度评价,甚至之前对中国西藏骚乱片面报道的CNN等西方媒体也对中国的抗震救灾给予了充分肯定,认为此次中国政府反应迅速,国家媒体信息高度透明。此次全球参与的抗震救灾行动与中国的媒体传播一起载入了中国以及全世界抗击自然灾害和开展人道主义救援的光辉史册。

四、行政传播的功能

行政传播有四大功能。首先,行政传播具有告知功能,即行政传播是为了尊重和维护国家宪法和法律赋予人民的知情权,行使人民当家做主的权力。行政机构除了开展自身的运行管理外,还需要把行政中的公共信息向行政对象发布,向社会公布,向人民汇报。

其次,行政传播具有监督功能,即通过行政系统科学有效的运行及信息的透明传播来监督行政机关、行政领导和所有行政人员,"制衡"他们手中高度集中的权力,让其正确履行人民赋予的职权,克服行政者个人或整个行政组织在行政中可能的偏差或利己倾向,保持并实现正确的行政价值导向和行政目标。

第三,行政传播具有沟通功能。通过行政的传播了解民众的想法和诉求,对于群众反映强烈的问题要高度重视,对于群众意见较大的问题要认真调查研究,与群众保持密切的沟通联系和协调磋商,以便与群众达成共识,使自己的行政获得最大限度的民意基础和民众支持。

最后,行政传播具有发展功能。即通过行政的传播和沟通,了解民众的想法与呼声,同时向专家和民众咨询,在与民众交流与互动中不断地更新观念,改进工作,修正方案,以便使行政决策更加符合民众的利益,不断地推动行政发展。

总之,行政传播十分重要,它是行政"血液"的正常供给与合理流动。目前行政体系内的不少矛盾和问题与传播沟通机制不全、信息流通不畅,行政机构和领导者与行政对象和民众之间的信息不对称不理解有关,由此造成了不少的误解、迷惑甚至彼此之间的怨恨。这些都需要通过更加科学合理、开放透明的传播来解决。

尽管传播很重要,但传播只是行政的手段,而不是行政的目的。行政传播的目的是让行政对象和行政关联方与行政者一起共同参与公共行政,最大限度地整合资源,集中民智,使行政计划更加科学,行政过程更加合理,行政结果更加有效,最终实现行政的价值目标。

五、行政传播的模式

行政传播的模式就是行政传播的方向和纬度,即传播向度(directions of comunication)。传播向度一般分为纵向式和横向式两大类,各类又分为单向式、双向式、多向式、交叉式、互动式、多动式和辅助式等。

纵向式(vertical model)主要用于行政机构上下级之间的传播,横向式(horizontal model)主要用于行政机构部门之间的传播等。传播情景(situation)不同,适用的传播向度和传播模式也不同。例如,单向式传播适用于领导讲话,传达上级会议和指示精神,下发通知以及汇报工作等向度单一的传播;双向式传播适宜谈心、调查研究,了解情况以及协商事务等;多向式传播适用于对一些重大问题或有争议的问题开展咨询调研,举行论坛,征求意见或研讨等活动中。

需要说明的是,不是一种向度模式只适用于一种传播,多数情况下,一种传播除了主要传播向度和模式外,还需要各种向度模式的交叉运用,才能达到最佳效果。在多数情况下,为了保证良好的沟通效果,建议在行政中根据需要尽量使用多种传播模式,实现充分传播,达到在良好沟通基础上的最佳行政决策绩效。

我国传统的政治传播和行政传播中,单向式传播过多,主要是领导讲话和上级对于下级的命令和通知。绝大多数传播是谁级别高,谁就讲话、作报告;谁级别低,谁就做笔记,完全被动地接受,普遍存在着领导不让或者没想到让下级和群众说话,下级和群众没有表达诉求、表达机会或者领导根本不听群众意见等现象。

长期的纯粹单向度的行政与传播造成了我国中央和国家部、委、办、局,各省、自治区、直辖市以及地方政府中一些只下达命令、却不了解地方和基层情况,上级根据自己的主观意志或一知半解硬性行政、盲目命令的现象。行政体系的严密科层组织结构以及官僚特性决定了传播与沟通的有限性。这种沟通缺乏会导致形形色色的官僚主义或腐败现象,浪费行政资源,危害行政肌体的健康。

毛泽东同志早就说过"没有调查研究就没有发言权"。但是,我们的行政中存在着很多盲区,"没有调查研究就随便发言"的现象比比皆是。当代社会转型变化剧烈,社会系统日益复杂,任何决策都涉及长远发展与公众利益,原有的少数领导干部和专家的经验与有限的智慧已经不能满足社会发展的需求,单靠"少数几个脑袋"决策的局限性很大,必须要集中民众和专家的智慧,从不同的侧面提醒把关,以便使行政决策更加完善。

如果不调查研究,不了解情况,在信息盲区或者半盲区的状态下就草率行政,势必会出现决策失当或决策失误,造成行政资源的浪费和公众的不满,严重时甚至会引发行政危机。因此,一个正常的行政决策必须要经过三个基本的传播流程,即调研咨询——论证完善——行政决策三个阶段。

行政传播链
（The Chain of Administrative Communication）

交叉式	互动式
辅助式	综合式

内部传播
（开会、文件流转）

★国家事务
★社会公共事务
★机关内部事务

外部传播
（媒体、对外活动）

传播源
（发起单位）

传播理念
（开放度）

传播事项
（内容选择）

传播对象
（受众分析）

传播渠道
（方式运用）

传播系统
（流程设计）

传播环境与传播文化

多向式

双向式

单向式

传播模式（传播向度）

传播效果（绩效评估）

单向式　　　由甲向乙的单向度传播，以甲为主，乙主要接收，缺少反馈。

双向式　　　甲乙双方互动的双向度传播，注重信息反馈与平等沟通。

多向式
交叉式　　　甲乙丙丁多方互动的多向度传播，注重信息反馈与相互沟通。

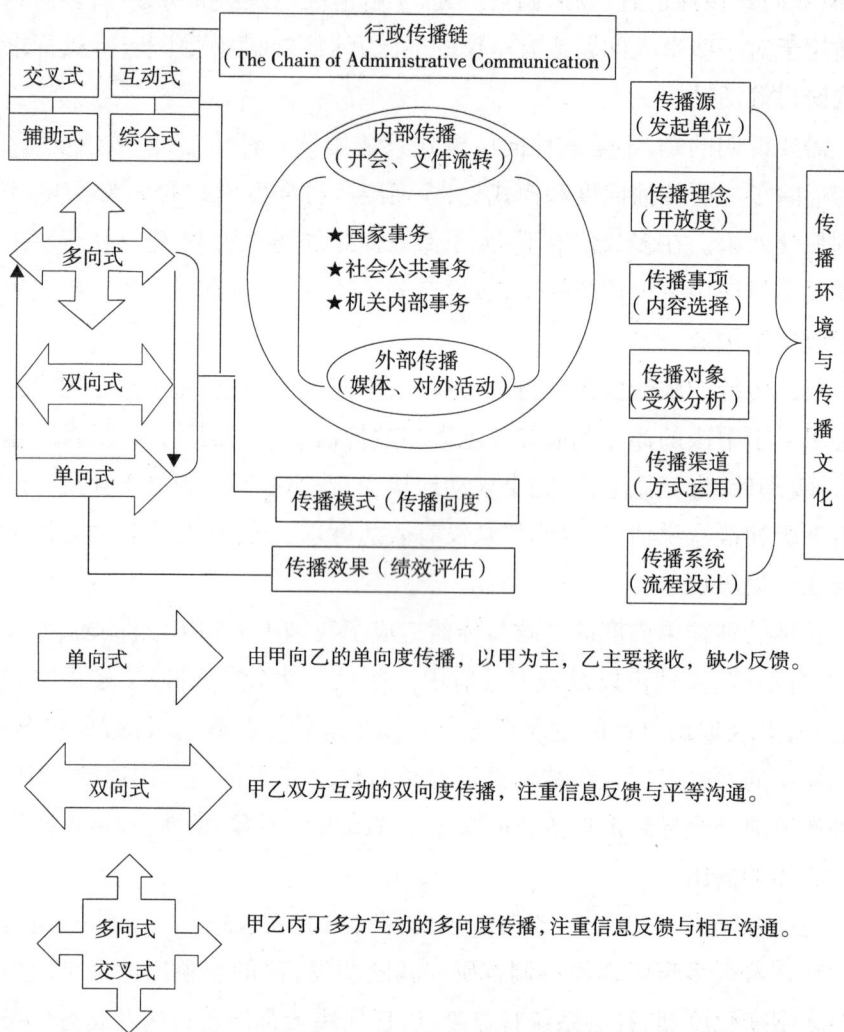

图 3-2　行政传播的系统

第一步，咨询阶段。即把形成的初步行政动议和决策计划向公众传播，征求公众的意见和建议。同时，积极向国内外专家和学者以及群众请教，组成专家和民众咨询组，从行政动议一开始就获得专家的智力支持和咨询服务。这样就使得这项行政决策具备了基本的民意基础和专业意见，增强了科学性，能有效防止行政疏漏或失误。

第二步,论证阶段。根据群众和专家的意见和建议充分调研,组成由政府、群众代表和专家代表参加的论证小组,对行政计划或项目进行反复讨论、修改和论证,通过再咨询等环节加以补充完善,以形成最终的优质决策方案。

第三步,决策阶段。在充分征求民众意见、广泛听取专家建议的基础上,把经过多次论证的行政计划和项目拿到行政首长办公会和党委常委会上进行最终讨论和表决。如果通过,就可以比较顺畅地实施,从而形成一个科学、合理,深得民众支持和专家拥护的行政决策。

总之,经过了以上这三个大环节推出的行政决策,一般都能经得起时间的考验,行政绩效良好。

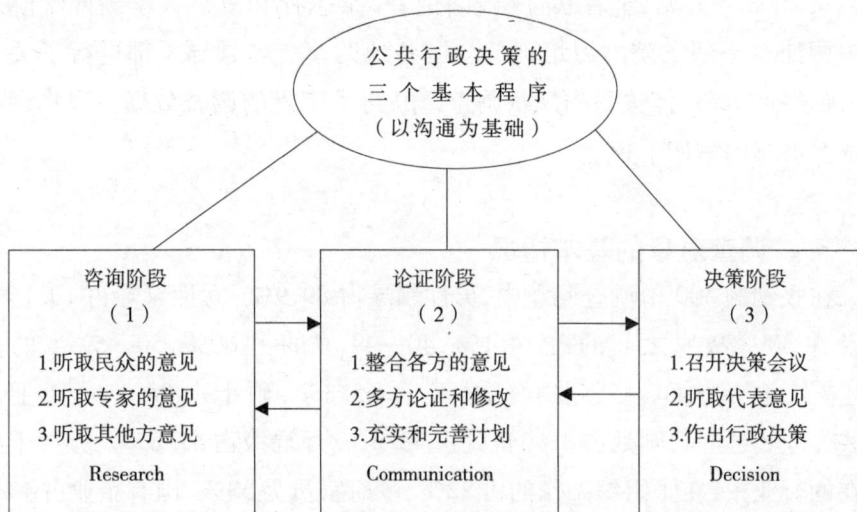

图 3-3 行政决策的三大程序

随着社会转型与行政发展,公众对涉及自己切身利益和诉求的重大行政项目和决策的敏感性和关注度都在不断提升。公众参与行政决策的热情和积极性也在不断增强。21 世纪,中国的公共行政已经进入了一个必须与其行政对象——公众共同协商的民主协商行政阶段。当今时代,公众参与行政的诉求不断增长,公众在公共事务决策中发挥作用的权力意识日益加强,过去由政府完全独立决策的传统行政习惯日益面临挑战。

假如政府确定一项重大的行政决策,用纳税人的钱建设一个重大项目,事先不与公众有效沟通协商就自行决策,仓促上马,尽管是为公众服务的善举,尽管动机良好,但由于行政的复杂性和沟通的障碍与可能的误解,不见得能得到公众的理解和支持。厦门市民因在厦门海沧区兴建二甲苯(paraxylene,简称PX)工厂可能导致厦门环境污染,从而反对该建设项目;上海市民对磁悬浮经过其住宅沿线可能产生的磁辐射以及危险等不同意见的集体表达就是两个最典型的例证。

第三节　中国领导干部媒体关系的调查

从2008年开始,笔者联合《新闻记者》杂志社和复旦大学新闻学院对在中国浦东干部学院学习培训的全国各地的500名领导干部进行了关于"中国领导干部媒体关系的现状调查",获得了宝贵的调查数据。现将调查的情况汇总归纳如下:

一、调查对象的基本情况

在收到的500份调查问卷中,男性领导占89.9%,女性领导占10.1%。年龄在30—39岁之间的占14.1%,40—49岁的占60%,50—59岁的占25.9%。学历方面,大专占6%,本科占65.3%,硕士占24.1%,博士占4.6%。职级方面,副处占4%,正处占48.2%,厅局级占47.8%。领导干部所在的行业中,在党组织工作的占22%,政府官员为58%,国有企业占4%,非营利性社会组织占1.7%,部队干部占4%,其他行业的干部占10.3%。

二、领导干部对媒体的重视程度

在"您认为领导的媒体沟通重要吗"一栏中,认为"重要"的占61.6%,认为"很重要"的占20.4%,认为"非常重要"的占15%,认为"一般"的仅占3%。在"媒体沟通是否是现代领导干部必备素质"一栏中,认为"是"的占94.8%,认为"不一定"的占5.2%;在"现代领导干部是否应该掌握媒体沟通的技巧"方面,认为"需要"的占90%,认为"需要掌握一些"的占10%。

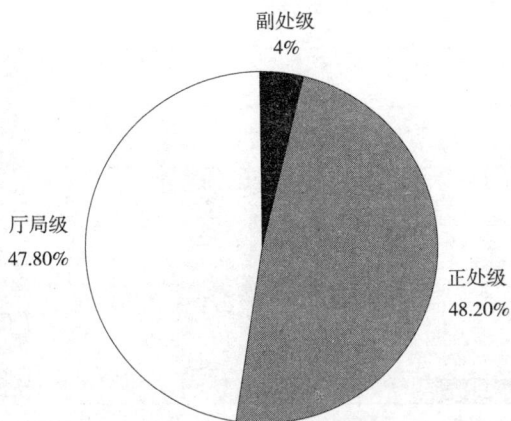

图 3-4　参加媒体关系调查的领导干部职级

三、领导干部媒体沟通能力的培训

调查发现,63.7% 的领导干部认为,媒体培训对领导能力有帮助,36.3% 的人认为有"很大帮助"。在培训内容方面,希望获得实战技能的占76%,希望获得理论知识的占40%,希望获得相关信息的29.9%,希望学到"其他知识"的占4%。

在媒体培训的侧重点上,40% 的人希望学习操作经验,4% 的希望学习理论知识,而希望理论与实践结合的占56%。在"媒体沟通需要具备哪些知识"的调查(多选)中,68% 的人认为需要政治学知识,70.1% 的人认为需要新闻学知识,43.9% 的人认为需要传播学知识,72% 的人认为需要社会学知识,65.9% 的人认为需要心理学知识。

四、领导干部的媒体公关及其态度

调查发现,52.3% 的领导干部认为开展媒体公关"有必要",32.6% 的人认为"有时有必要",11.9% 的人认为"非常必要"。

在"您认为接触媒体最大的好处是什么"一栏(交叉统计多项选择)中,43.9% 的领导干部认为是为了"宣传政策",42.9% 的人认为是为了"沟通信息",28% 的人认为是为了"提高知名度",14% 的人认为是为了"化解矛盾",14% 的人认为媒体公关是为了"实现利益"。

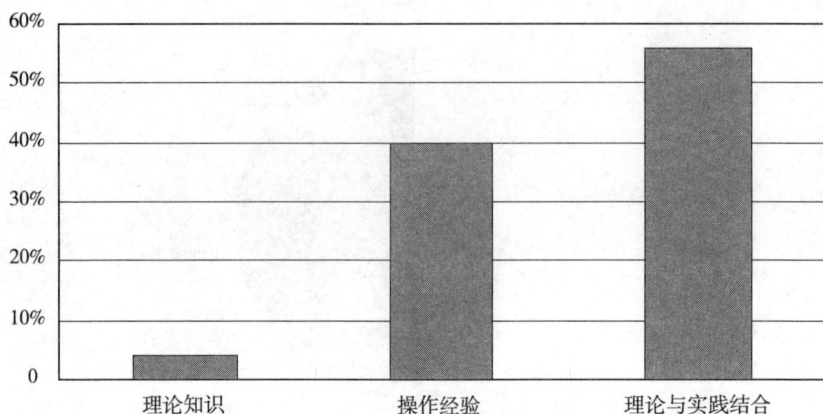

图3-5 领导干部媒体培训的重点需求

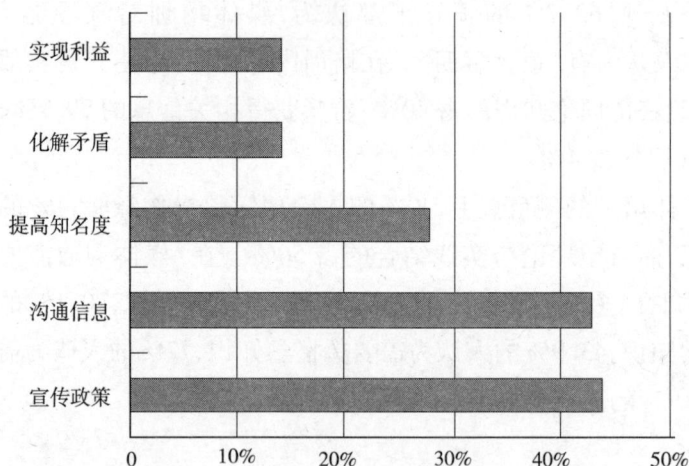

图3-6 领导干部使用媒体的目的

在"您觉得媒体最麻烦的是什么(多选)"一栏中,65.9%的领导干部认为媒体"缺乏社会责任",29.9%的人认为媒体"报道虚假信息",28%的人认为媒体是"肆意炒作",14%的认为是"报道负面消息",1.8%的人选择"其他"。

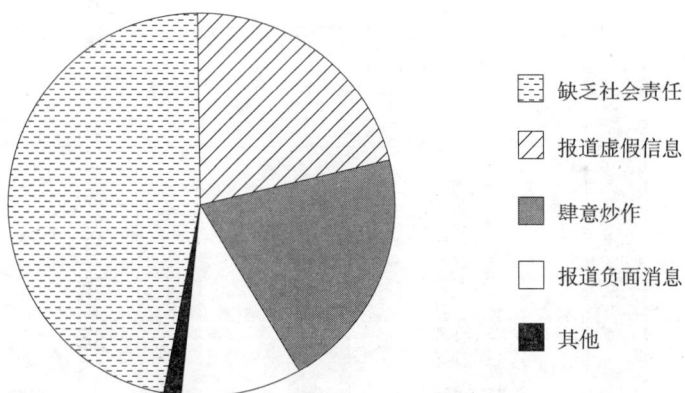

图3-7　领导干部对媒体不满的主要内容

　　在问及领导干部最喜欢用何种方式与媒体打交道时,47.9%的领导干部认为是"提供新闻稿",42.1%的人认为是"接受采访",20%的人选择"吹风会",7.9%的人选择"电话采访",选择"其他"的占1.8%。

　　在"您觉得面对媒体的主要障碍是什么"的调查中,31.7%的人"担心说错话",22.6%的人"不习惯面对媒体",21.9%的人"怕记者做文章",19.5%的人认为"环境不允许多说",4.3%选择"不知该如何面对"。

　　在问及"您对媒体监督的态度"时,56.2%的领导干部"欢迎媒体监督",27.4%的人表示"有限欢迎",14%的人"看情况",1.8%的人认为"无所谓",0.6%的人表示"拒绝与抵制"。

　　当问及领导干部是否愿意接受记者采访时,42%的人表示愿意,38%的人表示"要看情况而定",10%的人"不愿意",4%的人无所谓,另外还有4%的人表示回避,只有2%的人表示"拒绝"。

　　在"您对一些负面报道会采取何种行动"的调查中发现,52.4%的领导干部对错误的报道"要求更正",36.6%的人希望"协商解决",7%的人要求"诉诸法律",4%的人选择"不予理睬"。

　　在媒体采访效果的调查中,51%的领导干部认为提高采访效果最重要的是"有思想观点",30.8%的人认为是具备"接受采访的技巧",8.2%的人认为是"谈吐",5.4%的人认为是"幽默风趣",4.6%的人认为是"形象"。

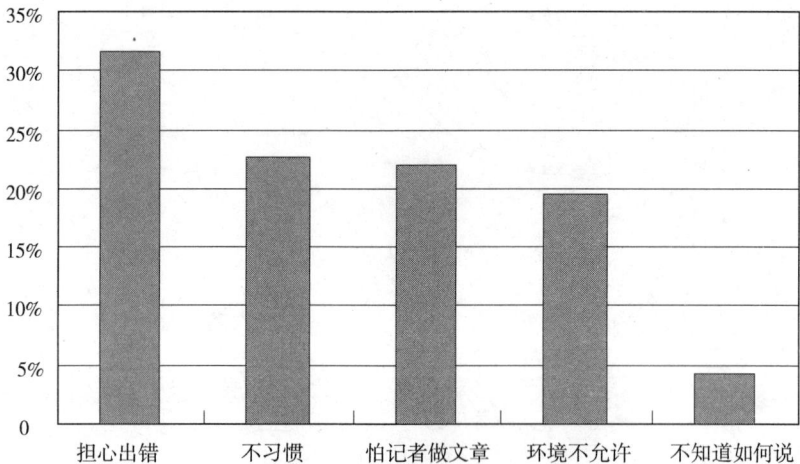

图3-8　领导干部媒体沟通不积极的原因

　　当突发性事件发生后,30.5%的领导干部选择"向上级汇报",29.9%的人选择"尽快披露信息",20.7%的人选择"抢救国家财产",10.1%的人认为以上几项都需要进行,7.9%选择"不急着披露消息",0.9%的选择"等待上级指示"。

　　在问及领导干部对西方新闻自由的评价时,90%的领导干部认为西方的新闻自由"有可以借鉴学习之处",7%的人认为需要学习他们的"传播形式",3%的人认为西方媒体"虚伪"。

　　调查还发现,60%的领导干部认为记者是"合作者",28%的人认为是"朋友",8%的人认为是"对手",4%的人选择"其他"。

　　当调查问及对中国媒体政策的态度时,36%的人认为对媒体的"引导不够",32%的人认为"适合国情",15.9%的人认为"媒体自主性欠缺",10.1%的人认为政府对媒体的"管制过严",6%的人认为对媒体的"管制过宽"。同时,93.9%的领导干部认为要对媒体采取"引导为主"的方法,6.1%的人选择"其他"。

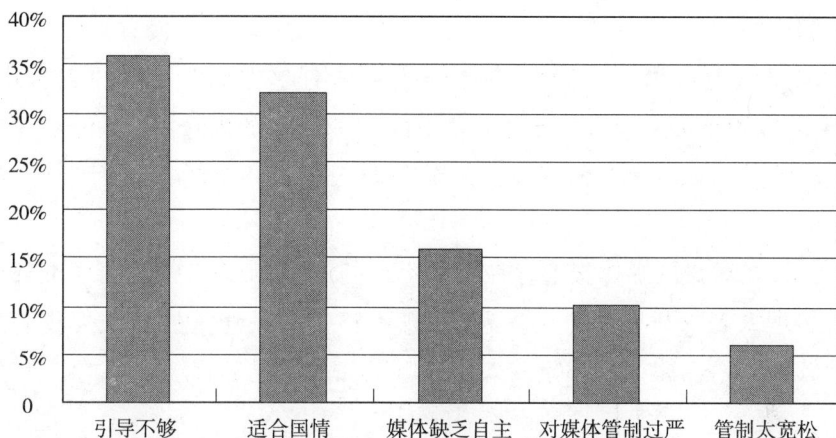

图 3-9　领导干部对媒体管理现状的态度

五、领导干部自身媒体沟通的情况

在调查的 500 名领导干部中,58% 的人"有过"与媒体打交道的经历,26% 的人没有与媒体接触的经历,16% 的人"经常"与媒体打交道。

在"您了解信息的第一渠道是什么"的调查中,首选电视媒体的人占42.4%,选择报纸杂志的占 31.1%,选择网络的占 22.2%,选择文件的占4.3%。在网络媒体的选择使用调查中,55.5% 的领导干部"经常上网",43.6% 的人"偶尔上网",0.9% 的人"基本不上网"。

在"您过去打交道的主要是哪些媒体"的调查(多选)中,47.6% 的领导干部选择"本地媒体",46% 的人选择"本国媒体",10% 的人选择"中央媒体",1.2% 的人以上都有选择,只有 0.9% 的人选择"境外媒体"。

当调查问及领导干部如何看待和评价自己和本单位的对外宣传状况时,53% 的领导干部认为是"外宣不足",36.6% 的人认为"还可以",9.8%的人认为"适中",只有 0.6% 的人为自己的单位"外宣过度"。

当调查问及自己单位外宣和传播不足的主要原因时,53.3% 的领导干部认为是"重视不够",25.9% 的人认为"外宣人才缺乏",10.7% 的人认为外宣"能力不足",10.1% 认为以上几个原因都存在。

在对外传播机构设置的调查中发现,40% 的领导干部所在的单位"没有"专门设立媒体公关和对外传播的机构,36%的单位"设有"对外传播的机构,22%的人"正在考虑"设立专门的机构,2%的人认为"没有必要"。

在"您认为资讯时代对外传播的主要责任者是谁"一栏的调查中,43.3%的领导干部选择"每一位领导干部",32.9%的人选择"单位专业机构",7.9%的人认为是"每一位公务员和职工",15.9%的人认为"以上都有"。

最后,在对我国媒体报道存在哪些不足的调查中,34.1%的领导干部认为"大道理太多",28.1%的人认为"信息不够丰富",14%的人认为我们的媒体报道"千篇一律",23.8%的人认为以上几种情况都有。①

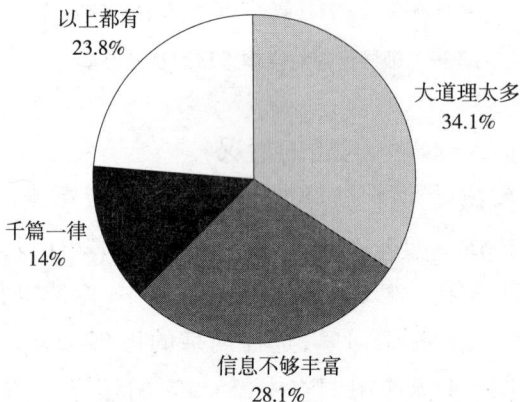

图3-10 领导干部对我国媒体报道的意见

通过调查发现,中国的领导干部在对当代媒体的认知方面普遍有了长足的进步,对行政传播和媒体关系的重视程度有了大幅度的提高,对媒体沟通能力的培训、媒体传播理论,特别是媒体传播的实践技能等需求迫切。

另外,我国新一代的领导干部普遍对我国过去媒体传播中存在的千篇一律、大道理太多、开放度不够、亲和力和多样性不足等问题,也提出了善意的批评和中肯的建议,希望我国的媒体监管部门、各级领导干部和媒体界朋

① 该调查由中国浦东干部学院教学实验中心、《新闻记者》杂志社和复旦大学新闻学院联合进行。该调查文章"领导干部眼中的新闻媒体与新闻报道"刊载于《新闻记者》2010年第2期。

友们虚心参考。

第四节　公共行政与媒体关系的定位

行政体系与媒体的关系既有共性也有个性，既有普遍性也有特殊性。其普遍性就是媒体扮演着公共"意见领袖"的角色，代表公众的舆论和意见，并把这种意见对外传播，告知政府，并在告知的同时也给政府形成舆论监督和压力。特殊性就是不同的媒体在不同的国家和地区，在不同的历史文化与社会制度环境下与整个政治和行政体系的关系各不相同。

一、行政机构与媒体各自的诉求

行政机构和媒体双方都有着各自的利己特性和利益诉求。从行政的角度观察，行政机构和行政领导都希望媒体长期进行有利于自己的"正面"传播，帮助发布政令，化解危机与风险，帮助推动行政改革与行政发展。行政机构还特别希望媒体能根据自己的意志或期望进行有利于自己行政的信息传播，在不需要传播的时候不要"添乱"，以避免出现杂音、搅乱行政秩序，对行政领导和政府的公信力构成不必要的影响和威胁。

从媒体角度观察，媒体期望与行政体系长期保持信息主渠道的畅通，因为政府是最大的信息制造商，是行政信息的主要来源。媒体期望政府实行善治，让公众满意，期望通过媒体舆论来监督政府，制衡权力，帮助政府实现行政改革，推动经济与社会的发展。几乎所有的媒体都具有"天然的正义感"，天生对公众反映强烈的问题和社会不公正现象"看不惯"，喜欢"打抱不平"，乐于扮演"啄木鸟"的角色，帮助行政者"治病"。媒体作为传播机构还期望自己能在行政传播中获得更多的社会认同与社会公信，在传播中获得更高的经济效益，使自己的生存空间和传播覆盖面日益扩大。

以上就是行政和媒体各自的诉求。只有认识和了解双方的诉求，做到"知己知彼"，才能正确定位和处理好行政与媒体的关系，做到有的放矢，事半功倍。

二、公共行政主动传播的必要性

传播学中有一个非常著名的理论叫做"沉默的螺旋理论"①。它描述了这样一个现象,即人们在表达自己想法和观点的时候,如果看到自己赞同的观点,并且受到广泛欢迎,就会积极参与进来。支持这种观点的人越多,这类观点就越发大胆地发表和扩散。而当人们发觉某一观点无人或很少有人理会(有时甚至会有群起而攻之的现象)和支持时,即使自己内心深处赞同它,但慑于众人的反对,为了避免被大家"孤立",往往会违心地保持沉默。因此,意见一方的沉默造成另一方意见的增势,如此循环往复,便形成了舆论优势方的声音越来越强大,另一方越来越沉默下去的螺旋发展过程。

德国社会学家伊丽莎白·诺尔纽曼教授认为,大多数个人会力图避免由于单独持有某些态度和信念而产生的孤立。因为害怕孤立,他(她)便不太愿意把自己的观点说出来。这样,占支配地位的观点或不断得到支持的意见就会愈加得势,而另一方则越来越失去支持的声音。由此,一方表述而另一方沉默的倾向便开始了一个螺旋过程,这个过程不断把一种意见确立为主要意见。如果这个过程有大众媒介参与,螺旋往往形成得更快、也更明显。

"沉默的螺旋"现象在日常的传播中屡见不鲜。如果我们注意就会发现,在现实生活中有些舆论和声音出现后会引起许多人的共鸣和呼应,得到越来越多人的支持,其传播的势头不断增强。即便这种舆论有偏颇之处或者不完全符合事实,但是因为支持的人多,声音很强,那些手中握有真理、持不同意见、即便是说真话的人也会由于害怕自己受到攻击或担心陷入孤立而不敢轻易发表不同观点,从而更加纵容了某些舆论的一边倒现象。

尽管坚持真理在许多时候很困难,需要非同寻常的勇气,但是如果我们认定那是真理,就需要本着实事求是的态度,勇敢地站出来校正那些被歪曲、片面化甚至被妖魔化的舆论,及时有效地传播事实真相,做好舆论疏导和危机公关,以免形成对我们自己、整个行政体系和全社会不利的"沉默的

---

① "沉默的螺旋"(The Spiral of Silence),最早见于伊丽莎白·诺尔纽曼(Elisabeth Noelle-Neumann)1974 年在《传播学刊》上发表的一篇论文,1980 年以德文出版的《沉默的螺旋:舆论——我们的社会皮肤》一书,对这个理论进行了全面的概括。

螺旋"。由于必要的民主缺乏与监督不力,过去我们有过深刻的教训,现在和未来也应当警醒,避免在今后的重大决策中出现不正常的"沉默的螺旋"。

在威权体制和高度集权的行政环境下,行政决策中意见一边倒的"沉默的螺旋"现象普遍存在。因此,在行政中既要凸显政府的良心,表现追求真理的勇气,更要加强民主科学决策的体制和机制建设,增加行政决策的科学性,实行民主与集中科学而有机的统一,避免行政的随意性和盲目性。

安徽阜阳市由于出过"大头娃娃"劣质奶粉事件及王怀忠等领导腐败案,全市的信誉当时在全国公众的心目中掉到了最低点。更为不幸的是,后来又出现了"白宫"举报者自杀事件和儿童再次遭受病毒袭击事件。尽管后来的市委领导班子尽力挽救局面,向社会发出了"请不要妖魔化阜阳"的呼吁。但是,由于阜阳过去在舆论界形成的"不良印象",媒体还是不依不饶。新华社记者在博客中写了"是媒体妖魔化阜阳,还是阜阳欺骗了我们"进行回击。

笔者认为,这种因过去出现的突发事件或腐败等问题而造成的公众和媒体对该地区的长期不良印象甚至成见也属于"沉默的螺旋"的范畴。这时,阜阳市以及安徽省层面就应该对于阜阳引起公众不满的问题进行深入调查和严肃处理,通过一系列的整改措施"洗心革面",让全国公众和媒体看到一个励精图治的新阜阳,以扭转公众过去留下的不良印象。陕西的"华南虎事件"、山西的"黑砖窑事件",以及贵州的"瓮安事件"等都对该地区的形象和声誉造成了较大的负面影响,需要随后良好的行政表现以及危机公关和主动传播来不断化解。

2007 年 5 月,江苏太湖流域的蓝藻事件也因为当时的江苏省主要领导态度鲜明,反应及时,应对得力而转危为机并广受好评。关于此次危机处理,让我们从媒体的报道中具体感受。

李源潮称太湖蓝藻事件颠覆苏锡常全面小康成果
2007 年 7 月 11 日 中国新闻网

"这次太湖蓝藻事件给江苏造成的损失是巨大的。"在 7 日召开的江苏省太湖水污染治理工作会议上,江苏省委书记李源潮表示,人们不仅对江苏发展模式产生质疑,苏锡常全面小康的成果也被颠覆了,苏锡常没有一个城市算是全面小康的,现在就要开始补课。

李源潮承认,太湖蓝藻事件爆发后,外界已经对江苏全面小康的经济发展模式产生质疑。他表示,"无论经济怎样繁荣发达,如果不能让老百姓饮用干净的水,人民群众就不会认可我们的全面小康模式,江苏全面小康的成果就会被颠覆。"

李源潮说,江苏作为东部沿海省份和经济发展较快的地区,多年来在全国创造了很多"第一",倒数第一的不多,其中有一项就是太湖的水质。

"落实环保优先的战略在全省的发展并不平衡,尤其是在太湖地区,最严格的环保制度执行得还不严,环保优先的方针落得还不实,污染治理速度还赶不上污染排放速度。"李源潮承认,这次无锡供水危机不仅暴露了太湖水污染防治工作中的薄弱环节,而且从更深层次上反映了江苏省对科学发展观的贯彻落实还存在"盲点"和不足。

在这次会议上,江苏省委、省政府提出了太湖治理的两个阶段性目标,即全省总体上全面建成小康社会之前,实现太湖水质明显好转,确保太湖周边地区饮用水安全;到2020年全省基本实现现代化之前,恢复太湖地区山清水秀的自然风貌,形成流域生态良性循环、人与自然和谐相处的宜居环境。

"为什么都要加上'之前'两个字,因为苏南全面小康建设要补环境保护、生态修复这一课! 当然也包括苏州、常州等城市在内。"李源潮说,太湖不治理好,江苏就不能宣布实现了现代化。

"苏南因太湖而兴,也因太湖而富。环太湖地区能否实现人与自然和谐发展是一道绕不过去的坎。"李源潮说,彻底治理太湖,治水是治标,治污是治本。要以最严格的环境保护制度整治太湖污染,而转变增长方式、实现发展转型是必定要付出的代价。一些成为污染源的工厂必须关闭,一些高污染的产业必须淘汰,一些富营养化的养殖必须压缩。

　　"这是我们向大自然还账,哪怕 GDP 下降 15%,也不过相当于苏锡常的增长放缓一年,为了免于给后人留下更大的损失,这个代价必须花,这个决心必须下,这个共识必须形成。"李源潮说。

　　据统计,太湖流域纺织、化工、冶金、造纸、电镀、酿造等六行业,COD 和氨氮排放量分别占全流域工业排放量的 65% 和 63.4%。江苏省委、省政府提出,参照国际先进新水平,在太湖流域实行更高水平、更加严格的水污染防治标准,倒逼企业完善治污设施,降低排放强度。江苏省已决定,在 2008 年年底前,依法淘汰 2150 家小化工企业。

　　除了结构调整这一办法,江苏省此次还创造性地提出了"疏散"的办法。李源潮解释说,产业疏散可以有效地减少污染物的排放,降低环太湖流域的人口。环太湖流域究竟要留多少企业、多少人,最终还是要看环境容量。(《第一财经日报》 章轲)①

　　时任江苏省委书记的李源潮(之前曾担任国务院新闻办公室新闻局局长,国务院新闻办公室副主任,谙熟媒体,长于传播)在当时太湖严重的环境污染和无锡等地市民饮水危机面前,一反许多党政领导在危机面前胆怯、遮掩、隐瞒等惯性思维,表现出了一位高级领导干部的开放与坦诚,大胆承认事实,勇于承认江苏省在快速发展中忽视环境保护的失误,积极开展了切实有效的危机管理。他主动与媒体坦诚沟通,积极开展危机传播,赢得了媒体的尊重。

　　因此,关于"太湖蓝藻事件",媒体上几乎没有什么对当地党政机构的指责和批评(因为省委已经率先作出自我批评,带领全省认真反思。态度坦诚,方法得当,措施得力,效果明显,媒体评价很高),只有关于省委、省政府如何特别重视,如何组织众多专家献计献策,如何对涉及人民生活的原则性问题用铁腕手段加以治理和校正的报道,堪称危机公关的范例。

三、行政系统与媒体关系的对立性

　　由于行政系统和媒体都有自己的利益诉求,除了各自的"公共性"特点

---

　　① 资料来源:中国选举网 http://www.chinaelections.org/newsinfo.asp? newsid=112348。

外,行政和媒体都有各自的利己属性以及"唯我"与"排他"的特征。在法制不健全、监督不力的情况下,如果道德与自律不足,行政与媒体都可能出现让公众不满的利己现象:行政领域会出现官僚化、集权专断和腐败等问题;媒体会出现信息泛滥,肆意炒作新闻,单纯满足自己收视率等过度商业化的倾向。因此,媒体和行政机构之间必要的监督与制衡就显得十分重要,媒体和行政之间关系的"对立性"也就不可避免。行政系统和媒体之间的矛盾主要表现在以下三个方面。

（一）信息公开与非公开的矛盾

公众和媒体都希望行政机构开放信息,实现最大限度的政务公开,让公众了解政府在做什么,为什么这样做,到底对不对,哪些让公众满意,哪些不满意,如何让政府知道并采纳自己的意见和建议等;媒体则代表公众向政府和全社会转达意见,同时也把政府的意见转达给公众,发挥自己信息桥梁和舆论监督的作用。

但是,现实中的行政机构控制着绝大多数的公共资源和行政信息。尽管公众期望看到一个开放、透明、高效的政府,但在很多情况下政府没有及时全面地开放应该开放的信息,没有像公众和媒体期待的那样公开透明。同时,一直对行政传播抱有极大热情和期望的媒体如果难以获得必要的行政信息,就会影响自身的传播效率。因此,公众和媒体希望行政机构最大限度地公开信息与现实中行政信息的非公开状态之间就形成了一种固有的矛盾。

（二）"正面"传播与"负面"报道的矛盾

行政者希望媒体在进行信息传播时多说好话、多鼓励;少揭短、少批评;多正面报道、少负面报道;多鼓劲、少泄气,以避免政府和领导干部的公信力和公共形象受损。但是,媒体作为信息传播机构,不仅要帮助政府报道信息,传播行政,同时还对政府承担着一种天然的监督使命和责任。

一旦行政体系内有违反公众意愿、侵害公共利益的事实出现,媒体就需要迅速向公众"报告"政府的行为并通过舆论号召全社会对行政机构和行政领导进行批评,形成舆论压力,帮其纠正。媒体还可以告知并调动立法、司法等权力机构展开对行政机关、行政领导或其他行政人员的调查,防止行政腐败以及对公共资源和社会的损害。此外,从媒体自身信息传播的角度观察,行政体系内出现的问题和"坏消息"可能正是媒体需要和喜欢的"好新闻"。

公正、客观、负责任的媒体犹如灿烂的阳光普照大地,这就是媒体的价值和魅力所在。然而,除了一些对公民言论自由特别钟爱并有专门制度保障的国家外,一般国家行政开放的步伐都很难满足媒体自身的发展以及公众对信息公开的诉求。不同行政环境的特殊性、公众的心理承受力以及行政体系自身的官僚与利己特性都不希望媒体过于开放透明的传播。这是行政体系和媒体的第二个矛盾。

(三)追求收视率与体现公共价值的矛盾

媒体作为日益商业化的信息传播企业,其市场趋利性日渐突出。关注收视率与发行量成为市场化时代媒体的生命。这势必与行政传播的公共性诉求发生矛盾和冲突,导致媒体客观公正性的偏离或缺失,引发行政者或其他被传播对象的不满。

从媒体自身的利益考察,能够引起公众的瞩目和兴趣,能够吸引眼球,提高公众对自己媒体的关注度和使用量,提高收听率或收视率,扩大发行量,吸引更多的广告已经成为媒体关注的焦点。而媒体实现行政传播的公共价值,完成媒体的社会传播责任就要靠媒体自身的道德自律来实现。

如果某些媒体的道德自律不足,社会责任感不强,在传播中为了提高收视率而盯住一些行政问题或社会瑕疵不放,对一些焦点人物的言行失当过度抨击指责,通过新媒体发动公众开展舆论轰炸,在强大的舆论威慑面前,不少行政者正常的开拓创新行为会严重受挫,行政传播的公共价值会减弱,舆论导向就会发生不利于行政和社会价值的偏移。

目前,政府管理下的我国主流媒体这方面的问题不太突出。但一向崇尚"新闻自由"的西方媒体和我国港澳台地区的媒体,为了在残酷的竞争中保持必要的收视率,扩大自己信息传播的覆盖面和影响力,常常出现片面传播、夸大事实、制造轰动、利己炒作等媒体病,无形中伤害被传播者或传播关联者,使自己与被传播者之间的关系紧张。CNN等西方媒体对我国西藏拉萨"3·14"骚乱事件和对我国奥运圣火在旧金山传递等事件的不实报道以及《世界新闻报》的窃听门事件与突然倒闭就是典型的例证。

在探究媒体本位主义的根源后发现，自由体制下的媒体定位、生存本质以及市场趋利性决定了多数媒体"受众第一"的自然属性和价值定位。它们要在传播信息的同时，重点发展自己的"注意力经济"，为媒体这个传播企业积累资源和财富，以便能不断地扩张和持续发展。

政府是媒体尽量争取和拉拢的"大客户"，得罪了政府会影响媒体的发展，但不会威胁其生存。但是，媒体一旦失去了公众，就会面临灭亡之灾。此外，媒体为了赢得受众，还需要扮演"社会正义维护者"的角色。这就是一些西方媒体对政府行政一向态度苛刻，而对公众的信息消费肆意纵容，一味追求收视率的根本原因。

四、媒体舆论监督的必要性

（一）媒体作为公众舆论代表的传播本质

从信息传播的角度观察，媒体就是事实（facts）与受众（audiences）之间信息互通的桥梁。作为信息传播载体，它把发生在这个世界上的各类事情客观公正地传播"汇报"给公众，并让公众作出判断和反应，自己只是架起了这个变化的世界与广大受众之间的桥梁。

从全球新闻和舆论的角度观察，媒体是思想观念以及生活方式的发动者与传播者。作为"第四权力"，媒体代表广大民众对立法、行政和司法的三种公权力进行监督，以保证国家公权力体系能够体现民众的意志，符合民众利益，自己也得到了健康的发展。这是媒体应该永远追求的核心价值目标，也是西方一些立法者赋予媒体"新闻自由"特殊权利的原因之一。

随着社会的发展以及媒体独立性和市场化功能的增强，广义的信息传播已成为媒体最主要的功能。中国的媒体正在逐步从单纯的政治和行政传播工具演变为公众舆论的代表。媒体在行政传播中，深入基层和社区了解情况，传递公众的声音，反映公众的意见和建议，表达公众诉求，让政府能全面深入地了解基层和民众的情况，以便政府能在其行政中"对症下药"，有效解决公众关心的问题。

如果一个国家和地区媒体传播的开放度不足，就会使政府和公众双方都陷入信息黑洞之中,造成不必要的误解、矛盾甚至冲突。如果没有媒体开放而有效的信息传播,公众就缺少了一个最有效的与政府沟通信息、表达诉求、提出意见和建议的渠道,公众对行政体系就会充满疑惑与猜忌;行政系统如果不了解公众的想法和诉求,就会在盲目行政与主观决策中造成行政资源的浪费,不仅引起公众的不满,还会使行政体系陷入孤立。

如果信息不透明,舆论监督的功能不能很好发挥,公权力体系就会因缺少监督而出现官僚化(所有权力机构都容易官僚化)和腐败现象。此外,信息堵塞使公众诉求无法有效表达,公众累积的意见和怨气不能有效传播疏导,容易酝酿和聚集公众对社会的不满,引发公共危机或突发事件,造成对行政根基的腐蚀与破坏。因此,媒体作为公众舆论的代表,需要在行政传播中发挥特殊的传播、沟通、疏导与监督作用。

(二)舆论对公权力和全社会监督的必要性

公共行政是国家公权力的重要组成部分,是公众权力意志的行政体现。政府作为公民社会契约的产物,其行政原则和行政运行都应该符合契约的精神,即公众让渡自己的部分权力成立政府来管理公共事务并服从这种管理,被公众"雇佣"的领导干部和公务员根据公众的需要正确履行权力、廉洁从政并随时把行政情况向自己真正的主人——人民群众汇报。因此,政府的公共政策不仅要获得公民的认同,整个行政体系更需要公民社会的有效监督。如果公权力系统长期自我运行而失去外部监督,势必造成整个行政体系的官僚化、行政垄断和行政腐败,给国家和社会造成严重影响。

目前,除了国家基本法律的监督外,公众很难对行政领域实行具体有效的日常监督,而法律的监督具有滞后性,往往是当行政机构或行政人员违法乱纪暴露后进入调查起诉阶段,启动司法程序后才会发生作用。但这时的监督往往是惩罚,起不到对行政者"治病救人"的帮助作用。再加上我们的法律体系还不够完善,对行政的法律监督漏洞很大也很不成熟,公众无法对公权力的滥用或误用形成有效的制约。在人性普遍存在弱点,行政领域难以"独善其身"的情况下,如果缺少舆论监督,行政领域就自然会出现偏离其核心价值的危险。

媒体作为广大民众的眼睛,可以发挥其广泛传播和舆论监督的作用。

如果社会有任何不公、不平与黑暗现象,除了法律监督外,公众还可以把这些问题和现象汇报给媒体,通过媒体向全社会曝光。这就等于给政府、纪检监察部门和司法部门提供了调查的线索和依据,也给行政者和利益相关者形成巨大的舆论压力,迫使政府和司法机关展开调查,使不公正的问题能够得到及时的解决,群众的诉求得到及时的呼应表达,社会的公平正义能够得到及时的彰显,和谐社会才有健康的基础。

总而言之,一个健康的社会需要特别注意保护好舆论监督这个"公众的眼睛",让媒体能够传播正确的价值,充分"伸张正义"、"打抱不平",增加社会中"杀菌"的阳光,使社会上那些阴暗潮湿的角落得到及时有效的扫描、照射和"灭菌",使那些不公平的事物及问题没有机会蔓延和滋长。这样,一个公正、健康、和谐的社会就会真正到来并得以健康地延续和发展。

五、领导干部的媒体素养

当今社会,媒体已经进入千家万户,日益紧密地影响着人类的生产和生活,影响着经济、政治与社会等各个方面。资讯时代,每一位公民都需要学会对媒体传播的信息进行识别,作出理性的判断并学会媒体沟通,培养必需的媒体素养(media literacy)[①],提高自己的公民素养和公共理性。作为公民中的先进分子和引领者,领导干部和公务员就更应该首先具备高于一般人的媒体素养。

2010年1月4日,李长春在全国宣传部长会议上指出,要适应时代发展的要求,努力提高与媒体打交道的能力,切实做到善待媒体、善用媒体、善管媒体,充分发挥媒体凝聚力量、推动工作的积极作用。领导干部不仅要学会选择、分析和判别媒体所传播的信息,形成自己的媒体使用习惯,每日获取必要的媒体信息,还要注意学习和借鉴主流媒体的信息,积极主动地运用媒体开展有效的行政传播,为经济和社会发展服务。此外,还要学会运用媒体做好必要知识和技能的传播,开展公民教育和社会教育。由于媒体素养的内涵比较丰富,本书主要介绍五个方面。

---

① 参见第一章中关于媒体素养的定义。

（一）调整并稳定自己的传媒使用习惯

选择什么媒体,每天固定使用哪些媒体,在同一媒体上获取哪些必要的信息,都是我们每位公民和领导干部必须要学会的本领。

领导干部首先要选择国家的主流媒体,每天关注新华社、中新社、人民日报、光明日报、经济日报、法制日报等通讯社和印刷媒体的信息。在电子媒体的选择中,每日应定时收看当地省、自治区、直辖市电视台和中央电视台的新闻专栏节目,收听当地电台和中央人民广播电台的信息,还要根据自己分管的内容选择阅读国家的一些重要期刊,通过多媒体选择自己关注的时政、经济、社会、文化、政法、体育、教育、卫生等信息。此外,有效使用互联网等新媒体是获取信息十分有效的方法。国家与地方主流媒体以及国际媒体都建有自己的网站,在 Google 或者 Baidu 上都可以搜索到它们的网址,存入自己浏览器的文件夹就可以方便使用。

以下是笔者对我国领导干部和公务员每日使用媒体的建议:

1.清早起来,在洗脸刷牙时就可以收听当地电台和中央电台的早新闻节目。如果时间允许,一边吃早餐一边听广播或看(或者听)电视新闻。时间允许时大致翻翻当日的早报(首先浏览要目,然后再深入自己需要的信息)。在上班的车上还可以继续听广播。

2.到了办公室要开始处理公务,媒体信息的获取往往要中断。建议在工作间隙浏览新闻网站(例如新华网、中新网、中国网或者人民网、CCTV 等媒体的网站),关注一下当地民众聚集的"论坛",看看留言帖上都有哪些信息。当然上班时,行政人员必须要阅读文件或通知,这是行政内部传播的重要媒体。

3.阅读内参媒体对领导干部的帮助很大。我们可以让当地的新闻办公室或研究室定期专门收集领导干部需要的政治、经济、文化、社会等信息,编成内参,帮助行政决策。浙江绍兴市政府新闻办公室编辑的"信息参考"就很受领导欢迎。他们根据领导的实际需要,设定栏目,收编中央、兄弟省市区和境外的消息以及涉及浙江和绍兴本地区的信息。

由于领导干部工作繁忙,时间有限,媒体和信息过多,侧重各不相同,单纯依靠他们自己选择使用媒体十分困难。资讯时代背景下,全国各地的行政机关都要学会在充实媒体管理和服务机构和人员的同时,让他们专门搜索整合信息,分门别类编发给领导干部参考。这也是目前领导干部使用媒体最有效和最科学的方法之一。

4.晚上下班后,首先应收看当地省、自治区、直辖市或自己所在城市和地区电视台的新闻节目。每天晚上七点钟要准时收看中央电视台的《新闻联播》、天气预报和《焦点访谈》等栏目。这是所有领导干部和公务员都必须养成的媒体使用习惯,也是行政人员的"新闻必修课"。至于财经信息、文化信息等其他专栏信息属于"专业选修课",要根据自己的分管工作和行业来自行选择。

例如,分管经济的领导干部要多收看中央电视台的财经频道,阅览报刊的经济版;从事学术和文化工作的要选择文化社科专栏;专家学者以及专业性强的领导干部可以通过综合性媒体的专业栏目、期刊或其他专业媒体获取信息;军队干部和战士需要关注军事频道或《解放军报》的内容。无论从事哪种行业,每个人都可以在综合性的媒体上找到适合自己或自己喜欢的新闻和信息。

(二)选择、分析、判断媒体及其所传播的信息

资讯时代,媒体众多,信息浩若烟海,信息垃圾比比皆是,人人都面临太多的信息选择和信息诱惑,常常让人无所适从。领导干部首先要选择并获取国家主流媒体的信息,以了解我国的主流行政趋向和行政动态。同时,也需要通过内参、简报以及网络等了解自己行政范围之外以及国外的信息,以跳出"庐山之外"来看待自己的行政,保持思路的开放,眼界的开阔以及头脑的清醒,避免自己因为处在信息盲区之中而导致行政局限。

另外,还要对自己浏览的信息进行必要的筛选,选取必要的内容仔细研读。对于那些群众反映强烈、涉及面广的问题要高度重视并切实地加以协调解决,以免后生枝节。对于一些有争议的问题和不确定信息要进行科学分析、认真调研考察并作出理性的判断,在确定其真伪后成熟地作出反应。

领导干部要具备对重要新闻和信息足够的敏感度和预见力。有些信息(例如涉及群体利益的事件苗头或隐患)虽然没有完全形成舆论气候,但是可能涉及敏感问题或群众利益,会引发较大的公众舆论,需要高度警惕,迅

速作出反应。作为领导干部,还要学会用科学发展的眼光关注战略信息,学会从信息和资讯中看出端倪,预见问题,提前做好战略规划与准备。

总之,资讯时代的领导干部人人都要学会在信息中发现其传播的核心价值、传播意图和可能的传播影响,在资讯时代锻炼、培养和提高自己的媒体素养。

(三)学习和借鉴主流媒体的信息

我们选择和使用媒体除了简单的"了解情况"外,最主要的目的是希望对我们的行政有所启发、借鉴或帮助。因此,加强媒体素养的另一目的是学习和借鉴主流媒体的信息,学习媒体传播的经验,警惕并汲取教训,让自己在媒体新鲜信息这个"源头活水"的帮助下清醒头脑,吸收足够的养料,给自己行政"田野"里的"庄稼"施肥,拔去那些影响农作物生长的"杂草",让自己行政的田野充满盎然的生机。

例如,中央电视台每日播出的《新闻联播》是全国人民收看最多的电视新闻节目。它分为四大板块。第一个板块一般是党和国家领导人重要公务活动的信息,通过这个板块可以了解当天国家最重要的时政动态。第二个板块是全国各地经济与社会发展的案例报道,主要是取得的成绩与经验。第三个板块是各地发展的简讯。第四版块是国际新闻。

《新闻联播》中介绍各地的成功经验和典型事例,是让全国各地党政机构和企事业单位的领导干部、公务员以及公众学习、参考和借鉴。但遗憾的是,我们看新闻时泛泛而过的人很多,深入了解,认真思考,积极主动学习和借鉴的领导干部、公务员以及公众人数还远远不够。究其原因,关键是他们在看电视、读报纸或者上网时没有用心投入,没有带着学习的态度和需求去关注新闻,只是作为一种对信息消费和信息舆论的浏览在走马观花,浅尝辄止。由于不用心,看后很快就抛至脑后,再好的经验和思路也会轻易从自己的眼皮底下溜走。这也是媒体素养不足的表现。

如果我们的公民,特别是领导干部都具备了足够的媒体素养,学会了学习和借鉴主流媒体信息的能力,无论是媒体传播的效率还是行政的效率都会大幅度提高。当我们再浏览或观看重要新闻报道时,就不会像外行那样只"看热闹",而是作为内行来"看门道"。更重要的是,我们会通过媒体的新闻报道认真"学艺",通过信息传播来提升自己今后行政以及领导的能力。

（四）善于积极主动运用媒体

善用媒体是领导干部媒体素养的高级阶段。领导干部善用媒体就是要学会通过媒体来传播公共行政，实现行政者与行政对象之间，领导与公众之间的有效沟通交流、理解和支持。还要学会运用媒体疏导舆论，开展行政公关，通过媒体来化解危机和风险。另外，还要学会运用媒体来传播正确的价值观及行为规范，教育公众，培养合格的国家公民。

由于媒体商业化、监管影响以及媒体的社会责任和自身质素等原因，无论是行政机构、行政领导和媒体自身都未能充分发掘出媒体的传播潜力。媒体行政传播的丰富性不足，媒体与行政之间，媒体与社会以及媒体间都存在着相互隔膜的问题。

例如，许多国家的政府都在抱怨媒体对其行政的片面报道，而他们需要传播的信息却没有引起媒体足够的重视。许多媒体也埋怨政府的信息不开放，行政处在神秘状态，让外界充满了猜忌和批评。但双方没能积极地在一起，彼此坦诚沟通交流，去改善行政和媒体的传播，从而导致了媒体传播的世俗化和行政传播的僵化。

我们要学会积极主动地运用媒体，首先需要解放思想，更新观念，开放公共信息，建立定期规范的信息披露与新闻发布制度，使行政信息处于积极的流通状态。其次，要充分发挥媒体信息桥梁的作用，善于通过媒体来开展行政决策的调查研究，了解公众的想法和诉求，通过与公众的信息沟通来开展行政协商，使自己的行政决策得到公众的支持和拥护。第三，要善于利用媒体有重点地开展行政传播，学会把公众的意志、精神和凝聚力集中到党和国家的工作重点上来，以保持正确的行政导向。第四，要善于通过媒体整合资源，凝聚人心，充分发挥媒体舆论主阵地和主渠道的作用，通过媒体号令全国完成重大的行政任务，实现行政目标。第五，要学会通过媒体传播必要的信息，澄清谣言，疏导舆论，化解可能存在的危机和风险，做好危机公关。一定要在谣言或危机传播前发出权威的声音，发布正确的信息，积极引导舆论，有效地化解危机和风险。

最后,媒体素养最重要的内容在于我们是否能够把自己的行政资源与媒体的传播资源进行有机整合和对接,创新传播内容与传播方法,传播知识,教化社会和民众。例如,行政机构可以与媒体联合举办一些公共道德、公民修养、行为规范等社会教育专栏或历史、人文、社会科学、专业知识、心理辅导以及传统文化等内容的系列讲座节目和教育专栏,让全社会的公民都通过媒体的信息传播增进知识,提高修养,提升素质和水平。

第五节　公共行政与媒体关系

在上一节公共行政与媒体关系定位的论述中,我们从全球的高度探讨了媒体作为"第四权力"的独立性,行政与媒体各自的传播诉求,媒体对政府等公权力的监督职能以及领导干部的媒体素养,为探寻公共行政与媒体关系的本质奠定了基础。公共行政与媒体的关系既有普遍性又有特殊性。在普遍性规律下,媒体传播的特殊性需要受到重视,这是由国情、大众媒体素养以及社会的舆论承受力等因素决定的。但是,特殊性必须要服从媒体信息传播日益开放和自由的普遍性规律,适应公众对行政公开以及参政议政的诉求,总体与传播时代的发展同步。

一、公共行政与媒体关系的误区

(一)对我国公共行政与媒体关系的思考

我国行政与媒体关系的特殊性十分明显。由于计划经济体制的影响,许多领导干部存在着对行政和媒体关系认知的诸多误区。这些误区需要从双方的关系定位上加以澄清,以真正认清行政和媒体关系的本质,建立彼此和谐的关系。

全国政协外事委员会主任、中国人民大学新闻学院院长、国务院新闻办公室原主任赵启正同志发展了哈佛大学肯尼迪政府学院公共领导力中心主任大卫·葛根(David Gergen)教授的媒体关系理论。他认为,"媒体既不是我们的敌人,也不是我们的朋友,既不是我们的上级,也不是我们的下级,而是挑战者。"这种恰当的关系定位清楚地表明了媒体作为独立传播机构的特性。

媒体不是我们的敌人。这是说媒体不是生来就要与我们为敌,要置传播对象于死地,以专门"整人"或曝光为目的。其实,媒体一般都没有自己固定的对手或敌人,而是在传播新闻事件,发现问题之后才确立了传播或者批评与曝光的对象。如果传播对象有问题或者存在问题的可能,带着自己"天然正义感"的媒体就会"看不惯",就需要代表公众进行批判,其传播的信息就有可能不友善或具有某种杀伤力。

媒体不是我们的朋友。这也许是让许多人感到不太理解的定位,因为我们常常把记者称作"记者朋友们"或"新闻界的朋友们"。朋友需要坦诚相待,彼此肝胆相照,甚至是无话不说。但是,如果用对待朋友的态度来对待媒体,也许就会吃亏或者受伤。

道理很简单。因为媒体是独立的传播机构,无论是采访对象还是信息受众,记者都与他们没有任何私人交情,记者需要的只是自己媒体感兴趣的新闻和信息。如果我们天真地把媒体当作朋友无话不说,媒体就可能把我们对朋友"掏心窝子"的话作为独家新闻进行披露或传播,使我们受到很大的伤害。我国南方某市的政府官员中就有被其香港媒体的"朋友"套话后,将其"朋友私下的谈话"发表在香港的报纸上,从而导致该官员引咎辞职的事例。

为了增加信息来源的可靠性,媒体有时候会无情地把提供新闻和信息的"朋友"暴露出来,而真正的朋友绝不会把自己朋友告诉的不能让外人所知的秘密四处传播。因此,对待媒体要诚实,就是不能撒谎;但不能太老实,太天真,不能"无话不说"。这不是是否诚实的问题,而是在媒体面前是否成熟的问题。

媒体既不是我们的上级也不是我们的下级。这是指我们的领导干部和公务员,长期以来形成的对于行政科层组织和领导级别特有的敏感关注和不同态度。在我国数千年来的官僚文化中浸润已久的人,习惯根据对方的行政级别和职务高低来选择和确定与之交往的态度、语言和行为,如果上下颠倒或者错位,问题会很严重。

例如,我国的领导干部喜欢用自己的姓加上他们的行政级别来作为自己的称呼,级别和职位就成为他们的名字,称呼时与他人的区别也就清楚明了。例如,某书记,某省长,某部长,某厅长,某局长、某主任等。尽管这是封建文化的遗风,许多领导干部还是对此颇为津津乐道。如果没有称呼其职位或者不小心称低了职位,他们会十分不悦。但是在注重人际平等的西方社会,人们大都称呼姓名,尊称时顶多加上"某某先生"(Mr.)、"某某女士"(Miss)、"某某博士"(Dr.)或"某某教授"(Professor)等头衔,很少使用其行政级别,表现出了一种人与人之间的平等理念,而不是过分强调行政级别,以表现与别人的差异和优越感。

在中国的行政体系中,长期发号施令或听命于人的领导干部,其科层级别的观念已经深入骨髓,大家都习惯用固有的科层组织观念和思维来看待几乎所有的人际关系,这种观念也无形中延伸到媒体领域。但是,从全球的角度观察,媒体与行政体系之间没有必然的隶属关系,即便是在媒体属于党和政府管辖的我国,行政与媒体都有着各自的上下级管理体系,媒体属于事业单位,正在向企业过渡,与政府之间没有严格的隶属关系,也不属于任何一个行政科层组织系统。

因此,我们高职位的领导干部不应该用自己在行政科层组织中那高高在上的官僚态度对待媒体,把前来采访的记者们都当作下级;职位较低的领导干部也不需要用对待上级领导那样的态度来对待媒体,过度小心谨慎、谦卑服从。平等尊重、坦诚智慧是对待媒体比较适合的态度。

媒体是挑战者。全球绝大多数国家的媒体都不隶属于任何行政机关,而是独立的传播机构和需要盈利的传播企业。除了受到该国宪法和相关法律制约外,媒体一般不受政党、政府的直接管辖,完全奉行独立自主的编辑方针和自由的信息传播原则。因此,全世界大多数国家和地区的媒体对行政的依赖性和受行政控制的程度都很低,并且对公共行政具有十分明显的监督和"挑战"作用。行政机构和领导者反而要小心谨慎,廉洁高效并公正合理地使用公权力,以免招致媒体的曝光或批评。

由于媒体的广泛传播功能、日益扩大的传播空间以及可以承载无数信息的传播能力,它会迅速发起影响巨大的舆论运动,形成强大的舆论压力。一旦与媒体交恶或交战,媒体就会成为摧毁对手的"大规模杀伤性武器",

那密集的信息"炮火"会让被传播者难以招架。如果与某些媒体有误解,需要通过其他媒体来传播信息,开展危机公关,化解危机和困境,而不应像某些人对待个人恩怨那样,彼此狭隘地与媒体或记者纠缠不休,甚至威吓记者和媒体。

（二）行政中常见的媒体关系误区

1. 工具化的误区。我们习惯于把媒体纯粹当作政府舆论宣传的工具和喉舌(喉舌是没有脑子的,只有发音的功能),这是许多具有独立思想和自由传播诉求的媒体所不愿接受的。我国的媒体是在中国的国情环境下受党和政府领导,反映人民心声,表达民众诉求,为国家经济和社会发展服务的传播机构。政府除了对舆论导向和传播价值进行适度监管外,媒体日常的传播独立性也在大大增强。

尽管媒体在全球任何国家的行政传播中都可能无意识地成为行政信息传播的工具,但是从媒体自身的角度观察,那是媒体所需要的主动信息传播,而不是作为行政机构舆论工具与喉舌的被动传播。因此,忽视了媒体自身的创造性与能动性,而没有将其定位为反映人民心声的舆论工具,纯粹把媒体当作行政传播的工具和喉舌的这种关系定位并不科学准确。

2. 区域化的误区。我国的许多领导干部,尤其是地方官员,在当地媒体长期的服务性和帮助性报道中,潜移默化地把媒体功能区域化。例如,某一个省、自治区、直辖市的媒体就归属当地的宣传部门管辖,媒体是地方党政机构的产物,媒体信息也具有明显的区域化特征。虽然有一定道理,但实际上媒体在表面区域化的同时都在进行着泛区域化的传播。媒体的互通性、信息的流动性,特别是网络媒体跨区域的快速传播,使任何地方的新闻都可能在短时间内传遍全国或全世界。

媒体区域化背后真正的动因是媒体信息分众传播的需要,而不是简单行政区划的结果。区域化的媒体在传播当地新闻和信息的同时,也在传播着任何受众都需要的公共信息,例如经济信息和文化信息。实际上,每一个媒体都是全球化信息传播链条上的重要一环,是无数个信息供应站中的一个站点。媒体传播在考虑到分众特点的同时,还要考虑大众的心理和信息需求。因此,在新媒体时代,所有的地方媒体在某种程度上都是全国性媒体和全球性媒体。

3.隶属化的误区。在我国内地,媒体具有一定的行政隶属化特征。各地的宣传部门负责当地媒体舆论导向和传播价值定位的管理。然而,世界上绝大多数媒体,包括我国的港澳台地区的媒体均不隶属于该国政府或当地政府,而是独立的传播机构。在全球化时代,即便是地方媒体,其信息交互性也日益明显。对全国人民共同关心的问题,各地媒体都有报道和传播的兴趣,不属于当地党政机关管辖的媒体也可以运用巨大的篇幅来报道其他地区发生的新闻并发表评论,我们的监管机构几乎对此无能为力。

因此,如果只根据行政隶属原则对当地媒体实行严格监管,让其保持沉默,其他媒体非客观性报道的可能就会增加。江西"宜黄拆迁案"的报道中,江西本地的媒体听从指挥"不予报道",而全国其他媒体则连篇累牍,使江西陷入被动。如果在遵守传播原则的基础上,让当地媒体深入挖掘事实,充分报道,江西就会主动许多。媒体行政隶属化的管理原则要灵活使用,不要实行简单的舆论封杀,既学会用当地媒体引领其他媒体,还要关注并运用其他媒体来开展行政传播。

4.敌对化的误区。正如之前引用赵启正同志的话说,媒体不是我们的敌人,不是专门为了整治某一个人、某一个机构甚至某一个政府或国家而存在的。在绝大多数情况下,媒体只是发现了它们所需要的能够引起公众瞩目和兴趣的信息和新闻加以传播而已。

世界上故意与传播对象为敌的媒体很少。但是有些媒体(例如香港的《苹果日报》和某些西方媒体)存在着意识形态的偏见或者过分的利己传播诉求,会长期传播负面信息,客观上造成一个国家和地区公众的主流信息盲区,导致公众的误解偏见,无形中让人产生敌意。许多欧美国家的媒体在对中国等国的崛起以及突发事件报道中(例如拉萨骚乱事件)经常会犯片面传播的错误,无意中造成了与中国公众的敌对。

国内外主流媒体的监督性栏目,例如《焦点访谈》、《新闻透视》等往往让政府机构和领导干部感到"威慑"和"恐惧"。其实,他们只是我国媒体舆论监督的重要窗口,是为我们行政这个躯体治病的"啄木鸟",并不是专门"整人"的敌人。正如某中央媒体的知名新闻监督栏目的负责人告诉笔者的那样:"台里设置了这个栏目,我们必须每天完成监督性的新闻报道,哪里有新闻,我们就到哪里采访,我们与任何单位和个人都无冤无仇。不是我们和他们过不去,怨只怨他们自己的管理不到位,出了事,引起群众不满,就告到媒体。我们只是在履行新闻人的基本职责,没想到要整任何人。"

5. 过度坦诚的误区。媒体是广泛的信息传播机构,既不是我们可以无话不说的朋友,也不是可以随意倾诉的心理医生。一旦对媒体言语不慎或者过于坦诚,把内部的信息放到从事外部大众传播的媒体中,就可能出现公众舆论的盲目议论或舆论"轰炸",导致行政机构的被动,传播者甚至会为此引咎辞职。

因此,领导干部要牢记宣传部门的一句老话:"宣传有纪律,内外有区别",即分清适合内部和外部传播的信息,确定内外传播的原则与方法。不能对只热衷于发现和传播新闻信息的媒体"知无不言、言无不尽","无话不说",而是要选择可以对外传播的信息,在媒体上开展大众传播,以避免因过度坦诚,内外信息不分等而招致的麻烦和危机。

6. 媒体过敏的误区。由于媒体的传播威力、舆论影响力乃至杀伤力,许多领导干部在对媒体产生敌意的同时,也对媒体产生了严重的恐惧和过敏。他们长期逃避媒体的采访和报道,回避媒体提出的问题,从不接受记者的访问,与媒体产生了严重的隔离,也让媒体产生了许多误解和不必要的猜忌。

作为掌握公共权力的领导干部和公务员,不仅有宪法和法律赋予的行政传播职责,也有接受媒体采访的义务。假如长期拒绝记者采访,不仅会影响本部门的行政传播和公共信息的披露,还会招致媒体的反感,甚至引发媒体的起诉。

2004 年,在《上海市政府信息公开规定》实施一个月后,上海市徐汇区居民董铭向徐汇区房地局申请查阅一处房屋产权的历史资料。徐汇区房地局根据 1989 年发布的《上海市房地产登记材料查阅暂行规定》,以其"非该处房屋权利人"为由拒绝了她的申请。董铭认为,按《上海市政府信息公开规定》,查阅与己相关的房屋产权原始资料并不属于查阅"免予公开的内容",便一纸诉状递至法院,要求徐汇区房地局履行信息公开的义务。这起被称为是"首次起诉政府信息不公开的案件"虽然不了了之,但在社会上引起了广泛关注。

2006 年 6 月 7 日,上海《解放日报》记者马骋就因为采访被拒而状告上海市规划局。据报道,在 2006 年 4 月 18 日和 23 日期间,马骋先后两次就有关问题向上海市规划局提出采访申请,均遭拒绝。他为此向上海市黄浦区法院起诉,要求法院判决上海市规划局向其提供由自己申请的应当公开的政府信息。马骋在诉状中称,根据《上海市政府信息公开规定》,除了保密的范畴外,政府部门对与经济、社会管理和公共服务相关的政府信息应当主动公开;公民、法人和其他社会组织有权依据该规定要求政府机关向其提供相关的政府信息。最后,尽管马骋撤回了起诉,但因此案具有较强的普遍性,引起了其他媒体和社会各界的广泛关注。这也是上海市首家主流媒体起诉政府信息不透明的案件。

2008 年 5 月 1 日,《中华人民共和国政府信息公开条例》正式实施。该条例明确规定,新闻媒体、公民和企业机构等都可以向政府申请公布他们需要的公共信息,如果政府部门无理拒绝或者搪塞,就可以根据此条例起诉政府。

我们的领导干部和公务员首先需要明白的一个道理是,政府掌管的公共信息绝不是政府机构自身的财产或专利,而是属于包括政府和所有公民在内的公共资源,政府有义务和责任把属于公众的公共信息资源向公众开放。因为我们是人民的政府,掌管的是属于人民的公共信息和公共资源,我们没有权力也没有资格独占或据为己有。

无论从情、理、法的任何角度考察,我们都没有理由拒绝开放那些属于大家的公共信息。既然是公共信息,那"产权"就属于公众,不是掌握着公共资源的行政机构或领导干部想给就给,想不给就可以不给的。因为行政机构或行政人员只是公共信息的管理者或更精确地说是"代管者",而不是公共信息的所有者。只要申请者程序合法,要求合理,任何行政人员都无权拒绝向公众提供那些本该属于公众,也应该向公众开放的公共信息。

二、公共行政与媒体关系的本质

公共行政与媒体的关系角度很广,但主要有三个方面的关系。

(一)相互依存的关系

没有行政系统这个最大的信息制造商,媒体就缺乏足够的公共信息资源,特别是缺乏要闻和亮点新闻;没有行政领域的信息传播,公众也无法了解行政机构的动态,无法与行政机关密切配合,产生合力,媒体和公众还可能对行政机构产生误解。由于行政机构内部的传播影响力极为有限,如果没有媒体这个最广泛、影响力最大的传播渠道,就不可能及时开展广泛的行政传播,公共行政的影响力会大打折扣,直接影响行政的绩效和行政发展。

因此,行政领域是媒体最大的公共信息来源,媒体是行政系统最有影响力、最广泛的传播渠道。行政体系和媒体之间的依存度很高,可以说唇齿相依,密不可分。行政与媒体是国家行政传播和社会传播不可或缺的主体,相互之间良好的合作与互动既可以保障行政的有效传播和持续进步,也可以保证媒体的良好生存与健康发展。

(二)相互影响的关系

行政体系的日益民主、开放与发展让媒体拥有了充足的信息传播资源和传播动力,满足了媒体自由传播的诉求,也帮助媒体在传播中获得发展,从而推动了行政与媒体和谐关系的构建。同时,媒体的广泛传播会帮助行政机构树立起开放透明的政府形象,加强了行政管理者与行政对象和广大民众的沟通交流,对于做好行政管理和危机管理,推动国家的行政发展和政治文明具有重要的意义。

但是,媒体作为"公众的眼睛",需要随时考察和监督根据契约精神代表公众行使公权力的政府,帮助政府行使好公民赋予的权力。当行政者损害或者是违背了公众意志,对自己的职责产生懈怠、低效、腐败和背离时,媒体就会及时告知公众,给行政者施加压力,迫使政府根据公众的意志修正和改变自己的行政行为。同样,如果媒体产生了过于利己的传播行为,在某利益团体的授意或操纵下肆意炒作某一新闻,制造热点,政府就会使用自己的行政手段监管媒体。因此,在这种意义上看,行政和媒体又是相互影响和相互监督的关系。

（三）合作互惠的关系

如果行政者和媒体彼此合作,互惠互利,就会产生双赢的效果。行政者为媒体和公众开放信息,帮助媒体获得权威的资讯,提高媒体的关注度和收视率,使媒体获得健康发展;媒体积极主动地传播公共行政,树立行政开放、透明、积极、高效、文明和服务的新形象,帮助政府整合资源,动员社会力量,积极疏导舆论,开展舆论监督,解决行政中存在的问题,化解危机和风险,推动行政发展。

2008 年 5 月 12 日四川地震发生后,我国的媒体,特别是中央电视台、新华社、人民日报等国家主流媒体与全国各地方媒体与政府一起进行了良性互动。媒体第一时间把党中央、国务院的决策传遍了全球,随后,全国党、政、军、企业、社会团体以及全国人民通过媒体迅速了解灾情,大家紧急行动起来,支持党和政府领导的抗震救灾。各地紧急组织抢救人员奔赴灾区,全国各地组织运输帐篷、药品、挖掘工具、活动房屋等到灾区。

中外媒体在 2008 年 5 月中旬对四川抗震救灾的直播报道,不仅发挥了重要的救灾信息传播与资源组织调度作用,还树立了中国党和政府指挥得力,反应迅速,以人为本的领导与行政形象,也在全世界面前表现出了全中国人民精诚团结,众志成城,守望相助的民族精神。

三、行政对媒体的监管及其悖论

众所周知,大家把媒体称作"无冕之王",意指媒体是无人能够监管的自由传播者。但实际上,媒体并非人们想象的那样无度的自由。即便是政府不直接监管的西方媒体,公众作为信息"用户"会对媒体传播的信息进行事实判断和道德审查,会在媒体的使用与消费方面给媒体形成竞争压力。即使出于商业考虑,媒体也不敢轻易冒犯或得罪关系到自身生存与发展的"神圣"用户。

（一）行政过度监管下的媒体传播局限

在我国,媒体是国家的公共传播机构,类似于国有企业,属于国家所有。媒体在传播导向、传播主流价值等宏观领域受各级党委宣传部门和新闻管理机构的监管。这是在中国的体制与国情下,媒体环境与传播制度的自然选择。事实证明,这种党政机构的媒体监管具有自己的合理性与有效性。

但是,如果在资讯时代继续秉持计划经济体制下的传统思维和管理思路,对国家和各地的主流媒体管理过严,在传播方针、编辑原则以及传播内容上都事无巨细地监管,媒体自身的积极性和创造性就会受到遏制,社会的创新思维、具有预见性或超前性的新观点,包括必要的公共危机和社会危机的预警信息就不可能有机会获得开放透明的传播。行政改革中一些需要讨论的问题,一些有争议的观点和看法也不能够有效表达,整个社会文化和思想的自由与创造环境就会受到严重影响。信息传播时代的"社会失语"现象不仅会招致公众和媒体的不满,增加全社会对行政者的猜忌,还会牵制和束缚人们的创新思维,影响整个社会的发展和进步。

此外,西方媒体总体对中国的国情不了解,某些媒体还持有对中国意识形态的偏见,它们在中国的崛起与发展中的正面报道和评价不多。如果对我国主流媒体的监管与控制过严,会使我国媒体的成长发展受到限制,导致我国主流媒体的国际竞争力下降,使我国主流媒体边缘化。这对全球化时代中国的崛起与发展,对中国的国际化战略与"软实力"的构建与传播都十分不利。

由于受中国传统行政环境及传播方式的影响,我国媒体的报道风格与国际媒体的传播方式差异很大。不少领导干部在开会讲话、作报告时喜欢讲大原则、大道理,不善于用媒体和公众喜欢的讲故事、讲细节、讲事实、适当引用数据等表达方式。一些领导干部喜欢在讲话或发言中用排比,强调遣词造句的对仗齐整,喜好表达中的气势恢宏,但却忽视了传播中重要的"思路清晰、逻辑严密、信息具体、目标明确"等传播宗旨。我国的某些行政传播方式不仅不符合国际传播惯例,也不适合目前我国年轻受众信息接受的心理和欣赏习惯,容易造成中国国际传播与大众传播的误解和障碍,影响国家的总体对外传播效果。

此外,我国媒体主要传播行政领域主流的声音,以"正面"报道为主,主要是"鼓劲"和"激励",树立正面榜样,让全国人民学习,营造团结和谐的环境。这是我们的传统,也是事实证明了比较成功的实践。但与此同时,我们对社会上一些涉及公众利益,人民普遍关心的问题,尤其是对那些群众反映强烈和不满的问题报道不够,舆论监督不力。即使一些媒体艰难地进行了报道,随后纷至沓来的媒体公关和上级干涉会让那些本来就"难产"的监督新闻胎死腹中,结果导致媒体不能充分发挥应有的监督作用,使一些社会阴暗角落长期得不到正义"阳光"的照射,社会不公现象难以有效遏制,新的行政危机却在不断孕育和滋生。

(二)传统文化对当代传播的影响

中国的传统文化过度强调"和谐"与"一致",长期以来形成了你好我好,大家一团和气,不讲原则的文化心理与习惯。数千年来,中国人饱受"慎独"、"寡言"的思想熏陶,不提倡多说话、说真话,而是鼓励"少说话"、"说好话"。我们的官员在行政中学会了察言观色,根据领导的个人喜好选择传播的语言和信息,而不是根据社会和公众利益的需要坚持原则,传播事实。

从传播角度看,官员和大众的开明程度与心理承受力都在无形降低。当盲目趋同与只听好话成为我们行政中的主流喜好和行为,甚至固化为一种行政习惯的时候,一个国家和民族的新思想、新观念、创新活力与发展进步就难以真正出现。

历史证明,中华民族不乏智慧、能力和创造性,但我们的不少传统文化与思想观念严重地钳制和损害了这种智慧、能力与创造性,长期积累并导致了中国在近代史上的衰败。我们在津津乐道自己悠久历史的同时,千万不要忘记数千年来中国社会生产力的简单重复、低端循环和原地踏步。中国社会在五千年的历史长河中生产力的发展水平、创新程度与总体进步的幅度与我们漫长的时间跨度之间不成正比。

由于历史习惯和信息开放的局限,我们从文化和制度上普遍缺乏对必要言论自由的保护和倡导,受众心理也不成熟。十年"文革"的浩劫更是让我国捍卫真理的精英分子与有识之士饱受摧残和蹂躏,即便是立下过赫赫战功的开国元勋彭德怀、贺龙和刘少奇、邓小平等老一辈革命家,都为说真话、坚持真理付出了惨重的代价。其他众多的知识分子则因说真话而身陷囹圄,给国人的心理留下了很深的伤痕。

因此,根植于我们传统封建文化基因中的许多公众和领导干部,也在行政中忽视了我党一向倡导的"实事求是"的原则与马克思主义追求真理的精神,在权威或威权面前普遍采取"不说话"、"少说话"或"说好话"的态度。遗憾的是,那些"说实话"和"说真话"的人仍然被视为行政和官场中的"异类"和"不成熟"行为而承受着良知、道德、责任以及心理的巨大压力和痛苦煎熬。

令人欣喜的是,历史的车轮正在滚滚向前。中国已经选择了民主、自由、开放与文明的发展道路,中国的言论自由必然要进一步扩大。我国主流媒体的报道和行政传播也必将在不断变革中走向开放与成熟,以适应我国科学发展的要求以及建设开放型政府、法治政府、效能政府和服务型政府的需要。

我们就用毛泽东的话作为这一段的结尾。他说,"人有嘴,一曰吃饭,二曰说话。让人说话,天不会塌下来的,自己也不会垮台;不让人说话的,很可能就要垮台。"我们要仔细用心思考这句话的含义和分量,牢记过去的诸多教训,在 21 世纪信息化与资讯时代用创新的观念和思维主动实行公共信息的公开,积极主动地开展行政传播。

(三)媒体传播的泛自由化倾向

在我国媒体不断开放与发展的同时,由于过度市场化和监管缺失,欧美等西方国家媒体则出现了泛自由化的倾向。

欧美地区媒体众多,信息传播自由,为了争夺受众,争夺广告商,获得"注意力",媒体之间的竞争异常激烈。"注意力经济"已经成为媒体关注的焦点。为了提升自己媒体的知名度,引起公众的注意,吸引更多的广告,许多媒体用尽浑身解数投公众所好,甚至不惜利用暴力、怪异、色情、偏激的传播方式吸引受众。

西方的许多媒体,包括港澳台地区的小报小刊,专门挖空心思报道一些名人轶事、政客或明星的丑闻招徕读者。"狗仔队"无孔不入,甚至到了严重影响个人隐私,对别人安全造成威胁的程度。英国戴安娜王妃就是为了躲避媒体"狗仔队"的拍摄,而超快速地进入隧道导致了车祸。香港艺人演出换装也被媒体拍摄下来广为传播,引起了香港演艺界全体的不满。我国不少媒体,特别是网络上炒作的一些"新闻"也与事实严重不符,对当事人产生了严重威胁和影响。

2011 年 7 月,作为全球重点新闻事件曝光的默多克新闻集团旗下的《世界新闻报》的窃听事件已经成为历史上新闻传媒滥用自由权力,肆意侵犯公众隐私导致违法并使媒体破产的典型。

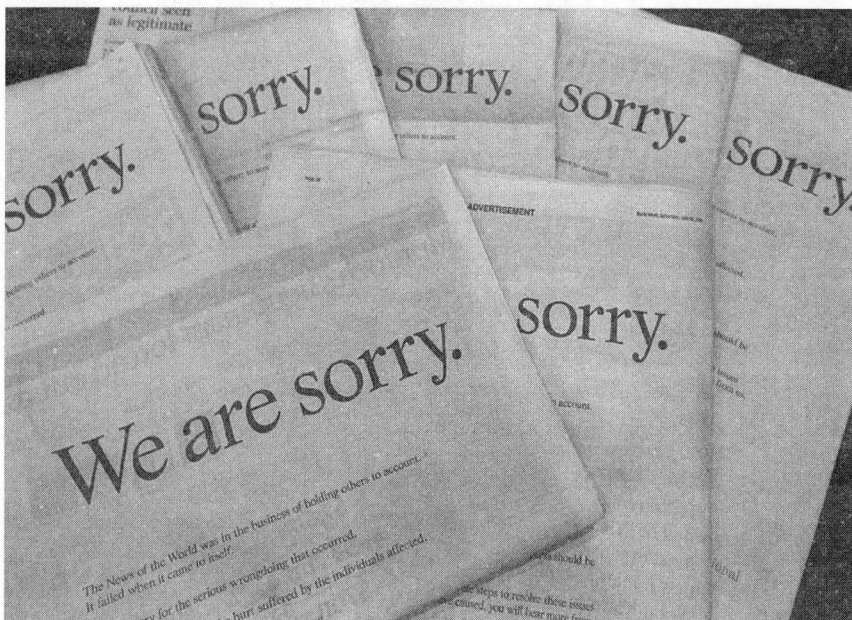

传媒大亨默多克旗下的《世界新闻报》因窃听丑闻而被迫停刊后,2011 年 7 月 16 日,英国各大报纸刊均整版刊登了默多克亲笔签名的道歉信。

英国《世界新闻报》创刊于 1843 年,以报道耸人听闻的刑事案件、名人丑闻等著称,逢周日出版,每周销量约 280 万份,是目前英国销量最大的报纸。从 2005 年开始,这家报纸就陆续面临电话窃听的指控。最初是被控窃听英国王室成员电话,该事件最终以一名涉案记者和一名受雇于该报的私家侦探入狱告终。此后又有不少名人政客对《世界新闻报》提起控诉。

2011 年 7 月初,该报又被曝对绑架案受害少女、英军阵亡士兵亲属以及 2005 年伦敦地铁爆炸案遇难者亲属的电话进行窃听。上述事件让人感到《世界新闻报》为获得消息源而实施窃听已非偶然事件,引起了全民公愤,讨伐之声不绝于耳。7 月 7 日,该报英国母公司"新闻国际"宣布将关闭这家深陷泥潭的报纸。深陷窃听丑闻的英国最畅销的周末小报《世界新闻报》10日发行了最后一期。报纸头版以大号字体写着"谢谢。再见!"为该报168年的历史画上句号。

一家媒体,不论规模大小,不论公营私营,自诞生之时起就应承担起对公众的责任。在这份责任里,新闻媒体及其从业人员必须坚持新闻报道的基本原则,必须坚守职业伦理的基本底线,必须抱有对受众的真诚之心。这是新闻行业对公众的天然承诺,是新闻媒体赖以生存和发展的基本条件,是新闻从业者赢得尊重和信任的前提。这些伦理价值就是每一个新闻媒体的骨架,任何一部分的缺失都会导致整体的崩塌。

在此次窃听事件中,《世界新闻报》所涉及的窃听范围之广、频率之高,令人瞠目结舌。正是这样猖狂的违法之举,将新闻媒体的基本操守丢到了九霄云外,也将公众给予的信任消耗殆尽。作为一张历史老报,《世界新闻报》的关闭也许有一点悲怆,但在公众潮水般的愤怒和声讨中,这样的结局无可避免。表面上,窃听是为了挖到更隐秘的事实,然而这种看似取悦受众的行为,实际上使窃听者走上了歧路,最终陷入万劫不复的深渊。可以说,一次又一次的窃听其实是在一次又一次地蚕食报纸的生命,一次又一次地挥霍公众的信任。

窃听丑闻的后续故事和深层含义肯定会不断显露,而目前人们已然看到的一个事实是,新闻媒体失信的教训是多么沉重。对于媒体而言,诚信就像一面高悬的明镜,一旦打破就很难修复。此次窃听丑闻败露以后,新闻集团旗下的一些报纸有意回避丑闻甚至为丑闻开脱,但毫无疑问,这样的袒护是不明智的,因为对不诚信行为的任何狡辩和掩盖,只能激起公众更多的不信任。无论如何,不能取信于人的媒体,怎能有生存的空间?[①]

西方媒体的泛自由化倾向,在对社会形成了广泛舆论监督氛围的同时,也给公众,特别是领导人和名人构成了巨大的舆论压力,形成了某种程度上的媒体敏感和媒体恐惧。同时,媒体越过道德与法律的边界肆意侵犯个人隐私,滥用所谓的"新闻自由"权力,也给媒体的公信力造成了从未有过的伤害。这些都是全球媒体以及我国媒体在今后的发展中应该特别注意汲取的深刻教训。

(四)对未来中国媒体监管的思考

1. 解放思想,转变观念。资讯时代,特别是以互联网为主的新媒体时代开始颠覆传统媒体信息传播"信源"——"信道"——"信众"的传播格局,使媒体信息传播发生了革命性的变化。在此背景下,全球媒体的传播普遍呈现开放自由的格局。因此,我国的媒体监管部门需要顺应历史潮流,解放思想,转变观念,用开放的心态对待媒体传播,用开放的心态进行媒体监管。在必要的开放自由环境中,让中国的媒体尽快适应新时代的大众传播,特别是国际传播的要求,让中国的媒体在全球媒体的竞争中争取主动并获得必要的发展。

2. 坚守原则,放宽内容。坚守原则就是要坚持党和政府管媒体的基本原则,坚持媒体信息传播的核心价值和正确的舆论导向,体现爱祖国、爱人民,爱人类、捍卫真理的传播原则,在重大新闻事件和原则问题的传播报道上与中央保持一致,防止媒体的过度商业化和庸俗化倾向。

---

①　许雨文:"失信的媒体必遭唾弃——《世界新闻报》'死'有余辜",《光明日报》2011年7月21日。资料来源:新华网 http://news.xinhuanet.com/world/2011-07/21/c_13998979.htm。

在以上基本原则的基础上,监管部门可以放宽媒体传播的内容,让媒体拥有更多自主采、编、播的权力。进一步开放党政、立法和司法领域的公共信息,鼓励媒体进行开放的新闻报道,加大媒体对公权力机构、领导干部和全社会的舆论监督力度。同时,中央和地方的媒体监管部门可组织引导全国公众每年对国家和地方媒体的节目和专栏进行评议,评出"最佳"、"优秀"和"最差"的节目和栏目,通过公众参与来校正媒体的问题并增加更需要的节目内容。

3. 转变方式,适应变化。要加大力度,转变中国媒体与中国行政传播的方式。认真学习国际媒体通用的传播方法,减少媒体报道中过多的主观评判和宏观论述,特别要减少或杜绝传播报道中的官话、套话与空话,学会用生动的语言讲故事,用具体的事例说明观点,用翔实的数据来支撑观点。

此外,要支持和鼓励媒体开辟更多的针对社会发展和民众诉求的专栏节目,增加公益性栏目和社会教育节目的播出量,通过媒体开展公民道德、信仰与核心价值观的教育,提高全民的媒体素养、科技素养和文明素质。特别要鼓励中国媒体提高自身素质,做好国际传播的人才和技术准备,积极走出国门,开展国际传播,提高与国际媒体竞争的能力。

四、媒体的非客观性传播及其应对

资讯时代,媒体之间的竞争日益剧烈。由于传播价值、传播技术以及人力资源等的局限性,在媒体信息需求紧迫的情况下,记者可能难以完全对其所采访信息的准确性和真实性进行核对。少数媒体为了提高"收视率"增加广告收入,刻意片面传播、夸大事实、制造轰动并进行利己炒作,甚至制造假新闻。

在我国,长期相信党和政府公信力的公众与我国的主流媒体建立了牢固的"新闻契约"关系,公众对媒体传播的信息确信不疑。但是,随着信息的不断开放以及社会的多元化,我国媒体,尤其是网络等新媒体上出现了不少的非客观性信息和假新闻。这对我们政府和社会造成了不良影响,也让行政机构处于被动之中。

面对非客观性的报道或片面的传播,一般用两个方法来加以应对。

（一）获取证据，及时沟通

如果获悉媒体采访到了一个非典型性的偶然事件，记者准备报道"独家新闻"，以借此扩大传播面，但是会对当地行政造成不利影响。在记者还没有发稿，媒体还未刊播的时候，建议在澄清事实的前提下，给该新闻单位写信或者发公函。首先传真到该媒体的总编室，同时特快专递原件，说明原委，陈述利害，希望媒体采取审慎态度，同时报告宣传部门进行沟通协调。一般情况下，负责任的编辑或总编往往会对一个组织和单位来函说明的事实采取慎重的态度。

如果某家媒体刊播了与客观事实不符的假新闻，并且被国内外媒体广泛转载，形成了对报道对象十分不利的影响或危害。首先，要收集该新闻报道的媒体证据，进行分析研究，弄清事实原委。同时，参照以上的方法，发函（传真）或致电原发媒体，进行沟通，陈清利害，要求该媒体更正并道歉。

（二）借用媒体，纠正信息

面对媒体的非客观性报道，只用上述第一条方法是远远不够的。因为媒体是有公信力的传播机构，一般不轻易道歉或更正，以免影响其在受众心目中的形象。有些媒体会寻找各种借口进行推托，迟迟不道歉或者私下道歉，而媒体信息传播的危害性却在不断蔓延。那些片面的观点、不实的信息，甚至歪曲报道充斥着中国媒体。广大受众都倾向于相信原媒体报道的"事实"，受害者往往是有口难辩。

这种情况下，就需要寻找一家或多家比原媒体更有影响力的媒体（可以召开新闻发布会），对事实真相进行全面报道，拿出有力的证据（最好把假新闻和调查后的事实材料都印发给记者，在事实面前他们自会判断），批驳那个（些）刊登了不实消息的媒体，纠正错误的舆论。这样，那些被蒙蔽了的受众通过这些媒体的最新报道，会了解事实真相，改变原来的观点，还原事物的本来面目。也就是说，在遇到媒体错误报道或歪曲报道时，要学会调集更多的媒体力量，拿出证据，传播真相，用媒体校正媒体，用舆论对付舆论，用正确的信息来"清洗"受众被误导和"污染"了的大脑。

例如，一些西方媒体对西藏拉萨"3·14"骚乱事件的歪曲报道被我国的主流媒体拿出了有力的证据揭露。如果我们不通过中央电视台、新华社、人民日报以及地方主流媒体加以纠正,全世界的公众就不会了解事实的真相。在全国人民、海外华人和我国媒体与民众的沟通及舆论压力下,那些把尼泊尔警察维持治安说成是"中国西藏警察打人";把我们武警拍摄电影换装说成是"动用军队镇压宗教界人士";把我们武警在拉萨街头骚乱时营救群众说成是"绑架人质"等不实报道的欧美媒体纷纷向公众道歉。

（三）开放信息,及时传播

多数情况下,谣言是因为真相不明,其他信息误导所致。如果行政机构和领导干部能进一步开放信息,及时传播,在媒体和公众需要信息的时候第一个发布消息,让媒体和受众及时获得全面的信息,就会失去滋生谣言的土壤,各种传闻就不会出现。因此,除了以上几条应急措施外,要真正应对和杜绝谣言或假新闻,最好的办法还是公开信息,及时而充分地传播,让"真相走在谣言的前面",让谣言失去生长的气候和土壤。因此,开放、透明、及时的传播是应对谣传的治本之策。`

五、公共行政与媒体和谐关系的构建

（一）换位思考,关照彼此的诉求

要构建公共行政与媒体的和谐关系,首先要换位思考,站在对方的立场上了解和认知彼此的生存状态和发展诉求。同时,在"知己知彼"的情况下,遵循互惠互利的原则,满足行政者与媒体双方的需要。

行政机构要了解媒体信息生产和传播的规律,最大限度地为媒体着想,开放公共信息,建立信息发布制度,积极主动地向媒体提供信息,充分利用媒体开展行政传播,并且为媒体提供良好的采访服务。媒体要切实负起社会责任,认真调查采访,弄清事实真相,预先对该新闻的传播后果作出判断,根据"后果预想"原则来确定是否要刊登和传播这条新闻。对于那些涉及面广、影响范围大,可能造成不良后果的新闻,要在传播中采取非常审慎的态度。

无论是行政机构还是媒体,在涉及一些敏感事件和敏感问题时,要加强彼此的沟通与合作,核实新闻信息,了解事实真相,确定是否传播以及传播的原则。这样,在双方理解、支持、合作的基础上,行政与媒体就会形成一种良性互动,互利互惠的和谐关系。

（二）整合资源，做好媒体公关

在信息传播日益开放透明、社会组织不断增多、媒体资源稀缺的时代，面对影响力与日俱增的媒体，全球的多数行政机构和行政领导都采用了媒体公关的方法，加强与媒体的沟通交流，整合媒体资源，提高媒体素养，开展积极的行政传播。

媒体公关①既是行政公关的一种重要方式，也是行政传播的重要手段。开展媒体公关在欧美等地是政府、企业和其他社会组织的一项重要任务。党政机构、企业以及其他组织内部均有专门从事媒体公关的机构，配备了专门人员和预算开展各类媒体的公关活动，力图赢得舆论的支持，借助媒体说服公众支持自己的行政。

行政机构和行政领导开展媒体公关的一个重要举措，就是要培养和建立起一支能够熟悉、理解和帮助自己行政的媒体队伍和舆论力量，定期举行各种活动，传播自己的行政思想、行政理念、行政实践和行政措施，与公众一起讨论行政中出现的问题，整合行政资源，达成行政决策的共识，改进并提高行政绩效，促进行政发展。

（三）坚持原则，强化媒体责任

由于公共行政与公众生活的密切关联性、政府的公信力及社会影响力等因素，新闻媒体在行政传播中必须要增加大局意识和责任意识，把握重要的传播原则。

首先，媒体在行政传播中要遵循主流原则。媒体要根据党和国家的工作大局以及主流的行政取向，配合行政机关转播新闻，统一思想，引导舆论，营造良好的行政舆论氛围。

其次，媒体要在行政传播中遵守客观公正的原则。在新闻报道前，要认真核实信息来源的可靠性、真实性与全面性，保证行政传播中信息的准确、客观、公正，同时还要考察该新闻报道是否具有代表性和普遍性。

第三，媒体在行政传播中要遵循与行政机构的沟通协商原则。在报道涉及一些重要行政问题和行政事件的新闻前，最好与行政机构和行政领导

---

① 详细的媒体公关方法将在本书第四章专门介绍。

进行友好坦诚的沟通和协商,选择最符合行政绩效与公众利益的传播方式进行传播。

第四,媒体要在行政传播中采取审慎传播的原则。对于一些涉及面广,敏感而重要,可能对政府和公众造成较大影响的新闻,要认真研究,反复核实并积极沟通,采取审慎的传播态度。不能因为"坏消息就是好新闻",在满足了媒体传播愿望和传播诉求的同时造成不必要的社会伤害。

最后,媒体在行政传播中要坚持全面报道的原则。对那些属于普遍现象,涉及广大公众利益,群众普遍关心的问题要进行全面报道。不要根据自己的个人好恶或媒体好恶加以取舍,故意制造神秘。

在媒体的新闻职业道德建设上,中宣部多次提出要"杜绝虚假报道,增强社会责任"。2011年2月5日中央电视台的《焦点访谈》节目介绍了广西日报传媒集团加强新闻从业人员道德建设的先进事迹。广西日报传媒集团在深入开展"杜绝虚假报道、增强社会责任、加强新闻职业道德建设"专项教育活动中,勇于自曝家丑,主动承认错误。近日,其下属的都市类媒体《南国早报》将近几年来的新闻报道失实案例集中起来,编辑出版了《我们错了》一书,作为集团编辑记者学习的警示教材。

从2010年11月底开始,广西日报传媒集团按照中宣部、自治区党委宣传部和广西新闻战线"三项学习教育"活动领导小组的部署和要求,深入开展专项教育活动并主动进行自查。为了将差错降至最低程度,真正把"杜绝虚假新闻"落到实处,《南国早报》根据集团领导建议,将近几年来该报的新闻报道差错集中起来编辑成《我们错了》一书。

该书由广西日报传媒集团党委书记、董事长,广西日报社社长、总编辑李启瑞主编,书中集纳了《南国早报》近10年来比较有代表性的57个报道差错案例,每个案例包括稿件差错部分的原文、造成差错的原因、差错引起的后果以及报社的处理决定,并以"教训"的形式予以分析和点评。该书还以"总编辑手记"的形式收集了9篇报社总编辑对于如何避免失实报道和报道差错的心得体会,以利将来少犯错误或不犯错误。

勇于自曝家丑,主动承认错误,善于吸取教训,《我们错了》一书给集团内部所有编辑记者树立了一个榜样。作为前车之鉴,该书也有助于集团提高办报质量。该书执行主编、《南国早报》总编辑蒋钦挥在《我们错了》一书的"开场白"中表示，"这样的自我总结、自我提高，实在是一件有意义的工作"，"我们把自己的错误、失误总结出来，就是为了把报纸办得更好，这是我们的目的"。

该书编辑出版后，受到广西壮族自治区党委宣传部和自治区新闻界的一致好评，一些新闻单位将此书作为新闻业务培训教材和内部交流材料。《广西日报》原副总编、离休老同志吴跃增拿到这本书后非常激动，亲笔给现任社长李启瑞写了一封信，称赞这本书的出版拿出了办报人主动承认错误的勇气，作为一个老报人非常佩服这种勇于自曝家丑的举动。北海电台记者路迪读了这本书后，给蒋钦挥发短信，认为书中列举的每一个错误几乎都有可能重蹈覆辙，编者的政治素养、经验、学识毫无保留地教授给后辈，让他获益匪浅。

广西日报集团对新闻从业人员的严格要求和警示培训，不仅加强了媒体自身的新闻道德建设，提高了新闻从业人员的社会责任感，还极大地提高了广西报业集团的公信度与竞争力。他们的经验值得全国和全世界新闻界谦虚而认真地学习。

（四）做好服务，接受媒体监督

信息时代，政府和媒体之间应该超越传统意义上的关系。这需要政府建立和完善开放的传播制度，主动向媒体提供信息，定期召开新闻发布会和新闻通气会，主动设置新闻议程，策划媒体需要的新闻，让媒体给予充分报道。同时，政府还要保持与媒体的有效沟通，为媒体记者提供良好的新闻采访服务。开明的政府应该主动接受媒体的舆论监督，与媒体一起协商并开展行政传播，推动行政发展。另外，在不违反原则的情况下，媒体关系部门应该满足媒体的各种正常需求，帮助媒体发展。

总之，公共行政与媒体关系是一个相互依存、相互影响、互利互惠的关系。要构建二者之间和谐的关系，不仅需要双方增加了解、加深理解并学会换位思考，同时还需要不断解放思想，与时俱进，适应信息时代行政与媒体传播的发展要求。

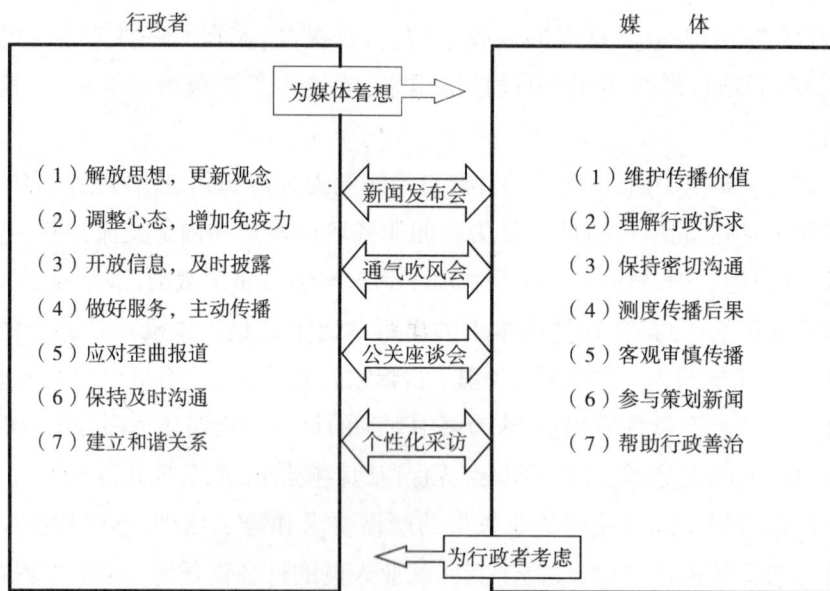

图 3-11　行政与媒体和谐关系的构建

行政系统要树立崇高的行政理想,提高行政能力,增加行政透明度,主动接受媒体监督,利用媒体开发信息,传播行政并促进社会发展。媒体要切实加强社会责任,建立新闻采访与事实核查的内部监管机制,对记者进行必要的培训,注意防止过度商业化和趋利倾向而造成的信息传播偏差和失误,提高自己的公信力。只有双方加强沟通,增进了解,密切合作,才能建立和谐的关系,促进共同发展。

问题思考

1. 公共行政有哪些传播特性?

2. 为什么公共行政需要传播?

3. 如何有效开展公共行政的传播?

4. 如何理解新时代公共行政与媒体的关系?

5. 如何构建行政系统与媒体的和谐关系?

第四章　公共行政中的媒体公关

　　在日益开放独立和多元的现代社会,如果要有效协调不同组织和团体间的关系就需要运用公关的方法。无论大家是否从理论上意识到了自己的公关行为,现实中的政府公关、媒体公关、企业公关一直在持续开展,几乎从未停止。随着我国社会的开放和进步,公共关系正在政治、经济、文化与社会各领域获得广泛认同与长足发展。中国公关协会、中国国际公关协会、上海公共外交协会以及其他地方公关协会已经在我国的公共关系中发挥着重要作用。国际公关组织也在我国设立分支机构,拓展业务,开展合作。

　　因此,在日益变化多元的 21 世纪,长期处于领导地位的公共行政体系,也需要从公共关系的视角来考察和审视自己在当今社会与其他组织和团体之间的关系,转变行政观念,改变行政思维和行政习惯,学会与包括媒体在内的国内外其他组织团体建立顺畅的沟通与合作机制。美国政府新闻发言人制度的建立和实施就是公共关系理论在行政与媒体关系领域的具体运用。此外,领导干部在媒体公关中,要从心理上克服面对媒体时"不愿说"、"不敢说"和"不会说"的传播障碍。同时,要建立和完善媒体沟通与公关的制度,避免面对媒体时态度冷漠、无原则讨好媒体或与媒体进行利益交换等现象,通过正常的公关加强与媒体的沟通和交流,做好行政传播。

第一节　对媒体公关的认知

一、转型社会背景下的公共关系

　　公关(Public Relations)是通过沟通传播等方式来协调各方利益,避免冲突,达成共识,解决问题,保持社会和谐的重要途径。尽管公共关系在任何时代都以不同的方式存在,但在和平与发展成为主题的新时代,在社会转型背景下具有特殊的作用和意义。

当人类摆脱了传统时代的物理局限,在全球更大范围活动的时候,当世界力量呈现日渐均衡发展趋势的时候,当各国逐步摆脱冷战思维进入政治日益民主,经济日益全球化,文化日益多元的 21 世纪的时候,许多利益的调整、诉求的表达、冲突的调解、复杂关系的斡旋等都不适宜采用过去冷战时代那种生硬而强制的手段进行。因此,当代行政还需要具备专业素养,受过专门训练的公共关系机构和人员来开展沟通、协商和公关。

如果单纯把行政定位为公权力机构进行"领导"、"通告"或"管理"的手段,政府就不会谦虚地学习如何与行政对象和广大人民群众平等地沟通协商,不仅难以设身处地地站在公众的角度考虑问题,为公众研发和提供各类公共服务产品,还会导致行政的僵化教条、官僚腐败,招致行政对象和广大民众的不满。因此,科学的行政就需要通过广泛的咨询、调研和论证,来制定行政规划和策略,通过广泛沟通达成最大限度的共识,以作出最符合公共利益的决策。要达到这个目标,还需要开展必要的行政公关。

全球公关业 2000 年的市值就达到 500 多亿美元,并且以每年 13%—20% 的速度递增。美国的公关业非常发达,公关从业人员大约 20 万,公关行业市值超过 270 亿美元,占全球公关业市值的一半。公共关系在中国是一个新兴行业。据中国国际公共关系协会发布的《中国公关业年度调查报告》显示,2003 年中国公共关系专业服务市场年营业额达到 33 亿元人民币,增长速度为 32%,2004 年超过 45 亿元,年增长率超过 36%,2005 年为60 亿元,2006 年为 80 亿元,比上年增长 33.33%,2008 年为 140 亿元。目前全国公共关系公司数量超过 2 千多家,专业公司从业人数超过 2 万人,行业人均年营业额 20 多万元,超过了 IT 行业。北京、上海、广州和成都四城市是公关公司的主要集中地。

根据国际通行惯例,政府的许多重要公关类事务都交给公关公司来完成,以发挥其专业性强、民间组织灵活和企业市场化等特点。同时,世界各国的党、政、立法、司法机构以及企事业单位内部一般都设有专门从事公共关系的部门,在不同程度上开展着对外传播与公关活动。

二、行政机构的媒体公关

在一个全球化的资讯传播时代,是否善于同媒体打交道,是否善于与行政对象和广大的公众进行有效的沟通和交流已经成为任何一位政治家或行政官员必须具备的能力和领导素养,也是领导干部成熟的标志之一。因此,无论是党和国家领导人还是各级行政机构领导都要善于主动与媒体打交道,建立必要的媒体公关制度,通过媒体发布行政信息,传播行政思想,学会与公众沟通,运用传媒来表达和实现自己的行政主张。

资讯时代,政府开展媒体公关不仅必要而且十分迫切。由于人际传播的有限性,公众一般都是通过媒体来认识国家和各地政府的领导人。在美国就有"现代总统就是传媒总统"的说法。传媒时代,大众眼里的政治家、领袖和官员就是记者笔下、电视镜头里呈现和投射出来的那个形象。在信息传播日益发达,媒体已经成为人们生活不可或缺的组成部分时,各国政府和领导人越来越多地选择通过媒体来影响人民,引导舆论。

行政机构和行政领导的媒体公关属于公共关系的重要范畴。但是,我国的行政系统开展媒体公关仍然是一个陌生的话题。在许多领导干部的心目中,媒体是长期受政府监管,开展政治与行政传播的工具,即便有些领导干部意识到媒体公关的重要性,需要开展媒体公关时,也不知道从何入手。

在大多数人看来,公关就是"搞好关系",甚至简单认为就是利用关系和资源"搞定"某人或某组织。开展媒体公关就是"搞定媒体"并与媒体保持和谐的关系。其实,真正的公关是在平等的基础上,以沟通、协调为手段,通过传播认知使双方达成共识,重新调整彼此关系和利益格局,最终和平共处、共同发展的过程,公关是一个科学的体系。

事实上,除了少数国家媒体归政府直接管辖,基本"听招呼"外,世界上大多数媒体都是独立的传播机构。他们绝不像宣传部门对国有媒体那样可以随意差遣。他们有自己的媒体利益、传播立场和编辑方针,首先要满足他们版面和栏目的需要,满足受众的需求,以"收视率"为先,一般不会首先考虑政府的利益。在这种情况下,如果政府想要传播自己的行政理念、推出某项行政措施,希望媒体在新闻报道中能站在自己行政的立场上考虑问题,说服公众支持政府的决策,就必须开展媒体公关,通过沟通协调寻找政府利益与媒体利益的"交界面"和"交叉点",达成行政传播的共识。这就是政府媒体公关必需的视野和恰当的切入点。

要有效开展媒体公关,在政府和领导普遍重视的前提下,还要了解媒体的特点及其信息传播的规律①,了解受众的心理、传播技巧以及行政传播的切入点,同时要建立公关机制、配备公关人员以及公关经费等。

三、对媒体公关环境的认知

从全球的视野考察,世界上绝大多数媒体都是独立的传播机构,拥有宪法和法律保障下充分的民主和言论自由。在欧美等西方民主国家,领导人要想从政就必须过媒体这一关,必须学会通过媒体做选民的工作。因此,在媒体舆论的"枪林弹雨"中成长起来的西方领导人大多是媒体沟通的高手。他们大多能自如地面对媒体炫目的闪光灯,可以随意脱稿讲话、生动地发表演讲,有风度地开展激烈的辩论,在生动、风趣、有力的传播中吸引观众,达到其传播的目的。

我国的领导干部长期处在党和政府媒体严格监管的优越环境中以及我国媒体特殊的舆论"温室"里,久而久之就产生了对所有媒体"安全"的认知误区和幻觉,认为媒体都是可以通过宣传部门管理和指挥"听话"的传播机构。政府与媒体之间的关系就是上下级之间"领导和被领导"、"监管与被监管"的关系。

这样,不仅自己与媒体的关系定位不准,还出现了媒体沟通能力的障碍。多数领导干部长期依赖稿件,凡开会讲话或接受媒体采访必读稿件,离开稿子就不会说话,不知道如何传播。由于得不到真正的媒体沟通的实践锻炼或培训指导,一旦遇到西方媒体咄咄逼人的采访或追问,不是高挂"免战"牌避而不见,就是因为在被动和无奈的受访和"进攻"面前,被媒体始料未及的"枪林弹雨"激怒或打得遍体鳞伤。

因此,要做好媒体公关需要注意四个方面的问题。首先要正确定位政府与媒体之间的关系。党和政府、立法、司法等国家公权力机关与媒体的关

① 请参考本书第二章"媒体及其传播的发展与变迁"。

系实质上是相互依赖、相互监督与合作互惠的关系。媒体既不是敌人,也不是朋友,既不是上级,也不是下级,而是独立的传播机构,是挑战者与监督者。资讯时代,媒体就是公众的眼睛。不要期望媒体对我们日益充满挑战的公共行政永远褒扬,媒体还会对我们行政中的弊端和不良现象进行批评和监督,以"治病救人",控制行政腐败,避免行政危机。总之,在开展媒体公共关系前需要正确定位行政与媒体间的关系,避免出现把媒体工具化、区域化、隶属化、敌对化、过度坦诚或媒体过敏等几个误区①。

其次,要熟悉媒体及其信息传播的规律,了解广大受众的沟通心理和信息需求,积极开展领导干部行政传播与媒体沟通的能力培训和实践锻炼。资讯时代,媒体的传播影响力很大,威慑性和杀伤性都不可小觑。习惯于计划经济环境下传统"安全式"传播的我国领导干部不要在遭到媒体"伤害"后才知道学习媒体沟通,平时就应该重视各级干部的媒体培训,在培训和锻炼中提高自己面对媒体的能力。

第三,在全球化背景下,我国各地党政机构和领导干部都应学会国际媒体公关。在充分准备的情况下,进行与外国记者的沟通,为他们介绍本机构和本地区的经济与社会发展状况,准备合适的新闻素材,采访参观单位和项目,组织主要领导干部接受外国媒体专访等,通过国际媒体传播党的领导与政府行政。

最后,各党政机构要高度重视并建立党和政府媒体公关的制度体系。全国各地的行政机关都应配备和培训既懂行政又熟悉传媒的人员,普遍建立媒体沟通和媒体公关的机构,完善行政信息披露与新闻发布的制度,开展长效的媒体公关活动。

四、避免误区,学会沟通

许多人用我们传统的狭隘的关系论来看待社会中正常的公共关系,还有人把公共关系庸俗化和非理性化,导致大众对公共关系和媒体公关的成见与误解。正确的媒体公关需要防止和避免以下几种常见的误区。

---

① 详见本书第三章第五节中"公共行政与媒体关系的误区"的内容。

1. 媒体关系冷漠。由于与媒体关系的定位不准或者担心言语不慎出现的媒体舆论问题，许多领导干部不愿意和媒体打交道，长期回避媒体，找各种理由"婉拒"媒体的采访请求，导致"行政自闭"，使他们所领导的行政机构和行政干部长期处于信息传播的隔离状态，出现了传播盲区，容易引发舆论冲突或舆论事件。

2. 非正当利益交换。利用各种手段（甚至不择手段）"搞定"媒体，让其成为自己利益传播的工具。许多单位与媒体搞金钱交易，花钱买"新闻"，一些媒体也为了满足自己的生存、发展和竞争等利己诉求，大搞有偿新闻，严重损害了媒体的公信力。这些非正常的"公关"活动不仅不可持续而且有害。

3. 无原则讨好媒体。有些行政机构和领导干部为了让记者满意，几乎满足媒体提出的所有要求，除了晓以利益外，还对媒体"知无不言，言无不尽"，结果遭到媒体"负心"的报复，让那些"赤诚相待"的人伤心不已。正确的媒体公关是一个知己知彼，适度理性，了解并尽量满足行政者与媒体双方共同的愿望和诉求，建立双方有效的联系和沟通制度，谋求行政与媒体互惠发展的过程。

李长春在 2010 年 1 月 4 日举行的全国宣传部长会议上强调，要适应时代发展的要求，努力提高与媒体打交道的能力，切实做到善待媒体、善用媒体、善管媒体。这无疑是新形势下各级领导干部做好媒体工作的指南。

黑龙江省委书记吉炳轩说，要相信媒体会把握好话语权和报道权，在处理突发事件时把话语权交给媒体。原安徽省委书记王金山 2009 年底在省委督察室网上回复和省网宣办座谈会上强调，全面科学地认识网络，学会与网络打交道，是各级党委政府和广大领导干部面临的重大课题。网民所议所提虽是个人意见，但来源于生活，出自于社会，代表着一个群体，不管是粗言、苦药，还是牢骚、怪话，只要我们带着感情、带着负责任的态度，去其糟粕、取其精华，都能为决策提供有益参考。在信息时代，网络沟通至关重要。如果运用得当，网络就是了解社情民意，洞察是非曲直的千里眼，也是化解矛盾、维护民生的好帮手，是抢时间、争主动、克敌制胜的生力军。全面科学地认识网络，学会与网络打交道，是各级党委政府和广大领导干部面临的重大课题。① 辽宁省委书记王珉强调,要正确面对媒体,努力提高各级领导干部的媒介素养。要深入研究当前舆论引导格局中各类媒体的特点,深刻把握舆论动向和传播规律,提高与媒体打交道的能力和本领。

2009 年 4 月,湖南省委书记张春贤、省长周强邀请了中国网络界的精英——新浪网总裁兼首席执行官曹国伟、搜狐董事局主席兼首席执行官张朝阳、网易 CEO 丁磊等数十名网络界大腕,作为"2009 北京网络媒体红色故土湖南行"的团员,齐聚湖南。介绍湖南的情况,开展座谈,洽谈合作。这是省委书记和省长亲自开展的一次网络媒体的公关活动,收到了良好的效果。

原湖北省委常委、宣传部长李春明说,官员应进一步提升政府形象传播、新闻发布、与媒体交往、突发事件舆论引导的能力,学会善解、善用、善待媒体,与记者交往、交流并交朋友。有的错误是官员不主动接受媒体采访造成的。在快节奏的新闻工作中,小差小错难以避免,真的犯了错误,也应有宽容之心,与媒体一同查原因找问题。他说,官员应学会把"政府的宣传任务转化为新闻选题",通过新闻发布催生社会热点、引导舆论、化解矛盾、引领社会发展。

第二节　媒体公关的主要方法

由于政府、企业、社团、军队等组织的性质不同,其传播诉求、可传播内容的边界以及传播方法也不尽相同。因此,不同的组织机构在不同发展阶段媒体公关的目标与方法也各不相同。单纯从行政机构媒体公关的普遍规律看,常规的媒体公关主要包括以下几个步骤。

一、了解公关目标

首先,要了解媒体公关的目标和任务。行政单位为什么要开展媒体公关？希望通过公关解决什么问题？本单位媒体公关的近期目标、中期目标

① 《安徽省委书记:领导干部上网也是一种微服私访》,《人民日报》2009 年 11 月 23 日。

和长期目标是什么？这些问题都必须要清楚明了。同时,行政机构和行政领导需要设置自己的近期、中期和长期的媒体公关目标,并根据这些目标制定好本单位的行政传播规划。

近期目标就是应急性传播,主要帮助解决和完成行政中十分急迫的传播问题和传播任务。通过媒体公关,借助媒体发布当前必需的行政信息,帮助疏导舆论,开展围绕当前重大行政活动的传播,或者在危机事件爆发后开展危机传播,化解可能存在的危机或风险。例如,全国"两会"期间的传播,本地重大行政决策的咨询和传播,世博会和亚运会的传播,当地重大建设项目、招商引资活动的传播以及突发事件的传播等。

中期目标就是根据本机构行政传播的规划和中期目标,整合可能的媒体资源,与国内外媒体加强联系,做好本单位和本地区的新闻和信息报道,为政府不同节点的舆论发动和对外传播做好准备。

长期的目标就是要逐步建立并稳定一支涵盖本地媒体、全国各地方媒体、国家媒体以及国际媒体组成的媒体传播队伍,培植更多的理解、支持并愿意帮助自己开展行政传播的媒体力量,积极开展自己行政领域的各种传播活动,保证行政传播的长效与可持续发展。

综上所述,不同的传播目标需要不同的媒体资源组合与媒体公关准备。近期的传播目标需要具备引起媒体兴趣的亮点新闻和传播素材,主要通过凸显行政事件与活动的新闻性来吸引公众的注意力,以达到行政传播和舆论引导的目的。中期和长期的传播目标要求建立一支熟悉并支持自己行政的稳定的媒体队伍,通过例行的新闻发布会、记者招待会、新闻座谈会、行政咨询会以及行政广告等开展行政传播。这也是长效的媒体公关。

二、选择公关对象

当今世界,国内外有影响的媒体本身就形成了一个纵横交错而庞大的传播网络集团。集团内部不仅媒体数量和种类繁多,各种媒体还相互参照并紧密关联,其信息渗透力和舆论影响力巨大。开展媒体公关,首先要熟悉和了解这个庞大的传播网络,同时要根据自己的需要作出合适的选择。

根据国家和地区的属性,我们可以把媒体分为国内媒体和境外媒体;根据我国媒体的覆盖面、影响力和层级关系，我们把国内媒体分为地方媒体和中央媒体；根据信息传播的内容，我们把媒体分为综合媒体和行业媒体；根据传播力和影响力，还可以把媒体分为主流媒体和非主流媒体等。

（一）国家主流媒体

我国的国家主流媒体是指隶属于国家，在发展历史、综合实力以及传播影响力等方面都位居国内主体地位的媒体。例如，新华社、中国新闻社、《人民日报》、《光明日报》、《经济日报》、《中国日报》、《文汇报》、《21世纪经济导报》、《学习时报》、中央电视台、中央人民广播电台、中国国际广播电台、东方卫视以及《求是》、《新闻记者》、《毛泽东邓小平理论研究》、《中国行政管理》、《中国社会科学》等期刊。这些媒体在中国的新闻信息传播领域占据着主导地位，不仅是行政传播的权威主流媒体，也在很大程度上引领着中国的舆论导向。

以上这些国家主流媒体都已经与新媒体对接，建立有各自的网站，影响力很大。例如，新华网（www.xinhuanet.com）、中国新闻网（www.chinanews.com）、人民网（www.people.com.cn）、央视网（www.cctv.com.cn）等。除国家主流媒体的网站外，还有专门的政府网站和综合类网站。例如，中国政府门户网站（www.gov.cn）、中国网（www.china.com.cn）以及其他综合类新媒体网站，如谷歌搜索网（www.google.com.hk）、新浪网（www.sina.com.cn）、雅虎网（www.yahoo.com.cn）、百度（www.baidu.com.cn）等。

（二）中央政府部门与地方媒体

中央政府部门的媒体包括中央人民政府各个部、委、办、局等行政机构自身设立的网络媒体。例如外交部、发展改革委、环保部、教育部、科技部、公安部、民政部、财政部、国土资源部、铁道部、水利部、农业部、商务部、文化部、卫生部、人口计生委、人民银行、审计署、国资委、海关总署、税务总局、工商总局、质检总局、广电总局、新闻出版总署、体育总局、安全监管总局、统计局、林业局、知识产权局、旅游局、宗教局、侨办、港澳办、台办、新华社、中科院、地震局、气象局、银监会、证监会、保监会、电监会等都有自己的网站。

如果需要查找这些政府部门的网站，只要在搜索网站Google、Baidu或Yahoo等网站上键入以上机构的汉语名称确认，就会立刻显示网站的地址，随即添加在自己的收藏夹中,即可打开电脑网络随时使用。另外,全国的三十几个省、自治区、直辖市以及所属的各地市都有以自己的省、自治区或直辖市名称命名的报纸、电视台和广播电台等新闻媒体。这些地方媒体是传播当地新闻,宣传和介绍当地经济与社会发展的重要舆论力量。这些地方媒体一般都建有自己的网站,在以上介绍的 Google 等主要搜索网站上搜索便可获得。

（三）分众媒体

因为不同的人群有不同的信息偏好,根据不同人群与受众建立的媒体就叫分众媒体。例如,有针对青少年群体的《中国儿童报》、《中国少年报》、《中学生报》;针对青年人的《中国青年报》;针对老年人的《中国老年报》;针对广大妇女的《中国妇女报》;面向全体解放军指战员的《解放军报》;面向工人的《工人日报》;面向广大农民的《农民日报》等。

如果要针对这些不同人群做工作,开展新闻和信息传播,选择这些分众传媒十分必要。它们可以根据需要为自己不同的受众和对象服务,增加传播的针对性。

（四）行业媒体

行业媒体是根据我国的产业和发展领域划分信息、选择受众,进行分众传播的媒体。例如,《中国法制报》、《中国检察报》、《中国教育报》、《经济日报》、《中国环境报》、《科技日报》、《21 世纪经济导报》、《第一财经日报》、《中国证券报》、《上海证券报》、《金融时报》、《文化报》、《人民公安报》、《中国汽车报》等。行业分众传媒可以针对某一个领域进行深入细致的挖掘和传播,推动行业的发展。

（五）港澳台媒体

港澳台媒体是指在"一国两制"框架下,我国香港、澳门和台湾地区的主要媒体。包括《南华早报》、《东方日报》、《明报》、《信报》、《苹果日报》、《亚洲周刊》、有线电视、无线电视、亚视、凤凰卫视、《大公报》、《文汇报》、《经济导报》、《紫荆》杂志、《澳门日报》、TVBS、东森电视台、中视、中天、华视、民视、台视等。

我国港澳台的媒体是其社会制度背景下的产物。它们与内地媒体不同,绝大多数不隶属于行政机关,既是私人企业,又是独立的传播机构。其信息开放的自由度、报道的风格和方法都与我们平时熟悉的内地媒体有差别,与西方媒体接近。港澳台的媒体既受西方新闻自由的影响,也受到中国传统文化的影响,在华文媒体中影响很大,是一支需要特别注意和重视的传播力量。

（六）西方主流媒体

西方主流媒体的外延非常广泛,媒体数量众多。在欧美等西方主流社会和全球产生重要影响的传媒大多属于西方主流媒体。但是,在全世界影响最大的媒体,还是以美、英、德、法等国为首,以英语为主的媒体。

例如,美国联合通讯社(Associate Press)、路透社(Reuters)、美国广播公司(ABC)、英国广播公司(BBC)、美国有线电视新闻网(CNN)、美国之音(VOA)、纽约时报(New York Times)、华盛顿邮报(Washington Post)、考克斯报系(Cox Newspapers)、金融时报(Financial Times)、华尔街日报(Wall Street Journal)、洛杉矶时报(Los Angeles Times)、《泰晤士报》(Times)、时代周刊(Time)、新闻周刊(Newsweek)、财富杂志(Fortune)、经济学人杂志(Economist)、德新社(DPA)、法新社(AFP)等。

西方媒体在当今世界的信息传播中仍然占据着主导甚至是垄断地位。他们是西方世界政治、经济、文化和社会的主要窗口,是其"软实力"的重要载体,也是目前全球舆论的代表。做好西方主流媒体的公关对于向全世界介绍和说明中国,开展中国的国际传播,帮助中国走向世界不仅十分必要而且意义重大。

认识和了解不同类型的媒体,对于有针对性地开展媒体公关十分重要。例如,某地政府要选择上海市民作为推介自己文化和旅游项目的对象,就需要邀请上海的媒体参加推介活动,刊登具有当地吸引力和特色的文化旅游项目。这样,上海市民就通过上海的媒体了解该文化旅游信息并参与到当地的旅游活动中去。如果某地希望吸引港澳台商投资,就应该通过香港、澳门和台湾的媒体发布消息,明确受众。

我国一些条件成熟的地区希望吸引跨国公司,建立独立或合资企业,建议通过《华尔街日报》、《亚洲华尔街日报》和《金融时报》等全球知名的财

作者与应邀前来中国浦东干部学院参加领导论坛并做主旨发言的原联合国新闻发言人弗雷德·埃克哈德先生在一起。

经类媒体发布消息。因为,跨国公司高管以及全球财经界人士大多是这些媒体的受众。如果我们国家或某地区希望增加自己在全球的综合影响力,就应该通过 CNN、BBC、《纽约时报》、《洛杉矶时报》、《时代周刊》和《新闻周刊》等世界知名的新闻综合媒体提高自己的知名度。总之,平日注意保持与西方媒体的有效沟通、友好往来与长效联系,对于开展地区和国家的对外传播意义重大。

三、确定媒体名单

为了保持行政机构公关的有效性和持续性,增加公关的针对性,行政机构需要根据自己传播的需要来确定合适的媒体公关对象,建立并完善一支熟悉和支持自己行政传播的媒体名单。同时,根据每次公关和传播的目标选择并确定合适的媒体出席名单。

对于一般的行政机构来说,开展有效的行政传播与媒体公关需要一个综合性的媒体组合。该组合中既包括中央传媒和自己行政单位所在的本地传媒,也包括香港、澳门、台湾地区的媒体和外国媒体。因为不同单位和不同组织机构的传播目标不同,其媒体公关的名单也各不相同。具体的媒体名单要根据自己单位的特点和传播需求来研究确定。

例如,全国绝大多数地方政府都需要吸引内资和外资,推销其优势资源与地方特色,发展具有当地特点的经济、文化和旅游产业,扩大开放,提升自己的综合发展水平和竞争力。因此,他们需要建立与国家主流媒体、全国地方媒体,特别是长三角地区、珠三角地区、大首都圈地区媒体以及境外媒体的联系和沟通,适度侧重财经类媒体,根据不同的传播目标选择媒体,并提供他们所需要的新闻和信息。

资讯时代,无论是中央政府还是地方政府,每一个组织或企事业单位都有自己的传播诉求,都需要根据自己的不同传播目标来选择联系和沟通的媒体。同时,要建立定期的媒体沟通机制,定期或不定期地举行新闻发布会、新闻通气会、记者吹风会、新闻界座谈会、媒体集体采访以及主要领导的专访等媒体公关活动。行政机构可参照国际做法,聘请自己的传播顾问,对每次传播进行策划并提出建议,在宣传和外宣部门的具体领导组织下开展媒体公关。

四、准备新闻素材

根据笔者过去做新闻官时的观察,我国多数单位和领导都重视媒体关系,舍得花成本接待记者和新闻代表团,表现出了积极的媒体公关意识和热情好客的态度。但是,许多单位却忽视了向记者提供必需的关于本地区、本单位、本系统或本行业发展情况的背景材料及新闻素材,使媒体公关与媒体传播的效果大打折扣。如果不能及时提供有效的新闻素材,刚刚从异地而来、对当地情况十分陌生的记者就很难写出具有丰富、翔实的信息和资讯,具有特色和深度的新闻报道,也不可能开展有足够影响力的行政传播。

因此,全国各地的行政单位和领导干部都需要培养足够的传播意识,增加新闻宣传的敏感度,善于发现和组织可报道的素材及新闻热点。作为党政机构专门负责新闻传播的管理部门,宣传部和新闻办公室应该下功夫引进和培养一些会传播、懂新闻、善管理的人才,在每次的宣传活动中把自己的行政传播目标与媒体的传播规律和新闻兴趣点有机结合,组织撰写出媒体感兴趣的新闻素材稿,列举典型的事实、数据和案例,通过发展的"事实证据"来说明自己的经济社会发展以及行政管理的效果。全国各地政府和其他机构还要善于制作适合对外传播的书刊、小册子、明信片、影视光碟、特色纪念品等各种外宣品,在媒体沟通和对外传播中向记者发放。

鉴于资讯时代传播的专业性与复杂性,建议全国各地的党政机构和领导干部解放思想、更新观念,积极建立各单位的行政专家咨询制度。聘请理论和实践经验兼并的传播顾问,规划和指导本地区和机构的行政传播和综合外宣。同时,还要普遍建立和加强与国家主流媒体和本省、区、市主流媒体的联系,聘请资深媒体人,例如编辑部主任、总编和知名记者等,从媒体传播的角度向党政机构献计献策,以增加行政传播的针对性和时效性。

五、注意传播技巧

著名哲学家、社会学家哈贝马斯①在其《交往行为理论》中提出了关于语言表达"有效性基础"的四项原则:第一,表达的可领会性(understandable),也就是让人能听得懂,可以明白无误地理解。第二,陈述的可信度(authentic),让人感觉到言语真实可信。第三,表达的有效性(effective),即语言及表达的说服力和情感效果要明显。第四,言语的正当性(just),即语言的选择要适宜,表达要客观公正等。

---

① 尤尔根·哈贝马斯(Jürgen Habermas,1929 年—),是德国当代最重要的哲学家、社会理论家之一。历任海德堡大学教授、法兰克福大学教授、法兰克福大学社会研究所所长以及德国马普协会生活世界研究所所长。1994 年荣休。他同时也是西方马克思主义法兰克福学派第二代的中坚人物。他继承和发展了康德哲学,致力于重建"启蒙"传统,视现代性为"尚未完成之工程",提出了著名的沟通理性(communicative rationality)的理论,对后现代主义思潮进行了深刻的对话及有力的批判。资料来源:维基百科 http://zh.wikipedia.org/wiki。

　　媒体是大众传播工具,我们在媒体沟通时不仅是在与记者和主持人对话,更是通过记者和主持人这个"传话筒"与大众沟通,进行大众传播。因此,我们要使用大众听得懂、容易理解并能产生深刻印象和共鸣的表达方法。媒体传播就是大众传播。通过媒体进行大众传播需要掌握"简洁、逻辑、通俗、有效"几个主要原则,做到在表达中思路清楚、逻辑缜密、语句简洁、通俗易懂、简单好记并且让观众留下深刻印象。

　　首先,媒体传播需要简洁。老子说过"大道至简"。意思是说,许多看上去很深奥的大道理其实非常简单。他以其《道德经》为例说,"吾言甚易知,甚易行;天下莫能知,莫能行。"①政府和领导干部只要愿意和群众沟通,会站在他们的立场上把自己的行政思想和行政决策用简单通俗的语言告诉老百姓,以便得到群众的理解和支持,就会达到媒体行政传播的目的。媒体沟通与人际传播一样,只要说得有理,让人听得懂并记得住,传播才有效果。由于每个节目时段以及报刊版面的限制,不可能让传播者滔滔不绝,更不允许讲话冗长平淡,传播空洞无物。

　　其次,媒体传播要有逻辑。无论是讲话、发言、致辞、汇报工作还是接受媒体采访,任何传播都需要逻辑。因为,表达的逻辑性会给人以条理感,让受众感到传播者的思路清晰,条理清楚,逻辑严密,便于受众记忆和接受。领导干部切忌在传播中思路不清,"蒙太奇"式的信息穿插太多,讲话拐弯抹角,东拉西扯,漫无目的,让受众一头雾水,不知所云。

　　要做到传播表达的逻辑性,需要遵循"橄榄型"传播原则。橄榄两头尖,中间大。谈话也要开头短,中间长,结尾长。橄榄的上端就是讲话的开头,类似写作文的引导段或引导句。不过,该引导段或引导句不能太长,引出话题即可。橄榄的中间是表达的核心内容。如果媒体传播的时间短,可以集中一段讲主要内容。如果时间允许,可以把中间核心部分的内容分为一、二、三等几点来谈,每一点集中谈一个问题,不要太散。橄榄的下端是讲话的结尾,即对上述内容的总结和评价等,以便得出结论或者只抛出观点,让受众集中精力思考。

---

　　①　详见《道德经》。

第三，媒体传播要"通俗"。因为媒体传播是对数百万、数千万和数亿受众的大众传播，"让最多的人理解并记住"是传播的最高原则和最终目的。因此，在媒体的传播中要照顾最广大受众的信息接受需求，用大家都能听懂的语言通俗易懂地表达和传播，以便让大家迅速理解并产生共鸣。切忌在大众传播中出现过度的"阳春白雪"现象，避免使用生僻和过于专业的词汇，咬文嚼字，故弄玄虚，卖弄深沉，炫耀学问。

第四，媒体传播要有效。要做到传播有效，不仅需要简洁、逻辑和通俗，还需要表达的独特与生动。就是在表达中要善于使用独特的语言和表达方式，对传播的信息进行巧妙地归纳、总结和提炼，给受众留下深刻的印象。这样，受众就会有选择性地记住这些信息，从而产生更好的传播效果。

六、区别不同媒体

尽管所有媒体都是新闻和信息的传播机构，但是不同的媒体有不同的利益诉求、立场观点、传播价值和信息偏好。行政单位和领导干部在媒体公关和行政传播时，需要了解不同媒体的立场和观点，以便把不同的信息资料提供给最为适合的媒体。

一般情况下，在行政传播中需要与综合性的主流媒体建立联系。首先要与内地媒体建立紧密联系，主动争取国内主流媒体的支持，经常主动地向国内媒体提供独家新闻和信息，让国内媒体和其他最忠实于自己的媒体率先获得信息报道的机会，发挥国内主流媒体的先发优势和舆论引导作用。

同时，在对外传播中，要高度关注港澳台媒体和外国媒体，发挥境外媒体，特别是西方主流媒体的重要传播作用。因为西方媒体主宰着全球舆论，垄断着世界新闻市场，在很大程度上也影响着世界的传播格局。港澳台媒体无论是报道风格还是报道方法都与西方媒体相似，是独立于行政体系之外的传播机构，与内地的媒体有着很大的区别。

港澳台媒体和外国媒体的共同特点就是彼此间竞争压力大，信息传播自由度高，小报小刊和"狗仔队"多，舆论监督的力度大，媒体信息传播中的泛自由化倾向与信息垃圾问题普遍。与境外媒体打交道，需要熟悉西方的文化背景和思维模式，采用适合他们的传播方法提供信息，有选择地并智慧地介绍,才能收到较好的效果。建议在有外宣经验的传播顾问的指导下开展对外传播,同时努力培养并提高自己传播团队的媒体素养,不断地成熟完善。

七、策划有效新闻

媒体并非对任何信息都会感兴趣。只有当新闻事件符合媒体的需求或者经过策划包装符合媒体的传播需求时,媒体才会采纳。因此,必须要学会对看似平淡的新闻进行适度的策划。

所谓策划新闻,是指在行政传播中善于跟踪传播形势,捕捉新闻热点,根据新闻传播的规律和自己的行政传播诉求把各种新闻要素进行有机组合,突出亮点和特色,策划出那些独特、新颖、让公众关心和瞩目、能引起轰动、具有规模传播效应的传播活动。

首先,新闻策划要符合新闻的及时性、冲击性、突出性、接近性、冲突性、异常性、当即性和必要性等八个特点①,这样才可能引起媒体的重视以及公众的注意。其次,新闻策划决不是人为地加工、炒作或者编造新闻,而是根据新闻的传播规律,有效地整合传播要素,组织传播资源,进行必要的"议程设置",以达到能引起媒体关注、引起公众注意和兴趣的目的。

传播学中著名的议程设置理论②指出,大众媒介在传播中可以根据自己的需要来选取不同的关注视角和关注内容进行传播,让公众"注意某些问题而忽视另外一些问题",以达到影响公众舆论的目的。人们一般倾向于了解大众媒介注意的那些问题,并采用大众媒介为这些问题所规定的优

---

①　详细请参考本书第二章"媒体及其传播的发展与变迁"的相关内容。

②　议程设置理论是美国传播学者麦库姆斯和肖 1972 年提出的传播理论。他们通过大量实证研究发现,在公众对社会公共事务中重要问题的认识和判断与传播媒介的报道活动之间存在着一种高度对应的关系,即媒体作为"大事"加以报道的问题,同样也作为大事反映在公众的意识中;传播媒介给予的强调越多,公众对该问题的重视程度越高。根据这种高度对应的相关关系,麦库姆斯和肖认为,大众传播具有一种形成社会"议事日程"的功能,传播媒介以赋予各种议题不同程度"显著性"的方式,影响着公众瞩目的焦点和对社会环境的认知。也就是说,大众传播往往不能决定人们对某一事件或意见的具体看法,但可以通过提供给信息和安排相关的议题来有效地左右人们关注哪些事实和意见及他们谈论的先后顺序。大众传播可能无法影响人们怎么想,却可以影响人们去想什么。

先次序来确定自己对这些问题的关注程度。

全国政协外事委员会主任、原国务院新闻办公室主任赵启正同志曾经在与境外媒体座谈时,批评西方媒体借用所谓的"议程设置"方法来长期传播中国负面信息的事实。他说,假如CNN等全球媒体每天都选取北京的垃圾堆作为主要的拍摄对象,并借此谈论北京的环境问题,全世界的观众每次从镜头里看到的都是垃圾,他们就会很自然地认为北京是一个堆满垃圾的地方。虽然这些"新闻"都有"真实性",但由于是截取或聚焦了一个很小的点,根本不具备代表性,这些所谓"新闻"的客观性就值得怀疑。相反,如果CNN等媒体每天选取北京的花园、生态型小区以及奥林匹克公园等作为拍摄传播对象,并借此佐证北京的环境改善,全世界的观众都会认为北京就是一个美丽的大花园。然而,这也并非北京的全貌。

在2008年8月北京奥运会的报道中,许多西方媒体没有根据观众的要求认真转播精彩的开幕式,不是对北京奥运会采取"冷落"态度,就是面对着漫天飞舞的璀璨烟花发表着诸如北京奥运会是"历史上成本最高的奥运会"等言论,试图转移观众的注意力和视线。

遗憾的是,由于对中国崛起的心理恐惧与心理不适,加上意识形态的偏见,许多西方国家的媒体经常选取"垃圾堆"作为中国报道的背景和对象,长期传播中国的负面消息,而对于中国改革开放后的发展现实和巨大变化视而不见,充耳不闻。因此,长期处于西方媒体片面传播"魔弹"之下的西方受众也就无法看到一个真实的欣欣向荣的当代中国。不少的西方公众至今还用过去冷战时期形成的思维模式来看待当今的中国,认为中国与苏联一样是一个高压和专制的"红色政权"。可见,完善和加强中国主流媒体的国际传播能力建设已是全球化时代中国对外传播的当务之急。

我们在行政传播中采用"议程设置"的方法策划新闻,决不是要把不具备代表性的新闻和信息进行组合,强行灌输给受众,而是要根据新闻传播的规律和自己的传播目标,整合并策划出让观众满意,能够引起公众和参与者兴趣的新闻活动,让媒体在获取足够信息和事实的基础上给予充分报道。

例如,在各地开展以当地特色和地域命名的投资贸易博览会、举行投资某地的国际企业家咨询会、研讨会或者论坛,组织中外媒体到各地参观,举行"中外记者看××"的活动,或者是举办具有当地特色的"×××文化节"等活动,以达到整合资源,聚合媒体,集中优势媒体力量开展行政传播和对外宣传的目的。

需要特别注意的是,策划新闻必须以事实为基础,以真实性为前提。策划是组织、整合,绝不是编造。不能为了吸引眼球而捏造"事实",制造"新闻"。如果策划的新闻中缺乏基本的事实根据,即便是再让人兴奋和关注的"新闻"也不会有任何的生命力。否则,政府和媒体都要付出公信力受损的巨大代价并受到法律的惩处。北京出现的"纸箱子包饺子新闻事件",陕西的"华南虎照事件"就是教训。

八、加强机构建设

媒体公关机构的建设是政府进行媒体公关,开展行政传播的必要条件。媒体公关机构既包括党政机关的新闻管理与媒体关系部门,也包括专业的公关公司。我国的媒体公关机构目前主要是中央和地方政府内部设立的宣传部、新闻办公室、新闻处、新闻文化处、记者联络处、综合办公室等。企事业单位主要有宣传部、办公室、公共关系部或媒体关系部等。

然而,我国政府的新闻处或新闻办公室目前的管理职能普遍大于媒体公关的功能。许多领导干部在传统宣传思维的影响下,普遍重视政治宣传而轻视综合的行政传播和媒体公关。此外,政府服务意识的缺乏和公关意识的薄弱,特别是主要领导对传播重视不够也是导致行政单位媒体公关缺乏的重要原因。

企业的媒体公关机构与我国政府的新闻管理机构相比,公关意识和公关能力普遍较强。外资企业和部分规模性民营企业普遍比政府和国企重视媒体公关和企业综合实力的传播,也建立有媒体公关的专门机构,配备了必要的人力资源和经费。

我们不少的国企缺少专门的传播部门和资源配给,片面重视经营,轻视企业文化及其对外传播,结果导致企业形象和服务产品宣传和营销的不足,反而影响了公司的经营发展。即使有些国企设立了宣传部门,由于长期受计划经济和行政管理的影响,也只开展涉及政治和重大经营决策的宣传,忽视企业长效的对外传播。许多国企领导人和高管的现代传播意识不足,传播观念老化,不能适应资讯时代我国企业市场化、国际化的传播形势及发展要求,亟待改变。

大众新闻媒体是传播覆盖面最广,舆论影响力最大,也是最有效的传播媒介。各级行政机构和领导干部迫切需要适应资讯时代行政传播与发展的要求,学会利用媒体与群众沟通对话,利用媒体开展行政调研和行政咨询,加大行政传播的力度,树立行政机构和行政领导的良好形象。全国各级行政单位和领导干部还要在重视媒体公关的同时,注意充实和培训那些既熟悉行政文化又熟悉新闻媒体的传播人才,增加必要的传播经费和预算,积极扶持媒体公关机构的建设和发展。

九、开展公关活动

积极有效地开展媒体公关活动是密切媒体关系、做好行政传播的重要抓手。媒体公关活动的内容丰富,形式多样,主要有新闻发布会、新闻通气会、记者吹风会、新闻界座谈会、新闻界联谊会、记者(团)参观、媒体对领导和相关人员的专访等。

行政机构和领导干部要根据自己单位的特点和需求制定传播规划,根据规划和目标建立与媒体沟通合作的长效机制,制订媒体公关活动的计划,确定活动方案。除了定期举行新闻信息发布活动外,还要组织中外媒体的记者举行新闻界座谈会、媒体吹风会以及典型事例的参观考察等活动,做好每次活动的内容设计、背景资料以及受访人员等的准备,在细节上做好媒体新闻采访及信息传播的服务,使媒体公关产生实效。

另外,各级行政机构和领导干部还要注意保持与一些主要新闻媒体记者的个人联系与感情交流,学会与新闻界交朋友。通过电话问候、节日关怀、沙龙聚会、参观访问、与新闻界座谈、参加记者俱乐部活动等多种形式加强与新闻媒体的沟通和交流,增加彼此的了解,增进友谊,营造良好的行政传播环境。

最后,在政府开展媒体公关,与新闻界沟通交流的同时,还要借机广泛听取他们对政府行政工作的意见和建议,主动开展行政咨询。由于新闻工作者的职业特点,他们对新闻信息及社会动态具有特殊的敏感性,大多数记者"走南闯北",在全国乃至全球范围内奔走采访,见多识广,阅历丰富,是开展行政咨询的理想对象。如果政府能充分认识到媒体的重要性、社会转型时期自身行政的局限性,学会谦虚地与专家和新闻界沟通,开展行政咨询,并把咨询作为改善自己行政的重要窗口,不仅会使政府与媒体的关系有本质的改善,还会使政府的行政传播有新的改观。

十、媒体公关的案例介绍

(一)上海市新闻采访团赴新疆采访

1995年9月,为了向上海和长三角地区介绍新疆改革开放的成果以及独特的自然资源,探索合作的机会,新疆维吾尔自治区人民政府新闻办公室(新疆维吾尔自治区党委对外宣传办公室)在自治区党委和政府的支持下向上海市政府新闻办公室发函,希望协助邀请上海的主要新闻媒体赴新疆进行两周的采访。经过上海市政府新闻办公室的联系组织,由《解放日报》、《文汇报》、《新民晚报》、《劳动报》、《上海青年报》、上海电视台、上海广播电台等媒体组成的上海市新闻采访团正式成立。时任上海市政府新闻办公室副主任张崇显同志担任采访团团长,笔者当时在上海市政府新闻办公室记者联络处工作,因在新疆工作过10年熟悉情况,特担任该采访团的领队。

根据协商并参照以往的惯例,新闻采访团的往返交通费由各新闻单位负责,在新疆半个月的食宿交通等费用全部由新疆维吾尔自治区人民政府负责。由于新疆面积160多万平方公里,土地辽阔,政府租用了一辆20多人的依维柯面包车,配备了有经验的驾驶员,由新闻办公室的一位处长全程陪同,开始了为期两周的采访。

十五天时间内,上海新闻采访团先后辗转乌鲁木齐、石河子、昌吉、塔城、克拉玛依、吐鲁番等地采访。专访了时任新疆维吾尔自治区党委书记王乐泉、自治区政府主席阿不来提·阿不都热西提、塔城地委书记、石河子市副市长等领导。还专程赴新疆生产建设兵团采访,了解上海知青在新疆的工作和生活情况,获得了丰富的新闻素材。当时,专访自治区领导的广播电视新闻在采访当天就在新疆电视台通过卫星传输到上海,并在当天的上海广播电视新闻节目中播出。各大报纸次日都在比较显著的位置刊登了专访的报道，总体取得了良好的传播效果。

作为当时的领队和组织者之一，事后回忆起那次愉快的采访活动时也感到有些美中不足。总体印象是当地接受采访的准备不足，两周的采访活动缺少引起媒体和受众兴趣的典型，多属于常规的情况介绍，缺少新闻热点和亮度，缺乏让人感动和激动的案例和材料。记者很难每天采写播发上海媒体需要的新闻，只能随后编辑所采访的素材，做一些专题节目。这是今后各地政府举办类似活动时需要特别认真总结和完善的地方。

（二）上海市新闻采访团赴西藏采访

1996 年夏，为了向上海以及长江三角洲地区宣传和介绍西藏的经济与社会发展情况，特别是独特而丰富的旅游资源，应西藏自治区旅游局邀请，原上海市政府新闻办公室副主任、新闻发言人焦扬同志负责组织《解放日报》、《文汇报》、《新民晚报》、上海电视台国际频道、东方电视台、上海广播电台等主流媒体，组成上海市新闻采访团赴西藏采访。

上海新闻采访团由时任上海市政府新闻办公室副主任、英文《上海日报》(Shanghai Daily) 总编辑张慈赟同志担任团长。上海市委常委、浦东新区党工委书记，上海援藏干部、时任西藏自治区日喀则地委副书记徐麟同志担任副团长。笔者作为上海市政府新闻办公室记者联络处的新闻官担任领队，在西藏自治区旅游局驻上海办事处有关同志的陪同下赴西藏进行了为期两周的采访。

上海采访团从成都乘坐中国南方航空公司的班机抵达了采访的第一站——西藏自治区首府拉萨市。在进行了一晚上的高原缺氧适应和应急后，采访团次日早晨开始正式采访。首先专访了西藏自治区主管旅游的副主席，随后到著名的布达拉宫、拉萨大昭寺、八角街等景点参观采访。记者们详细了解了西藏在解放后发展民族经济，重视宗教和文化保护以及国家花巨资修复布达拉宫等情况。采访团还参观了拉萨的奴隶主庄园，了解了奴隶主的奢华、腐败，奴隶制的残忍以及奴隶们暗无天日的悲惨生活。采访团鸟瞰美丽的新拉萨全貌，感触良多。

随后，采访团奔赴西藏日喀则地区访问。汽车翻山越岭，经过数小时的艰难跋涉和颠簸,停在了美丽的羊卓雍湖畔。当记者们看到那宛如珍珠翡翠落入人间、仙境般纯净的羊卓雍湖时,难以抑制自己的兴奋和激动,纷纷打开摄像机和照相机,反复拍摄,久久不愿离去。采访团参观了西藏人民抗击英国侵略的江孜抗英炮台,感受了西藏人民反对外来侵略的古战场。

采访团到达日喀则后,全团参加了具有浓厚西藏民族风情的欢迎仪式。各人用食指点弹美酒,敬拜天、地、人后,主人纷纷献上了洁白的哈达,气氛异常热烈。采访团在日喀则地区重点参观了历任班禅大师的修行圣地——扎什伦布寺和第十世班禅额尔德尼·确吉坚赞大师的故居,让我们对这位爱国爱教的著名宗教领袖充满了深深的敬意和怀念。大家未能见到现任班禅大师,但有幸的是都拿到了他授的代表吉祥的红丝带。

徐麟同志作为援藏干部、采访团副团长,已经在西藏日喀则地区工作了较长的时间,当时担任日喀则地委副书记。他十分熟悉西藏的情况,既是采访团的副团长也是我们的特别向导。在他的帮助协调下,我们的采访很顺利。不过,我们从他那黝黑消瘦的身上可以看出他及其他援藏的上海干部在西藏工作的辛苦。

西藏是个十分特别的地方。湛蓝清朗的天空、纯净壮丽的河山、浓郁的民族风情、好客的各族人民、令人叹为观止的建筑以及当地人们那虔诚无比的宗教信仰都让全体采访团成员印象深刻,久久难以忘怀。全团成员不仅观看了多场藏戏,饱览了美丽的高原风光,参观了众多的寺院,大家都被西藏各族人民那淳朴、好客的热情所打动,被那嘹亮的歌声深深地吸引。上海电视台国际频道的记者、摄像师王峰还在西藏的布达拉宫广场上现场拍摄了西藏女高音歌唱家演唱的动人的歌曲《藏族与汉族是同一个妈妈》,后来结合他们拍摄的素材,制作了具有西藏独特风光的 MTV 并因此获奖。

上海新闻采访团在西藏的采访活动非常成功。西藏的旅游资源也因此在发达的上海和长三角地区获得了良好的传播,为吸引更多的人到西藏旅游作了很好的宣传。后来青藏铁路的通车又为西藏经济与社会发展,特别是旅游资源的开发和利用提供了更好的便利。

(三)上海中外记者采访团采访青岛国际啤酒节

1997 年 8 月,应青岛市人民政府新闻办公室的邀请,上海市政府新闻办公室组织《解放日报》、《文汇报》、《新民晚报》、上海电视台、上海广播电台等上海新闻媒体以及美国 CNBC、日本读卖新闻、日本 NHK 电视台、荷兰新闻社、比利时新闻社、新加坡联合早报、德国新闻社等外国驻上海媒体的记者,组成上海中外记者采访团赴青岛采访国际啤酒节。根据上海市政府新闻办公室的安排,由一直负责联系驻沪外国记者的笔者担任该记者团的领队。

采访团重点报道了青岛国际啤酒节开幕式,参观采访了青岛啤酒厂和青岛崂山啤酒厂并准备专访青岛市领导。但由于当时青岛市的主要领导在开会,没有事先作出安排和准备,也没有足够重视此次重要的记者团采访活动,让几十位中外记者白白等了将近一个小时的时间,招致了记者们的不满。以美国记者为首的外国记者首先抗议,并陆续离开了市政府的贵宾室。最后,我们遗憾地取消了对市领导的专访。

当记者团到我国知名企业海尔集团时,却被前来迎接和介绍的总裁张瑞敏先生深深地吸引。张瑞敏总裁在海尔总部那类似洗衣机滚筒状设计的办公楼内生动地介绍了海尔公司的总体情况和最新发展。随后,带领我们参观了当时在国内企业中少见的研发中心,观看了海尔出口海外的空调和洗衣机等,其中的细节吸引了我们。

海尔出口到中东地区的空调外壳都不同程度地雕刻着阿拉伯国家的弧形花纹和图案。张总裁说,海尔研发中心一般都在关注三到五年后即将在市场上流行的产品,并在其他企业还没有注意的时候开始准备。他们在决定开发国际市场前要仔细研究每个国家和地区的自然环境、地域特色、文化风俗、宗教信仰、政治与经济制度、消费习惯与消费水平等因素,然后有针对性地研究和开发新产品。这样,当地居民对于海尔的产品就有一种天然的认同,对海尔产品的接受程度也大大增加。

注重战略管理,重视产品质量与售后服务,重视产品的研发是海尔公司成功的重要因素。张瑞敏总裁的高瞻远瞩和独特的企业家风格也深深地吸引着采访记者。可以说,除了国际啤酒节开幕式,到海尔集团公司采访是上海中外记者团在青岛采访的亮点和兴奋点。

分析以上三个由笔者亲自参加并领队的媒体公关活动,总体达到了政府对外宣传的目的,取得了媒体公关与传播的成功。新疆、西藏和青岛政府通过组织上海的中外媒体记者采访,向外界,特别是向发达的长三角地区宣传和介绍了当地的经济与社会发展。那壮阔而美丽的边塞风光、浓郁的民族风情和地方特色深深地吸引了广大的记者和受众,也获得了应有的传播效果。

但是,如果用高标准来衡量三次采访,各地政府的介绍中总体缺乏新意和亮点,也缺少适合媒体报道的鲜明特色,传播的"议程设置"不太科学。再加上宣传介绍的手段单一(缺少多媒体影视图片等的配合),缺少背景文字材料,许多地方和内涵没有深挖,没能引起记者足够的兴趣。总体印象是,由于政府在传播内容和传播活动的组织中专业准备不太充分,没能达到他们希望的传播效果。

建议全国各地政府要从媒体新闻传播的特色和需求等角度来开发和组织自己的优势资源,从媒体传播的视角介绍地方特色、经济与社会的发展。事先做好采访的联络和准备工作,做好采访参观的全流程设计与细节管理,在每一个典型地方参观、典型事例介绍、典型人物采访上都要认真准备,精益求精。采访中,要选择善于传播和沟通的领导介绍情况,注意在介绍中使用多媒体配合,并为记者提供充足的文字、多媒体背景材料与新闻素材。

第三节　美国政府的媒体公关

美国不仅是世界上最善于开展公共关系的国家,也是最擅长对外宣传的国家。美国的对外传播无处不在,融化在可口可乐里,夹在麦当劳和肯德基中,镶嵌在好莱坞的大片里,渗透在媒体传播及文化教育的活动中。鉴于宪法和法律赋予美国媒体的独立性与信息传播自由,无法从行政上直接掌控媒体的美国政府为了营造一个有利于自己行政的媒体传播环境,一直积极主动地向公众和媒体开放公共信息,重视开展形式各异的媒体公关活动。无论是媒体公关的意识还是媒体公关的技巧,美国都堪称为世界各国学习的榜样和借鉴参考的典范。

一、美国政府行政传播的主要职能部门

美国有全球著名的公关公司和 20 多万公关从业人员。这些公关公司是政府开展媒体公关的重要力量。美国政府负责新闻传播和媒体公关的主要机构是国务院下属的公共外交与公共事务部(Public Diplomacy and Public Affairs),其下设有公共事务局、教育和文化事务局、国际交流局、公共外交顾问委员会等机构。

(一)公共事务局(Bureau of Public Affairs)

公共事务局旨在贯彻国务卿的要求,重点帮助美国民众了解美国外交事务的重要性,向美国公众介绍政府的主要政策动向,听取并向政策制定者反馈公众意见和建议等而设立的重要机构。该局下设媒体关系办公室、美国国际开发署新闻办公室、区域性媒体(美国本土)特别服务办公室、外国媒体服务中心、电子信息与出版物办公室、音像广播服务办公室、公众交流联络办公室、战略沟通与规划办公室、历史档案室和外交中心 10 个机构。公共事务局的主要职责如下:

1. 做好战略和战术的规划,预报政府的主要外交政策以及意图;

2. 管理面向国内外新闻媒体举行的新闻发布会和新闻通气会;

3. 跟踪舆论,让处在世界各地的美国人直接通过当地、地区或全国性的媒体报道,了解国务院主要官员的动态;

4. 管理国务院的网站,随时更新关于美国外交政策等网站信息;

5. 通过电话、邮件和信件等回答公众关于美国最新外交政策的问题;

6. 安排居民大会和组织有关代表参观社区,与公众交流美国的外交政策;

7. 为在美国本土和国外的美国公众、新闻媒体以及国务卿和国务院其他机构制作和提供音像制品服务;

8. 为开展美国外交和外事的历史研究作准备和服务。

(二)教育和文化事务局(Bureau of Educational and Cultural Affairs)

美国国务院公共外交与公共事务部下属的教育和文化事务局主要负责美国与全世界的教育和文化的交流与合作。主要职责如下:

1. 组织开展与全世界的教育交流与合作,管理各国留美学生事务;

2.负责组织和管理福布奈特、汉弗莱等奖学金及其研究项目；

3.负责组织和开设各种访问学者交流学习和研究项目；

4.负责组织和管理各种文化和体育的交流项目和活动；

5.负责组织美国学者和学生到外国工作和学习；

6.负责为美国公民组织和提供海外英语教学的机会；

7.举办大学校长论坛和峰会等。

教育和文化事务局是美国政府开发和管理各种国内外文化和教育活动的主管部门，也是美国开展对外宣传，对外文化、体育和教育等国际交流与传播，实施美国在全球范围内"软实力"建设的重要阵地。美国通过政府和民间的文艺演出、影视剧出口以及其他各类文化交流、体育比赛和广泛地接收留学生和学者等措施，积极有效地宣传和介绍了美国的文化，也培养了一大批理解和热爱美国文化的人士。这些措施对于树立美国在世界人民心目中的形象，增加对美国的亲近感等意义重大。

（三）国际新闻局（Bureau of International Information Programs）

国际新闻局的主要目的是通过舆论整合、新闻和信息交流等方法，帮助世界各国的受众理解和支持美国的对外政策、社会现实和价值观念，营造一个有利于美国国家利益和发展的舆论环境。该局经常开展与对外舆论制定者和公众等的沟通和交流，印刷和发行英语、阿拉伯语、汉语、法语、波斯语、俄语和西班牙语等印刷品和电子媒体等材料。国际新闻局还向全世界 140多个国家的美国大使馆、领事馆提供新闻和信息支持。

（四）公共外交顾问委员会（Advisory Commission on Public Diplomacy）

美国公共外交顾问委员会是一个民主、共和两党共同拥有，由国会创立，总统指定，旨在了解、告知并影响外国公众的机构。迄今为止，已经有60 年历史的公共外交顾问委员会在 2007 年 6 月通过的《公共法》中再次获得权威认可。

该委员会主要向总统、国务卿以及国会议员们陈述并推荐政策和项目，以达到实现国务院、美国广播理事会以及其他政府机构公共外交功能的目的。它同时也负责对政府机构执行的公共外交政策和项目的有效性进行评价。根据法律，公共外交顾问委员会的 7 名委员是由总统在参议院的建议和认可下指定的。这些委员通常是来自不同专业领域,工作任期为 3 年,并有可能被再次任命。公共外交顾问委员会向总统、国会、国务卿及美国公众汇报他们的研究成果及相关建议。

二、美国政府的媒体公关和公众信息沟通

美国政府的媒体公关和公共信息传播主要由国务院下属外交与公共事务部的公共事务局负责。该局下设有媒体关系办公室、美国国际开发署新闻办公室、美国区域性媒体特别服务办公室等 10 个机构。2005 年之前,公共事务局下面只有媒体关系办公室、美国国际开发署新闻办公室、区域性媒体(以美国本土媒体为主的)特别服务办公室、外国媒体服务中心 4 个单位。后来又增设了电子信息与出版物办公室、音像广播服务办公室、公众交流联络办公室、战略沟通与规划办公室、历史档案研究室和外交中心 6 个机构。这说明,近年来,美国政府高度重视并大大加强了与新闻媒体的沟通,也增强了对媒体的信息服务和与公众、社会各界交流对话的力度。

(一)媒体关系办公室(Press Relations Office)

媒体关系办公室主要负责国务卿和其他重要领导人的新闻和信息发布,国务院每周三举行例行新闻发布会,为媒体提供新闻采访线索,接受媒体的采访要求,随同国务卿出访,为区域性媒体(特别是美国本土媒体)提供特别新闻信息服务并通过美国驻外使领馆发布并收集信息等。

通过联系媒体关系办公室,新闻记者可以获得并确认美国外交政策立场的新闻和信息,可以出席新闻发布会,参与新闻事件的报道并申请采访的证件等。办公室每周一到周五工作时间为早上 8 点 15 分到下午 5 点钟。办公室副主任或副新闻官周一到周五期间早晨 5 点到晚上 11 点,周六上午 9 点到晚上 11 点专门值班解答记者的问题,处理记者的各种申请。办公室还公布了总机和服务电话以及邮政地址等联络信息。

(二)美国国际开发署新闻办公室(USAID Press Office)

美国国际开发署(U. S. Agency for International Development)总部设在华盛顿特区,分部遍及世界各地。国际开发署署长直接归国务卿领导,其新闻办公室主要负责与媒体沟通,并负责把开发署的活动通告给美国公众。

国际开发署新闻办公室的具体工作是向媒体表达自己的传播目的和新闻信息,监控机构媒体并向机构媒体的从业人员提供希望传播的信息,进行科学的议程设置并组织符合自己行政传播意图的前瞻性新闻活动。另外,国际开发署新闻办公室还向媒体预先通报署长以及其他负责人出访、公务活动和新闻采访活动等信息。总之,国际开发署新闻办公室旨在增进开发署与媒体之间,开发署与开发团体及广大公众之间的理解和交流。

(三)区域媒体特别服务办公室(Office of Regional Media Outreach)

区域媒体特别服务办公室是一个向美国主流媒体提供新闻和信息服务的机构。其重点是向美国的地方媒体、地区媒体、专业媒体以及全国媒体提供权威的信息源,使记者能够迅速从信息数据库中找到国务院的有关专家并获得有关外交事务、新闻和其他事件的权威分析和专家见解。记者可以根据姓名、事件、职位或者语言等的分类搜索专家,一旦确定了专家,新闻办公室便安排电视、广播或者印刷媒体的记者进行采访。

此外,该办公室还组织召开编辑会议并向编辑转达有关信件,同时还向媒体散发有关国务卿以及其他官员讲话与活动言论的录音、录像或者文字素材。按照惯例,记者在每天的上午8点和下午4点,要从C大街和D大街之间的23号大门进入。其他需要办理大楼通行证、记者身份证以及希望与新闻官会面的记者可以通过媒体关系办公室的网站了解信息并致电询问。

(四)外国媒体服务中心(Foreign Press Centers)

美国国务院分别在纽约和洛杉矶设有外国媒体服务中心,旨在通过向外国媒体提供直接权威的新闻和信息,帮助外国媒体深入准确地了解美国并开展客观、真实而平衡的新闻报道。新闻发布会只对外国媒体开放,除非有特别通知,一般发布会都会按计划举行。外国媒体服务中心公布有全周的开放时间和记者进入的地点,并留有详细的联系电话和通信地址,以供记者们联络。

(五)电子信息与出版物办公室(Electronic Information and Publications Office)

电子信息与出版物办公室负责美国国务院内各相关部门官方网站

(state. gov)的管理、设计、开发并准备各类网站需要的新闻和信息。该办公室与人力资源管理局等部门的联系紧密。此外,电子信息与出版办公室还协调确定国务院其他局和办公室网站传播的信息内容以及电子信息发布形式等。该办公室与行政局的全球出版物管理办公室一道出版和印刷公共宣传出版物。该办公室还组织、开发并提供向美国公众介绍美国国务院、其他国家背景及对外政策等方面信息的服务。

(六)广播电视服务办公室(Broadcast Services)

广播服务办公室负责向国际广播电视媒体提供有关美国高级官员的言论和信息,制作涉及当前美国政策和国际问题的时事电视新闻节目、特别事件的新闻或专题节目,获取由美国使领馆向媒体提供或直接通过美国领事馆电视新闻网(American Embassy TV Network)提供的新闻节目。

该办公室制作电视节目,支持国务院和美国在全球使领馆的活动。组织举行美国总统、国务卿、新闻发言人、国务院、白宫、五角大楼以及外国媒体中心举行的新闻发布会和记者招待会。组织记者旁听参众两院的会议,会见采访政府负责人等涉及美国对外事务的特别活动。向数百名外国驻美国或临时到美国的电视新闻记者和制片人提供电视广播设备和相关的拍摄援助。

广播电视服务办公室的工作包括采访美国政府发言人的预约,给电视记者的深度报道,给电视机构的专题片拍摄提供服务以及提供黄金时间的电视专栏节目,为国际电视转播机构提供国务院主要会议和事件的电视广播新闻素材,制作和提供特别的时事特写或纪录片等节目,例如阿富汗的重建、对伊朗的人道主义援助或者其他特别教育和公共活动。提供由美国使领馆负责策划设计,由美国公共广播公司制作的电影、专题片等各类影像资料的邮寄服务。提供电视节目播出制作的技术便利,内容包括全数字电视节目的制作室、技术设施和音响控制室、录像编辑以及音像资料档案服务等。这些技术服务可以帮助媒体实现全球范围内的电视节目传输和接收,同步制作多种语言的电视节目。

(七)公众联络办公室(Public Liaison)

公众联络办公室负责组织和协调美国政府和公众之间的对话交流,以增进公众对政府的了解和对公共行政事务的参与和支持。在华盛顿特区和全国其他地方举行新闻发布会、领导谈话及其他各类会议,以推进公共交流。公众联络办公室在华盛顿地区的任务是协调举办新闻发布会和研讨会,与国务院及华盛顿地区的专家一起讨论问题,安排特别的发布会、非正式会议以及多种组织参加的涉及内容广泛的活动,组织发起有关美国政策和全球发展问题的论坛,在国务院举办政府或非政府机构组织的全国性会议。

公众联络服务的目的旨在开展政府与普通民众之间的对话交流,确保政府官员听到公众的呼声和诉求,及时回答公众的电话提问,记录公众提出的意见和建议,回答电子邮件和群众来信以及负责组织和提供国务卿等领导人的照片等。地区性的交流服务内容包括在华盛顿以外的地区组织开展与市民和对外政策机构的联络活动,与全美各种地方组织共同主办由政府高级官员灵活安排参加的社区聚会,鼓励政府与公众的自由沟通和交流。安排美国国务院发言人在各种机构发表演讲,参加地方媒体的采访,会见社区负责人并参观学术机构的活动等。

此外,公众联络办公室负责与各种非政府组织开展合作,提供他们与政府官员交流沟通的机会。为华盛顿地区的非政府机构安排每月举行的发布会以及其他信息发布活动,为非政府组织领导人和全国的代表举办全国对外政策会议,与非政府组织共同举办数字电视会议和卫星直播会议,帮助政府组织进行跨国访问,在非政府组织会议期间举办展览,发表有关对外政策研究及情况说明的演说等。

(八)战略沟通与规划办公室(Strategic Communications and Planning)

战略沟通与规划办公室主要负责向美国公众解释和说明政府的对外政策,寻求公众对政府的支持。该办公室负责制定策略,提前预告政府的主要外交政策,提供有效的信息,解释美国在一些新近出现或正在实施的事务方面的政策,以增进与美国公众的沟通和理解。该办公室可协调与政府各部门、白宫以及其他涉及外交事务机构的关系,建立对话制度,与公共外交事务办公室等一起制定针对国内和国际公众的战略规划。

（九）历史档案室（Office of the Historian）

历史档案室在法律的授权范围内负责编辑或出版关于美国外交政策的系列官方历史档案，开展有关美国外交实践的历史研究，为政策制定者、政府、其他机构或公众提供信息服务。该办公室还为美国政府和其他公共机构提供一些重要外交历史档案的鉴定、维护和长期存放服务，为美国外交中心提供规划等服务，为一些专家学者和记者提供历史研究的咨询服务，同时回答政府和公众提出的有关外交历史方面的问题。

（十）外交中心（Diplomacy Center）

外交中心是美国国务院关于外交教育、宣传和交流的机构。该中心的目的是帮助美国人和全世界的来访者理解外交事务的重要性，激励和培养未来的领导者参与外交事务。

作为一种创新机构，该中心举办各类有关美国外交活动的展览与互动教育节目，激发并培养青年人热爱外交事务并做好应对未来全球挑战的准备。通过 400 多件珍贵历史文物永久性以及巡回展览，外交中心希望借此说明美国的外交历史、外交对于国家的影响、外交的今昔对比，展示美国的外交官们在怎样从事着积极的也常常是危险的全球外交事务。

美国外交中心还通过特别的教育内容为未来的领导者提供在快速变化的世界提升竞争能力的方法。通过实验性的学习，学生们与其他国家的对手和外交对象建立联系，领会和感受全球化如何对自己产生影响，同时也从全球的青年人中发现不同的观点，与当今的政策制定者一起互动交流，使学生和教师能够体会并参与到具体外交政策的制定过程，以激发他们的热情和兴趣。

讨论和争论是外交的活力和源泉。美国外交中心把学生、学者和外交官组织在一起，通过教学研讨体会和分享外交的经验和智慧，为培养下一代领导人作准备。目前，一个崭新的充满艺术感的外交中心展览厅已经建成，其欢迎游客到国务院参观游览，同时领悟美国在历史上是如何通过各种有力的外交活动来建立起当今世界彼此之间的理解和联系的桥梁。

以上是美国前国务卿赖斯履职期间的情况。

希拉里担任国务卿后，在媒体沟通方面有了一些变化。她设立了每日新闻发布会,有关阿富汗问题、气候变化问题、食品安全问题以及伊朗和伊拉克等问题的专题信息服务区,还设立了网上论坛,与网民进行即时的网上沟通。①

第四节　国家新闻俱乐部

国家新闻俱乐部是重要新闻和信息的集散地,是一个非官方信息交流以及开展媒体公关的理想平台。当初建立新闻俱乐部的目的是向本国以及全球的新闻记者和其他相关人员、组织提供重要的新闻和信息,帮助广大的新闻从业人员交流采访经验,传播媒体从业心得,相互提供新闻帮助,以提高新闻媒体的专业水平,促进新闻和言论的自由表达,增进俱乐部成员之间的友谊。

目前,美国、加拿大、澳大利亚、新西兰等国都设有国家新闻俱乐部(National Press Club)。在美国的国家新闻俱乐部,每月定期组织美国政府以及外国政府或非政府组织的领导、外交官、企业界领袖、学者以及其他领导人,就某一个主题发表演说,阐述自己的观点和主张,促进与其他领域的传播交流,开展民间外交和媒体公关等活动。新闻俱乐部已经成为一个重要的国家舆论平台。

一、美国国家新闻俱乐部及其活动

(一)美国国家新闻俱乐部的历史

美国国家新闻俱乐部其实是美国政治传播的一部分,也是一个高级的社交与公关俱乐部,已经有 100 多年的历史。从罗斯福总统开始的历届美国总统、各国首相、总理、参议员、国会议员、内阁官员、大使、学者、艺术家、商界领袖以及体育界名流等都先后到场发表演讲。从第 29 届美国总统沃伦·哈丁开始,所有美国总统都是国家新闻俱乐部的会员,绝大多数人都在俱乐部的演讲台上发表过演说。

---

① 资料来源于笔者对美国国务院的研究以及美国国务院官方网站(http://www.state.gov)的部分信息。

1908 年 3 月 12 日,美国的 32 位报业人士聚集在华盛顿商会讨论建立记者俱乐部的事宜。会上,他们决定 3 月 29 日在威拉德饭店的 F 大街会客厅再次聚会讨论建立俱乐部的章程。俱乐部的创始人们当时定下了这样的信条,即俱乐部旨在"增进成员之间的社会幸福感,培养写作兴趣,鼓励报业成员之间的友好交流,帮助那些处于困境中的成员,培养和扶持他们特有的专业价值标准"。

创始人拿着 300 美元进驻了 F 大街西北部的 1205 号二楼。1909 年,他们拥有了自己的新办公地,迁址到了 F 大街 15 号的罗德酒店,后来俱乐部又一次搬迁到了 G 大街 15 号的阿尔比大厦。1925 年,当时的俱乐部总裁亨利·斯文赫特指定了一家建设委员会规划一个永久性的地点作为俱乐部的总部。随后,经过与艾比特酒店的谈判,酒店同意迁入阿尔比大厦,把酒店拆除并在原址上建设国家新闻俱乐部大厦,在 13 楼和 14 楼为在华盛顿的新闻社预留了足够的办公空间。

为了筹集运转资金,国家新闻俱乐部与福克斯公司联手在大厦内建造了一个剧院。1927 年 8 月,国家新闻俱乐部大厦正式运营。在大萧条时期,大厦和俱乐部常常为财务问题争斗不休。尽管如此,俱乐部仍尽力通过寻求富有人士的额外资金支持,维护了自己"建设世界第一流记者组织"的宗旨,并赢得了业界的承认和尊敬。

美国国家新闻俱乐部的午餐会演讲非常有名。正规的每周午餐会开始于 1932 年。次年当选美国总统的富兰克林·罗斯福是第一位发表演说的总统。从 1932 年开始,国家新闻俱乐部每年要安排 70 个午餐演讲。演讲者包括总统、总理或首相、商界和文化界领袖、内阁官员和国会议员。

多年来,俱乐部先后主持了许多世界知名人士的新闻演讲,包括苏联领导人赫鲁晓夫、蒋介石夫人宋美龄、以色列第四任总理,以色列国的创始人戈达·梅尔、印度著名领导人英吉拉·甘地、法国著名领导人查尔斯·戴高乐、俄罗斯领导人鲍里斯·叶利钦、南非黑人民权领袖纳尔逊·曼德拉、巴勒斯坦领导人亚森·阿拉法特等人。

美国国家新闻俱乐部最初只接受白人记者。后来,经过反种族主义斗争和美国的社会变迁,开始逐步吸收非洲裔美国人和妇女记者会员。今天,

　　美国国家新闻俱乐部是为新闻记者和传播界人士提供新闻和信息服务的私人俱乐部,已经有一百多年的历史。同时也是一个世界级的新闻舆论及会议平台,每年为全球各类重要客户策划和提供数百场活动的服务。

图片来源:美国国家新闻俱乐部官方网站 http://press. org/news-multimedia/galleries/services。

　　原纽约市长鲁迪·朱利安尼 2011 年 9 月 6 日在国家新闻俱乐部午餐会演讲并回答记者提问。

图片来源:美国国家新闻俱乐部网站,摄影:Al Teich
http://press. org/news-multimedia/news/giuliani-will-decide-presidential-run-after-911-anniversary。

新闻俱乐部面向所有的现任记者、前任记者、政府新闻官员以及其他被记者认定是新闻来源的消息灵通人士等。

　　新闻工作者们对新闻俱乐部有着特殊的感情。美国哥伦比亚广播公司著名新闻评论员艾里克·塞拉雷德在发表自己的退休演说时，把国家新闻俱乐部称作是"美国新闻记者的至圣所"，是"在美国从事新闻事业以及任何与新闻相关事业的每个人心目中的威斯敏斯特中心①、特尔斐②、耶路撒冷和哭墙③"。从他的言辞中，我们可以看出美国新闻记者对于国家新闻俱乐部的感情以及对其作用的高度评价。

---

　　① 威斯敏斯特是英国伦敦的一个行政区，是英国议会所在地。其中最著名的威斯敏斯特教堂（Westminster Abbey）为英国著名的新教教堂，其历史就是伦敦乃至整个英国的历史缩影。威斯敏斯特教堂宏伟、壮观，是英国哥特式建筑的杰作，也是英国历史文物的集萃之地。教堂的前身是隐修院。相传616年由撒克逊国王塞培特创建。10世纪，英国国王埃德加时期改建成了正式教堂。1050年英国国王爱德华下令扩建。13世纪英国国王亨利三世下令采用当时的哥特式风格对教堂进行改建，1517年基本完工。威斯敏斯特教堂不仅是宗教圣地，而且是英国王室的活动场所。除爱德华五世和爱德华八世外，其他英国国王都在此加冕登基，王室的婚礼、葬礼等仪式也在这里举行。威斯敏斯特教堂不仅是20多位英国国王的墓地，也是一些著名政治家、科学家、军事家、文学家的墓地，其中有丘吉尔、牛顿、达尔文、狄更斯、布朗宁等人之墓。英国的无名英雄墓也设在这里。英国皇室的重要正式活动几乎都在威斯敏斯特教堂举行。从1066年迄今，除了两次例外，英国所有国王和女王都是在此地加冕，死后也多半长眠于此。威斯敏斯特教堂忠实地记录了英国皇族每一页兴衰起落的历史。资料来源：维基百科 http://zh. wikipedia. org/wiki。

　　② 坐落于距雅典180公里的特尔斐是仅次于雅典的希腊最热门的一日游目的地。特尔斐在古代被认为是已知世界的中心，是天堂与大地相接的地方。这里是人类在地球上最接近神明的地方。神话中，宙斯释放了两只雄鹰并且让它们朝着相反的方向飞行，雄鹰相遇的地点就是特尔斐。这两只雄鹰相遇的这个地方就象征着地球的中心。特尔斐还是朝圣宙斯之子太阳神阿波罗的集中地，阿波罗是使道德自律和灵魂纯洁具体化的神。然而在这块土地与阿波罗联系起来之前，这里还是膜拜其他神灵的圣土，包括了大地女神盖雅（Gea），西弥斯（司法律与正义的女神）（Themis），得墨忒耳（掌农业，结婚，丰饶之女神）（Demeter）以及著名的海神波塞冬（Poseidon）。在古希腊迈锡尼（Mycenaean）文明尾期，阿波罗取代了其他所有神明而成为这座神龛的唯一守护者。

　　③ 哭墙又称西墙，英文是Western Wall，希伯莱文为Hakotel，规模为长52米，高19米。它是耶路撒冷旧城古代犹太国第二圣殿护墙的一段，也是第二圣殿护墙的仅存遗址，长约50米，高约18米，由大石块筑成。犹太教把该墙看作是第一圣地，教徒至该墙须哀哭，以表示对古神庙和圣殿被毁的哀悼并期待其恢复。千百年来，流落在世界各个角落的犹太人回到圣城耶路撒冷时，便会来到这面石墙前低声祷告，哭诉流亡之苦，所以被称为"哭墙"。哭墙是以色列人的历史根系与寄托所在。资料来源：维基百科 http://zh. wikipedia. org/wiki。

（二）中国领导人在美国国家新闻俱乐部的讲演

1. 赵启正

2000 年 8 月 30 日，全国政协外事委员会主任、中国人民大学新闻学院院长、原国务院新闻办公室主任赵启正在美国国家新闻俱乐部午餐会上发表了《中国人眼中的美国和美国人》(*America and American People in the eyes of Chinese*)①的演讲，产生了良好的反响和对外传播效果。

前外交学院院长、世界博览局名誉主席、全国政协外事委员会副主任吴建民教授在评价他的演说时指出，"赵启正介绍中国所取得成绩的过程中没有大话和套话，内容翔实，用事实说明中国的变化和进步，令在场的听众信服。"

新华社副总编周树春同志说，"只有感动自己，才能打动别人，这应该是传播与交流的一个基本规律，显然赵启正在演讲中倾注了奔放的激情，也倾注了炽烈的热情。"清华大学国际传播中心主任李希光教授说，"赵启正总是试图把每一个公开演讲和作报告的机会变成抓住记者的注意力，为媒体设置议程，引导舆论导向的大好时机。"

美国前国务卿基辛格说，"赵启正领导的新闻办公室为美中关系发展作出了贡献，只是有的人不了解，而这正说明了他工作的重要性。"路透社也评价说，"赵启正演讲中表现出的坦率和开放有助于中国的公关努力。"《纽约时报》评论说，"赵启正是中国新一代文雅的官员之一，西方外交官对他的开放态度印象深刻。"

2. 杨洁篪

2001 年 7 月 24 日，时任中国驻美国大使杨洁篪应邀在美国国家新闻俱乐部发表讲演，就中美撞机事件和中美关系等问题向美国新闻界等作了沟通交流。

杨洁篪大使说，中美关系在过去 6 个月中一直受到世界的关注。两国关系经历了困难，双方都表示愿意改善关系，并采取了具体的步骤使得关系

---

① 该讲演内容的英语版已通过《上海日报》(Shanghai Daily)连载完毕，该书已经由五洲传播出版社出版发行。

得到了明显的好转。本月初,布什总统和江泽民主席互通电话,这一重要的通话应该成为未来关系改善发展的指导。他在回顾了今年上半年中美关系的发展时表示,健康稳定的中美关系对两国和世界都至关重要。中美双方尽管有分歧,还是存在很多共同利益。中美作为世界上最大的发展中国家和最大的发达国家,又同为安理会常任理事国,对推动亚太地区乃至世界的和平、繁荣与稳定负有共同责任。两国在打击偷渡、贩毒以及应对气候变化和预防疾病等方面的合作对整个世界都有直接的影响。

杨洁篪表示,中美双方在文化、教育、环境和能源等领域的互利合作一直在稳定扩大。据中国教育部门的不完全统计,1978 年以来,中国在美国留学人员的人数已达到 12 万人,美国在中国的留学生也超过 1 万人。两国在经济上高度互补,双方贸易额在过去 20 年中以每年 16% 的速度增长。据中国海关统计,2001 年前 4 个月,中美双向贸易额为 304 亿美元,美国对华出口增加了 20.9%,在华投资达到 300 亿美元。

他在演讲中也介绍了中国的发展。他说,过去 20 年中,中国一直在执行改革开放的政策,社会和经济取得了巨大进步。20 多年间,中国国民生产总值增长一直保持了每年 9% 的速度。尽管受到世界经济放慢的影响,出口减少,但是由于政府采取了扩大内需、加大对基础设施建设投入等措施,中国今年上半年的经济增长仍然达到 7.9%。政府采取了降低利率以及发行国债等一系列措施来刺激经济,西部大开发也为经济发展注入新的动力。

杨洁篪说,中国政府将改善人民生活作为头等大事。中国以不到世界可耕地面积 10% 的耕地养活了世界 24% 的人口,在 20 年中帮助脱贫的人口数量相当于美国的总人口。中国人民生活水平不断提高,保持了社会稳定、国家团结以及民族和睦。他说,大多数到过中国的人都会得到这样的结论:中国人民生活更好,更加长寿,享有比以往更多的自由和人权。

杨洁篪同时指出,中美关系中也有难题。中国最大的关心是台湾问题,如果这个问题得不到妥善处理,中美关系将遭到严重损害,因为这是涉及 13 亿中国人民感情以及中国国家主权和领土完整的问题。他说,历史已经表明,妥善处理台湾问题是搞好中美关系的关键所在。双方都应该遵守两国三个联合公报的原则。

杨洁篪表示,过去美国政府,不论是民主党还是共和党,都坚持一个中国的政策,希望美国政府能做到言行一致。他说,中国在解决台湾问题上的立场没有变化。中国坚持"和平统一,一国两制"的基本原则。他说,统一繁荣的中国有利于亚太和世界的繁荣稳定,也符合美国的利益,相信大多数美国人也会这么认为。

杨洁篪说,中国是爱好和平的国家,要达到发达国家的人均收入水平还有相当长的路要走。中国从来也不会谋求地区和世界霸权。中国认为,所有国家,不分大小、贫富、强弱,都是国际社会平等成员。中国愿意扩大同美国在亚太地区的合作。

他说,人们还记得,在东亚经济危机时,中国采取了负责任的做法,还同美国以及其他国家合作应付经济危机。随着中国经济的增长,同美国在亚太地区的经济合作也会得到扩大。杨洁篪说,东亚地区各国目前面临经济困难和挑战,但这一地区对中国的出口却不断增加。2000 年该地区对华出口增长了 20%,2001 年头 4 个月比去年同期增长了 10%。亚洲的许多国家都把中国作为他们最大的国外市场之一。

随着加入世界贸易组织进程的加快,中国正在加倍努力深化改革,为加入世贸作准备。从 10 月 1 日开始,中国政府将逐步取消对 120 种商品的价格控制,国家只掌握 13 种商品价格。中国在未来 5 年中计划进口 1.4 兆亿美元的产品和技术。这些都为亚太各国以及中美经贸合作带来巨大的商机。

他说,在地区安全问题上,中美在防止核扩散以及维护地区稳定上的合作人尽皆知。在谈到正在举行的东盟地区论坛这一问题时,杨洁篪表示,中国的军费开支,即使按照所谓专家夸大的说法每年也不足美国军费的十分之一。中国在东盟地区论坛上提出了安全新概念,强调各国通过加强政治信任,扩大经济合作,维持综合平衡。中国愿意同美国在内的各国进行对话,开展有成果的合作。

杨洁篪同时指出,亚太地区是一个高度多元化的地区,各国也想保持这种多元化。他们都乐见中美保持良好关系与合作,坚信这将有利于地区和世界的繁荣稳定。他在结束演讲时说,进入新世纪,中美两国都感到肩头的责任更重,中美在有的问题上会有不同看法,但共同点大于分歧。双方需要从长远和战略的角度处理两国关系,只要遵守三个联合公报的原则,加强合作和相互理解,发挥建设性和合作的精神,中美关系在 21 世纪就能发展到新的高度。

杨洁篪在发表演讲后,还回答了听众有关中国司法部门以间谍罪判处高瞻 10 年有期徒刑、中国要求美国支付撞机事件中美方在海南岛的费用、法轮功、美国售台武器、西藏问题以及加强中美两国民间往来等方面的问题。

3. 孙家正

2005 年 10 月 3 日上午,时任我国文化部部长孙家正在美国国家记者俱乐部发表了题为"当代中国文化的追求与梦想"的演讲。维亚康姆公司总裁雷石东、肯尼迪中心总裁麦克·凯瑟、总统人文艺术委员会执行主任亨利·莫然、美国电影协会主席丹·格利克曼、前主席杰克·瓦伦弟、美国出版协会总裁兼 CEO 帕特丽夏·斯思德、前驻华大使慕尚杰、前驻华大使李杰明、美国商会高级副总裁詹姆斯·罗宾森等 110 多位美国文化、政界、传媒界人士出席了演讲会。

孙部长表示,坚持以人为本的科学发展观,倡导以和为贵的人文精神,是当代中国文化的战略选择,凝聚着当代中国文化和中国人的追求和梦想,并以此可以与世界心灵沟通。孙部长从政治和战略的高度谈到了中美文化交流的重要性,表示文化交流可以促进两国人民心灵的沟通,两国人民友好了,政治家也就别无选择。在演讲中,孙部长坦率地谈到了中美在贸易方面的争端,并表示从文化贸易的角度来看,美国是顺差国,而解决争端的根本在于发展。

孙部长的演讲以文化为有形主题,无形中却辩证地向听众谈起中美友好、发展贸易和文化交流的重要性,得到了在场观众的共鸣,许多观众频频点头表示赞同孙部长的观点。演讲结束后,有些观众兴奋地表示,孙部长的演讲诙谐而富有哲理,展示了当代中国的开放胸怀和气度。

演讲结束后,孙部长还回答了中外媒体的提问。孙部长的演讲得到了当地美国主流和侨界媒体的关注,CBS对演讲全程予以录像,华盛顿邮报、CNN、星岛日报、侨报等众多媒体的记者也都出席了演讲会。演讲前,孙部长在国家记者俱乐部会见了此次演讲活动的协办单位维亚康姆公司总裁雷石东一行。

4.周文重

2008年3月25日下午,外交部副部长、时任中国驻美国特命全权大使周文重同志应美国世界环境中心的邀请,在位于华盛顿特区中心的国家新闻俱乐部就中国环境保护与可持续发展情况做了题为"坚持节约资源和保护环境的基本国策,增强可持续发展能力"的演讲,并回答了听众提出的问题。

周大使介绍说,建设生态文明、实现可持续发展是中国努力和奋斗的方向。在前不久召开的中国共产党第十七次全国代表大会上,中国国家主席胡锦涛特别强调,要坚持全面协调可持续发展,使人民在良好生态环境中生产生活,实现经济社会永续发展。胡锦涛还郑重宣布,到2020年中国全面建设小康社会目标实现之时,我们这个历史悠久的文明古国和发展中国家将成为人民富裕程度普遍提高、生活质量明显改善、生态环境良好的国家。

周大使表示,节约资源和保护环境是中国的一项基本国策。中国政府把建设资源节约型、环境友好型社会放在工业化和现代化发展战略的突出位置,并确立了"十一五"期间减少能耗和主要污染物排放总量的目标。此外,生态文明建设是全体中国人民的共识和自觉行动。中国有着"不涸泽而渔,不焚林而猎"的古语,它体现了中国文化中"天人合一"的思想,强调了人与自然的和谐统一。

中国人民本着对社会、对自然负责任的态度,以勤俭节约的精神合理利用资源,保护生态环境,以辛勤劳动改变贫困面貌,不断提高生活质量。虽然当前中国工业化、城镇化进程正在加快,经济增长处于新一轮上升期,但是中国经济也存在不少影响稳定发展和可持续发展的问题。比如,流动性过剩、外贸顺差大、投资率偏高、商品价格涨幅较大等,其中比较突出的是经济社会发展与资源环境的矛盾。对于目前存在的问题,他表示,中国政府不仅高度重视,而且正在采取有力措施加以解决。

周大使介绍了中国在环境保护和可持续发展方面取得的新进展,包括节能减排、产业结构调整、生态环境建设、执法监督、经济政策和应对气候变化等方面。周大使说,中国政府把建设"资源节约型、环境友好型"社会放在工业化、现代化发展战略的突出位置,确立了"十一五"期间单位 GDP 能耗降低20%左右,主要污染物排放总量减少10%的目标。2007年全国单位 GDP 能耗下降了3. 27% ,二氧化硫(SO_2)和化学需氧量(COD)排放总量由升转降,同比分别下降4. 66% 和3. 14% 。这一重大转折,标志着中国在节约资源和环境保护方面取得了历史性进展。

周大使表示,保护好中国的环境,解决好中国的能源问题,不仅是对中国可持续发展的贡献,也是对世界的贡献。中国政府对此责无旁贷。同时,我们也需要国际间的支持与合作。我们欢迎美国政府、企业、科研机构进一步加强同中方的交流与合作,参与中国的环保和能源工程建设,开展资源环境和能源领域的科技合作,深化人才培训合作,鼓励向中国引入先进的环保和能源装备、技术、人才、管理经验以及相关投资,增强中国节能环保和可持续发展的能力。

二、我国领导人在其他新闻俱乐部等场合的演讲

(一)邓小平在日本的演讲

1978年10月,时任国务院副总理邓小平应日本政府的邀请,对日本进行了为期8天的友好访问,并出席了中日和平友好条约两国批准书互换仪式。

邓小平是首位访问日本的中国领导人。在那个枫林尽染、菊茂花香的金秋时节,扶桑岛国处处洋溢着浓烈的节日气氛。邓小平走到哪里,哪里就掀起中日友好的热潮。26年后,新华社记者重走邓小平访日之路,寻访伟人的足迹。日本著名的中国问题专家竹内实说,访日期间,邓小平反复讲四个现代化,从他这种不寻常的热心来看,他在深入地思考。那么,邓小平看到了什么,又不断在思考着什么呢?

坐落于神奈川县的日产汽车公司的座间工厂是当年邓小平访日期间参观的三家企业之一。现在,座间工厂因企业内部结构调整已不复存在。但当年的录像资料仍能让我们了解到邓小平参观工厂时的情景:这家工厂曾是日本自动化程度最高的汽车装配厂,中国客人无不对先进的机器人焊接生产线表现出惊讶和兴趣。当邓小平了解到这里月生产中小型轿车达 4.4 万辆,是当时中国长春第一汽车制造厂月产量的 99 倍时,他感慨地说:"我懂得了什么是现代化。"

当年全程陪同邓小平访日的日本前驻华大使中江要介先生至今仍对一件事难以忘怀:"邓小平参观了日本的精密仪器、自动化设备等先进生产技术后,有人问他对日本哪些方面感兴趣时,邓小平先生说:'不知日本有没有不释放一氧化碳的蜂窝煤,很想了解这方面的生产技术。'这一出乎意料的回答很耐人寻味。"中江要介说,他常常从中国的报道中看到有关冬季烧煤取暖发生煤气中毒事件,邓小平先生能够把如此具体而又直接关系人民生活的事情记在心里,非常让人敬佩。这也说明他的心中时刻装着中国的国情,反映出他一切从实际出发的思想路线。

坐落在东京千代田区内幸町的日本新闻中心大厦,是外国政要访日举行记者招待会时经常光顾的地方。邓小平是第一位来这里举行记者招待会的中国领导人。在回答日本记者有关中国现代化问题时,邓小平有这样一段精彩论述:"中国确定了自己的目标,就是在本世纪末实现农业、工业、国防、科学技术现代化。我们所说的在本世纪末实现的现代化,是指比较接近当时的水平。世界在突飞猛进地前进,那时的水平,例如日本就肯定不是现在的水平。我们要达到日本、欧洲、美国现在的水平就很不容易,要达到 22 年以后的水平就更难。我们清楚地估计了这个困难,但是,我们还是树立了这么一个雄心壮志。首先承认我们的落后,老老实实承认落后就有希望。再就是善于学习。这次到日本来,就是要向日本请教,我们向一切发达国家请教,向第三世界穷朋友中的好经验请教。"

现任日本记者俱乐部专务理事的岩崎玄道先生当年只有 24 岁。他告诉记者,当年参加记者招待会的 400 多名日本和其他国家的记者无不被邓小平那坦率、务实和开放的风采所感染。不仅公营电视台,连民营电视台都全程直播了整整一个小时,"连一个广告都没有插播"。那场记者招待会成为日本记者俱乐部历史上出席人数最多的记者招待会之一。

新干线是现代日本高度发达的一个象征。邓小平是第一位乘坐新干线的中国领导人。26 年前,邓小平一行就是乘新干线"光-81 号"超特快列车从东京前往京都的。当列车以 210 公里的速度运行在风景秀丽的村镇田野间时,随行的日本记者问邓小平对乘坐新干线列车的感受,邓小平说:"就像推着我们跑一样,我们需要跑。"

众议院议员、前首相田中角荣的女儿田中真纪子回忆起与邓小平的交往时说:"我觉得他是一位很坦率、超凡脱俗、有庶民性的人。他认为拥有如此众多人口的中国,唯有发展经济一条路可走。他实践了自己的想法。"邓小平给日本政界、财界的要人们留下的印象是深刻的。访日期间,他在日本民众的心中也树立起了和蔼可亲的形象,是一位走到哪里就把欢乐的气氛带到哪里的"中日友好使者"。

《读卖新闻》社评选出的 1978 年度摄影作品大奖是一张题为《友好的巧遇》的照片,它生动地记录了邓小平访问奈良时向正在举行婚礼的一对日本青年表示祝福的情景。当年《读卖新闻》社摄影部部长田中秀男在评价这幅作品时说:"这幅照片有力地表现了邓副总理的坦率人品。"

坚持和发展中日友好是邓小平 1978 年访日的主旋律。当时的日本首相福田赳夫在日本 10 个友好团体欢迎邓小平的酒会上形象地说:"6 年前,由于两国政府发表了实现邦交正常化的联合声明,两国之间搭起了吊桥。这次由于两国签订了《日中和平友好条约》,两国之间又搭起了铁桥。"邓小平正是中日友好这座"铁桥"的缔造者之一。他说:"《中日和平友好条约》为两国关系的发展开辟了广阔的前途。但是,要使中日友好之树苗壮成长,根深叶茂,万古长青,还需要我们大家辛勤培育,精心保护。"

《每日新闻》当年曾发表评论指出,"邓副总理的访日,在日中关系的悠久历史中,具有里程碑的意义","使日本国民深刻地实际感觉到迎来了这样的一天:日中关系揭开了新的时代之幕"。①

_____

① 新华网 www.xinhuanet.com。

（二）江泽民在日本的演讲

1998 年 11 月,中国刚刚遭遇了一场世纪洪水,灾区百废待兴。时任中国国家主席江泽民在《中日和平友好条约》签订 20 周年之际访问日本。日本是江泽民此次出访的第二站,第一站是俄罗斯。25 日从新西伯利亚抵达日本后,6 天时间内,江泽民拜会了天皇,同小渊惠三首相会谈,会见了日本参众两院议长、在野党领袖,出席日中友好七团体以及日本经济团体举行的欢迎宴会等,访问内容丰富。

江泽民每到一处都会突出强调历史问题。28 日上午,江泽民在早稻田大学发表演讲,题目就是《以史为鉴　开创未来》。日本人也感受到了这点。28 日下午,江泽民参加日本记者俱乐部举行的记者招待会,日本《读卖新闻》记者说,这次在日本,江泽民在不同场合多次谈到对历史的认识问题,强调"前事不忘,后事之师"。

在媒体问到"您是否认为日本存在复活军国主义的危险?"时,江泽民答说,中国古人讲过,"以史为鉴,可以知兴替"。历史是客观事实,不可能改变。唯一正确的态度,就是正视历史,从中汲取经验教训,从而更好地面向未来,开辟未来。我不能不指出的是,日本国内总是有一些人,包括一些身居高位的人经常歪曲历史、美化历史,伤害了包括中国人民在内的亚洲受害国人民的感情,我们对此不得不作出反应。

三、领导演讲范例

（一）胡锦涛在美国友好团体欢迎宴会上的讲话

建设相互尊重、互利共赢的中美合作伙伴关系
——在美国友好团体欢迎宴会上的讲话

（2011 年 1 月 20 日,华盛顿）

尊敬的基辛格博士,

尊敬的骆家辉部长、拉胡德部长,

尊敬的柯克贸易代表、洪博培大使,

尊敬的美中贸易全国委员会主席穆泰康先生、美中关系全国委员会主

席希尔斯女士，

女士们，先生们，朋友们：

首先，感谢美中贸易全国委员会、美中关系全国委员会等友好团体共同举办这场欢迎宴会，使我有机会同各位新老朋友再次相聚、畅叙友情、共话未来。同时，我也要向在座各位和所有关心和支持中美关系发展的美国各界人士，表示诚挚问候和良好祝愿！

74年前的今天，罗斯福总统发表了题为《通往持续进步之路》的就职演说，号召刚刚从严重经济危机中走出来的美国人民团结一致，加倍努力，沿着持续进步的道路勇往直前。当前，国际金融危机导致的急剧动荡逐渐缓解，世界经济正在恢复增长，但不稳定不确定因素仍然较多，世界经济复苏进程仍将艰难曲折。包括中美两国在内的世界各国都希望尽快彻底摆脱国际金融危机影响、推动世界经济全面复苏。面对复杂多变的国际形势，面对各种风险和挑战，中美两国人民应该加强合作，同各国人民一道，共同分享机遇、应对挑战，共同开创人类发展更加美好的未来。

女士们、先生们！

32年前，中国改革开放的总设计师邓小平先生对美国进行了历史性访问。邓小平先生说，太平洋再也不应该是隔开我们的障碍，而应该是联系我们的纽带。历史已经验证了邓小平先生的这个重要断言。

在刚刚过去的21世纪第一个十年，中美两国共同努力，推动21世纪积极合作全面的中美关系不断向前发展，中美关系发展达到从未有过的广度和深度。在国际格局和中美两国不断发展变化的新形势下，怎样才能把健康稳定的中美关系带入下一个十年？

回答这个问题，首先要明确中美关系发展的基础是什么。应该说，中美两国从未像今天这样拥有如此广泛的共同利益、负有如此重大的共同责任。

——中美两国都致力于维护世界和平稳定、推动国际体系改革。中国和美国分别作为世界上最大发展中国家和最大发达国家，两国关系稳定发展本身就是对世界和平稳定的重大贡献。中美两国在一系列地区热点问题上开展协调和合作,在传统和非传统安全领域保持密切沟通和协作,推动国际社会共同应对气候变化、防止核扩散的努力取得重要进展,推动二十国集团领导人峰会等取得积极成果,同国际社会一道维护国际秩序总体稳定,推动国际体系改革和建设。

——中美两国都致力于推动亚太地区发展、促进亚太地区发展繁荣。亚太地区是中美两国利益交汇最集中的地区。中美两国在亚太地区实现合作共处,对地区形势和中美关系发展都至关重要。中美两国在朝鲜半岛、阿富汗、南亚等地区热点问题上保持密切沟通和协调,共同为促进地区和平发展、睦邻互信、互利合作发挥建设性作用。

——中美两国都致力于加强双边各领域合作、造福两国人民。目前,美国是中国第二大出口市场和主要投资来源地,中国是美国第三大出口市场,也是美国增长最快的出口市场。据不完全统计,过去10年,物美价廉的中国商品为美国消费者节省了6000多亿美元。中国已成为许多美国企业全球利润的最大贡献者。即使在国际金融危机最严重的2008年和2009年,仍有超过70%的美国在华企业实现盈利。目前,两国年跨境旅游人数达300万人次。中美两国人民友好交流、相互学习,不仅促进了各自人文领域发展,而且促进了东西方文明交流互鉴,有力推动了人类文明进步。

展望未来,我们对中美关系发展前景充满信心。在这里,我愿就推动中美关系更加健康稳定地向前发展提出如下主张。

第一,着眼大局,立足长远,积极推进中美伙伴合作。中美关系不是你输我赢、你兴我衰的关系,而应该是相互尊重、增强双方战略互信的关系,是突出共同利益、加强全方位合作的关系。双方应该以更加广阔的全球视野和与时俱进的思维方式看待和处理中美关系,走出一条相互尊重、平等互信、互利共赢、共同发展之路。为此,中美两国应该继续密切高层往来,加深和扩大各级别各层次沟通,加深对对方战略走向、发展道路的了解,不断增信释疑、凝聚共识。

第二,抓住机遇,开拓创新,努力构建互利双赢的中美经济合作新格局。当前,中美两国都在推进经济结构调整,加大对环保、新能源、科技创新的投入,加强医疗、教育等事业发展。这些为寻求两国经济合作新的增长点提供了新的机遇。中方愿同美方一道,推动建立两国更加全面积极的经济合作框架,开展更大规模的财政、金融、经贸合作,扩大能源、环保、农业、卫生等方面交流合作,拓展航空航天、基础设施建设、智能电网等新领域合作,使中美经贸合作纽带更加紧密,为两国人民创造更多就业机会和财富。

第三,加强沟通,密切磋商,深化应对全球性挑战及国际和地区热点问题的协调和合作。中美两国应该开展共担责任、共迎挑战的全球伙伴合作,通过双边渠道和各种多边机制,加强在多哈回合谈判、气候变化、能源资源安全、粮食安全、公共卫生安全等全球性问题上的磋商和协调,继续在地区安全、区域合作和热点问题上保持沟通和交流,努力推动国际体系朝着更加公平、公正、包容、有序的方向发展。要继续致力于促进亚太地区和平、稳定、繁荣,推进开放包容的地区合作,让亚太地区成为中美两国相互尊重、密切合作的重要地区。

第四,加深友谊,面向未来,积极促进社会各界友好交流。中美关系发展归根结底要靠两国人民和各界人士广泛支持和积极参与。要加强对两国文化、教育、科技等领域交流合作规划,促进两国立法机关、地方、工商、学术、媒体等社会各界的对话和交流,让更多人成为中美关系发展的支持者和参与者。尤其要积极促进两国青年交往,开展更丰富多彩的青年交流活动,让中美友谊后继有人。

第五,相互尊重,平等相待,妥善处理重大敏感问题。中美关系发展的历史表明,两国在涉及对方重大利益问题上处理得比较好时,中美关系发展往往比较顺畅和稳定;反之,两国关系就会麻烦不断、甚至出现紧张。台湾、涉藏等问题事关中国主权和领土完整,是中国核心利益所在,牵动着13亿中国人民的民族感情。中方希望美方恪守承诺,同中方一道共同维护两国关系来之不易的良好局面。

诚然,由于历史文化、社会制度、发展水平不同,中美两国之间存在一些分歧和摩擦是正常的,我们应该从战略高度和长远角度出发,本着对历史和未来负责的态度看待和处理双边关系,不受一时一事影响,不受偶然事件羁绊,增进互信,排除障碍,共同努力建设相互尊重、互利共赢的中美合作伙伴关系。

女士们、先生们!

21 世纪第一个十年刚刚过去。这是中国改革发展取得新的显著成就的 10 年,也是中国同世界的关系显著增强的 10 年。10 年间,中国经济保持年均 11% 左右的增长,人民生活显著改善。10 年间,中国平均每年进口 6870 亿美元商品,为相关国家和地区创造了 1400 多万个就业岗位。中国同国际社会一道积极应对国际金融危机,推动国际经济体系改革,推动和平解决国际争端和热点问题,积极参加应对全球性问题的国际合作,同世界各国一道维护世界和平、促进共同发展。

同时,我们也清醒地认识到,尽管我们取得了举世瞩目的发展成就,但中国仍然是世界上最大发展中国家的属性没有变,实现国家发展目标需要继续进行艰苦努力。发展是解决中国所有问题的关键,同时发展必须是科学发展,更加注重以人为本,更加注重全面协调可持续发展,更加注重统筹兼顾,更加注重保障和改善民生,促进社会公平正义。中国已经确定了未来 5 年经济社会发展的指导思想、战略目标和主要任务。我们将继续深化改革开放,全面推进经济体制、政治体制、文化体制、社会体制改革,完善社会主义市场经济体制,发展社会主义民主政治,建设社会主义法治国家,推动文化大发展大繁荣,促进社会和谐,全面提升开放型经济水平,朝着建设富强民主文明和谐的社会主义现代化国家的目标不断迈进。

我们将坚持对外开放的基本国策,奉行互利共赢的开放战略,继续把中国的利益同国际社会的共同利益紧密结合起来,扩大和深化同各方利益的汇合点。中国欢迎世界各国参与中国发展、分享中国发展机遇,将不断拓展新的开放领域和空间,以自己的发展促进地区和世界共同发展。

我们将始终不渝走和平发展道路,继续通过争取和平国际环境来发展自己,又以自身发展维护和促进世界和平。中国致力于和平解决国际争端和热点问题,奉行防御性的国防政策,不搞军备竞赛,不对任何国家构成军事威胁,永远不称霸,永远不搞扩张。

女士们、先生们!

推动中美关系长期健康稳定发展,是两国人民根本利益所在,也是促进世界和平与发展的客观要求。只要中美两国人民携起手来,就一定能够建设和发展相互尊重、互利共赢的中美合作伙伴关系,更好造福中美两国人民和各国人民。

谢谢大家!

(二)温家宝在美国友好团体欢迎午宴上的演讲

继往开来,共创中美关系更加美好的明天
——在美国友好团体欢迎午宴上的演讲

(2008 年 9 月 23 日,纽约)

尊敬的基辛格博士,尊敬的希尔斯大使、布朗先生、赵小兰部长,女士们、先生们:

首先,我要感谢美中关系全国委员会、美中贸易全国委员会、美国对外关系委员会、亚洲协会、美国商会、美国中国总商会、百人会、美中政策基金会、美国中国论坛、商业圆桌会议和华美协进社共同举办这场活动,使我们有机会同各位老友新朋再次相聚,共叙情谊。

记得2003年我对美国进行正式访问期间,你们在华盛顿也举办了这样盛大的宴会。那次我发表了题为《共同谱写中美关系新篇章》的演讲,对中美关系作出三条结论:一是中美两国合则两利,斗则俱伤;二是中美两国有合作的基础和共同的利益;三是中美合作有利于亚太地区的稳定,也有利于世界的和平与发展。

转眼5年过去了,我高兴地看到,这三条结论经受住了时间的检验,中美关系取得了重要的发展。

首先,中美高层接触比以往任何时期都要频繁。中美之间各种对话和磋商机制已超过60个,特别是中美战略经济对话和战略对话机制,为增进双方战略互信发挥了重要作用。

第二,双边贸易额从2003年的1260亿美元增加到去年的3020亿

美元,五年中增长了近一倍半,中美互为第二大贸易伙伴。双方在能源资源、气候变化、产品质量和食品安全等一系列新领域开展了对话与合作。不久前,两国签署的《中美能源环境十年合作框架》文件就是一个突出例子。

第三,中美在反恐、防扩散等全球安全领域和朝鲜半岛核问题等地区和国际热点问题上保持了沟通与协调,共同致力于维护世界和平与稳定。

女士们,先生们:

"国之交在于民相亲"。中美关系的发展还体现在两国人民之间的友好感情不断加深。四川汶川特大地震发生后,美方向中国提供了大量援助资金和物资,总价值超过1亿美元,其中大部分来自民间。记得大地震发生后的第二天,我在受灾最严重的北川县察看灾情时,偶遇三个美国青年。交谈中得知,他们是从成都赶来的美国志愿者。这是我在灾区见到的第一批外国志愿者。后来,由美国国际开发署牵头,美国一些著名企业和机构的代表冒着余震危险,前往重灾区考察,为恢复重建工作出谋献策。这在两国交往中也是首次,我在北京会见了他们。目前,在美国政府和社会各界的大力促成下,150名来自地震灾区的中国大学生正在纽约州立大学学习。我相信他们学成回国后一定能更好地为家乡建设服务,也一定会加入到促进中美友好的事业中来。

在上个月结束的北京奥运会上,我们同样见到许多中美友好的感人场景。例如,布什总统全家三代人来到北京,与中国观众一起为两国运动员加油;由中国教练执教的美国女排和体操队与中国队同场竞技;在美国NBA打球的中国运动员很受人们喜爱;美国花样游泳队在赛场上高举"谢谢你,中国"的标语,中国观众对此报以热烈的掌声,等等。这些例子再次证明,中美两国人民心灵是相通的,情感是相连的。借此机会,我要向长期致力于促进中美友好事业的美国各界人士表示崇高的敬意,对美国政府和人民对中国抗震救灾和举办奥运会的大力支持表示衷心感谢!

女士们,先生们:再过一个多月美国将举行总统选举。有不少人问我如何看待美国大选后的中美关系？我告诉他们，不管谁出任美国下届总统，中国都希望与美国保持和发展建设性合作关系。同时，我们坚信，无论谁入主白宫，中美关系都要向前发展，历史的潮流不会逆转。这是因为：

第一，中美两国从未像今天这样拥有广泛的共同利益。从维护世界和平与稳定，到应对日益增多的全球性挑战和推动贸易与投资自由化，中美合作的领域和意义已远远超出双边范畴，正在全球产生越来越重要的影响。中美关系稳定发展符合两国人民的根本利益，也顺应时代潮流。

第二，中美社会制度、发展水平和历史文化不同，两国在一些问题上存在分歧，这并不是什么可怕的事情。只要双方坚持在相互尊重的基础上开展平等对话协商，就能够逐步消除疑虑，加深互信。

第三，中美两个民族都具有海纳百川、好学求新的品质。美国在短短200多年时间里，成为世界上最强大的国家，在经济、科技领域取得了辉煌成就。中国悠久的文明绵延5000年不中断，在新的时代日益焕发出勃勃生机。不同的历史，同样精彩，靠什么？靠开放包容、博采众长。两个相互欣赏，相互学习的民族，也应该是友好相处、共同进步的民族。

第四，中国的发展不会损害任何人，也不会威胁任何人。中国是国际体系的积极参与者和建设者，不是破坏者。中国是一个负责任的大国。中国经济对世界经济增长的贡献率已超过10%。中国积极参与解决朝鲜半岛核问题、伊朗核问题等重大国际和地区问题。中国愿与国际社会一道，共同应对金融动荡、能源紧张、粮食短缺、气候变化等全球性挑战。

中美不是竞争对手，而是合作伙伴，也可以成为朋友。布什总统在出席北京奥运会期间对我说，美中关系不是一种你输我赢或你赢我输的关系，中国所得并不意味着美国所失，反之亦然。美国可以从中国的繁荣发展中获益，美中两国可以共同发展。我也高兴地看到，美国共和、民主两党阵营都重视中美关系。我认为，这体现了布什总统和美国两党阵营的战略眼光和政治智慧,也代表了全体美国人民的愿望。

我要强调的是,中国政府历来重视发展中美关系。我们真诚希望,中美友好合作能够走出一条不同文化背景的大国和谐相处、共同发展的光明大道。

台湾问题始终是中美关系中最核心、最敏感的问题。历史证明,中美关系能否顺利发展,很大程度上取决于台湾问题能否得到妥善处理。

今天,台湾新领导人回归"九二共识",海峡两岸关系呈现出缓和改善的积极势头。海协会与海基会在中断商谈9年后将举行首次会谈,两岸周末包机直航和大陆观光客赴台顺利实现,更多促进两岸人员和经济文化交往的重要举措正在商议之中。

当前和今后一段时间是海峡两岸关系发展的关键时期。我们愿本着"建立互信、搁置争议、求同存异、共创双赢"的原则,在"九二共识"的基础上务实解决各种问题,为两岸关系的进一步发展创造条件。

5年前,布什总统公开表明反对"台独"的立场,在国际上产生积极影响,赢得了中国人民的赞赏和尊敬,也使中美关系得以继续向前发展。5年后的今天,我们希望美方能够恪守承诺,坚持一个中国政策和中美三个联合公报,反对"台独",支持两岸改善关系,实现共同发展。这对两岸人民有利,对中美关系有利,对世界和平有利。

女士们,先生们:现在,国际上很关注北京奥运会之后中国的走向。明天我将在联合国的讲台上作出回答,简而言之就是:中国坚持走和平发展道路,坚持改革开放,坚持独立自主的和平外交政策。

虽然北京奥运会取得了成功,但中国实现现代化还有很长的路要走。对中国来讲,把自己的事情办好,保持稳定和发展,就是对世界最大的贡献,就是承担了最大的国际责任。同时,我们将继续与各国一道,坚定维护世界和平与稳定,积极参与国际经济合作,促进不同文明之间的对话和交流,推动实现世界的和谐与可持续发展。

女士们,先生们:我们即将迎来中国改革开放30周年和中美建交30周年。30年来,中国大地发生了翻天覆地的变化,中美关系也实现了巨大发展。这一切与其说是历史的巧合,不如说是历史的必然。富兰克林·罗斯福总统曾经说过，"时代要求我们大胆地相信，人类经过努力可以改变世界，可以达到新的、更美好的境界"。今天，我们有充分的理由期待和相信，一个世界上最大的发展中国家和最强的发达国家，有足够的勇气和智慧跨越任何艰险和阻碍，继往开来，共创更加光明美好的未来！

谢谢大家！

(三)赵启正在美国国家新闻俱乐部的演讲

中国人眼中的美国和美国人

（2000 年 8 月 30 日在华盛顿国家新闻俱乐部的演讲）①

女士们、先生们，各位来宾：

谢谢黑格曼先生的邀请，我很荣幸在这里发表演说。

我在这个新的工作岗位有两年多时间，从此开始注意美国媒体对中国的报道和美国人对中国人和中国的感受。我深感中国和美国这两个大国之间需要加强沟通，这包括政治、经济、文化等各个方面，但首先是媒体要加强沟通，因为它往往引导人们的思想并影响人们的情绪。为了做这样一种交流，我首先在美国讲《中国人眼中的美国和美国人》，只是想直率地把中国人或者说大多数中国人对美国和美国人怎么看向大家作一介绍，以促进两国人民的相互了解。

中美两国开始交往到现在，大约有 220 年左右，一个初学中文的美国人会惊讶地发现，中文"美国"两个字的意思从字面上理解是"美丽的国家"。当然，我们不在这里讨论复杂的词源学。其实中国人刚刚知道太平洋彼岸的广袤之国 The United States 时，有过几十种译法，但最终定为"美国"——一个最好的中国式名字，这会使一个不了解美国的中国人对她自然产生好感。

两国人的正式交往始于 1784 年。这一年，美国商船"中国皇后"号从纽约港起航，穿过大西洋，绕过好望角，8 月 28 日到达中国广州的

---

① 中国网 2005 年 4 月 30 日。

黄埔港,揭开了中美关系的序幕。19世纪中叶之后,双方商业往来激增,由此开始了对于彼此都日益重要的相互了解的漫漫历程。

中国清朝以禁烟著名的重臣林则徐主持翻译了《四洲志》一书,首次比较具体地介绍了美国。但总体上看,19世纪末大多数中国人对"远在天边"的美国并不了解。1872年中国政府派遣的首批幼童赴美留学时感到既兴奋又新奇:穿着土著衣服的印第安人,就像中国京剧中的演员。

19世纪开始,中国文化特别是以孔子为代表的儒家文化开始传入美国,对美国文学,主要是以爱默生和梭罗为代表的超现实主义者产生了重要影响,美国现代诗歌之父华尔特·惠特曼在他所著的《只言片语》中就两次提及孔子。悠闲的中国老人的形象频频出现在美国现代诗人史蒂文斯的诗作中:"在中国,一位老人坐在松树的阴影里。他看到飞燕草,蓝的,白的,在树荫的边上,被风吹动。他的胡子也在风中飘动,松树也在风中舞动。"只是他不太明白,为什么"那些中国老人,不是坐在山池边整理衣衫,就是在扬子江上仔细端详自己的胡子"?

文学是中国人民了解世界的一个重要渠道,与此同时,大量美国文学作品被翻译成中文,使我们听见了太平洋对岸的沉思共鸣和各种各样的声音。用惠特曼的话来说,我们"听见美利坚在歌唱,我们听见各种不同的欢歌,听见他们放开喉咙高唱有力而优美的歌曲"。是的,通过大量译作,中国读者听见了杰克·伦敦在《荒野中的呼唤》,听见了福克纳的《喧哗与骚动》,听见了海明威的钟声——虽然他自己也不知道这《钟声为谁而鸣》。

我们还听见在密西西比河上领航员的呼唤(Two fathoms or Mark Twain)——后来它成了Samul Clemens在中国家喻户晓的笔名马克·吐温(Mark Twain),他的《哈克贝利·费恩历险记》等书在中国广为流传。

通过这些作家,中国读者了解了美国民族乐观、务实、坚强的性格特点,这也许就是"美国"(America)的中文全称被译作了美(beautiful)、利(profit)、坚(solid)的原因,这三个字都有很好的含义。

　　18 世纪一位美国船员第一次到中国,他说中国人当时这样区分美国人和英国人:他们都说英语,但做生意时盯着秤杆的一定是英国人。1900 年发生过八国联军攻入北京的事件,北京的皇家建筑圆明园再次被毁,珍宝文物被掳一空,中国还被迫签订了屈辱的条约。但是中国人对这八国中首先记住的是英国、法国和日本。因为此前不久他们都对中国进行过侵略战争,而美国后来又退还了中国部分赔款,中国人并没单独记恨美国。

　　清朝末年,许多优秀的中国人在探索救国救民道路的过程中参考了美国。近代中国革命的先行者孙逸仙博士,多次公开重申要以美国为师,他提出的"三民主义"在很大程度上是受林肯的"民有"、"民治"、"民享"思想的影响。孙中山在 1904 年曾正式向美国政府和人民呼吁支持中国革命派,推倒满清,但是没有得到美国的回应。

　　中国共产党的领袖毛泽东在少年时代阅读过一本《世界英豪传》,被书中华盛顿、林肯等人的事迹感染,他说:"中国也要有这样的人物。"自从中国人知道华盛顿,他作为美利坚民族的象征,作为美国"国父",无论中美关系如何变化,他一直深受中国人的尊敬,受到这样尊敬的另一个美国人就是林肯。

　　在二次世界大战期间,中国战场吸引了大部分日本陆军,中国军民进行了艰苦卓绝的战斗。罗斯福总统领导的美国政府和人民对中国的抗日战争给予了有力的支持。1942 年日军切断中缅公路时,美国空军开辟了跨越世界屋脊喜马拉雅山的"驼峰航线"(1942 年夏,日军切断了中缅公路这条盟军与中国联系的最后通道,一切物资运输被迫中断。美国总统罗斯福下令:不惜任何代价,开通到中国的路线。由于海陆已无通道,只能开辟空中航线。"驼峰航线"西起印度阿萨姆邦,向东横跨喜马拉雅山脉、高黎贡山、横断山、萨尔温江、怒江、澜沧江、金沙江进入中国云南省高原和四川省。航线全长 500 英里,地势海拔均在4500—5500 米上下,最高海拔达 7000 米,山峰连绵起伏,犹如骆驼的峰背,故而得名"驼峰航线"。该航线为打击日本法西斯作出了重要贡献)向中国供应抗日武器。由于山高路远,气候恶劣,不少飞机失事。

据统计,当时共损失 600 多架 C-46 飞机。前几年,在中国的西藏、广西等地仍能发现"二战"期间美国飞机的残骸,1500 多名中美飞行员为中国人民的抗日事业献出了生命。两国人民在这场反法西斯战争中并肩战斗,结下了难忘的情谊。中国人民至今没有忘记这段历史。在中国的南京市,就有美国飞行员烈士墓。

中国现在开始实施西部大开发战略,中国人自然会想到美国西部开发的历史。众所周知,横贯美洲的中央太平洋铁路(1863 年美国内战期间,林肯总统为了打通东西部,决定修筑一条连接太平洋和大西洋的铁路。铁路工程极为艰巨,先后有 1.5 万华工参加筑路,"横贯美国东西部大铁路的每一根枕木下面都卧着一名华工的尸体"。工程完工后,负责铁路西段的总工程师朱达由衷地说:"这条铁路亏欠中国工人很多,那些值得尊敬的中国人将被永远牢记在美国人的心中。")的修建是美国经济起飞的发射台。人们较少知道这条大铁路动脉是与华工的巨大作用连在一起的。19 世纪 40 年代,在寒冷的冬天,当别的队伍撒下落基山脉(落基山脉(Rocky Mountains):北美洲西部主要山脉。从加拿大艾伯塔省和不列颠哥伦比亚省向南延伸,经美国西部至墨西哥边境,全长 3000 英里,最宽处达数百英里)中央太平洋铁路经由此山的时候,华人继续勇敢西进,在美国广袤、荒凉的西部修筑铁路,他们当中有许多人献出了生命。为了表彰中国铁路工人的业绩,美国的伊利诺斯州政府于 1991 年在中国上海用 3000 枚铁路道钉塑造了纪念碑,碑上刻着:中国建路工人所作的贡献是连接美国东西海岸并促成其国家统一的一个重要因素。在这个纪念物旁边逗留的中国人,会有感而发:100 年前曾大规模排华的美国人今天是知恩了。

从 1941 年太平洋战争爆发到 1945 年反法西斯战争胜利,中国人民对美国的友好和感谢的心情达到高潮。象征着美军胜利的吉普车也受到欢迎,"Jeep"这个词第一次进入英汉词典,并成为汉语中的外来语。

可转眼间,这些吉普车上美军载着中国女郎在街上横冲直撞,1946年圣诞之夜又发生了美军公然在北京市区广场上强奸北京大学女学生的事件。人民由亲美转而反美竟是在这么短时间内发生了。美国政府在中国内战爆发前和内战中公开偏袒腐败的蒋介石政府使"美国失去了中国"。

历史发展并非一帆风顺,短短数年,时过境迁。由于文化的差异、意识形态的不同和战略利益的冲突,1945 年之后中美由"二战"时的"盟友"变成了势不两立的敌人,后来在朝鲜半岛兵戎相见、流血厮杀。今年是朝鲜战争爆发 50 周年,全美将举行一系列纪念活动。在这场战争中,中美两国士兵伤亡众多,许多人死于严寒和肉搏。大多数美国人认为他们是为自由而战。

但中国人有不同看法,他们认为中国战士是为保卫祖国而战。中国百年以来遭受外国侵略和列强蹂躏。民族再次受辱,侵略的威胁即在国门:美军舰队游弋于台湾海峡,美国陆军临近鸭绿江中国一侧,美国炸弹已经扔到了中国领土上。中国为此战国力损失重大。虽然事情已过去了几十年,但丝毫不能期望双方的意见有任何变化。我最近知道美国一家公司和中国一家电视台合拍了一部名为《38°线》的反映朝鲜战争的历史巨片。这部片子的中国导演认为,既然中美要在 21 世纪成为和平的伙伴,就应该回头审视 20 世纪我们曾经是敌人的那个时代。它将生动再现交战国家的各式人物——决策人与普通战士。50 年前谁能够想到这样的事发生呢?昔日战场上的敌人,今日合拍记录那场战争的故事?

此后,中美关系进入长达 20 多年的对峙时期。"打倒美帝国主义!"是中国的口号,而美国公民的护照上则盖上了"去中国无效"的印章。长期的隔绝和敌对状态,使两国人民都很难得到对方的准确信息,以至基辛格博士 1971 年第一次秘密访华前,尼克松总统和他本人都担心到中国后是否要按中国古代礼节下跪磕头。

但是,在国际关系中,没有永远的敌人。中美之间更没有成为永远的敌人的理由。世界上的人们都没料到,在响着反美口号的"文化大革命"当中,中美关系会有一个突然的大变化。60 年代末、70 年代初,中美领导人都感到有必要接近和改善关系。1972 年 2 月,尼克松总统正式访华,在北京早春的寒风中,周恩来握住了从世界最辽阔的海洋伸过来的尼克松的手,毛泽东在他那间堆满了书籍的书房里会见了尼克松,畅谈国际大事和哲学问题。从此,一个时代结束了,另一个时代开始了。

美国歌曲——30 年代的和当代的,在中国广泛流行,包括那首《扬基进行曲》。讲到这里,我想起了一件有意思的事。1979 年中美刚刚建交的时候,上海市一家著名的西式点心店,特意制作了一个大蛋糕,顶上的一层站着两个糖做的小孩,一个是中国孩子,一个是美国孩子,各执自己国家的国旗。蛋糕的底部用果酱裱了四个字:中美友好。表达了中国人民的良好愿望。爱喝茶的中国人对茶杯是讲究的,也曾有印着中美国旗的茶杯出售。

中美正式建交是在 1979 年,这时离"文化大革命"的十年动乱结束才三年,当时中国的大学停止招生,知识分子下乡,经济发展停顿。而 1979 年初,正着手中国改革长远计划的 75 岁的邓小平先生访问了美国。中国的媒体对遥远而陌生的美国作了广泛报道。中国的报纸还在显著位置刊登了邓小平头戴牛仔帽的照片。此后,中国媒体开始大量报道美国的政治、经济、文化、社会等各个层面,把活生生的美国呈现在中国公众面前。

中国人民对美国人民的实干创新精神印象至深。早在 1944 年,中国著名作家萧乾访美归来后就由衷地感叹:"在夜总会里的美国人,拼命玩;在田纳西水利区看到的美国人,连总工程师也挽起了袖子,拼命干。值得一学的是美国人那种说干就干的精神。"

中国人对美国的科学技术,对阿波罗计划阿波罗载人登月工程是美国国家航空和航天局在二十世纪六七十年代组织实施的载人登月工程,或称"阿波罗计划",对硅谷都很钦佩。如今,麦当劳、肯德基开设在中国大小城市,留学美国是许多大学生的向往。1978 以来,仅在中国教育部门办理登记手续的,到美国留学的中国人就有 12 万多人,到中国留学的美国人则为 1 万多人。

然而,中美关系的发展充满曲折,中美之间也存在很多分歧,如贸易逆差、达赖喇嘛、台湾、人权等问题。虽然中国媒体对美国对华政策也常有尖锐的批评，但对美国社会发展的全面报道保持了热情和很大的篇幅。中国人发现与中国媒体对美国报道的热情场面相反，美国媒体关于中国的信息很少、也不准确，其中不少报道带有明显的偏见。不久前，华盛顿的一位电台总裁访问中国国际广播电台，还携带了大量的方便食品，他十分担心在中国吃饭有困难。由此可见，美国公众对中国的误解有多么严重。

还有一种情况，就是过分渲染中国的实力，夸大中国的军事力量，为所谓的"中国威胁论"寻找理由。（编者注：此时的幻灯片上是《波士顿环球报》1996 年 1 月 7 日的内容，一对巨长的筷子夹住几个美国国旗做成的小纸片，旁边文章的标题是《我们应当怕中国吗?》。）这是一张很典型的漫画，文章在导言中提到了我本人，说记者访问了上海市副市长、浦东新区负责人赵启正先生，他介绍了野心勃勃的发展计划。这个计划可能在他有生之年实现，到那时中国不仅是政治大国、军事大国而且还是经济大国，所以全世界都应该怕她。那么，中国的筷子就会把美国的国旗当菜吃了。事实上，中国从来没有能力也没有这种想法，把任何一个国家当菜吃掉。恰恰相反，中国 100 多年以来被别人当菜吃过。我给《波士顿环球报》写了信，我说："编辑先生，你所说的我不能同意，中国没有这种打算。"感谢这家报纸把我的信刊登出来了。

美国的有些舆论为"遏制中国"制造了一些借口，形成了对中国不友好的舆论。这种做法不但改变了美国人对中国的看法，长此以往也改变了中国人对美国的看法，使一批 1972 年后成长的知识分子由亲美转为反美。许多中国人，包括那些看上去在价值观上与美国趋同的青年学生们提出了一个又一个令人困惑的问题：美国主流媒体为什么对中国充满偏见和对公众有意误导？美国为什么每年都要发表指责中国等发展中国家的《国别人权报告》，几乎每年都要在联合国人权会议上提出反华提案？美国为什么总是对中国自己的事情指手画脚？美国为什么坚持并逐年扩大对台湾的军售？美国究竟会不会成为中国的朋友？等等。1996 年，几位年轻的知识分子写了一本书《中国可以说不》。这本书并不代表中国政府的立场，但却反映了中国知识分子的思考。去年以美国为首的北约对中国驻南联盟使馆的轰炸，激起了中国人民的强烈愤慨并爆发了大规模的抗议游行，这是老百姓爱国激情的一次自然流露。

回顾历史，我们看到，中美关系虽然历经波折起伏，在一些问题上也有严重争执，但中美关系的方向是友好合作，中美之间找不到不合作的理由，如果有，那也是人为制造的。中美两国人民的友谊应当像落基山上的红杉树一样万古长青。最近我还发现中国一个地方卷烟厂生产的香烟就是以"红杉树"（Sequoia）命名的。我并不主张抽烟，但我喜欢这个牌子。中国决心加强中美友谊。就在现在，中国还拍摄了表现中美友谊的多部电影和电视剧，如《黄河绝恋》表现了美国飞行员在中国参加抗日的故事，这些影视片在中国大受欢迎。顺便说一句，中国人也很喜爱美国电影，《泰坦尼克号》讲述的优美、凄婉的爱情故事，它说爱情高于金钱，在中国受到了热烈的欢迎。而由美国人拍摄的中国故事《花木兰》更是受到中国儿童的喜爱。

中国人民是成熟和理智的人民，中国人民深切地认识到，随着世界政治多极化和经济全球化向纵深发展，世界各国在政治、经济、军事、文化等各个方面的相互依赖性进一步加强。毫无疑义，美国是世界上最大的发达国家，中国是世界上最大的发展中国家。中美两国作为具有建设性战略伙伴关系的国家，虽然在意识形态、战略利益和文化传统方面还存在很大的差距，但是为了双方在许多方面拥有共同的重要利益，两国已经建立了有效的、建设性的、广泛的伙伴关系。让我们在以下方面共同努力：在世界政治中提倡独立自主与求同存异；在全球经济中促进增长，共同发展；在国家社会之间发扬平等与相互尊重；在发展科学技术中加强交流，为人民造福；在文化领域则鼓励欣赏对方的优秀和多样性。

很显然，中美两国和则两利、"双赢"，斗则两败俱伤。两国加深了解，加强合作，对推动世界的和平发展具有重要的意义，而改善和发展中美关系则是两国人民的共同要求。中美之间的合作已经取得了很多成果,并将继续取得成果。我在浦东新区工作时,在那里建筑了一座中美合作的摩天大楼,420.5米高,属于世界第三高度,但它的美丽被公认为世界第一。这个大楼是中国宝塔的外形,美国的钢结构,从里面看金碧辉煌,从外面看就是一个中国的宝塔。我想,这样的中美合作还有许多新的领域。

面对下一代,面向新世纪,我们只有努力发展中美关系的责任,决没有阻挠和破坏两国人民交往的权利。绝大多数中国人赞成中国国家主席江泽民提出的中美之间应"增进了解,扩大共识,发展合作,共创未来"。中国人也欣赏克林顿总统提出的"21世纪将成为美中两国最美好的时期"的预言。

我知道我选择了一个困难的题目,我今天不是讲中美关系史,那是学者的课题;也不是讲眼前的中美关系,那是外交官的领域。我只想讲普通中国人对美国和美国人的看法,这些看法丰富但又复杂,矛盾又富有变化;既没有回避历史,也不超脱现实,更着眼于未来。

我是一个乐观主义者,我希望我的演讲能使诸位多少了解中国人对美国人的友好愿望,是把它当作"美丽的国家"而不是"美丽的帝国主义"。今天我报告了"中国人眼中的美国和美国人",希望明年或者什么时候能在中国举行"美国文化中国行"活动,并听到在座的哪一位在中国作"美国人眼中的中国和中国人"的报告。衷心希望在中国见到各位。

谢谢!

点评:追求沟通的最高境界(新华社副总编辑 周树春)

读了赵启正同志的这篇演说,一种夹杂着兴奋和期盼的复杂心情与感慨油然而生——假如所有美国人特别是同中国打交道的美国人都有机会听到这次演讲或读到这篇讲话,假如所有中国官员特别是从事对外工作的人员都能这样和美国人沟通与交流,中美关系一定会大为改观!

无论是作为一篇演讲,还是作为一篇对外宣传的文稿,《中国人眼中的美国和美国人》都堪称典范。演说字里行间所体现的不仅仅是策略与技巧的水准,更是一种沟通与传播的境界。

在受众心中引发共鸣,是传播与沟通的基本目标,对可能存在隔阂、成见乃至偏见的特殊传播环境,这更具有至关重要的意义。面对华盛顿全美新闻俱乐部这个特殊场合,讲演者显然有着清醒的认识、明确的目标和有效的应对。

首先,作为一种"大手笔",演说开篇即"一鸣惊人"。我们知道,不管是阅读还是视听,受众的期望值和好奇心在起始阶段往往比较高。所以,吸引人的开端是成功的一半。可以想象,关于"美国"和"美利坚"的平实而巧妙的阐释,一定让那些心怀"看这个中国高官有何高见"的问号的美国人稍感意外。从一开始,演说就把"矛头"直射听众心窝,把他们的注意力钉牢。我想,即便演讲的其他内容后来为人淡忘,关于他们"美丽的国家"的美誉一定恒久地同中国联系在一起。对外宣传并不需要一味地投其所好,但话不投机、语不到堂往往是影响有效沟通的重要障碍。既然要做工作,首先要调动起好感。这是一个显而易见的道理。

其次,演讲站在人文精神的高度上,以富于理想主义色彩的语言,通过对历史纵深的挖掘和对现实横阔的开拓,营造出一种超凡脱俗的氛围和意境。通篇闪烁的思想火花和哲理光芒,不时让人眼前一亮,听过读罢更觉意犹未尽、余味无穷。立意高远,不就事论事,是这篇演说的一大特点,也是对外宣传应该普遍遵循的基本要求。

听众和读者一定感到,从演讲者心中流淌出来的真挚与坦诚产生一种强烈的震撼力。只有感动自己,才能打动别人。这应该是传播与交流的一个基本规律。显然,启正同志在这篇演讲中倾注了奔放的激情,也倾注了炽烈的热情。本来,这样一种场合的演讲完全可能处理为某种不需要多少情感投入的"例行公事"或"照本宣科"。如果是那样,结果自然是完全不同的。真诚的意义在于感动人,但我理解,这种热情和激情绝不是为了博取信任和好感的"技术秀"。其间的重要启示是,从事对外宣传需要有一种自我感染和自我感动的能力,而从本质上讲,这种感受力源于内心深处的使命感和责任感。那就是,把我们说与写的每一句话、想和做的每一件事同整个国家的形象、利益乃至命运联系起来。事实上,如果没有发自内心的强烈意愿,真诚与感人都无从谈起。可以说,对外宣传的有效性,主要来自于用"心",而非口、笔。通过这篇讲稿,我们看到中国最高外宣官员的身体力行。

当然,任何对外宣传,都是一个特殊的交心论理的过程,也是一个更具有挑战性的说服与被说服的过程。这就需要逻辑的力量。可以看出,为了有效地展开逻辑攻势,演说者首先把被说服对象可能并不乐于接受自己的观点这样一种假设作为"说服"的起点,同时把相信他们的理性判断能力这样一种估计作为"说服"的落点。这恰恰是我们在对外宣传中征服人心所应采取的战略姿态。

具体讲,演说所瞄准的"靶心"是这样一种情况:在"妖魔化中国"的背景下,美国人认为中国人不会正确评价美国。沿着中美关系的历史轨迹,通过选择重要的事实细节,演讲令人信服地说明:从林则徐主持翻译介绍美国的书籍,孙中山受林肯"民有、民治、民享"思想的启发提出"三民主义",少年毛泽东研读华盛顿和林肯事迹,经解放战争间接交手和朝鲜战争直接交恶,到毛泽东与尼克松的历史性握手,再到邓小平访美后中国媒体对美国的广泛报道,中国人对美国和美国人的印象是全面、客观的,甚至可以说总体上是正面的。

不过,揭示"中国人眼中的美国和美国人",用意绝不在于让美国人知道他们"属于中国人比较喜欢的外国人之列"。这也正是演讲整体构思的巧妙所在。演说的第一句话即提及"美国媒体对中国的报道和美国人对中国人和中国的感受"问题,后面则通过不露声色的比较,含蓄而深刻地分析美国媒体对中国的报道"信息很少、也不准确",甚至"不少报道带有明显的偏见"的现象。这种批评不露刀痕斧迹,入情入理,水到渠成。

斯大林评价列宁演说时说,是一种逻辑力量"紧紧地抓住听众,一步一步地感动听众,然后把听众俘虏得一个不剩"。并不是作简单的类比,但可以肯定,通过内在的逻辑力量寓宣于理,形成沟通学所追求的"思想上的迫人力",既是这篇演说的动机,也是可以预料的效果。

最后,贯穿始终的丰富意象和配合的40余幅投影图片,极大地增强了演说的感染力。从1784年漂洋过海的"中国皇后"号到1942年跨越喜马拉雅上空的"驼峰航线",从3000多枚道钉制成的华工纪念碑到反思朝鲜战争的《38°线》,从《黄河绝恋》的悲壮到《泰坦尼克号》的凄婉,从中国筷子夹食美国星条旗的暗喻到上海浦东由中国宝塔和美国钢结构融筑成摩天大楼的象征意义——这一串串闪亮的珍珠,使晦涩的概念形象化、具体化,让浅显的道理入耳、入心。

美国人赞誉里根为"伟大的沟通者"。在中国崛起的历史过程中,我们更需要杰出的沟通者。从这个意义上说,透过《中国人眼中的美国和美国人》的表层魅力,我们更应该挖掘蕴含其中的价值理念。

(选自《向世界说明中国——赵启正演讲谈话录》,新世界出版社出版)

(四)我国原驻英国大使傅莹在英语联盟的演讲

尊敬的亨特勋爵,女士们、先生们:

很高兴应英语联盟之邀做丘吉尔讲座,索姆斯女男爵(丘吉尔之女)的光临令我深感荣幸。丘吉尔爵士一生成就斐然,曾担任英语联盟的第一任主席,足见他致力于通过英语促进和平、增进了解的决心。

24年前我在英国留学的时候,曾到查特韦尔的丘吉尔故居参观,在那儿买了一本丘吉尔自传。当时对我来说,买课外书是一件很奢侈的事,所以很珍惜,把那本书一字不漏地从头读到尾。丘吉尔爵士勤奋好学的态度深深感染了我。当他还是后座议员时,这位聪明的年轻人已经在下议院中脱颖而出。他在自传中讲到,没有勤奋就不可能有聪明。他谈到每次在议会发言,哪怕只是提一个2分钟的问题,都会花上几个小时甚至几天的时间在议会大厦走廊的图书架上查阅大量资料,研究事情的背景,做认真准备。这对我很有启发,尤其是当我在学习中遇到困难的时候。直到今天,我对自己做的每一场演讲和接受的每次采访都精心准备,当然也包括今天这场演讲。我留学英国时,也曾在牛津大学参加过英语联盟办的演讲和辩论技巧培训班,我要借此机会表示感谢。今天是检验培训对我是否起作用的好机会,如果今天我讲得不好,也有英语联盟的责任吧。

我演讲的主题是:更好地了解中国。

根据美国一家专门跟踪全球媒体报道的研究机构——全球语言监控机构的统计,过去10年最热门的新闻中,中国崛起占据榜首,甚至大大超过9·11恐怖袭击和伊拉克战争。的确,2009年很可能将被作为中国迈向发挥世界大国作用的转折之年而载入史册。我在伦敦能清楚地感受到,中国正在走上世界舞台。在G20伦敦金融峰会上,中国与美国、英国和其他国家的密切合作显示出,中国已经进入处理全球事务的中心舞台。

美国总统奥巴马不久前访华时谈到,中国在全球事务中发挥更大的作用是过去20年最重大的事件之一。他说,美国对此表示欢迎,并期待成为中国有效的伙伴。然而,西方世界的很多人仍然觉得了解中国是件很难的事。而中国也有民众对西方世界到底用意如何有疑虑。那么,中国到底是一个什么样的国家呢?其实很难用一句简单的话来回答,因为中国太大了,太多样化了,变化太快了。在我看来,今天的中国究其实质,是一个具有多重性特征的大国。

下面请允许我具体介绍一下:第一,中国是一个在过去30年中实现高速发展的国家。1996年,中国GDP是1万亿元,到2008年则增长到20万亿元,13年的时间里增长了20倍,成为世界第三大经济体。2008年,中国一天创造的经济价值超过1952年一年的总量。中国利用快速增加的财富使2.5亿人在过去的30年里摆脱了贫困。因此,当我看到联合国关于消除饥饿的报告时,不禁为中国取得的成就而感到自豪,中国用占世界仅7%的可耕地,养活了占世界20%的人口。

在中国悠久的历史中,吃饭问题一直是头等大事。记得一直到80年代,人们见面打招呼的方式都是问:"吃了吗?"现在,如果你问我女儿这代人"吃了吗?",他们会觉得你这人大概有毛病。当然,中国缺乏在世界舞台上操作的历史经验,我们仍然在学习和适应自己新的全球角色。而且我们仍然需要将大部分精力投入到处理国内问题上。

这引出了我要说的第二点：中国仍然是一个发展中国家。中国存在的弱点和挑战我们中国人自己看得最清楚。中国人均 GDP 刚达到 3000 美元多一点，居世界 104 位，排在牙买加和纳米比亚之后。而英国的人均 GDP 是中国的 13 倍。各位是否还记得英国历史上哪一年处于同样的收入水平？根据英国经济学家安格斯·麦迪森的测算，那要追溯到 1913 年。

中国仍处在世界产业链的低端，中国产品的很多设计和关键部件都依赖进口。中国也许要出口一个集装箱的鞋袜，才能买来一个小小的电脑芯片。中国发展不平衡的问题也相当突出。许多外国人看到北京和上海，以为那就是中国，但若去中国广大的西部地区看看，肯定会得出截然不同的结论。中国还处在工业化、城镇化的早期，65% 的人口是农民。有 1.35 亿人每天生活费不足 1 美元。我们不能因为所取得的成就而骄傲自满，这也正是为什么中国领导人常说，要有忧患意识，居安思危。

当然，这并不意味着我们会无视世界对中国承担全球责任日益上升的期待。因此，我想说的第三点是，中国正在学习承担更大的国际责任。正如国家主席胡锦涛所说，中国的前途命运与世界的前途命运前所未有地紧密联系在一起。我想，中国崛起之所以成为热门话题，也是因为许多人不确定中国强大后将如何运用自身实力，中国能否摆脱国强必霸的窠臼。事实上，中国作为经济大国对世界并不是什么新鲜事。在 18 世纪以前的几个世纪里，中国一直是世界上经济发展最强盛的国家，GDP 一度占世界一半以上。但是，中华文明没有谋霸的基因，而只是一个朝代接一个朝代地修筑长城，以阻挡游牧部族。

进入 21 世纪，中国通过对外积极贸易获得经济发展，并且得益于相对和平的国际环境。在当今全球化的世界里，各国的利益高度融合，相互联系和依存日益紧密。因此，中国确定的对外关系的基调是追求和平、发展与合作。美国国务卿希拉里访问中国的时候采用了一个中国成语"同舟共济",这个成语表现了时代的精神,反映了金融危机中,中国与美国以及欧洲国家关系的状态。

1992年,当我参加联合国维和行动时,总有人问我,你是韩国人还是菲律宾人? 现在,中国是联合国常任理事国当中参加联合国维和行动人数最多的国家,累计14000人次。中国也为世界减贫和发展事业做出贡献,中非关系就是很好的例证。温家宝总理在中非论坛上提出了推进中非合作的8项新举措,除了为非洲国家提供优惠贷款,免除最不发达国家债务等,还将在非洲建50所学校,培训1500名校长和老师,将奖学金名额增至5500名。中英两国也在探讨在一些非洲项目上合作的可能性。

鉴于哥本哈根会议升温,我下面谈一谈中国在应对气候变化问题上发挥的作用。中国赞同减排,以阻止全球变暖的趋势。在中国,极端天气越来越多,另外在经济高速发展的同时,也带来了严重的环境问题,亟待解决。

中国虽然仍然是一个发展中国家,也自愿采取了降低排放强度的措施,并制定了到2020年进一步将单位GDP碳强度降低40%—45%的目标。中国将把森林覆盖面积扩大4000万公顷,相当于英国国土面积的1倍半。据国际能源署估计,如果中国到2020年能兑现上述目标,二氧化碳排放量将减少10亿吨,这将是一个了不起的成就。但我们在讨论气候变化时,不能只看到数字和现象,还要看到其中人的因素。想象一下,当一个中国农村通上电以后,农民们能打更深的水井,他们的孩子也能第一次看上电视,从中了解多彩的外部世界。他们当然期盼更高的生活水平、更多的物质享受。谁能对他们说,你们没有权利享受从电视里看到的上海人或伦敦人的生活? 如何让13亿人民都有机会实现梦想,并且是以对环境负责任的方式来实现,这是中国面临的艰巨的使命。我们实现这个跨越的唯一的出路在于加大科技的投入。

中国主张权利与责任应当平衡。中国人均排放二氧化碳4.6吨,而美国和英国人均分别为20吨和8.7吨。从1750年到2005年,发达国家的排放占世界总排放的 80%。即使到今天,发达国家人口虽然只占世界人口 20%,排放量仍占全球 55%。这就是为什么我们在哥本哈根会议上主张,发达国家应当根据"共同但有区别的责任"原则,承担减排的主要责任,并增加对发展中国家的技术转移和资金支持。这是一个涉及公平和平等的发展权利的问题。

中国与世界的关系仍在演变之中。扩大中国对外部世界的了解和外部世界对中国的了解,对增进彼此理解与合作至关重要。中国热情地拥抱世界,英语热方兴未艾。每年新增英语学习者超过 2000 万。北京奥运会是一个重要的推动器,奥运前后,家庭主妇、出租车司机都在努力学习英语。

事实上,语言障碍可以是影响理解的重要因素。我可以举一个例子,邓小平在上世纪 90 年代提出,中国外交一个重要原则是"韬光养晦"。当时世界进入重大变革,一些人想将中国拖入围绕冷战的是是非非而进行的争论中。邓小平引用的这句古语是说,不要试图做超出自己能力的事情。他是强调我们应当集中精力发展自己的经济。直到今天,这仍然是中国外交的重要指导原则。但不知道出于什么动机,一个美国学者将这句话翻译成:"咬紧牙关、等待时机",不难想象这将如何为"中国威胁论"推波助澜。

很多关于中国的误解在某种程度上都因交流不畅造成。奥巴马总统访华时,国际媒体完全忽略了中国网民们和中国媒体上关于中美关系、中国与世界关系的热烈讨论。中国现在有 2000 种报纸、9000 种杂志,每年出版新书 23 万种。中国还有互联网用户 3.6 亿人,博客用户 1.8 亿人。在中国,公众和舆论界言论活跃,对几乎每件事都发表看法,其中既有很多积极肯定的观点,也有不少批评的意见。但外部世界很少有人能够跟上这股快速发展的信息流。

在中西方信息交流中,中国读到关于西方的东西一向要远远多于西方读到关于中国的东西。中国早在上世纪 20 年代就开始大量翻译介绍西方的文学和科学书籍,现在力度更大,翻译作品有着广泛的阅读群体。一个中国学生要考大学,就不可能不了解一些英国文学和工业革命的历史。而且随着越来越多的中国人能阅读英语,在北京、上海的书店里能看到整架整架的英文原版书籍。但这种双向交流并不平衡,在西方,甚至学校和图书馆都很少见到关于中国的书籍,更不要说在书店里了。

随着时间的推移,老一代翻译家渐渐淡出历史舞台。翻译了中国古典名著《红楼梦》的牛津大学语言学家霍克思先生在今年夏天离世。春天我到他家里访问时可以感受到先生的寂寥,他的译作在英国社会里也鲜有人知。在中国,曾将不少中国名著和诗歌翻译成英文的著名翻译家杨宪益先生也与世长辞。我们亟须培养新一代像霍先生、杨先生那样的翻译大家。

中国已经向世界伸出了手,目前在包括英国在内的87个国家建立了282个孔子学院和241个孔子课堂。我们高兴地看到,世界握住了中国伸出来的手。在英国,越来越多的学校开设中文课程。在中国有3000名英国留学生,在英国则有8万名中国留学生,我希望他们能建立起更多沟通的桥梁。奥巴马总统在上海访问时宣布,今后4年,美国派往中国的留学生将增加到10万人,我也希望有更多的英国留学生到中国来。

在结束之前,我要说,英语联盟多年来帮助中国开展英语教学,我们对此深表赞赏。你们过去几十年的努力成果丰硕,为增进中国和世界的沟通做了很大贡献。现在世界需要更好地了解中国。我希望英语联盟在新时期发挥更大的作用,成为中英伙伴关系中不可或缺的桥梁。

谢谢大家!①

---

① 以上领导人和外交官的对外传播讲演稿在写作准备时经过反复斟酌,视角独特、信息丰富、针对性强,适合对外传播,观众和媒体的评价效果良好。笔者在此较大篇幅地引用他们的演讲内容或报道内容,旨在帮助我们的领导干部深入学习和体会如何在涉外传播场合结合当前形势找准自己的传播定位和公关视角,确定讲演内容,把握对外传播的关键性政策和口径,用坦诚智慧、具有说服力的方法(思路、数据、事实等)来开展积极有效的对外沟通与传播。同时,也学习他们如何运用恰当的语言表达技巧来有效地开展对外传播的经验和方法,以备自己在今后对外传播的场合学习参考。

问题思考

1. 您如何认识和理解媒体公关?

2. 公共行政领域为什么要进行媒体公关?

3. 行政机构如何有效开展媒体公关?

4. 美国政府的媒体公关对我们有什么启示?

5. 我国领导人和外交官的演讲从传播定位、受众对象、政策把握以及表达技巧等方面对您有何启发?

第五章　危机管理与危机传播

一般来讲，当一个国家由一种社会形态向着另一种社会形态转变，社会由非现代化向现代化的过渡与变迁中，容易引发各类危机事件。中国目前正处在社会转型的关键时期，在经济、文化、社会制度以及个体等层面都存在着不同的问题，潜藏着各种危机。

在经济层面，东西部差距和城乡差别以及在此背景下出现的严重贫富分化与社会分配不公等都是引发当前社会动荡与社会危机的主要原因。在文化层面，我们目前缺乏一种让大多数公民从内心深处感到公正、信服、可以依靠的核心文化与普世价值体系，整个民族的信仰缺失。在个体层面，随着社会的不断开放分化以及新媒体社会动员能力和集结能力的提高，导致人心普遍浮躁、人性的无羁以及社会心理焦虑与价值混乱。在制度层面，由于传统计划控制模式在新社会环境下的诸多不适，现代法治体系尚未健全，行政领域的腐败等现象都会造成对社会公平正义的严重损害，从而导致各类危机事故的发生。

由于传统文化的影响以及制度缺失等原因，我国社会普遍缺乏危机意识，更缺乏成熟而系统的危机管理经验，所谓管理大多是在危机事故发生后匆忙应对的应急性管理，而不是真正意义上的危机管理。科学的危机管理不是疲于奔命、忙于处置各种突发事故的应急管理，而是从源头上防范危机，在全流程及每一环节控制风险的系统管理。

资讯时代，危机的传播管理已成为了危机管理的核心内容之一。科学、透明、及时、充分的危机传播可以提高公众的危机预防能力，警惕和避免危机的发生。危机事件发生后，良好的传播可以迅速将危机情况告知社会，以利于有效组织和调动人力及物质资源，实施科学的抢救与安置。在危机处置后,良好的传播可以帮助全社会总结和吸取教训,帮助重建。因此,各地政府不仅要高度重视危机管理,更要在实践中加强危机管理的制度建设,建立各类危机事故的处置预案,认真开展演练和培训,通过制度性的媒体传播教育公众,避免灾难性事故的发生。

第一节　危机诱因及主要类型

一、危机的概念

危机就是一种使组织或个人遭受严重损失或面临严重损失威胁的突发事件。危机管理学家查尔斯·赫尔曼认为:危机就是一种情景状态,其决策主体的根本目标受到威胁,在改变决策之前可获得的反应时间很有限,其发生也出乎决策主体的意料。尤里埃尔·罗森塔尔认为:危机就是对一个社会系统的基本价值和行为准则架构产生严重威胁,并且在时间压力和不确定性的情况下必须对其作出关键决策的事件。斯蒂芬·巴顿认为:危机是一个会引起潜在负面影响的具有不确定性的大事件,这种事件及后果可能对组织、人员、产品及其服务、资产和声誉造成巨大的损害。[1]

危机(crisis)在汉语中精练地表达出了"危"(danger)和"机"(opportunity)的两层含意,即危机就是"危险和机遇"并存的时刻,是组织或个人命运转机与恶化的分水岭。如果危机处理不当,组织或个人就危在旦夕,处于巨大的危险和威胁之下;如果处理得当,危机就会转化为未来良性发展的重要基础和新机遇。欧洲人权法院把危机定义为"一种特别的、迫在眉睫的危机或危险局势,影响全体公民并对整个社会正常生活构成威胁的事件"。实际上,危机可以指任何影响自然、社会以及人类本身和谐与发展的危害因素和突发性事件。广义的危机包含所有的危害因素和危机后果。

近年来,我国和全球发生的危机事件很多。那些过去被人们视为距自

---

[1]　参见薛澜、张强、钟开斌:《危机管理——转型期中国面临的挑战》,清华大学出版社2003年版,第25页。

已十分"遥远的传说"一夜之间突然成了出现在眼前的事实。例如,1998 年大洪水、1999 年我驻南斯拉夫使馆被炸、石家庄 3·16 爆炸案、9·11 恐怖袭击、伊拉克战争、抗击"非典"、多起民航客机坠毁事故,山西、陕西、河南、山东、广东、东北等地的多起矿难事故,俄罗斯"别斯兰人质事件"、莫斯科地铁爆炸案、南亚及东南亚海啸、伦敦恐怖袭击、美国"卡特里娜"飓风、全球禽流感、美国校园枪击案、伊朗核危机、希腊全国大火、山西"黑窑"事件、韩国人质事件、台风"圣帕"袭击、太湖"蓝藻事件"、云南"阳宗海污染事件"、湖南凤凰县堤溪沱江大桥垮塌事故、山东华源煤矿溃水事故、山东魏桥铝液爆炸事故、广西"博白事件"、贵州"瓮安事件"、四川汶川地震、山西溃坝事故、河北"三鹿奶粉事件"、雷曼兄弟公司倒闭、索马里海盗猖獗、洛杉矶大火、墨西哥湾泄漏事故、泰国国内局势动荡、印度泰吉玛哈酒店连环爆炸、全球 H1N1 流感、青海玉树地震、舟曲泥石流事故、全球气候变暖导致许多岛国与沿海地区被海水淹没、2011 年初北半球严寒与冰冻雪灾、南半球洪涝遭害、新西兰地震、云南盈江地震、利比亚内乱、日本"3·11"特大地震与海啸、挪威爆炸与枪杀事故、武汉城区内涝、2011 年 7 月 23 日甬温线动车追尾翻车事故、陕西洪涝灾害、伦敦青少年骚乱并焚烧商店、希腊债务危机、叙利亚危机以及媒体中每天司空见惯的全球灾害都是危机。危机不仅悄然走进社会与生活,而且成为了一种常态。

二、危机的诱因

21 世纪不仅是中国社会快速发展与变革的世纪,也是全球发生巨变与转型的时代。由于人类过去大规模无节制的生产、开发与浪费,无休止的攫取、贪婪、短视等行为以及发展的不平衡,加之政府及社会组织领导与管理能力的局限等因素,在人与自然的关系上,在一个社会内部经济、政治、文化的发展与彼此关系协调上出现了诸多问题,引发了各种危机,对人类生存和发展造成了新的严重威胁。

正如著名政治学家塞缪尔·亨廷顿(Samuel Huntington)所说,"现代性产生稳定性,而现代化却产生不稳定性。……产生政治混乱并非没有现代化,而是由于要实现这种现代性所进行的努力。穷国不稳定,并不是因为它穷,而是因为它们想致富。"①因此,危机现象更多地出现在一个社会由非现代化状态向现代化的过渡与变迁的过程之中。

一些西方学者根据人性的假设,提出了两种基本假定的思维模式,即以吉尔(Girr)、塞缪尔·亨廷顿(Samuel Huntington)和齐默尔曼(Zimmermann)为代表的"危机偶发理论"认为,人类的本性是追求和平,爱好安宁,向往友好的。危机是一种偏离正常秩序轨道的非常规状态,而并非永恒状态,因而是偶发的。以蒂利(Tilly)为代表的学者提出的"危机固有理论"认为,人类的本性中充满了冲突性和攻击性,这种攻击性使人类偏好于在政治领域中最大限度地影响权力和政策。因而,危机是人类本性要求而呈现的一种永恒状态,是一种正常现象。②

社会燃烧理论认为,社会系统从井然有序到杂乱无序,最终可能导致衰亡(社会爆发重大危机),其内在机理实际上是一个由量变到质变,系统逐渐遭受破坏的过程。当可能引发外部干扰以及内部矛盾的"人与自然"、"人与人"之间的关系达到充分平衡和完全和谐时,整个社会就处于理论意义上"绝对稳定"的极限状态。这时,只要任何背离人与自然、人与人两大关系的平衡与和谐的因素出现,都会给社会稳定状态以不同程度的"负贡献"(即形成社会动荡的燃烧物质)。当此类"负贡献"的量与质积累到一定程度,并在错误的舆论导向煽动下(相当于社会动乱的"助燃剂"和"催化剂"),就会形成一定人口数量或地理空间范围的威胁性影响。此时,社会动乱的"点火温度"已经达到,出现的任何一种可能的突发导火线就会"点燃"长期积累下来的"燃烧物质",爆发社会失衡、社会失序和社会失控,甚至是社会崩溃的突发性危机事件。③

（一）危机诱因分析

危机是一定时期内潜在的社会及制度问题的外化表现。首先,从社会

---

① 塞缪尔·亨廷顿:《变革社会的政治秩序》,上海译文出版社1989年版,第45页。
② 参见薛澜、张强、钟开斌:《危机管理——转型期中国面临的挑战》,清华大学出版社2003年版,第36页。
③ 参见薛澜、张强、钟开斌:《危机管理——转型期中国面临的挑战》,清华大学出版社2003年版,第38页。

因素分析,传统农业社会由于生产力不发达,无论是人类活动对自然和社会的影响程度还是社会自身变革的力度和幅度都极为有限,尽管也存在着危机,但是发生的概率以及对社会的影响和破坏程度都相对较低。然而,从政治学的视角考察,社会的变革就是社会结构与制度的全面分化、调整与重新整合的过程,是利益重新分配的过程,也是权力不断转移的过程。①

1. 政治视角。从政治上看,社会转型与社会变迁带动了社会分化、社会流动及公民政治意识的加强。改革开放让人们低层次的生存需求得到了基本满足,在生存的需求得到满足之后,人们的需求会自然地向更高的层次发展,即开始审视自己所处的政治环境,渴望在政治中有所表达和参与。这就要求传统的政治与行政系统具备足够的适应当前发展的弹性和张力,即具备政治变革的创新思维,政治整合能力、政治吸纳能力以及对于政治腐败的治理能力,具备开放而平等的沟通和对话能力,建立正常的社会情绪宣泄渠道和社会资源的分配调节机制等,以防止社会力量的失衡与社会情绪失控而引发的危机。

从经济上观察,我国经济与社会发展的地区差异、群体分化以及秩序的混乱等引发了社会普遍的不平等现象以及经济动荡,加剧了社会冲突的发生。奈格尔的研究表明,对于社会资源占有的不平等程度与政治冲突发生的频率成正比关系并且呈现倒 U 字形,即在低度不平等的体制下,人们的不满意度为零;在中度不平等时不满意度达到最高值;而在不平等程度进一步加大时,由于心理预期无法及时实现以及对于现实的无奈等因素,人们的不满意度反而出现下降的趋势。

2. 文化视角。从文化层面考察,一个社会文化的一体化以及包括语言、道德观念、行为准则以及信仰体系等在内的社会同化能力能够有效地防止社会冲突。如果一个社会的文化整合力与文化同质性程度高,公民对于社会的伦理道德和价值认同度高,这个社会的凝聚力就强,社会稳定程度就高。相反,如果一个社会缺乏一种让绝大多数公民从内心深处感到公正和

---

① 参见胡宁生主编:《中国政府形象战略》,中央党校出版社 1999 年版,第 186 页。

信服的文化准则与价值标准,不是出现文化与信仰的空洞状态,就会出现文化的异化现象。目前,我国社会普遍存在着信任危机与信仰危机,由此可能诱发各种危机出现。

3. 管理视角。从组织因素分析,虽然我们有时候很难预测危机的发生,但是可以建立和完善一套成熟的组织体系,用以防范、控制以及化解危机。一个社会中的组织机构、组织文化与管理体系、开明智慧的领导者及运行系统都是防范危机并做好危机管理的重要保证。否则,危机管理中组织机构与管理制度以及执行体系的缺乏不仅可能导致危机的发生,还可能使危机的形势更加严峻,危机的负面影响更加扩大。

4. 个体视角。从个体因素分析,群体中的个体心理状态及其心理模式、网络等新媒体对于个体的集结和动员能力的提升以及危机参与者不同的个体心理素质与行为能力等都会对危机的发生以及管理产生重要的影响。根据美国心理学家尼尔·埃尔加·米勒(Neal Elgar Miller)的"挫折—攻击理论"(Frustration-Aggression Theory)研究,任何攻击性行为的背后都必定隐藏着某种形式的压抑和挫折。人们的心理预期与实际得失存在差距时就潜藏着危机,只要这种差距保持在一定的容忍范围内就不会出现危机。但是,当这种差距不断加强并且超出了人们的容忍限度时,人们往往会自发产生强烈的抗争行为,从而引发危机和冲突。

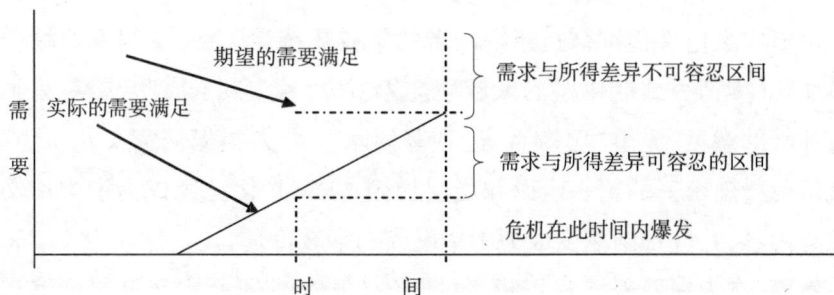

图 5-1 戴维斯曲线

资料来源:薛澜、张强、钟开斌:《危机管理——转型期中国面临的挑战》,清华大学出版社 2003 年版,第 41 页。

（二）中国社会危机的主要诱因

1. 文化与法制严重缺失

（1）文化与价值缺失。文化是人类创造的一切物质文明与精神文明的成果。从狭义的文化角度观察，笔者个人认为，中国当前主要有三大文化问题，即意识形态问题、精神信仰问题与核心价值观的问题。

首先是意识形态（Ideology）问题。我们过去由于革命斗争的需要，突出强调意识形态的政治性，也取得了明显的效果。但是在 21 世纪社会转型背景下的经济建设与社会发展中，传统单一的纯政治化的意识形态已经不能完全满足人们不断增长的思想文化和精神需求，特别是不能满足人们滋养心灵的渴望，需要不断地丰富和完善。我们需要从全球化的视角反思自己的领导思维与习惯，对已有的意识形态进行价值丰富与价值完善，使其被人民广泛接受并产生共鸣和效果。

其次是精神信仰（Faith）问题。中国社会长期以来是以儒家的伦理道德作为约束和管理社会的世俗"宗教"而非超自然力量的信仰。儒家文化重视人的伦理关系，规定君臣、父子、夫妇、兄弟、朋友等关系的伦理准则，确定了"君为臣纲"、"父为子纲"、"夫为妻纲"的"三纲"原则，要求为臣、为子、为妻的必须绝对服从于君、父、夫，同时也要求君、父、夫为臣、子、妻作出表率。同时，还要求做到"五常"，即"仁"、"义"、"礼"、"智"、"信"的五种道德。①

由于儒家伦理很符合封建统治者的集权化统治需要，又与农业社会的集体文化、生活方式和中国的家族社会相适应，从汉朝起，汉武帝就采纳儒生董仲舒的意见，提出"罢黜百家，独尊儒术"，大力提倡儒家文化。随后，经过历代封建帝王的精心建设和层层加固，儒家文化已经成为了中华文化的核心内容，并且日渐演变成为中华民族的宗教伦理。

然而，作为来源于儒家思想者的理论，虽然经过了数千年的沉淀和磨砺，已经成为了华人世界的伦理和行为准则，深入到中国社会的各个角落，

---

① 五常又称"五典"，即五种行为规则。语出《尚书·泰誓下》："狎辱五常"。唐孔颖达疏云："五常即五典，谓父义、母慈、兄友、弟恭、子孝。"

影响着中华民族的思维习惯、生产和生活方式。但是,儒家思想(尽管有人称其为"儒教")只是规范和限定人际伦理的准则,其所有注意力都集中在"人与人"的关系层面,而缺少一种应有的让人从心灵深处信奉和仰望超自然的神圣力量。因此,我们的民族总体缺乏一种"仰望星空"的精神情怀以及探索"人与上天"关系的动力与价值信仰。

因此,一直浸润在东方文化环境中的中国,无论其优点还是缺点都长期带着东方农业文明和家族伦理与宗法社会的深刻烙印。面对当前和未来的世界,中国的文化中还缺乏一种发端于游牧文化和海洋文化、兴起于工业社会、凝聚在契约与法治传统之下的思维方式、行为习惯、科学理性、追求真理的精神态度勇气和能力。这恰恰是中国人在21世纪非常缺乏又亟待补课的重要内容。

当今中国,已经进入全球化时代。几千年来,中国与世界的经济与文化交往从未像现在这样如此的广泛深入,早已是"你中有我,我中有你",难以决然分开。因此,在全球化、信息化时代,在中国社会传统价值遭到"文革"重创尚未恢复,传统文化已经不能完全适应当代和未来社会发展的形势下,借鉴和学习人类优秀精神文化,对于中国的未来发展和社会改造十分重要。

最后是核心价值观(Central Value)问题。当今中国社会处在计划向市场、农业向工业、农村向城市、传统向现代、单一向多元、国内向国际急剧转型的发展时期。社会转型期,原有的利益格局不断分化重组,各种观念思想在一起交织碰撞,各种矛盾凸显,危机情势加剧。特别要指出的是,中国社会与其他社会不同,既没有经历资本主义契约社会的锻炼,更没有经过法制化社会的磨砺和熏陶,整个社会都弥漫着一种农业社会遗传的涣散风气和儒家社会遗留的复杂人际关系。此外,"文革"的十年浩劫使中国人的许多基本的伦理准则遭到破坏,传统的道德体系崩塌。因此,在激烈的竞争博弈氛围中,在过度逐利的商业环境下,缺乏核心价值信仰约束和法制管理的一些国人很容易变得自私、贪婪、冷漠和涣散,容易引发各种社会危机。

道德体系尚未健全的中国社会如今的道德滑坡现象十分严重。这使诚信损失、爱心不足、人际冷漠成为了社会常态,不少人为富不仁、为官不仁,全社会(包括社会精英阶层)的浮躁之气与追名逐利之风盛行。这种慢性病毒正在侵蚀和影响我们党和政府以及全社会肌体的健康。

例如，"三鹿奶粉事件"的主犯可以昧着良心把有毒的化学药品"三聚氰胺"成袋地倒入牛奶中让婴幼儿食用，而自己的孩子却从不吃三鹿的牛奶。有些人为了赚钱，把城市垃圾管道中乌黑的"地沟油"取出来添加化学药品加工成金黄色的"食用油"后对外销售或者在自己开设的餐馆中使用。可以用皮鞋做果冻、用工业胶做药用胶囊。这些"丧尽天良，伤天害理"的事已经突破了传统道德的底线，但只要不被发现，不少人仍然在肆无忌惮地进行，毫无愧疚之心。

另外，我们不少公权力体系的领导干部拿着人民给的权力徇私枉法，买官卖官，贪婪腐败到了令人惊诧的地步。浙江杭州市原副市长许迈永、江苏苏州市原副市长姜人杰于2011年7月19日上午被执行死刑。许迈永落马前敛财超两亿元，以"钱多、房多、女人多"而获"许三多"称号。姜人杰落马前非法收受他人贿赂上亿元。

这些过去鲜见的事实充分证明了当今国人的思想空虚和道德滑坡到了何种程度。如果不尽快从根本上医治，我们的社会就可能"病入膏肓"。从本源上看，这既是国家法制不严的问题，也是社会道德和信仰缺失的悲哀。我们再也不能对此视而不见或者只做些隔靴搔痒的动作，必须要下大功夫标本兼治，认真解决，谨防这千里长堤，毁于蚁穴。

历史已经证明，中国和世界各国历史上兴盛的朝代都具有很大的开放性和包容性，都出现了开明的君主和开放文明的国民。人类文化虽然发端于不同的地区，但是在长期的传播和交流过程中已经成为了全人类共同的价值财富。全球化时代，任何国家和社会都需要顺应历史潮流，克服狭隘的民族主义和地方主义，反对文化中的保守主义，不断地与时俱进，在传承和凝练自己传统文化精华的同时，积极开放地学习、借鉴和分享人类共同的文明成果，在全球化时代不断丰富、发展和完善自己，最终实现"大同社会"的目标。这是人类发展的总趋势，人类历史前进的步伐任何力量也无法阻挡，各国文明与现代化的进程只是迟早而已。能尽快适应并尽早转型的国家、政府和人民，就会尽早受益并获得真正的科学发展。

（2）法制的缺失。一个只有法律而缺少道德信仰的社会不仅是一个严苛而冷冰冰的社会,也是一个无效的社会。相反,一个只有道德信仰而缺少法制的社会,道德与信仰会显得软弱无力,不足以抵抗和消除人性中诸多的自私与恶。因此,我们在进行文化道德建设的同时,必须要大力加强法制建设,让人民学会敬畏法律、遵守法律、依法办事,最终让中国走法制化的道路,以保证社会的长治久安。否则,我们习惯的临时性的运动式整治只能应对一时之急,无法保持社会的持久稳定与科学发展,容易落入"一乱一治"和"一治一乱"循环的陷阱。中国几千年的历史上曾多次上演这样恶性循环的悲剧,我们应当有勇气和能力在新世纪里加以克服和根除。

中国社会是以儒家伦理道德来管理和约束的社会。在传统的家族伦理和社会道德的长期熏陶和影响下,中国社会形成了一套行之有效的以伦理为核心的管理文化和管理制度。家庭和家族承担了主要的社会管理职能,儒家的伦理道德和纲常礼教本身扮演了十分严苛的管理角色。

但是,一个主要建立在伦理道德与纲常礼教"柔性"规矩基础上的社会,因为缺乏法律制度的"刚性"制度基础与严密的标准,判断是非曲直的人为因素就会被无限放大,社会的总体公正性缺失,社会的稳定性严重不足。在遇到任何社会变动,无论是思想变化、领导人变更还是社会转型时都容易产生较大的动荡。因为法制有不可动摇的制度刚性和约束特性,任何人都不可轻易改变。真正的法制社会是"法大于人",在法律面前人人平等的社会,而单纯的伦理社会往往会出现"人大于法"的现象。

中国社会总体上是一个"人大于法"的伦理社会,人治现象严重,法制基础十分薄弱。即便到了21世纪的今天,中国的许多法律制度仍不健全,多数国人的法制意识和法制观念仍然十分淡漠,没有形成"遵章守纪"的习惯(从国民的排队习惯中可见一斑),无法可依、有法不依、权大于法情大于法的现象普遍存在。这样,钻法律空子或用权压法用情变通的现象屡屡发生。这样不仅损害社会的公平正义,也导致广大民众对法律和公权力体系的信任危机,严重危害社会稳定的基础。因此,中国要想长治久安,我们必须要勇敢开明地选择法制的途径,并坚定不移地走法制的道路。否则,过去取得的成果与进步就有复失的危险。

2. 经济与社会发展极不平衡

市场经济是优胜劣汰的经济,它对地理环境、资源和人力资源等条件的要求苛刻。在资源有限的情况下,中国的改革开放需要从东部和沿海地区开始,逐步向内地延伸。但是,这种发展的不平衡也无形中加大了我国东西部地区的差距和城乡差距。2000 年时,东部地区的人均收入是西部地区的2.26 倍,最高省份与最低省份的差距超过 3 倍。全国有 22.8% 的县处在温饱线以下,86% 的县未达到小康,5% 的贫困县与 5% 的富裕县人均 GDP 相差 16.4 倍。

从经济与社会差距的最重要标志——人均收入上看,2011 年城镇居民的人均可支配收入为 21810 元,而同年农村居民的人均收入只有 6194 元,仅占城镇居民收入的三分之一。

在近年来快速发展的社会保障方面,全国的城镇基本养老保险也只覆盖了 28392 万人,城镇医疗覆盖了 47291 万人(其中包括 4641 万农民工),失业保险金仅覆盖了 14317 万人,工伤保险覆盖了 17689 万人(其中包括6837 万民工),计划生育保险覆盖 13880 万人。① 但是,分布在我国广大地区的七亿多农村人口社会保障的覆盖仍存在很大问题,他们生活的艰难和压力可想而知。这些都是引发各种社会危机的重要诱因。

3. 行政体制改革亟待深化

在社会急剧转型的时期,我国政治与行政的发展严重滞后于经济的发展,随即出现了制度漏洞以及制度真空。行政领域中原有的社会控制、经济与社会发展引领、矛盾协调、利益平衡以及防止腐败的功能和机制都在减弱,成为危机的诱因。

具体表现在行政管理的理念、行政思维模式、行政管理体制和管理方式等远远落后于市场经济的发展。市场化浪潮的兴起使公共管理与市场领域的分工模糊,产生了大量"中间地带"的问题,出现了管理漏洞。网络等信息化的出现让政府传统的控制型管理难以应付。我国立法过程中法律制度缺失,"潜规则"的存在以及有法不依,执法不严和司法腐败等现象都会加

---

① 数据来源于《2011 年中国国民经济与社会发展统计报告》。

剧社会的危机。这一切都有待于通过行政体制的改革与深化来解决。

4.新社会群体分层不断出现,矛盾尖锐

改革开放催生出了一批先富起来的人,这些企业家和富有人群中有的茁壮成长,承担更多的社会责任,有的则因为市场机制、自身价值追求以及非规范经营等因素或锒铛入狱或潜逃国外。另外,不少富有起来的企业家在其经济愿望得到扩展和满足以后,也正在积极地争取寻求获得更大的政治权力。中国大地上不断涌现的各类明星也在千百万青年人的呼唤、崇拜与呐喊中成为了富有阶层,一些专家学者也因自己的研究或传播而跻身富有者和明星的行列。

与此同时,过去长期以来作为社会精英与翘楚的大学生和研究生却出现了前所未有的就业困难和价值困惑。农民工纷纷离开自己的家园和土地在城市内寻梦挣扎,过去被视为铁饭碗的国有企业职工下岗问题严重,广大的农民在温饱之后面对生产资料和教育的涨价依然囊中羞涩,处于十分焦虑不安的状态。总之,新社会群体分层的出现、发展以及不断提高的利益和权力诉求,各阶层之间纵横交织与不断升级的强烈碰撞让原有的权力和利益格局出现冲突和危机。

5.传统道德文化体系分化失衡

历史经验证明,由文化矛盾引发的冲突和危机,其顽固性与持久性要远胜于其他原因造成的危机。中国在经历了例如"戊戌变法"、"洋务运动"、"五四运动"等几次文化变革和文化冲击后,原有的传统儒家思想体系的价值和道德功能严重削弱,社会意识的理想主义开始淡化,公民中的道德教育、灵魂信仰以及对自然和超自然力量敬畏的普遍缺乏等都导致了原有文化道德体系的分化、离散与失衡。加之国家历史传统中固有的法律制度的缺乏和目前严重的腐败和享乐主义的影响,公民中普遍出现了社会道德危机、信仰危机、公共信用危机以及公共伦理危机等严重问题。

6.全球化浪潮不断冲击挑战

由于经济、政治、文化的全球化导致了经济和社会资源在全球范围的自由流动,这让传统的以国家和行政区划为界限的政治、经济和文化管理模式受到冲击和挑战。全球性的人口和物资的频繁流动也间接导致了传染疾病的蔓延传播。在全球化背景下的后冷战时代,世界各国较少出现直接敌对的战争或军事冲突,但取而代之的则是全球恐怖主义、局部冲突、毒品走私、环境恶化以及疾病传播等"灰色地带"的非传统威胁。

2008年开始发生在美国和西方,并不断向全球蔓延的金融危机在对全球经济产生不利影响的同时,也充分说明了在全球化背景下世界经济发展中的漏洞以及经济非平衡状态产生的"蝴蝶效应"。这些问题需要世界各国联合起来,在建立新的更加安全合理的国际经济新秩序中加以弥补和完善。

7.社会心理问题日益聚集

社会转型必然带来社会结构的变化、权力和利益关系的调整以及人文与自然环境的变化。不同社会分层中公民参政议政、自我发展诉求不断上升的事实与落后的社会机制之间势必产生诸多矛盾。生活节奏加快,人际关系紧张,生活成本上升,生活压力增大,日益增强的社会自私与人际冷漠等都会引发大量的社会心理问题,成为危机事件的助燃剂。

如果我们正视并重视这些社会心理问题,吸收博爱的文化,注重以人为本,关心和爱护他人,同时建立良好的个体和集体意愿的表达渠道,在社会各层级和各组织之间用一套能够适应当代社会心理发展需要的压力缓解和调节机制加以疏导和调节,大量集聚起来的社会心理问题就可能化解和消除。

但是,由于中国传统文化中对心理问题的非科学性敏感、无知和疏导治疗手段的缺乏,我们社会中积累的心理问题已经十分严重。加上全国长期以来心理关怀制度的缺失和宗教信仰缺乏,目前中国社会普遍缺乏一种通畅的心理宣泄、心理缓解与心理治疗的渠道。从过去出现的各种群体性事件中不难发现,因日益严重的社会心理问题引发的极端性事件已经成为了危机事件重要的助燃剂、导火索和威力巨大的潜在杀手。

三、危机的主要类型

危机的分类可以在不同的维度上进行。例如,根据危机的动因可以把危机分为自然危机和人为危机,内生型危机和外生型危机;根据危机的性质可以把危机分为一般性危机和冲突性危机;根据危机影响的时空范围,可以把危机分为国内危机、国际危机;根据危机的成因可以把危机分为金融危机、经济危机、政治危机、社会危机和信仰危机;根据危机呈现的手段可以分为和平的冲突(静坐、示威、游行等)与暴力冲突(恐怖活动、骚乱、暴乱、战争)。

在我国,目前把危机普遍视作"突发事件",一般分为自然灾害、事故灾害、突发公共卫生事件、突发社会安全事件四大类。

根据美国《危机管理》一书的作者菲特普对全球财富 500 强高层人士所作的一项调查显示,高达 80% 的受访者认为,现代企业不可避免地要面临危机,14% 的人承认自己曾经面临危机。

2003 年,在对中国企业危机的调查(企业反馈的调查问卷统计)中发现,45.2% 的企业处于一般危机状态,40.4% 的企业处于中度危机状态,14.4% 的企业处于高度危机状态。企业危机类型中产品、服务危机占 46.4%,因主要管理人员自身问题而产生的危机占 49.09%(人员问题中担心企业高管出轨的占 20.32%,担心缺接班人的为 19.24%,怕集体跳槽的 9.53%),与政府关系的危机仅占 4.5%。由于企业是社会创新与发展的主体之一,企业危机应该引起企业自身以及政府和全社会的高度重视。

领导干部作为公共资源的一部分也存在着严重的个人危机。根据我国检察机构对违纪违法领导干部的统计和研究,我国领导干部出现个人危机主要有以下几个方面的原因。首先,是价值观偏差的问题,即他们既想从政,又想发大财,这种个人利益与公权力价值导向相矛盾的错误定位势必导致腐败,出现危机。第二,是因为客观原因、能力局限、决策失误导致引咎辞职等领导干部职业发展危机。第三,是领导干部交友不慎或者因为利益等关系遭受牵连而引发的关联腐败和危机。这是领导干部所犯错误中比例最高的一种。第四,就是因为领导干部发展机会不均、个人待遇不高、福利保障制度缺陷等出现的被动型困境及腐败等危机。第五,就是领导权力失去监督,为所欲为而引发的专断和腐败等的危机。

无论哪种危机,掌握着众多人口的发展机会,控制着众多公共资源的领导干部的任何失误或错误都会对社会造成巨大的损失和伤害。根据新华社的报道,2003 年,我国因生产事故损失 2500 亿元人民币,自然灾害损失

1500 亿元,交通事故损失 2000 亿,卫生和传染病突发事件损失 500 亿,以上共计损失高达 6500 亿人民币,相当于我国国内生产总值的 6% 。2007 年出现的我国南方地区冰冻雪灾损失为 1500 亿,2008 年四川等地震灾害造成的经济损失高达 10000 亿人民币。除了已有的统计之外,因为党政领导、行政机构以及国有企业等行政与管理不善、绩效不佳、决策失误以及贪污腐败等造成的社会损失也不可低估,这些目前都无法确切统计。

第二节　危机管理与危机传播

一、危机管理的认知

任何组织形态在经历危机状态的过程中都存在着三种不同结果的可能性:一是由于难以承受危机的沉重打击或者没有进行危机管理的准备而导致组织在危机中全面崩溃,组织消亡。二是组织在艰难的应付中存活下来,但由于没有采取及时、适当而有效的管理措施,未能获得公众的理解和支持,危机后组织功能衰弱、形象严重下降,极度损害了它原有的地位与发展能力。三是组织不仅经受住了危机带来的压力和严峻考验,同时还由于措施得力,管理得当,从教训中学习,反而巩固和提升了自己的社会地位和竞争优势,使自己转危为机。正如危机管理学家罗伯特·吉尔(Robert Girr)所说,"开展危机研究和管理的目的就是要最大限度地降低人类社会悲剧的发生。"[①]

(一)危机的生命周期

要做好危机的管理,首先要认识危机的生命周期。在学术界和管理界,对危机生命周期有着不同的理解。有的提出了 PPRR 周期理论,即预防(Prevention)、准备(Preparation)、反应(Response)和恢复(Recovery)理论。芬克引用医学术语提出了危机生命周期的四阶段模型,即征兆期(prodromal period),即有征兆显示危机有存在的可能性;发作期(breakout

---

① 薛澜、张强、钟开斌:《危机管理——转型期中国面临的挑战》,清华大学出版社 2003 年版,第 41 页。

period)是指伤害性的事件发生并引发危机；延续期(chronic period)，危机的影响还在持续，需要进一步努力才能完全消除；痊愈期(resolution period)，危机事件完全解决，影响完全消除，恢复了正常的状态。

危机的生命周期告诉我们，尽管危机在爆发时都呈现出强烈的危害性、紧急性与不确定性，但是任何危机的发生都不是毫无根据，一蹴而就，突然出现的，所有危机都有一个孕育、生长、蔓延、程度加剧，直到突然爆发的过程。因此，对于危机管理的认知也要全面系统，认识到危机是一个由"危机因子(隐患)——孕育土壤——生长蔓延——危机加剧——危机爆发——应急管理——总结反思与完善"的全流程和科学管理的体系。

（二）危机管理的"5S"原则

1. Speed，即快速原则。危机事件发生后，需要快速反应，快速抢救，快速传播，快速管理，在有效有限的时间内把人民生命和财产安全威胁降到最低。如果瞻前顾后，犹豫不决，就会因为优柔寡断而丧失最佳的抢救和管理的时机。

2. Shoulder the matter，即负责原则。一旦有危机事件发生，唯一正确的选择就是勇敢地承担责任，尽快采取有力的措施抢救，把危害降到最低限度。如果胆怯逃避，就会造成更大的危害。

3. Sincerity，即真诚原则。危机事件发生后，无论是给上级汇报还是面对媒体和大众，都要坦率真诚，不要因为恐慌、害怕担责任或爱面子而搪塞应付，回避矛盾，甚至编造或隐瞒事实。一旦被媒体或公众发现有误或有欺骗行为，后果严重。

4. Standard，即权威原则。在许多危机事件中，由于涉及的问题复杂，需要专业权威的机构和人员进行调查、检验和评估并作出权威标准的结论。例如，食品或其他技术含量高的行业出现安全事故，面对众说纷纭和期待，必须要有权威的检验机构依靠自己的公信力和权威专业的能力作出科学的结论，以确定问题，平息矛盾，化解危机。

5. System，即系统原则。任何危机的管理都不是一个领域或者部门能够独立完成或实施的，需要相关各部门、各行业和各领域的共同配合与协作来完成。例如，一般的危机事件都需要在同一领导和指挥下有消防和医疗的救护,公安部门的调查,专业部门的检验,物资部门的供应补给,新闻传媒的传播报道等配合完成。既然危机的管理是一个系统,就需要通过全系统来实现管理的目标。

(三)危机的系统性管理

危机的生命周期以及系统特征告诉我们,真正的危机管理不是等到危机事件爆发,出了重大事故或伤亡后,才去手忙脚乱地紧急应对。突发事件爆发后的所有管理活动和处置行为从本质上看都不是严格意义上的危机管理(crisis management),而是危机状态下的应急管理(emergency management)。真正的危机管理要从源头上抓起,是一个全流程的系统管理过程,重点在于预防。危机的管理包括危机前(pre-crisis)的管理、危机中(during crisis)的管理以及危机后(post crisis)的管理三大环节。

1.危机前的预防管理。首先,在危机的系统管理中要特别注意和重视危机的预防管理。实践证明,预防不仅是最佳的危机管理理念,还是最佳的危机管理方法,也是危机管理的核心与精髓。

要做好危机预防,不仅需要战略预防的思路,重视自然界与人类社会的和谐,关注自然界和人类活动的变化并做好规划检测,开展对全球自然、政治、经济、文化与社会等领域全面而深入的调查及可持续发展的研究,还需要制定科学的发展规划与发展政策,通过监测及时发现并迅速消除可能的危机隐患。同时,还要加大对各行各业,尤其是对安全生产要求高的行业的制度性检查和监督的力度,重视细节管理和流程管理,通过提升日常管理水平和管理质量来提高危机预防的能力。具体可通过专业机构采用"危机假设——危机隐患检查(监测)——危机隐患排除——总结完善(反思)"四大预防管理措施来有效地预防危机。

2.危机管理的制度建设。由于危机的不可预知性以及日常管理与防范能力的缺失,在危机管理中需要高度重视系统防范,加大危机预防及危机爆发后应急管理的双重制度建设,重点加强危机管理体系中的四个制度建设。第一,加强危机管理的法律制度建设,逐步建立和完善危机管理的法律制度体系,学习运用并不断完善《突发公共事件应对法》等法律。第二,加强危机管理的体制建设,完善危机管理的领导体制,确定危机管理中政府与其他机构的职能,完善并提升公共危机管理的体系。第三,加强危机管理的机制建设,建设危机的预警机制、决策机制、资源配置和保障机制、传播机制以及善后管理和评估机制。第四,要制定并完善各类突发公共事件的应急预案(总预案和细化的分领域应急预案),真正做到在危机事件爆发后心中有数,措施得力,应对从容,处置得当。

3.危机中的流程操作管理。在危机管理的体制机制建设完成后,还需要从"实战"的角度加大对各类突发事件管理与处置的操作训练,加大对危机管理机构、管理人员以及广大公众突发公共事件处置的教育和培训,精心组织准备,多次开展情景模拟演习,让公众从中学习、总结与提升。

与发达国家相比,无论我国的公众、政府组织还是其他专业机构,都普遍缺乏突发事件管理与应急处置的专业知识教育、专业培训以及操作训练。当真正遇到突发事件或作为志愿者参加救灾时,就会因缺乏专业知识和必要的技术手段,在救灾中出现"心有余而力不足"的现象。这点,全国人民都不难从2008年的四川汶川等地抗震救灾的实践中总结出许多值得我们永远牢记的经验和教训。

4.危机后的总结与反思。危机后,要及时对危机事件、危机损失以及危机管理的情况等进行科学而客观的分析评估,深刻总结危机发生的原因和管理措施的得失。特别要总结应急管理和危机管理中的经验和教训,提炼和撰写危机管理的专项报告,以便为今后的危机管理和应急管理提供必要的经验和借鉴,以完善今后危机管理和应急管理的制度。

二、危机的传播管理

传播管理是危机管理的重要环节。危机发生后,必要的信息传播和新闻发布可以及时地向大众公布信息,疏导舆论,澄清谣言,整合调动各种资源,在危机管理中发挥重要的作用。危机的传播管理也被通俗地称为危机传播,是指在危机前、中、后期,在政府部门、组织、媒体、公众之内和相互之间进行的信息交流过程。[①]

---

① 参见史安彬:《危机传播与新闻发布》,南方日报出版社2004年版,第6页。

长期以来,我国的传播都是"报喜不报忧",害怕"影响国家和政府形象",但现实中却问题迭出。危机发生后,在传播中一味隐瞒掩盖事实,让许多并不严重的突发事故演变成严重的危机事件,给国家和政府带来了严重的影响。唐山大地震、浙江的"千岛湖事件"、抗击"非典"和广西的"博白事件"等都属于必要信息传播不足,使负面影响扩大,严重影响国家形象的危机事件,值得深刻反思。

(一)我国危机传播的发展历程

我国的危机传播与突发事件的报道也经历了一个从艰苦探索到不断解放思想与开放发展的历程。

第一个时期是从新中国成立到改革开放前的初步认识时期。唐山大地震发生后,无论我们的管理处置还是信息发布都十分落后。由于观念和"面子"等问题,我们也没有同意并积极寻求国际社会的援助,反而让国际社会对我们的"人权"和必要的人道主义精神产生质疑,给人民生命财产和国家形象造成了严重损失。

第二个时期是1978年改革开放至抗击"非典"前的探索期。在此期间,我们意识到了危机传播的重要性,不断解放思想,也制定了一些政策,鼓励和保证在遇到突发事件时的有效传播。1994年,中央下发了《中共中央办公厅、国务院办公厅关于国内突发事件对外报道工作的通知》。2001年,国务院办公厅又发布了《关于进一步加强国内突发事件对外报道工作的通知》。

第三阶段是抗击"非典"后的突破期。党的十六大以来,我国对突发公共事件的报道有了重大突破,突发公共事件的应急机制开始建立。2003年的"非典"事件极大地推动了危机的传播。不久,中央发布了《关于进一步改进和加强国内突发公共事件新闻报道工作的通知》。同年,又发布了《关于改进和加强国内突发公共事件新闻发布的实施意见》。2004年,国务院成立了突发公共事件应急工作小组。2006年1月,温家宝主持召开国务院常务会议,审议并原则通过了《国家突发公共事件总体应急预案》。随后,编制完成了105个专项和部门预案,包括《国家突发公共事件新闻发布应急预案》及绝大部分省级应急预案,全国应急预案框架体系初步建立。危机传播作为危机管理不可或缺的一部分进入了国家危机管理的制度体系。①

近年来,在贵州"瓮安事件"以及四川汶川地震的抗震救灾中,党和政府都采取了开放的危机传播管理措施,不仅大大提高了这些危机事件本身管理的绩效,而且在全国和世界面前树立了中国党和政府领导有力、指挥得当,全国人民团结协作,捐款捐物,国际社会大力支持,全社会彼此关怀,守望相助的大爱精神与英雄形象。事实证明,开放的行政传播与危机传播收到了良好的效果。

(二)媒体在危机管理中的作用

除了行政机构和其他组织系统自身的传播渠道外,大众新闻传媒在危机管理中发挥着日益重要的作用。媒体的作用不仅体现在危机事件爆发后的信息发布和舆论疏导等方面,还表现在危机管理的全流程,贯穿于危机管理的始终。

1. 危机前的预警信息传播。广泛联系社会和大众的新闻媒体在危机管理中可以发挥隐患提示与危机预警的重要作用。在刚刚出现危机征兆时,媒体作为传播机构就承担着提示管理部门和组织,向公众发出危机预警信息的责任。

2. 危机中的管理信息发布。在危机事件爆发后,媒体主要负责发布危机事件的情况,介绍和提醒危机可能造成的危害及影响。发布政府的权威消息,引导公众舆论,避免危机中人们由于恐慌无助或者信息不畅等原因而听信谣言,误导舆论,危害危机的正常管理及社会安全。危机传播中应重点发布应急管理的信息,主要介绍危机管理中的措施和办法,在提醒公众注意安全和防范风险的同时最大限度地整合和调动各类资源,团结号召各机构与全体民众一起应对危机,抢救和保护受难群众的生命和财产。

3. 危机后的总结性传播。媒体还需要在危机后,认真总结本次危机的管理经验和教训,在调查反思中寻找危机责任者、管理者以及全社会在危机预防环节和危机管理环节出现的各种问题,以便深刻总结经验教训,提升今后的危机管理能力,发挥危机警示教育的作用。

---

① 这部分信息得到了国务院新闻办公室新闻局副局长鲁广锦博士的支持,在此表示感谢。

例如,在冰冻雪灾后,媒体应该反思我国各地市政管理部门是否在今后出现异常情况时,应该配备和调集必要的铲雪和扫雪等设备,加大我国电力系统以及交通运输系统抗击冰冻灾害的能力。在各种矿难发生后,不仅应该反思各地的安全生产监管模式、组织建设和人员及安全设备的配备,还要深度总结和反思我国单纯依赖煤炭能源的弊端,加大新能源的开发力度。

在四川汶川地震发生后,媒体应该反思我国在地震救灾中现场挖掘设备和空中地面运输设备严重匮乏的原因,重视救灾的体系建设和大型运载直升机、挖掘机等设备的制造,同时还要提醒全国军民加强日常救灾的专业技术培训,以便在今后的各类救灾中降低或杜绝因专业救护知识缺乏而导致的不必要伤亡和损失。另外,还要重视平时对地震等危机预警体系的建设,重视地震多发区以及灾后重建中对城镇住宅建设的科学勘查与规划设计,选择适合的地段,增加防震功能。

在翁安事件发生后,各地党政机构要认真总结和反思其中的教训,注意及时了解民间疾苦和严重的社会问题,依法行政,公正执法。平时要及时处理和解决好民众关心的问题,阻绝危机的蔓延,把危机各种可能的隐患消除在萌芽状态。

在 2010 年夏天发生的全国多处洪涝灾害中,我们需要反思城市下水道系统以及泄洪设施硬件和软件建设不足等问题,同时检查城市的其他脆弱环节,防止并增强城市应对危机灾害的能力。

但遗憾的是,由于观念习惯以及害怕得罪人等因素,我们对每次危机事件的总结和反思都不够全面深刻。因此,也很难总结和吸取教训,做好准备,完善制度,以防止再犯。

(三)危机管理中权威信息发布与媒体报道的平衡

由于全球大部分媒体传播的独立性以及政府在危机管理中的传播缺失或传播不力等原因,危机管理中政府的权威声音与媒体的声音常常出现非平衡与非对称状态,以至于对整个危机管理行动造成不必要的影响。那么,如何才能够保持危机管理中权威信息发布与媒体自身报道之间的平衡呢?

1.管理主体最大限度地开放信息。我们的危机主管部门,也就是党政机构和社会组织等首先要解放思想,开放信息,加强对危机的科学管理,及时发布自己获得的权威资讯,让权威的信息及时充分地占领主流媒体的舆论。这样,真相就会走在谣言的前面,谣言就没有滋生蔓延的机会和土壤,真正的危机管理信息才得以有效传播。

2. 管理主体实施最有效的管理行为。政府必须要做好危机中的科学管理,做到管理及时、措施得力、应对得当、效果良好。否则,媒体就会自动发挥自己舆论监督的作用,不是传播其获得的其他信息,就是对行政者和管理者开始批评,对政府和其他管理者造成巨大的舆论压力。如果在危机面前,政府因不作为或者指挥不当、应对不力等行为造成了新的损失,政府和主要领导势必面临比平日常态下更大的危机和压力,对政府和自身造成意想不到的严重后果。

根据"博弈诞生最佳绩效"的原理,政府与媒体适度的传播博弈,彼此之间形成的良性互动压力,对改进政府管理,提高政府的日常管理水平和危机管理能力,对媒体提高自身的传播水平和传播质量都具有十分重要的作用。

媒体从自身的传播诉求出发,会千方百计地挖掘更多的新闻和信息,从不同的角度开展全面的危机传播,在最大限度"传播真相"与"传播真理"的同时,也会提高自身的影响力。作为负责任的媒体,在重大危机和灾难面前,应该充分承担起主流信息传播渠道的责任,与政府和民众一起共同应对危机。

党政机构在危机管理中容易关注政府自身的公信力以及社会的安全稳定,可能会下意识地去掩盖一些对于自己不利的事实真相,希望传播一些对自己有利的信息。这时,就可能与媒体发生传播博弈或冲突。因此,政府需要及时推出全面、科学、得力、有效的危机管理措施,在有效的危机管理行动中充分利用大众新闻传媒,并与媒体紧密合作,联合开展积极有效的危机传播,最大限度地减轻危机对公众和社会造成的危害。

第三节　危机传播的原则

一、危机传播的最佳绩效

要确定危机传播的原则,首先要考察危机传播有哪些绩效,即事先预测该传播能够达到的最佳效果,然后确定危机传播的原则和方法。这样就可以做到有效调动和整合传播资源,采取最有效的方法开展危机传播,达到危机管理的目标。

由于过去我国在突发事件传播中观念保守,信息封闭,在危机传播中犹豫不决,必要的危机信息得不到及时的披露,造成了不少的谣言和危害,严重影响了党和政府以及国家的形象,其教训深刻。笔者特意在本书第二章"媒体及其传播的发展和变迁"第二节"媒体信息生产的周期和规律"中,从传播绩效的视角通过对一个突发事件分别在开放和封闭的传播环境下不同传播效果的对比[1]发现,危机管理中开放的传播环境可以让媒体获得全面而真实的信息,使危机管理得到最全面有效的传播。而在一个封闭的传播环境中,新闻媒体无法通过正常渠道获得官方权威的信息发布,难以得到第一手资料,从而会自动转而寻找并利用那些第二手或第三手的资讯,报道中充斥着"道听途说"和"据说"的信息和谣言,会给行政者和危机管理者造成不必要的误解或伤害。

可见,最佳的传播绩效就是对危机事件和危机管理措施最真实、最全面和最有效的传播报道。通过危机传播不仅及时披露了突发事件的必要信息,还能够通过持续的新闻发布和信息传播来疏导舆论,澄清谣言,凝聚人心,调动资源,最大限度地降低危害,做好危机的管理。在危机传播的最佳绩效模式中,如果政府与媒体坦诚相待,团结协作,良性互动,共同应对危机,就会取得最佳的危机管理绩效。

二、危机传播的七项原则

(一)迅速反应与及时报道原则

在危机管理中,必须要首先体现"快速反应"原则,做到对危机特殊的重视并尽快采取有力的措施,切忌优柔寡断。同时,还要在第一时间内对危机事件进行"及时传播",让政府和危机管理者的权威信息最早或尽早通过媒体传递给公众,先入为主,争取传播的主动。

---

[1]　请参见第二章第二节"媒体信息生产与传播的规律"中传播比较的内容。

快速反应与及时传播不仅仅是在舆论上占先,更重要的是快速反应可以在受难者生命危在旦夕的时候争分夺秒,使其获得救助,避免不必要的伤亡损失。"时间就是生命"这句话在危机发生的时刻,在受难群众被压在废墟中或矿井下生死不明的时候更显出其真谛。此外,及时迅捷的权威信息发布不仅可以占据传媒的主流信息时段,引起公众和社会的高度重视,杜绝不必要的恐慌和谣言,规避可能出现的社会混乱及次生危机,政府、社会组织和公众还可以从权威的信息传播中迅速整合资源,集结队伍,开展对危机受难者的大规模救助,最大限度地减少伤亡和损失。

(二)生命安全优先原则

危机发生后,面对人民生命安危与国家财产安全的矛盾时,无论是管理者、新闻媒体还是全社会的组织或个人都应该把挽救受灾地区人民群众的生命放在首位,一切以"救人"为首要原则。

媒体的危机传播也需要重点聚焦到对人们生命的挽救这个核心和重点上来。因为生命的价值高于财产的价值,人的价值高于物的价值。这是人类社会的基本道德和伦理精神。近年来,在中央人本思想的指引下,在全国乃至全球的共同努力下,危机管理中"以人为本"的理念已经深入人心,成为了人们广泛的共识。四川汶川地震发生后,各搜救小组争分夺秒,顽强奋战,不惜代价营救废墟下被困人员的感人事迹就是最好的例证。

(三)影响最小化原则

危机发生后,在紧急抢救受伤人员的同时,危机管理团队需要进行更为专业和详细的分工,防止出现"蝴蝶效应",应对不同层面的问题,防范更为严重的次生事故或灾害的发生。危机发生后,要及时做好对伤亡人员及其家属的救治、接待、安置、赔偿和稳定工作,控制危害的持续和蔓延,防止危机负面影响的扩散,把危机造成的负面影响缩小到最低限度。这就是影响最小化原则。

2008年四川汶川等地地震后,一些学生家长对校舍质量问题的质疑和抗议,唐家山等堰塞湖危机就是典型的后续次生危机。政府和全国军民在排除堰塞湖险情以及转移和安置群众中表现出色,赢得了国内外的广泛赞誉。

（四）责任调查与追究原则

任何危机的发生都有人类的主观肇因。从社会心理的角度分析，人们一般能容忍天灾，但无法原谅人祸。与地震、冰冻、瘟疫、飓风以及水旱等自然灾害不同，那些因为忽视安全生产，日常管理混乱，行政监督不力，渎职、腐败以及因人员素质、懈怠等原因而导致的危机事件和生产责任事故会引发广大公众的强烈愤慨和谴责。公众和社会在激愤中聚集的能量必须要得到有效的释放，社会公义必须得到有效的彰显，因此就必须调查和追究危机事故的责任。如果不尽快地调查事故原因，追查肇事者和管理者的责任，公众聚集的义愤不仅难以消除和平复，还可能引发更大范围的危机。领导和管理者认识和重视这种心理并做好必要的管理十分必要。

在以人为因素为主要肇因的危机事件发生后，政府、专业部门和公检法系统必须要对事故的原因进行深入细致的调查，通过媒体向社会公布结果。同时，要严格追究相关人员的法律责任，并对有关领导和责任人依法进行处理。此外，还要通过积极有效的传播，反思危机事件的原因，在总结教训的同时警示公众和相关行业管理者，杜绝此类事故的再次发生。

（五）相关领域防范原则

任何一个危机事件的发生都是对相关领域的一次安全警示。因此，一般在危机事件发生后，都需要对相关的领域和相关行业进行检查，采取必要的防范措施，杜绝此类事件的发生和蔓延。例如，某游乐场设施出现事故，导致人员受伤后，有经验的政府和管理者往往会下令对所有的游乐设施进行停业检查，防止隐患和此类事件的发生。一家建筑工地出现事故，政府会下令本地所有的工地停产检查，防患于未然。

相关领域的防范是危机管理中的延伸管理行为，旨在防止类似或连环危机的发生，具有一定的科学性。但是，真正成熟的政府管理者和企业管理者，更加重视日常安全生产的法制建设，制度执行、操作规范与流程管理，把危机的管理前置，以消除危机的因子或让危机的因子没有寄居和繁衍的生命土壤。这样，多重视日常监管，严格例行检查与防范，多在平时下功夫，"防患于未然"，就一定会大大减少甚至杜绝危机的发生，能够享受危机管理带来的平安和幸福。

（六）公众教育和警示原则

所有危机都是"危险"和"机遇"的组合体。任何危机事故之后，当事者、政府、管理者、媒体以及全社会都有可总结、学习、借鉴和提高的经验和教训。因此，危机过后的反思和总结十分必要。

我们的领导文化与管理文化中，由于"和谐稳定"的惯性思维，只重视应急管理，不重视对危机事件进行必要的反省和反思。只要危机一结束就谢天谢地，万事大吉，把刚才发生的悲剧抛掷脑后。由于反思和总结的缺乏，害怕涉及某些人员和组织利益，扩大负面影响，因此也无法对危机管理的经验教训进行必要的总结和积累，最终无法从以前发生的危机中充分学习、借鉴和思考，以至于影响今后危机的预防和危机的管理。

这种不对问题深挖以汲取教训的惯性思维和不良行政习惯，不仅不会对社会起到很好的警示和教育作用，还会无形中埋下今后危机的种子，贻害社会。危机发生后，政府和媒体都需要开明理智地对危机进行必要的反省思考，以总结经验和教训，教育和警示公众，做好对未来危机的防范，改善并提升自己的管理水平。我们一些党委宣传部门和政府的新闻管理部门对媒体必要的危机反思控制过严，不让反思。这不利于政府、社会组织和广大公众从危机中学习反省，总结教训。

（七）善后及后续保障原则

任何危机都有自己的生命周期，危机管理有一个完整的体系。在事前预防与事中抢救管理后，还需要进行善后管理，做好危机受害者和关联者的后续保障工作。

政府和媒体在对重大危机采取有效的管理措施并进行成功的传播后，还要做好危机的善后管理、后续保障及教育传播等工作。例如，四川地震灾害是一个有着持续影响的重大危机事件。第一阶段的人员生命抢救、临时居住等生活问题得到解决后，还面临着灾区人员的心理疏导，灾区的规划重建以及在重建之前人民的生活、生产、上学等问题。因此，政府、媒体和全社会都需要对四川地震受灾地区的民众和正常的生产生活及社会秩序进行持续的关注和帮助，让他们真正地走出危机，重建家园，恢复并提升正常的生产、学习和生活。

第四节　危机传播的方法

一、危机传播中的导向策略

真正的危机管理是危机应对措施的实施与危机传播的有机结合。危机管理与传播的策略可以分为事实导向策略与价值导向策略两大部分。

所谓事实导向是指在危机传播中,以危机事实真相、危害范围、人员及财产损失及管理和应对中的人力物力投入等事实为主要传播依据和传播定位,聚焦危机事故呈现出来的事实和量化指标。

所谓价值导向则重点聚焦对危机各方的深层价值关系、价值分化异化以及群体分层等问题的认识和了解,从文化、观念和机制等层面深刻分析危机,协调各方关系,实现管理体系的恢复再造以及利益相关者和社会对危机管理组织和契约的价值认同。简言之,危机传播中的事实导向关注危机的外在表现和显性信息,侧重以抢救为主的"就事论事";价值导向则关注危机的内在表现、事故动因及隐性信息,侧重深度分析与深刻反省。

因此,从危机管理的整体绩效考察,我们既不能孤立地看待管理和传播(因为在管理中有传播,传播中有管理),也不能在危机传播中只重视事实而不重视价值,或只重视价值而轻视事实。要实现管理与传播,事实与价值之间的有机结合,根据不同的危机情况确定各自的传播配比。

例如,在以自然灾害为主的突发事件中,要以介绍灾害的损失、影响,政府和民众支持、所需要的管理措施和资源等"事实导向"为主开展传播,同时在价值层面聚焦人性关怀、博爱、进行适度的反思。在人为因素为主而导致的危机事件中,除了公布必要的灾难信息和管理措施等事实外,还要加大危机传播中"价值导向"的比重。不仅要传播对受难者的关爱、救助和扶持,调动资源抢救人员财产,还要在传播中增加对监管制度、事故原因、肇事者等责任人的报道和批评,忏悔和挽救措施等。同时,还要对此类事故进行严肃的责任追究和深刻反省。

二、危机传播的主要方法

(一)危机传播的主要流程

1.信息告知。出现危机后,政府、企业相关组织以及危机当事人等需迅速派人或亲自到现场了解情况,采取必要的措施,同时尽快发布消息。可通知记者到现场采访,召开新闻发布会并根据危机的进展准备新闻素材稿发给媒体,进行持续的信息传播。危机发生后及时的信息告知不仅可以争取传播和管理的主动,还可以避免不必要的谣言和次生危害的发生。

2.适度迎合。危机发生后,无论是否有政府或当事单位提供的信息,新闻媒体都会迅速出动,立即报道。公众不仅会迅速在网络等新媒体上传播,也会在私下进行人际传播。这时候,要注意倾听公众和媒体的意见,根据危机的性质、类型,特别是主观责任等事实判断形势,适度迎合媒体及公众正确的批评和指责。学会在真正负有责任,辜负并违反了公众利益的时候,能勇敢地承认错误,承担责任,对政府、企业以及个人的错误作出深刻反省和真诚的道歉,以消除公众和媒体的愤怒,保持公众的心理平衡,获得公众和媒体的谅解,赢得可能的补救机会,争取主动。

相反,如果因为自己的错误给公众造成了损失,还振振有词,一味地搪塞辩护,在危机形势严峻的形势下,反而会招致媒体和公众更大的激愤,引发更严重的后果。以前发生的安徽阜阳"大头娃娃"奶粉事件、三鹿"问题奶粉"事件和南京冠生园的"陈馅月饼"事件等都因为自我检讨不力,媒体沟通缺乏,管理措施跟不上等原因,遭受了重大损失并留下了深刻的教训。

3.应对疏导。危机发生后,必要的告知、迎合与管理可以在某种程度上缓解危机压力,特别是能缓解人为因素造成危害的紧张气氛,减缓公众的义愤和责难,但是并没有从根本上脱离和解除危机。这时,就需要采取有力的疏导和管理措施,改变目前的危机状况,缓解危机的压力,为组织和个人的危机管理赢得机会。此时,危机管理的关键就是要推出切实有效的补救措施,重点应对核心问题,在自己努力的同时也寻找联盟协调管理疏导,拿出令人信服的危机管理行动来积极补救,阻止危机的蔓延,逐步化解危机。

4.改变状态。危机发生后,如果应对措施得力,舆论疏导适当,危机的状态就向着有利于管理者的方向良性发展,使危机在得力的管理措施和传播中不断地缓解和消除。相反,如果一味地为自己的过错狡辩,应对与管理措施乏力,危机就会向着与管理者所期待的相反方向恶性转化,会导致危机关联方出现更大的问题,甚至让危机的组织以及关联组织严重受损或消亡。

例如,2007 年发生在长三角地区的"阳澄湖大闸蟹事件",就因政府和媒体联合应对有力而迅速化解。当台湾"卫生署"等机构放出谣言说阳澄湖大闸蟹有问题时,中国内地螃蟹产区以及港澳台等地的大闸蟹进口商和餐厅业主都处在惊恐与焦虑之中。随即,上海电视台采访了一位食品研究和检验机构的专家,他说,"经过化验,发现阳澄湖大闸蟹没有问题"。

记者又到菜场采访了几位正在购买大闸蟹的市民,他说,"我们家每天都吃蟹,没有发现什么问题"。同时,迅速将此事件上报中央政府。次日,中央电视台在《新闻联播》中播出了一条重要消息,"国家食品与药品监督检验局经过认真检查后宣布,中国的水产品出口完全合格。"至此,"阳澄湖大闸蟹有问题"的危机传言迅速瓦解,危机状态立即改变。

因疏导不力而使危机发生恶性变化的案例中,南京冠生园最为典型。2001 年 9 月,南京冠生园食品有限公司在处理"陈馅月饼"事件时因为传播和管理不当导致该企业倒闭。接到投诉的记者为了发现南京冠生园公司用陈馅制作月饼的真相,在企业内"潜伏"了数日,找到了确凿的证据,随即在媒体上曝光。

南京冠生园是老字号企业,和其他许多传统企业一样,从未遇到过如此强大的舆论谴责和舆论压力。当时南京冠生园食品公司负责人没能认清自己的问题,更不善于危机传播,在面对媒体的批评质疑时,只会下意识地为自己辩护,甚至说"使用陈馅是月饼行业的惯例,其他企业都用陈馅"。此言既出,全国月饼同行纷纷发表声明为自己辩护,并谴责此"不负责任"的言论。媒体和受众对冠生园犯错不改,反而迁怒他人,用过期食品危害公众健康的行为不依不饶,大肆传播。

随后,南京冠生园的月饼便出现了全国性的滞销,导致企业信誉严重受损,资金短缺,合作方中断合同等系列危机。在内外交困之下,2002 年春,该公司宣布倒闭。南京冠生园食品公司是迄今为止国内少有的因危机传播不力等原因而加重危机,最终导致公司破产的企业,其教训十分深刻。

5.重建关系。关系重建是危机管理与危机传播的重要环节,也是危机管理者期盼的成功结果。危机发生后,如果理念正确,态度合宜,信息发布及时,政府、企业等组织与媒体紧密配合,管理措施得当,应对处置得力,公众和消费者就会从政府和企业出色的危机管理表现中恢复信心,遵守彼此之间原有的契约,再次购买和消费曾经出现过问题并改进后的产品,在危机对立各方之间重新建立信任关系。尽管重建关系可能需要一段时间,但只要危机管理者抓住机会,用尽一切办法开展管理和传播,尽快化解危机,就可以赢得消费者和社会的信任,重建关系。

6.转危为机。在危机的核心问题得到真正解决之后,危机的主要问题与症结、契约各方彼此的隔阂会完全消除,危机者用诚信和更好的表现重新赢得消费者和公众的信任,重建彼此的关系。大部分危机管理只能达到这个境界。然而,高水平的危机管理还会借机发会,转危为机,把危机管理行动变成自己的宣传运动,实现企业和组织的跨越式的发展。

任何事物都有正反两面,关键是如何认识和发掘对自己有利的因素,并巧妙地加以提升。危机发生后,国内外媒体和受众会高度关注该事件,该组织或地区会成为舆论的焦点。这是平时默默无闻,很难获得公众和媒体关注,难以争取传播机会的该组织或地区进行传播的绝好机会。如果管理科学,措施有力,应对得当,效果明显,危机管理就会成为展示当地政府和组织领导能力、管理理念和优势资源的良机。危机管理的过程就是展示领导力和组织形象的过程。这样,危机后该组织就会总结教训,提升形象,获得跨越式发展。可喜的是,冠生园上海总部在总结南京公司的教训后,认真整改,在企业管理与传播上有了长足的进步和发展。

(二)南京冠生园"陈馅月饼"事件的危机管理假设

鉴于南京冠生园的深刻教训以及在危机管理传播案例中的特殊性,笔者在中国浦东干部学院开发的《公共行政与媒体关系》课程上对全国约10万多名领导干部讲授并模拟了该案例的理想化管理状态。此次在本书中对该企业的危机管理进行假设,为本书读者以及今后的危机管理者总结危机管理与危机传播的规律,为今后的危机管理,特别是危机传播提供经验和借鉴。

　　冠生园"陈馅月饼"事件发生后,冠生园企业的领导层紧急召开会议,研究对策,在危机管理的全流程中采取了积极的应对措施,开展危机管理和危机传播。

　　1. 信息告知与适度迎合。首先召开新闻发布会,公布事件的情况以及调查结果。董事长和总裁在新闻发布会上心情沉痛、表情凝重,"冠生园是百年老店,我们向来注重产品质量,关心广大消费者的健康,我们冠生园的月饼是中国最好的月饼之一,多年来一直受到广大消费者的信任和欢迎,从未出过产品质量问题。但是,这次由于我们管理不善,某些环节疏漏,在某些车间查出了利用陈馅制作月饼的事件。对此我们感到无比痛心。在此,我谨代表冠生园领导层、全体管理人员向新闻界,并通过各位记者向全国的广大消费者道歉。"

　　2. 危机应对和舆论疏导。"据查,我们的第一车间有利用陈馅制作月饼的现象,总计制作陈馅月饼2.5吨,销往了全国25个大商场和150个专业销售点(这是模拟数字,发布时必须要有精确的统计数据)。经过总裁办公会议讨论通过,已经撤销了车间主任的职务,有关直接责任人已经被开除(可以事先做些工作,请记者对当事人进行采访)。随后,我们在全国各地对所有的陈馅月饼进行就地封存和就地销毁。目前,在市场上销售的月饼都是新馅的,大家可以放心食用。"(这些措施都需要组织媒体拍摄报道)

　　3. 逐步改变原有的危机状态。"为了让大家了解我们冠生园月饼的制作流程,我们邀请各位记者到车间参观。"参观现场一定要准备好拖鞋、卫生服、头套和脚套等隔离消毒装备,配发给每位记者。随后,总裁亲自陪同记者团在车间参观,让记者感受食品生产线的整洁、卫生以及规范的生产流程和严格的检验程序。特别要在拌馅的环节停留良久,认真拍摄,让观众都看到新馅。在参观了月饼制作的全流程后,总裁或董事长亲自在车间品尝刚出炉的月饼并事先组织记者和管理人员一起围着几个桌子(放上月饼、水果、茶)座谈,品尝月饼。请国家食品药品监管部门的权威人士检测并发布新闻。随后,再联络采访几位不同年龄段的客户,特别是老年客户,请他们在危急的时刻对冠生园这个

"百年老店"的月饼进行总体评价并说几句公道话,以赢得全国消费者的同情、共鸣和支持,帮助公司疏导舆论,化解危机。

4.危机消除与管理提升。危机是"危险"和"机遇"的组合体,是一种出现问题后有可能产生危险也有可能出现转机和机遇的状态。这时候,作为一个平日不被媒体关注的月饼公司和食品企业,要学会在采取了积极的应对和管理措施后,充分发挥媒体的传播作用,开展延伸性传播,主动推出一系列的后续整改措施,借助此次危机聚集的大量"注意力",在消除危机的同时全力扩大冠生园的影响。

公司要借助这次危机事件激发起来的媒体传播愿望和新闻由头,隔几日召开一次新闻发布会,再从体制和机制上反省冠生园的错误,重点推出整改措施,并主动借机传播企业百年的历史与辉煌,介绍各种新产品以及今后将推出的更为完善的管理制度。在传播中以开放的心态迎接媒体和记者的采访,坦诚地与媒体和公众沟通。还可举行"冠生园新月饼免费品尝活动"等来吸引消费者,转移危机视线,把危险转为机遇。这样,冠生园不仅会在危机中转危为安,还会借助此次危机事件,抓住改变自己公司形象和未来发展的传播机遇,赢得消费者的欢迎,借助此次机会获得转机与新生。①

(三)美国福来灵克咨询公司的危机传播公式

美国福来灵克咨询公司曾经与笔者在担任上海市政府新闻官期间有过合作。该公司是美国知名的公关公司,在其丰富的实践经验基础上总结发明了危机管理中与媒体合作的公式,即"(3W+4R)8F = V1 或 V2",具体如下:

1.3W:危机发生时管理者和传播者需要知道的三件事

首先是"What did we know?"即我们在危机发生后知道了些什么?我们作为危机管理者和传播者必须首先要了解危机事件的总体情况,了解危机发生的原因、伤亡的情况、危机的影响、扩散的可能性以及需要调集的管理资源等,在做到心中有数后才能知道如何应对。

其次是"When did we know about it?"即我们何时知道的? 这第二个问

---

① 这是针对过去南京冠生园的危机校正情景模拟,其他类似的危机管理原理相同。

题就是要我们尽早地了解情况,在第一时间内掌握必要的信息,以便在最短的时间内进行权威的信息发布,同时尽早采取必要的管理措施。

第三是"What did we do about it?"即我们在危机发生后有哪些行动,采取了哪些应对和管理措施?在第一时间内了解危机的情况后,必须要立即采取得力的管理措施,积极应对危机,处置突发事件。得力的应对措施和积极的管理行动是危机管理中最重要的内容,而危机传播就是要充分介绍和体现这些行动和措施,让危机的管理和应对发挥效用。

2.4R:管理者获得正确的信息后在危机中的态度

第一是 Regret(遗憾)。在危机发生后,要积极主动地向媒体和公众表示遗憾,对自己的错误真诚道歉,以赢得媒体和公众的同情、理解和支持,为下一步的危机管理行动做好心理和舆论的铺垫。

第二是 Reform(改革)。在危机发生后不仅要表示遗憾和必要的道歉,更要采取积极的管理措施,拿出良好的传播行动来应对危机,保证尽快解决最紧迫的问题,通过一系列的管理措施来改变目前的危机状态,实现危机的良性转化。

第三是 Restitution(赔偿)。危机势必对个人和组织造成危害和损失,危机管理中的赔偿承诺就是要对造成损失的个人和组织等进行必要的赔偿,体现公平原则和社会责任原则。在危机状态下,对于伤亡人员及其家属的赔偿措施要及时,切忌因一点小问题而斤斤计较。危机管理者要根据国家和当地政府规定迅速出台赔偿政策,尽快落实到位,既避免因激愤而出现的次生危机和全体事件,也要避免因为赔偿不力而导致的舆论谴责。

第四是 Recovery(恢复)。在实施了一系列行之有效的危机管理措施之后,媒体和公众开始原谅、理解并逐步信任政府和危机的责任方,双方开始重新构建彼此的信任关系,危机关联者开始恢复与社会的关系和原有的地位。

3.8F:媒体沟通时应遵循的八个原则

第一是 Fact(事实),即尊重事实原则。在危机传播时要向公众说明事实真相,切勿隐瞒。

第二是 First(率先),即最早传播原则。危机关联者和责任方要率先对危机作出反应,不要优柔寡断或有任何的迟疑。

第三是 Fast(迅速),即快速应对原则。发布信息要及时,处理危机要迅速果敢,切忌拖拖拉拉,使危机情势加重。

第四是 Frank(坦率),即"实话实说"原则。在与媒体、危机关联方及公众的沟通中,要诚实坦率,不要躲闪和回避问题。坦率还包括不对媒体撒谎,不说绝对的话,不随便预测形势,更不能在调查定论之前轻易下结论。

但是,这里需要特别说明的是坦率并不等于坦白,诚实也不等于过分老实。也就是说,面对媒体要开放地说那些经过讨论和商议能够披露和发布的消息,而不是随心所欲,无话不谈。面对媒体要诚实,就是传播时绝对不撒谎;但是不能太老实,就是不能"知无不言,言无不尽",对媒体"掏心窝子"什么话都说。

第五是 Feeling(感受),即"换位思考"原则。在危机中要感知危机受害者和公众的情景,体会他们的感受,理解他们的焦虑和义愤。要设身处地,换位思考,在此心理定位下,做好危机的管理和传播。

第六是 Forum(论坛),即广泛的内部沟通原则。在危机发生后要在系统内部建立起一个开放的信息沟通与对话平台,通过会议、群发短信等告知全体员工危机的真相以及与媒体和公众沟通的原则和方法,防止因内部不了解情况或者误解等在媒体上出现的任何异化的信息传播和谣言等问题。

第七是 Flexibility(灵活),即灵活机动原则。在危机管理中除了遵循基本的危机管理法律和危机预案外,面对千变万化的危机局势,管理者需要根据情势的变化,灵活地调整管理措施和管理方法,灵活机动地应对,切忌教条。

第八是 Feedback(反馈),即应对传言原则。危机发生后,如果不能及时传播或者传播的声音不足,势必会有其他声音。管理者不能对媒体和公众中的各种传言和非正常信息一味保持沉默,要秘密地搜集证据,迅速给予真实信息的反馈,对谣言要进行必要的驳斥和反击。

由于中国传统文化的影响,许多领导干部或管理者常常会迂腐地用那些"浊者自浊,清者自清"、"身正不怕影子斜"、"谣言会不攻自破"的传统惯性思维来指导自己的行动,结果让自己在一个"谣言传播一千次就能成为真理"的资讯时代连连受挫,浊清难辨,是非不分,痛苦不已。

总之,在一个信息爆炸,充斥着信息垃圾与信息谎言的新媒体时代,在一个信息获取与信息发布难以完全得到监管和过滤的时代,在一个人人都可以发布信息,制造舆论的时代,无论是各级领导干部还是广大公民都需要具备基本的媒体沟通能力和危机传播技巧。自己不仅不要制造谣言,还一定要学会有效地破除谣言。

4. V1 角色:Victim(受害者、责任人),即要在危机中表现出足够的责任和勇气,把自己扮演成为一个"勇于承担责任者",让公众认为政府、企业和组织都能承担负责。同时,也要适度"示弱",让公众通过对自己坦诚的态度、积极的整改措施和认真的悔改行为的认可来了解目前的困境,争取公众对自己这个"受害者"产生的心理同情、理解和支持,公众和媒体就会对危机关联者或肇事者产生适度的宽恕和原谅,从而对其"从轻发落"。

否则,如果在危机发生后态度生硬,搪塞应付,不仅不会对自己的行为认真反省和道歉,反而振振有词,强词夺理,竭力为自己开脱罪责,不愿承担责任,那就会无形中把自己变成了 V2:即 Villain(恶棍)的形象。① 这样媒体和公众会对政府和危机当事人产生不信任感,甚至是厌恶感,让危机状况进一步恶化。

总之,危机管理和危机传播有规律可循,也有其恰当而切实有效的传播方法。我们不仅可以根据危机的情况确定合适的以事实或价值为核心(或者二者兼备)的传播导向和传播策略,还可以遵循危机的五个传播流程,参考传播公式,找出最为恰当有效的传播方法,最大限度地化解危机,转危为机,提高危机管理的水平。

问题思考

1. 什么是危机,为什么社会转型时期是危机的高发期?

2. 中国社会危机的主要隐患表现在哪几个方面?

3. 危机管理的内容与核心是什么?

---

① 本节内容得到了中国人民大学新闻学院胡百精教授的启发和支持,在此表示感谢。

4.什么是危机传播,它在危机管理中有哪些作用?

5.危机传播的方法和原则是什么?

6.遇到一个危机事件,你如何能在错综复杂的情况下理出头绪,正确地应
 对管理和传播?

7.你如何能在危机管理中"转危为机",即把危险变成机遇?

第六章　行政传播中的新闻发布

　　信息时代,公民的主体意识不断增强,公民对行政知情权、监督权和参与权的认识和要求也在不断上升。随着我国全球化步伐的加快和社会的进步,开放透明的行政传播已经成为不可逆转的历史潮流。在此背景下,建立各级党委和政府的新闻发言人制度可以架起政府与媒体以及广大民众之间联系和沟通的桥梁,最大限度地了解民意、集中民智,提高我国行政民主化与科学行政的水平和绩效,促进行政发展。

　　20世纪80年代开始,持续的改革开放推动了中国的行政改革与行政传播。2003年全国大规模抗击"非典"的运动直接推动了我国政府新闻发言人制度的建立和发展。2010年6月30日,在中国共产党诞辰89周年之际,中纪委、中组部、中宣部等11个部门的新闻发言人首次集体同中外记者见面,介绍有关情况,回答记者提问。这是我国执政党党委新闻发言人制度建设以及党务公开的里程碑。迄今为止,中共中央和国务院的各部、委、办、局以及全国各地的绝大多数党委和所有省、自治区、直辖市的政府机构都建立了新闻发言人制度。

　　实践证明,发言人制度对于中国的政务公开、行政传播和提高政府的管理水平都发挥了重要作用。但是,发言人制度在中国仍然是新生事物,其发展和完善还有一个过程。许多党政机构和领导干部还没有认识到建立和完善发言人制度是加强和改善党的领导及政府行政的重要组成部分,是开展领导与行政传播的重要途径。如果缺乏认识就不会真正重视,缺乏重视就不会认真落实,不能很好落实就难以在行政管理和行政传播中产生良好的绩效。这种局面亟待改变。

第一节　新闻发言人及其作用

本书的新闻发言人有狭义和广义之分。狭义的新闻发言人是指各级党委、行政、立法和司法等公权力机构和企事业单位等专门设立的从事本部门和机构新闻以及公共事务传播的发言人制度。例如,大家所熟悉的外交部新闻发言人、国家各部、委、办、局的新闻发言人,地方各级党政机构和立法、司法机构所设立的发言人以及非政府机构和企业等设立的新闻发言人制度等。

广义的新闻发言人包括党委、政府、人大、政协、军队、企事业单位、社会团体等机构的所有领导干部、公务人员和工作人员。中国或外国的官员、企业家、普通公民和媒体人都会在涉及公共事务的场合,甚至是私人交往中观察、感知我们的一言一行、一举一动,并从中得出对国家和文化的种种看法和结论。因此,每个机构及机构中的个人都无形中代表着自己国家或组织的形象,都在代表自己的国家或组织"发言"。从广义的角度看,所有的领导干部和国家公务人员都是新闻发言人。

本书以狭义的专职新闻发言人为论述重点,同时兼顾广义的各类"发言人",希望所有的党、政、军、立法、司法机构、企事业单位以及各类非政府组织的领导干部、管理人员等都能在阅读本书时联系实际,"对号入座",以便从中获得启示,不断增强传播意识,提高传播能力。

一、新闻发言制度的建立

(一)西方的新闻发言人及其制度

新闻发言人制度在西方国家是常见的行政传播与组织传播形式。它不仅是政府与新闻媒体和公众沟通的主要桥梁,是政府设置议程,引导公共舆论的重要手段。

美国是新闻自由度最高的国家,也是发言人制度最完善的国家之一。美国发言人制度的前身是总统新闻发言人。19 世纪 20 年代,美国普通民众获得了选举权;30 年代,《便士报》诞生。新闻发言人诞生在一个政治改革、经济增长、传媒大众化的年代。安德鲁·杰克逊(Adrew Jackson)是最早聘用新闻发言人的美国总统,但杰克逊及后面几位总统的新闻发言人都以私人秘书的身份出现,不属于政府系统,政府并不提供资助。直到1857年,第25届总统麦金利(Mckinley)上台,他的6名助理才开始领取政府薪水,其中包括负责新闻宣传的科特柳。

著名的白宫记者招待会和美国新闻发言人制度密切相关。美国第27届总统塔夫脱(Taft)是第一个安排每周两次定期举行记者招待会的美国总统。从此,虽然有反复,定期的记者招待会维持下来,白宫的新闻发言人制度也就此相对固定,新闻发言人制度成为一种行政传播的制度普遍在美国各地建立起来。

美国新闻发言人制度的建立得益于两个因素的影响。首先是现代公共关系理论从企业界向政府部门的渗透。19世纪末20世纪初,美国工商界对公众利益的冷漠激起了一些正直新闻记者的愤慨,掀起了一场揭露企业丑闻的"黑幕揭发运动"。在舆论的谴责面前,工商界为了自身的生存和发展,开始检讨自己的行为,注重自身的社会形象建设。为了改善与新闻媒介及公众的关系,企业广泛地开展公共关系活动。新闻发言人和记者招待会就是其中的重要组成部分,也取得了良好的沟通效果。

现代西方政府的行政事务日趋复杂,很难在一切问题上获得公众的赞同,常常会受到来自各方面的指责。在这种背景下,政府就把自己的职能活动视为一种公共关系活动,重视开展各类行政公关与行政传播活动。新闻发言人制度作为政府公关活动的重要组成部分和现代政府重要的施政方式,致力于向媒体和公民及时提供行政信息,加大行政沟通的力度,在公众中努力塑造政府的良好形象,以获取公众的参与和支持。据美国全国政府传播者协会估计,美国各级政府中大约有40000多名政府的专业行政传播工作者。

促使美国新闻发言人制度建立的第二个原因是新闻媒介积极争取知情权的斗争。美国报纸主编协会、美联社编辑主任协会、广播电视新闻部主任协会和职业新闻工作者协会等,在20世纪40年代末共同开展了争取信息自由和公开记录的运动。通过不懈的努力,促使《信息自由法》在1966年颁布。它要求每个联邦机构公布详细章程,保证公共信息的自由流通,并规定对拒绝提供情况的决定进行司法审查,对任意拒绝提供消息的官员实行罚款等手段,来杜绝官方机构对在公共信息公开方面的拖延和阻挠。另外,《阳光下的政府法》(即"阳光普照法案")规定,50 多个拥有两个或两个以上成员的联邦部门举行会议必须要公开。到 1970 年,除了 5 个州,其余各州都立法规定要公开涉及公共事务的记录和会议。

各级地方政府为了履行这两个法案的责任,不得不指定专人与新闻界接触,提供信息、参加会议并作出及时而恰当的反应。新闻发言人正式开始作为政府与媒体的调解人,调停政府机构希望在相对保密环境下行政以及新闻记者要求充分披露政府信息之间的诉求和矛盾,架起了政府与媒体之间的桥梁。

(二)中国新闻发言人制度的建立

中国新闻发言人的历史可以追溯到 1982 年 3 月 24 日。时任苏联领导人勃列日涅夫在乌兹别克斯坦首府塔什干发表了长篇讲话,传递了在苏美对抗力不从心的情况下希望改善中苏关系的信息。邓小平打电话到外交部,指示立即对勃列日涅夫的讲话作出反应。3 月 26 日,正在考虑设立新闻发言人的时任外交部新闻司司长钱其琛在老外交部(今国务院新闻办所在地)主楼门厅处举行了新中国的首场新闻发布会,面对七八十位中外记者发表了简短声明。

当时该声明只有三句话:"我们注意到了 3 月 24 日苏联勃列日涅夫主席在塔什干发表的关于中苏关系的讲话"。"我们坚决拒绝讲话中对中国的攻击"。"在中苏两国关系和国际事务中,我们重视的是苏联的实际行动。"

该简短声明第二天刊登在《人民日报》头版中间位置,引起了国际社会的极大关注。西方五大通讯社和其他外国媒体纷纷报道,并发表评论。有外电指出:"这一谨慎而含蓄的声明,预示着对抗了 30 多年的中苏关系有可能发生变化,并使世界局势为之改观。"这场不设座位,只发布,不答问的发布会,奏响了我国改革开放后新闻发言人制度创建的序曲。①

----

① 《外交部发言人制度 26 年变迁:向世界传递中国声音》,《中国青年报》2009 年 10 月 18 日。

1983 年 2 月,经中央书记处批示同意后,中宣部、中央对外宣传领导小组(国务院新闻办的前身)联合下发了《关于实施〈设立新闻发言人制度〉和加强对外国记者工作的意见》。1983 年 3 月 1 日,时任外交部新闻司司长的齐怀远,作为新中国第一位正式的新闻发言人站在中外记者面前,中国外交部从即日起开始正式建立发言人制度。

1983 年 11 月,中央对外宣传领导小组制定并下发了《新闻发言人工作暂行条例》。该条例当时被大多数部委理解为只是对外宣传部门的事,主要是为国外的新闻媒体服务。当时只有外交部、国家统计局、国务院台办等几个部门建立了新闻发言人制度,对外召开新闻发布会。

2003 年"非典"流行初期的传播被动和失利无形中推动了中国新闻发言人制度的建设和发展。"非典"初期,政府有关部门和部分领导的观念保守,有意封锁信息,致使谣言四起,误解不断,政府形象、声誉和公信度受到严重影响,国民经济遭受巨大损失。但"非典"事件也让政府意识到了政务信息公开的紧迫性和必要性。抗击"非典"后期,中央政府调整了战略部署。国务院新闻办公室举办了八场新闻发布会,多个部门的政府新闻发言人频频出现,全国各地方政府每天都公布感染人数和防治情况,抗击"非典"前阶段传播不足的被动局面开始扭转。此后,政府开始全面推广新闻发言人制度建设,修改保密法,制定信息公开条例。

2003 年是我国新闻发布工作中具有里程碑意义的一年。如果说这之前中国的新闻发言人制度是被动起步的话,抗击非典后就进入了主动发展阶段。2003 年 9 月,国务院新闻办公室举办了第一期全国新闻发言人培训班,来自教育部、国家环保总局、卫生部等 66 个部委的一百多名新闻发言人参加了为期 5 天的培训学习。2004 年,国务院新闻办公室在安徽省举办了政府新闻发言人培训班,截至当年年底,培训学员达 4000 多人。2005 年,国务院新闻办公室共举办 18 期新闻发言人培训班。

2004 年,除外交部例行的新闻发布会外,44 个国务院部门组织了 270 多场新闻发布会,28 个省区市举行了 460 多场新闻发布会。到 2004 年底,国务院新闻办公室首次公开了 62 个国家部委的 75 名新闻发言人的联系方式。2005 年,国务院新闻办公室还积极指导部分大型国有企业、医院、学校和金融机构建立健全新闻发言人制度,继续完善突发事件新闻发布的机制。中国新闻发言人制度呈现出从中央向地方推广的态势,全国已逐步建立起三个层次的新闻发布体制。2006 年 4 月,国务院新闻办公室副主任王国庆同志接受新华社记者专访时说,我国已有 28 个省、自治区、直辖市建立了新闻发言人制度。

在中央层级,新闻发言人制度开始在党务部门实行。2005 年 7 月,中组部副部长李景田亮相国务院新闻办公室新闻发布会,就"数千人退党"谣言作出澄清。2006 年底,官方正式宣布中共中央七个部门建立新闻发言人制度,并公布了中纪委、统战部、中联部、中央台办、中央文献研究室、中央党史研究室六部门的新闻热线电话。

2007 年 4 月,国务院颁布了《中华人民共和国政府信息公开条例》(以下称为《条例》),从 2008 年 5 月 1 日起实施。《条例》首次规定,及时公开地发布政务信息是政府应尽的责任和义务。地方政府开始积极探索和推进适合本地情况的政府新闻发布制度。①

2007 年 1 月 1 日,为下年北京奥运会的传播而出台了《奥运会期间外国记者在华采访规定》,使媒体采访更加开放。2007 年 6 月,中央军委决定建立国防部新闻发言人制度。同年 9 月,批准设立国防部新闻事务局,2008 年初正式运行。同年 5 月 12 日,中国四川汶川等地发生强烈地震,中国政府在抗震救灾中采取的开放透明的传播政策取得了良好的效果。同时,一向因传播不足让境外媒体和公众感到神秘并因"中国威胁论"频频受到攻击的中国军事领域也开始加大自己的军事传播力度。2008 年 5 月,借全军大规模抗震救灾之机,中国国防部正式推出了新闻发言人制度。

截至 2009 年 11 月 13 日,公安部、国家航天局、国家旅游局、国家能源局、民政部、最高法院、国防部、国家民委、人力资源和社会保障部、国家计划生育委员会、民航总局、国家中医药管理局、银监会、国家气象局、共青团中央 15 个中央单位已经实行"双新闻发言人"制度,从制度上保证了政务的

---

① 参见谢柯灵:《改革开放以来我国新闻发言人制度的回顾与思考》,《广东行政学院学报》2009 年第 2 期。

即时公开与行政的传播，使我国的新闻发言人制度又上了一个新台阶。

2009年9月18日，党的十七届四中全会通过了《中共中央关于加强和改进新形势下党的建设若干重大问题的决定》（以下称为《决定》），其中第四条"坚持和健全民主集中制，积极发展党内民主"中第二款"保障党员主体地位和民主权利"指出："以落实党员知情权、参与权、选举权、监督权为重点，进一步提高党员对党内事务的参与度，充分发挥党员在党内生活中的主体作用。推进党务公开，健全党内情况通报制度，及时公布党内信息，畅通党内信息上下互通渠道。建立党委新闻发言人制度，办好党报党刊和党建网站。拓宽党员意见表达渠道，建立健全党内事务听证咨询、党员定期评议基层党组织领导班子成员等制度。鼓励和保护党员讲真话、讲心里话，营造党内民主讨论、民主监督的环境。扩大党内基层民主，发挥党的基层组织在保障党员民主权利方面的作用。"①该《决定》不仅推进了党内民主建设，也历史性地推动了党务公开，使中国的新闻发言人制度有了新的突破。

2010年6月30日，中共中央有关部门的新闻发言人与中外记者见面会在北京举行。中纪委、中组部、中宣部等11个中共中央部门和单位的11位新闻发言人首次集体同中外记者见面，介绍有关情况，回答记者提问。中共中央对外宣传办公室、国务院新闻办公室主任王晨同志在见面会上向大家介绍了党务公开和党务信息发布工作取得的成效，并介绍了11位中共中央部门和单位的新闻发言人。这是我国新闻发言人制度建设中的一大进步。

2011年2月21日至23日，全国党委新闻发言人首次培训班在北京举办。这是党委新闻发言人制度建立以来，对全国党委新闻发言人进行的第一次集中培训。本次培训班由中共中央对外宣传办公室主办。中央外宣办主任王晨同志在培训班讲话时说，建立党委新闻发言人制度对于加强和改进新形势下党的自身建设，发展党内民主，为党的建设和国家发展营造良好的舆论环境具有重大的现实意义和深远的历史意义。

2011年是党委新闻发言人制度全面建立的第一年，要加强党委新闻发

---

① http://news.xinhuanet.com/politics/2009-09/27/content_12118429.htm.

布工作制度化、规范化建设,推进党委新闻发布工作高质量、高水平开展,要为新闻发言人提供有力支持和必要条件。要积极开展党委新闻发言人培训工作,不断提高党委新闻发言人和各级领导干部的新闻素养和新闻舆论意识。党委新闻发言人要积极探索和掌握新闻传播规律,提高同媒体记者打交道的能力和水平。[①]

全国政协外事委员会主任、中国人民大学新闻学院院长、原国务院新闻办公室主任赵启正为推动我国新闻发言人制度的建设和发展作出了重要贡献。他说,健全的新闻发布制度有利于政务信息的公开透明,有助于政府建立起贴近群众的有效沟通渠道,它对维护社会稳定、促进经济发展有着重要的作用。

2011年3月中旬,在北京召开的全国人大和全国政协"两会"的新闻发布会在过去的基础上有了不少的创新。无论是全国政协还是全国人大的新闻中心每天都根据社会的需要认真制定传播计划,设置传播议程,确定不同的发布内容,组织多场新闻发布会,邀请政协委员和人大代表为政府建言献策,请国家部委办的领导发布信息,与媒体和委员们坦诚沟通交流,极大地丰富和发展了"两会"的新闻发布与传播。

中央电视台等多数媒体的报道也有了不少的改进和创新。不仅每天把嘉宾请进演播室,还派记者深入基层,了解民情,让基层的老百姓与人大代表和政协委员现场沟通对话,让领导了解基层的情况,让代表们在"两会"上传递基层和民众的声音与诉求,发挥了积极有效的传播和沟通作用,成为2011年两会传播的亮点。

二、发言人的角色定位

(一)发言人是行政传播的代表

新闻发言人首先是行政传播的代表,即国家各类行政机构的指定发言人以及所有国家工作人员作为国家机关的形象代表,对该机构各类行政法

---

① 新华网2011年2月23日新闻(记者华春雨):《全国党委新闻发言人首次培训班在京举办》。

规、行政决策、行政过程以及行政者本人公务活动等的综合传播。①

由于资讯时代政务公开的需要,各级行政机构都相继建立了自己的新闻发言人制度,定期召开新闻发布会、与媒体见面,开展媒体公关和各类行政沟通等活动。2007 年 4 月 5 日,国务院(第 492 号令)颁布的《中华人民共和国政府信息公开条例》更是历史性地从法律上规定了政府信息公开的原则、范围、方式、程序,特别规定了对信息公开不足的监督和保障制度,提高了公民的知情权,极大地推动了我国政务公开及行政透明化的建设,也促进了我国民主政治的发展。

新闻发言人制度是国家行政机关根据国际惯例和我国政治与行政发展的需要建立的面向大众的行政传播与行政沟通的制度。主要通过大众传媒等手段向社会和大众公布各级政府准备决策、正在执行或已经执行的各类公共政策和公共事务,让大众了解政府酝酿政策、执行政策以及行政效果等情况,让公众在知情的同时积极建言献策,参与、监督和支持行政机构和行政领导的工作,促进行政发展。

因此,无论是广义的发言人还是狭义的发言人,其行政传播的广度、深度和力度如何,都直接关系到行政机构与人民群众的联系,关系到政府的行政决策和行政行为是否能真正获得群众的广泛理解和支持,其重要意义自不待言。大家不难从近年来发生的厦门"PX 事件"、上海"磁悬浮事件"、重庆的"钉子户事件"以及贵州的"瓮安事件"中看出政府与群众之间的隔膜状态。相信今后各地行政机构和广大领导干部能从行政沟通的视角观察问题,开展公共行政,在不断总结和吸取教训中,促进行政的科学发展。

(二)发言人是危机传播的代表

新闻发言人也是危机传播的代表。对突发事件和危机管理的有效传播不仅能及时告知民众与社会注意防范危险,还可以整合资源、凝聚人心,调动一切积极因素支援受灾的民众和地区,帮助他们树立信心、战胜困难,医治创伤,恢复重建。同时,公开及时的信息披露和危机传播还可以帮助全社会总结教训和经验,做好危机的预防和管理。如果危机传播不足,公众难以

---

① 详见本书第三章第二节"行政的传播"。

了解事实真相,不仅于事无补,反而会造成公众与全社会的各种猜忌,使谣言四起,恐慌迭出,不仅损害政府形象,还容易酿成社会混乱。

近年来,我国在危机传播中的开放度不断提高,我们也从中深受其益。例如,2008年四川省汶川等地的大地震,震级之大,损害之深,影响之广都是近年来历史罕见。但是,中国政府在抗震救灾中采取了开放的传播政策,使党、政、军、企、社团、全国人民以及国际友人都被感召和动员起来,投入到了浩浩荡荡的抗震救灾的爱心大行动中,谱写了一曲全民守望相助,共同抗灾、可歌可泣的乐章。

中央、全国各地以及世界各地媒体的持续传播(尤其是中央电视台等媒体数百小时的不间断直播),国务院新闻办公室几乎每天都召开的新闻发布会、四川省政府新闻发布会以及从救灾指挥部传播的各类信息都把全国和全世界的注意力凝聚到了救灾这一焦点上。危机的传播不仅迅速地调集了救灾所需的各类资源,还发动了全国人民和世界各地民众,募集善款百亿元之巨,为历史罕见。同时,抗震救灾作为中国和全世界的爱心大行动,也彰显了人类的良善、民族的凝聚和世界的博爱之情,可以说是在灾害中的重大收获。

(三)发言人是行政公关的代表

新闻发言人还是行政机构公共关系的代表。职业新闻发言人必须代表国家机构和本单位定期举行例行新闻发布会,不定期的新闻通气会、新闻界座谈会,解释政策,安排或接受媒体采访,开展各类媒体公关活动,无形中成为本机构开展对外宣传和媒体公关的代表。

由于记者和公众不能保证随时见到党政机构的主要领导以及其他负责人,他们会在新闻发言人的身上"寻找"他们的影子,"感知"他们的存在,从新闻发言人的言行举止中"揣度"他(她)背后的那些领导以及官员。同时,由于新闻发言人不是最直接的领导,他们还拥有一个缓冲回旋的余地。他们可以把一些在传播现场体验中十分敏感或有难度的问题带回去向主要领导汇报,以便研究沟通,达成妥协,改善政策,从而避免主要领导在场直接表态可能产生的某种尴尬。

此外,颇受媒体和公众注意的新闻发言人还可以利用自己的特殊身份,在正式或非正式场合主动开展各类行政公关活动,解释本机构的政策、所做的工作和努力、最新发展动态以及机构自身的困难等,以获得媒体和公众的认知、理解和必要的同情与支持,减少误解和摩擦,更好地推进行政工作。

从传播的视角考察,发言人实质上是行政机构的"推销员",是信息源中"第一个说话的人",是为媒体和记者提供全方位传播服务的人、媒体信息传播的"引路人",是把发生的任何值得或者必须传播的新闻事件通俗易懂地告诉记者的人,也是第一个需要、应该或能够让"真相走在谣言前面"的人。① 因此,新闻发言人的地位和作用十分重要。

三、发言人成功的条件

(一)发言人需要的七种素养

无论从广义上还是狭义上界定,一个成熟和成功的新闻发言人都需要具备政治、管理、归纳、表达、公关、应变和专业知识等方面的素质和修养。

1. 政治素养。所谓政治素质,就是熟悉和了解本国以及全球的政治形势和政治倾向,站稳自己的政治立场,坚持必要的政治原则,科学地运用政策的素质。具备了这些素养,就可以做到在坚持基本政治原则和政治立场的前提下,熟练而成熟地解释政策,传播行政。

2. 管理素养。管理素养主要是指发言人作为领导干部本身的行政管理能力和管理技巧,也指对本单位新闻和信息发布的专项管理。只有自己具备了一定的领导和管理能力,才会深切体会行政机构中存在的问题和矛盾,了解领导和群众的诉求,才能根据本单位的传播需要组织和发布信息,积极主动地开展行政传播。

新闻发言人一般都是该单位传播机构的负责人,除专门的新闻发言外,还负责该单位的整体对外传播与对外公关事务,需要兼备良好的管理素养和传播能力。

3. 归纳能力。归纳能力主要指对本单位政策和事务进行组织归纳和提炼的能力。因为归纳是传播的前提和基础,不能很好地归纳和总结新闻发布以及回答媒体问题的内容,就会在发布会现场回答记者提问时条理不清、

---

① 参见李希光、孙静惟:《发言人教程》,清华大学出版社 2007 年版,第 122—130 页。

逻辑不明,传播思路含混,造成信息模糊和传播低效。

这一点,建议我们的领导干部向优秀的教师和一些具备传播天赋的领导干部学习,无论在文字稿的准备还是在回答记者提问中都能把一个复杂的问题巧妙地提炼归纳出来,用简单明了的语言清晰逻辑地表达。

4.表达能力。表达能力是指发言人在传播中语言的组织运用及综合信息的表达能力。例如,条理是否清楚、逻辑是否得当、声音是否洪亮、吐字是否清晰、语气定位是否适中(即发言人根据发言的内容选择和调整语气。一般在突发事件中选择稍许凝重的语气;在喜庆活动中选择比较轻松激昂的语气;在重大活动或事件的发布中选择庄重适中的语气等)、眼神和表情的运用是否自然等。

发言人在新闻发言中要注意语言的简洁凝练,声音的洪亮、吐字的清晰,切忌拖泥带水,冗长无物,含混不清。这样不仅妨碍记者记录,影响翻译完全和准确的表达,还容易造成现场的气氛疲惫,引起记者的不满。

5.公关能力。无论是新闻发言人、领导干部还是新闻记者都是活生生的人,都有自己的情感和偏好。我们承认发言人的职业特征与政治性,但也不能误解这个职业,把自己变成冷冰冰的毫无感情和个性的传播机器。人与人之间,如果多加强了解,扩大共识,就可能增进彼此的认同,加深友谊,可以拓展更深入广泛的合作空间,这就是公共关系的魅力所在。

因此,所有发言人和领导干部都需要在媒体面前保持必要的成熟、稳健、沉着,以体现国家公务人员的风度。同时,也需要适度增加自己个人和本行政机构的亲和力,具备幽默感,学会开展媒体公关,与国内外记者建立信任与和谐的关系。

6.应变能力。新闻发言人的另一个重要能力就是应变能力。由于新闻单位和新闻记者来源的多样性、突发事件的突变性以及发布现场的变化性等因素,新闻发布会上可能出现一些意想不到的问题,有些问题甚至会激怒发言人。因此,发言人需要具备必要的应变能力,面对突如其来的问题、现场技术故障及尴尬局面等,要学会从容镇定,冷静沉着,幽默风趣地引导和化解,切忌出现严重影响气氛和发布效果的现象。

新闻记者代表他们背后成千上万的受众提出他们好奇的各种问题,在绝大部分情况下,他们提出的问题都是针对该事件本身而不是针对个人。除了一些极为罕见的侮辱和挑衅之外,发言人面对任何刁钻古怪的问题都不要惊慌和愤怒,而要学会从容镇定,在不违反原则的情况下自如应对。

7.专家素养。新闻发言人不是简单地把本单位的情况用内部开会的方式通报给媒体,而是一种站在自己单位、媒体以及受众三个角度开展综合信息传播和政府形象传播的特殊职业。因此,发言人需要具备行政传播与媒体传播两大领域的专业素养,具备把行政与媒体两大领域交叉融通的传播能力。

无论是美国白宫、五角大楼等机构的发言人还是联合国的新闻发言人,他们大都在以前从事过新闻媒体的工作,熟悉和了解媒体的工作流程、生存状态、媒体文化和环境。这样在熟悉行政工作的前提下再与他们熟悉的媒体同行打交道,就可以做到有的放矢,把握传播尺度,使信息传播到位并产生应有的传播绩效。

总之,新闻发言人的专家素养就是在行政和传播两个领域兼备的专业素养。如果熟悉了解行政领域,就能够身临其境,知道如何有效地组织核心的信息内容,抓住重点;如果熟悉媒体,就可以选择最佳的传播视角,选择关键的行政信息,采用最有效的方法进行传播。因此,合格的新闻发言人需要具备将自己的行业领域和传播领域有机融合的能力和素养。

(二)发言人成功的条件

一个发言人的成功绝非一个人的能力和资源可以企及,任何成功发言人的背后都有一个资源系统和团队的支撑。因此,真正的新闻发言人不是一个单纯能够发言的个体,而是一个传播的制度体系。新闻发言人要取得成功需要具备以下条件。

1.熟悉情况。首先,发言人要从宏观、中观和微观三个层面了解本单位、行业和系统的基本情况,在深入调研和整合信息的同时,还需要掌握必要的数据和细节,以便在发言和回答提问时言之有物,言之有据,做到表达的生动具体。

2.团队支持。新闻发言人身为领导干部,除了自身的综合素养外,还需要本单位和行业的系统支持。该系统包括本单位的主要领导,本行政机关的其他职能部门以及发言人自身的信息工作团队等。

新闻发言人需要参与或至少能够列席本单位所有的重要会议和决策，了解领导的意图，能够从本单位内部以及外部的相关部门或机构迅速获取必要的信息。这样，发言人的专业团队才能在分析归纳这些信息的基础上，根据发言的需要和记者可能提出的问题安排和准备发言的素材和内容。最后，发言人在团队内可以进行模拟发布讨论，以便完善信息发布的准备。

例如，在涉及安全生产、公安、司法、消防、卫生、科研等专业领域，新闻发言人不可能详细介绍这些他们不熟悉的行业和领域的情况，他们需要向这些相关部门了解情况或者邀请这些单位的负责人做好准备，前来参加发布会并回答记者的提问。这时，那些被邀请的人就是本次新闻发布会的发布人，而发言人则成为了发布会的主持人。

3.资源保障。资源保障是指新闻发言人开展本单位信息传播和形象传播所需要的媒体资源、政府新闻活动素材以及新闻发言所必需的制度、经费和人力配备等资源。众所周知，"巧妇难为无米之炊"。我国一些地方政府的领导对新闻发言人制度建设重视不够，认为发言人就是新闻办公室和发言人自己的事，没有提供足够的保障资源，以至于该地方和单位对外传播缺乏，信息不畅，在本省区市和全国的认知度很低，严重影响了当地经济和社会的发展。

许多领导干部只知道开会忙碌，只会单一地抓经济或某一个领域的建设，虽忙碌辛苦，收效却没有他们所希望的那样显著。他们尚未完全深刻地认识到资讯时代信息传播的巨大力量和影响力，还没有体会到传播对一个地方发展的重要性和迫切性。21世纪，人类已经进入资讯时代，懂行的领导干部都应该知道，媒体的信息传播会塑造"软实力"，会产生绩效、推动发展，传播本身就是生产力。

4.综合传播。领导干部对宣传和传播有不少的认知误区。不少人认为传播就是新闻媒体的采访报道、举行新闻发布会，而且都是宣传部和新闻办公室的事，与其他人无关。造成这种误区的原因有两个：首先是对行业管辖原则的误解，即"所有的内宣都是宣传部管"，"所有的外宣都是外宣办（国闻办）管"。原则上讲，这是对的，因为这是党政机构宏观管理的分工。但是,面对资讯时代的到来,面对我国全面开放的形势,面对国家行政机构职能的不断丰富和深化,所涉及的事务日益广泛,各单位自身的传播诉求都在不断增长,单靠宣传部门的力量很难完成如此众多的传播任务。资讯时代,各单位都需要开展全方位的对外传播。宣传管理部门只负责当地党政立法等机构的重大宣传政策及口径的制定和指导,无暇、无力也不应该负责或干涉每个单位的具体传播事务。

此外,传播不仅是对政治的宣传,还包括(在市场化的时代要重点突出)对国内外经济的传播、文化的传播以及社会生活各方面的传播,以便让资讯时代的受众能够全面了解他们生活的世界所发生一切变化的信息。因此,从这个意义上讲,现在的传播都是综合传播。

5.舆情跟踪。舆情就是公共舆论的状况,是媒体和公众对新闻事件或公共政策的态度和反应,是行政决策的基础和重要参考。因此,新闻发言人的另一个重要职责就是要不断地跟踪和了解新闻和形势,要时刻用新闻记者的敏感嗅觉跟踪最新的舆情,了解新闻动向,把握最近媒体传播的脉搏。特别要注意紧密跟踪与本单位和本行业密切相关的新闻和信息,跟踪上次信息发布后报刊、广播电视和网络等媒体的舆论动向,及时收集、归纳、研究和汇报,做到心中有数,以便有针对性地组织好下一次的新闻发布或其他形式的信息传播。

四、发言人的主要职责

行政机构的专职发言人除了从事自己负责的领导工作(我国绝大多数新闻发言人都是该机构推荐的具有相当领导职务、适合开展新闻传播的领导干部,能参与并深入到行政决策中,了解具体情况,以便在发言中言之有物、言之有据)外,还要开展以下六项工作。

(一)组织召开常规的新闻发布会

根据各自行政机构的规定,定期(每周、双周或每月不等)召开常规新闻发布会,向媒体和社会各界披露最新的信息和政策,回答记者提问,听取社会各界的意见反馈。同时,发言人还要对临时决定的重大活动和行政决策召开专门的新闻发布会,发布重大活动的信息。例如,重要国际性会议召开的信息、重大工程建设项目的信息、体育赛事、外交活动以及任何涉及公民权益的重大政策出台等都需要临时召开新闻发布会,向媒体和社会公布信息。

(二)组织召开突发事件的新闻发布会

遇到任何突发公共事件,行政机构都需要及时召开新闻发布会,紧急发布消息,在公布行政决策的同时还要告知公众需要注意的安全知识,动员民众和各种社会力量调集物资和人力资源,支援灾区和受害者,尽快化解危机。另外,在危机管理的后期,突发事件的新闻发布会还有助于让社会和公众了解此次危机发生的原因,处理结果,以便引以为戒,总结经验教训,防范类似事故的发生,改善和提升危机管理的水平。

(三)组织召开新闻通气会

新闻通气会一般是在行政决策之前组织新闻媒体举行的非正规的信息沟通与传播活动,也可以叫做新闻"吹风"。其首要目的是"释放气球",进行试探性的信息披露,观测社会反应。如果"风向"和"风力"正常,各方面反应良好,便可下决心推出某种政策;如果社会反应不正常,阻力太大,就根据社会反应的情况再深入调研论证,调整政策。此外,有些新闻还没有重要到必须举行正规发布会的程度,就往往采取通气会的形式,在比较宽松的气氛中向新闻界"吹风通气",披露信息。

在当今行政决策日益民主化的时代,民意是公共政策最重要的基础。因此,强烈建议各级政府在政策出台之前多举行媒体通气会,"释放试探性气球",全面深入地调研和了解情况,反复论证和修改自己的政策法规,在完善的时候正式发布和推出。这样可大大避免在信息不对称的状态下采用传统式单一的行政决策而产生的民众抵制和社会冲突。此外,中国传统文化的重要特点之一就是在任何集体和团队内做事(特别是大家的事),要给自己人"打招呼"、"通气",忌讳不明不白,暗箱操作,更反对不宣而战、不教而诛。

(四)安排或接受境内外媒体专访

新闻发言人的另一项重要工作就是代表本单位安排或接受境内外媒体的采访。由于不同时期公众的关注点和舆论的焦点不同,国内外的新闻媒体需要就自己所关心的问题到行政主管部门进行深入调查和采访,以便开展更为全面的传播。此时,新闻发言人不仅自己要接受中外媒体记者的采访,有时候还要根据记者的申请,安排该单位的主要领导接受采访。作为有媒体传播经验的专业人士,此时新闻发言人要扮演新闻官的角色,对本单位领导的受访提出必要的建议并帮助作相关的准备,以保证主要领导接受采访的成功。

我国的许多领导干部,出于传统的习惯,往往乐意接受国内媒体,特别是国家公共媒体的采访。因为有党报党刊党台自身的自律,也有宣传部的监管,他们一般比较放心。但是对于我国香港、澳门和台湾地区的媒体和以西方为代表的外国媒体,他们往往有着天然的警惕、敏感或恐惧。因为这些媒体不仅"无话不说",还"专说坏话",其传播力甚猛,杀伤力极大,后果往往难以预料。

由于西方自由市场与法制环境下媒体的独立性与开放性,其"舆论监督和权力制衡"的特性比较明显,这些媒体的开放度高,自由度大,其影响力也较大。但是,由于过度市场化,西方媒体多被自身的商业利益所困,导致客观公正等传播价值的损失,违背新闻道德的事时有发生。2011 年 7 月发生的英国《世界新闻报》的窃听事件及其倒闭就是最典型的例证。

西方媒体对中国传播的误区和片面性主要有两个原因。一个是因国体和政体不同对中国产生的固有的意识形态偏见,另外一个原因就是我们自身的社会开放度、行政传播能力与传播方式的习惯性制约。意识形态的偏见需要时间来扭转,而传播能力的改进与提高则是我们目前最主动的选项。由于语言的限制、新闻观念的差别,加上我们在行政传播中信息的开放度、传播的主动性不够,特别是对外传播能力不足,不少外国记者对中国缺乏历史的观察和深刻的理解,写出的文章和报道自然带有明显的西方文化烙印与批判性。我们要对此学会逐步适应并且通过提高自己的对外传播能力来加以改变。

笔者在此要强调的是,在资讯广泛传播的全球化时代,一个单位不仅需要内部传播,还需要外部传播;不仅需要国内传播,还需要国际传播。而境外媒体是开展国际传播的最佳载体,有国内媒体无法企及的传播资源、文化认同和影响力等优势。因此,明智的发言人要学会运用境外媒体开展本单位和机构的国际传播,让世界了解真实的中国,避免误解,增加共识,便于开展国际合作。如果一味拒绝境外记者,他们会发挥新闻人"顽强"的拼搏精神,不仅不会放弃对该新闻话题的采访,还会转向其他第二类或第三类非权威的信息渠道完成报道,对我们不利。

多数情况下,对境外媒体的消极回避不仅不会息事宁人,反而会产生更大的信息误区,造成不必要的误解或对立。如果是铁的事实,我们没必要也不可能隐瞒什么,我们只需要用最恰当的方式(提供及时、充足的事实、数据和图片等)进行管理并去告诉他们事情的真相,特别是我们的努力。让他们了解和传播事实,让世界了解真相,这就是正确的传播态度。

(五)组织召开媒体座谈会

新闻发言人的第五大职能就是组织召开媒体座谈会,开展媒体公关活动。媒体座谈会一般应安排在没有特别重要新闻活动的轻松闲暇期进行。节假日及没有重大活动的时期一般都是记者们相对宽松的闲暇期,也是举行媒体座谈会的理想时间。安静和风景优美的地方则是理想的座谈和沟通场所。

媒体座谈会作为媒体公关活动,基调应轻松悠闲,有音乐、风光和美食相伴,在和谐、融洽甚至是欢乐的气氛中探讨一些彼此需要沟通的问题,主旨是加强发言人、行政领导和新闻官等与媒体之间的感情联系和交流,增加相互了解,增进彼此友谊,以便在今后的传播互动中保持和谐与友好关系。

据笔者了解,完成以上四项"规定动作",举行各类新闻发布会和媒体通气会的发言人不少,而善于进行软性互动,举行媒体座谈会,开展媒体公关的发言人和领导干部还不多。其实,这些软性的活动能够"润物细无声",与正式的新闻发言和行政传播彼此互补,相得益彰,是重要的媒体沟通与媒体公关活动,有利于发言人和政府建立与媒体和新闻记者的和谐关系,有利于今后长远的行政传播。

(六)组织向各种媒体发布信息

新闻发言人另外一个主要任务就是要长期深入了解和研究本单位和领域的行政情况,密切跟踪研究相关舆情,深入调查研究,认真组织撰写新闻素材稿,定期或不定期地通过新闻发布会、新闻通气会、媒体座谈会以及电子邮件、传真、短信、博客等形式向媒体提供包括文字、图片、视频等在内的各类新闻素材,积极主动地向媒体提供信息,通过主动的信息服务改善与媒体的关系,增加本单位的信息透明度、对外知晓度和美誉度,积极引导舆论,营造良好的舆论环境。

美国政府的新闻服务机构每日都通过电子邮件等形式向全世界驻白宫

记者提供新闻简报,通过主动的信息服务让自己的"议程设置"进入媒体的传播内容,无形中引导了舆论,集中了受众的视听注意力,达到了行政传播的目的。美国国会、政府与司法机构的所有重大活动每天都在其公共信息电视台 C-SPAN①上全程直播或者转播,美国人可以看到公权力机构对重大问题讨论和决策的全过程,其透明度让人印象深刻。

我们的公权力机构,特别是专门负责传播的新闻发言人需要不断地主动提供和传播信息,让媒体和公众了解我们的公权力体系正在酝酿和决策的事务,制定的法规,以利于彼此的和谐与社会稳定。尽管西方有一句老话,叫做"没有消息就是好消息"(No news is good news),这只是对于个人的平静生活状态而言,但是对于新闻界来说则恰恰相反,"没有消息就可能有坏消息"(No news is perhaps bad news)。因为,多数新闻媒体都在进行 24 小时的持续传播,新闻和信息是它们的生命,如果没有正面的信息,他们就会去寻找其他也许是非正面的"消息"来填补媒体这个"贪婪"的永不止息的信息机器,那么误传和谣言就可能随时发生,难以避免。

因此,我们需要不断地给媒体提供消息。平安顺利时,这些信息会帮助做好单位的宣传与公关;危机时提供和传播的信息能及时引导舆论,化解危机与风险。我们要相信多数主流媒体的职业精神和道德自律,但在面对市场经济的巨大诱惑以及媒体自身激烈的生存竞争状态下,我们又不能过于天真,完全相信其公正和自律。在支持媒体信息传播的同时,更要学会主动传播。

_____

① 美国的有线电视 C-SPAN 是美国一家提供公众服务的非营利性的媒体公司,由美国有线电视业界联合创立。C-SPAN 的发起人,现任主席兼 CEO 布利恩·兰博(Brian Lamb)于 1977 年第一次想到了要把公共事务网与有线电视结合起来的主意。他将该媒体归纳为"我们的任务是为我们国家的人民提供一个机会来从头到尾地观察某些重大事情"。当年年底,美国众议院投票通过了对议会里的各种常规辩论和讨论进行录像的议案。1979 年,C-SPAN 正式开张运营,当时的预算是 48 万美金。当年,有线电视的运营者们除了捐出现金外,还捐出了宝贵的有线空间。因为他们知道,这一新的网络体系将帮他们搞好与公务员们的关系。从那以后,C-SPAN 不断扩充自己节目报道的范围,逐渐覆盖了听证会,演讲与讲座,并且设立了热线电话节目与选举全程追踪。同时还把节目扩充到了书评与历史节目。笔者在美国科罗拉多大学斯普林斯分校访问讲学期间,经常观看该台对国家立法和行政等重大议题的激烈辩论、重要责任的质询以及国家领导人的重要讲话等节目,感受到了美国行政透明传播的魅力。

五、发言中需要把握的几个关系

当今时代,社会的复杂性和新闻事件发展变化的快速性决定了媒体传播的复杂性。因此,发言人在新闻发言中需要随时跟踪事态的发展变化,在遵循"守住底线,围绕中心,解决问题"三原则的基础上,灵活掌握发言的节奏和内容,不能完全照搬有些教科书上的教条,以免陷入被动。同时,还要处理好发言中的几个关系。

（一）"说"与"不说"的关系

根据一般的传播原则,在信息时代,"说"总比"不说"好。因为"说"(传播)比较主动,能及时发布消息,澄清谣言,明确事实,让媒体和公众及时了解真相,避免不必要的谣言和误解。但是,并不是事事都要"说",随时都要"说",还需要等传播的"火候"。

例如,对于一些零星的传言或者根本没有搞清楚的情况,稍微观察或等待一下时机,在舆论气候已经形成或者问题搞清楚时再说比较好。否则,就会被一些零星的谣传牵着鼻子走,陷入被动。因此,在传播中需要积累经验,具体问题具体分析,在该说的时候说,不该说的时候不说。

（二）"早说"与"晚说"的关系

当今时代,信息传播速度很快,需要重视新闻的时效性。总的传播原则应该是"晚说"不如"早说"。即在事态发展需要信息传播的时候,要尽早采取行动,及时传播信息,争取主动。但是,不是任何事情都需要"早说"。在一些涉及比较复杂技术问题的危机事件或敏感性问题中,需要等权威机构作出结论后才能传播。发言人不能为了单纯照顾新闻的时效性而过早地随意传播。例如,在安全设备事故中的传播中首先要遵循专家研究测定的标准原则,随后再发布信息。

此外,重大新闻和信息的披露还要注意时间节点,根据党和政府的战略和决策计划而定,选择适当的时机传播。例如,在双边关系或者局势微妙之时选择军事演习,在受到外部势力威胁或挑战时推出已经研发成熟的新式武器就是选择恰当的时机向外界传播信息。再例如,在新中国成立62周年前夕启动"天空一号"的发射会为国庆期间增添爱国主义和民族自豪感的话题,增加向心力和凝聚力。

（三）"多说"与"少说"的关系

"多说"与"少说"既涉及"充分传播"与"传播不足"的问题,也涉及"传播过度"与"传播适当"的关系问题。一般来讲,在新闻发言时,"恰当"是一个重要的原则,而"恰当"就是适度传播,即把需要讲的涉及该新闻或事件主题的核心信息讲清楚即可,不要拖泥带水,引出一些与主题关系不大甚至其他问题,以免陷入被动。

但是,在一些突发事件的发布会中,有些问题需要向群众做一些必要的解释。这时,"多说"一些效果会更好。例如,在上海静安区火灾事故的新闻发布会上,消防局长就可以针对当时的消防救火等问题稍微展开一些,介绍一些上海消防局如何指挥救火以及高楼消防车配备使用等情况。也可就消防车进入不了小区(道路堵塞)等问题切入,提醒市民如何加强消防意识、提高防火以及自救等能力,这时"多说"一些效果更好。

（四）"直说"与"委婉说"的关系

鉴于媒体传播的开放度和舆论的威慑性,在新闻发言的传播中需要注意语言和用词的表达。对于一些事实和结论清楚,证据确凿,需要表态明确的事,自然要直言不讳,清楚表达;对于一些结论尚不明晰或者比较敏感、难以把握的问题,就需要含蓄和委婉。

例如,无论是政府推出的新政策还是突发事件的传播都需要言辞准确,信息明了。但是,对于一些国际关系问题、军事问题、敏感的政治问题或者对一个机构或个人进行评价等问题的传播中,发言人需要适度使用外交辞令,委婉表达。

六、作为主持人的发言人

新闻发言人一般由负责该单位或系统新闻宣传工作的领导,即该单位或系统的首席新闻官担任。由于首席新闻官既熟悉媒体的传播规律,认识平时联系和交往的大部分记者,又熟悉该单位或者系统的业务。因此,在发言人单独举行的例行新闻发布工作外,他们往往承担综合性新闻发布会主持人的角色。

作为主持人的发言人主要承担以下五个方面的工作,即独立策划主持全场的新闻发布会、科学选择提问的记者、安排最佳的发布人和来宾回答记者提问、掌握发布会的时间、处理发布会上的突发性问题等。

（一）主持全场的新闻发布会

策划主持发布会之前，需要广泛与上级领导、其他部门出席发布会的负责人、相关职能部门以及媒体和公众广泛沟通，针对各方的传播需求计划安排新闻发布会的内容，进行必要的议程设置。这些要素主要包括发布会的主题确定、发布会的时间地点、发布的内容选择、出席人员和媒体记者的邀请、新闻背景素材以及记者可能提问的准备、技术设备的保障等。

（二）科学选择提问的记者

在一个有许多记者举手提问的发布会上，怎样选择合适的记者提问是有讲究的。一般需要遵循"兼顾媒体平衡和场地平衡"的两个原则。同时，在需要时也可以考虑适度安排提问，引导舆论。

首先要兼顾境外媒体的地区平衡，既要给境外记者提问的机会，又要给国内记者提问的机会，既要考虑给国际知名媒体，例如《纽约时报》、《华尔街日报》、《金融时报》、德新社、法新社、美联社、CNN、BBC 等西方主流媒体的提问机会，还要考虑给我国香港、台湾等地媒体提问的机会。其次要考虑到媒体性质的平衡，例如针对发布会的主题，给相关专业领域媒体记者提问的机会。

其次要兼顾"场地平衡原则"，即在发布会的记者席，面对前后左右举手的记者，应该照顾到会场左侧、中间、右侧及其前后的记者，不要一直选择一个地方的记者提问，以避免"冷落"坐在场地其他位置的记者。

最后，就是在必要的时候提前安排可靠的媒体记者就关键问题提问，也可以理解为找"托儿"。但是，这里所说的"托儿"绝不是找人作假，蒙骗大众，而是在发布会，特别是记者招待会上，在领导和发布人不方便直接传播的情况下，安排一些主流媒体记者提问，借回答问题说出自己需要说的话，引导舆论。

（三）安排最佳的发布人和来宾回答记者提问

发言人在主持时需要根据发布会的主题和邀请媒体的情况，选择最适合的相关部门领导或负责人准备材料、发布信息，回答记者提问。发布人应该既是负责该领域工作的领导,熟悉情况,又具有良好的传播沟通能力。如果不熟悉传播,发言人需要提前进行必要的辅导。

（四）掌握发布会的时间

一般在保证主题内容发布和记者提问的前提下,在临近发布会结束时,可以考虑用"由于时间关系,下面请提最后三(两)个问题"等方法提醒记者和全场注意时间。如果大家兴致很浓,发布人或领导希望再加一两个问题时,主持人应顺势而为,给予支持,总体控制时间即可,不必教条。

（五）处理发布会上的突发性问题

在发布会上,如果技术设备突然出现故障(最好提前检查确认)或者记者突然提出与本次发布会主题无关的其他敏感问题时,主持人应当做好预案,并在现场随机应变,灵活应对处理。

例如,在关于安全生产的新闻发布会上,记者突然问及该城市或地区的民主、人权或者腐败情况等问题,主持人在发布会可能遇到尴尬或不知是否应该回答时,可以用"今天召开的是关于安全的新闻发布会,您的问题与今天发布会的主题无关。如果您需要了解有关情况,发布会结束后可以与我们的办公室联系,我们可以推荐有关部门接受采访"等类似的话来友好地"拦截",以保证发布会不偏离主题,正常进行。如果时间允许,发言人或发布人愿意或善于在此时回答,也可以用"尽管你的问题与今天发布会的主题无关,我还是愿意回答你的问题"来巧妙回答并积极疏导舆论,展现自己积极主动的行政形象。

第二节　行政传播中的新闻发布会

新闻发布会是行政传播的重要途径之一。成功的新闻发布会可以公布信息,告知公众,化解危机,引导舆论,发挥行政机构与媒体和受众沟通的重要作用。

一、新闻发布会的功能

新闻发布会的功能很多,除了进行行政机构常规的信息披露,重大决策、重要活动的信息发布外,还可以在危机传播中发布权威信息,澄清谣言,引导舆论,化解危机或风险。政府的新闻发布会是行政机构公共信息的权威告知和有效传播,是发布机构与媒体和社会之间的沟通互动,是行政民主、科学与进步的表现。

美国政治传播学者罗森·菲尔德和英国学者麦克奈尔根据各自对美国总统新闻发布会以及英国首相府的媒体关系,将新闻发布影响舆论的目的归纳为"塑造形象"(shape image)、修复形象(restore image)、传递信息(send message)和抵抗谣言(resist rumour)四种类型。①

作为塑造形象的发布会,新闻发布单位和发言人主要负责组织和发布对自身有利的信息,传播和塑造自身的形象;修复性的发布会,发布者需要在决策失误或者责任事故处理及应对的艰难环境下开展必要的信息披露和信息传播。这时的发布会和发言人需要扮演"间接承担责任者"的角色,并用"诚恳"、"痛心"以及"认真负责"等态度来传递信息,修复与媒体和公众的关系。

传递信息的发布会就是行政机构举行的例行新闻发布会,这是保持政府与媒体和公众的有效沟通,建立长效传播机制的重要组成部分,行政机关需要借此机会保持与媒体的良好关系。抵抗谣言的新闻发布会也是回应型的发布会,其核心目标是针对一些不实的信息进行必要的澄清,消除舆论误解。抵抗谣言的发布会关键是需要提前调查准备,搜集谣言散布的证据,拿出足够有力的关于事实真相的证据来批驳反击,澄清谣言,纠正被误导的舆论,恢复或改进声誉。

二、新闻发布会的要素

一般来说,一个新闻发布会包含以下六个方面的要素。

(一)主题与内容

首先要确定此次发布会是一个关于什么主题的新闻发布会,发布会的名称与核心内容是什么。发布会前,需要确定一个可以代表本次新闻发布

---

① 参见李希光、孙静惟:《发言人教程》,清华大学出版社 2007 年版,第 207—208 页。

主题和内容的名称定义,能涵盖整个发布会的核心。例如,"××市××文化节新闻发布会"、"××省××建设项目新闻发布会"等。同时,还要做好发布内容材料与细节的准备。一般来讲,重大事件的新闻发布会往往就此单一主题的不同层面进行"深挖",而不涉及其他话题,而例行新闻发布会多数情况一次不止发布一条消息,可涵盖多项内容。具体要根据当时所掌握的信息情况和行政传播的目标而定。

（二）性质与传播对象

性质是指这次发布会的主基调和传播气氛,这与发布的内容密切相关。例如,常规的新闻发布会就是例行的信息发布,比较中性;突发事件的新闻发布会则比较紧急,心理和气氛比较紧张凝重;而像奥运会、世博会、重要节庆活动的发布会则比较喜庆热烈。发布会的性质与气氛会直接影响传播的基调、主持人和发布人的表情、服饰、声音、语言与表达方式的运用以及发布会场的环境布置等多种因素。

发布会上要注意向广义和狭义两种对象说话。狭义的传播对象是指参加发布会的媒体记者,他们是直接对象;而广义的传播对象是指参加发布会的媒体背后的广大受众,他们是间接对象。新闻发布时要兼顾现场的媒体记者和媒体背后的广大听众、观众和读者两大对象,在发布和传播中做到有的放矢,保证传播的准确、充分、科学、有效。

（三）发言人与发布人

发言人一般指行政或传播机构专职而固定的新闻发言人,而发布人则是指在一个新闻发布会中可能出现的其他相关信息发布人。重大事件、重要政策或活动的发布往往会涉及众多的单位或人员,内容复杂,不是新闻发言人一个人能够完成。加上发言人所在行业或分管工作的限制,他（她）也许不是涉及那个领域传播的最佳人选。因此,许多新闻发布会需要邀请相关单位或部门的主管领导或人员参加,形成团队,从不同的角度来说明问题。

例如,国务院新闻办公室组织的关于四川抗震救灾的新闻发布会涉及卫生部、民政部、劳动和社会保障部以及军队等各领域的负责人,通过大家从不同角度的传播,才能全面介绍抗震救灾的情况。国务院新闻办公室只是发布会的组织者。奥运会及全运会的新闻发布会需要负责体育赛事、场馆建设、运动员保障、交通运输、后勤服务、演出等环节的负责人一起参加，共同发布。许多安全事故或群体性事件处置的新闻发布会一般会涉及安全监察、武警公安、卫生防疫、气象部门、科研专家等，这时的新闻发言人往往只扮演发布会主持人和协调人的角色，主要由邀请到场的各相关领域负责人介绍情况，回答记者提问。各位来宾与主持人一起作为团队，从不同的角度为媒体提供信息，以达到综合传播的效果。

（四）时间与时机

选择什么时间发布什么新闻很有讲究。例如，在春暖花开的时节选择召开旅游活动的新闻发布会；在国家倡导科学发展观的形势下选择召开有关新能源项目与活动的发布会；在中美元首互访期间召开关于中美合作项目的发布会；在危机事件较多的时机召开关于安全生产的新闻发布会；在教育行业出现问题时召开关于教育改革的新闻发布会等都是比较好的时机选择。这样，顺应大形势能够比以往更加吸引媒体和受众的注意，能达到更好的传播效果。

发布会举行的具体时间也很重要。一般来讲，根据新闻媒体的传播规律，新闻发布会最好选择在上午举行。这样，在两个小时左右的发布会后，媒体记者能有足够的时间就此主题增加采访内容，补充必要的素材，同时也给后期的编辑制作配音留下了足够的时间，以便晚上在重要的新闻联播或新闻报道中播出。

（五）地点与环境

发布会的地点选择也很有讲究。合适的地点可以让记者和观众产生身临其境的现场感，收效更好。例如，2008年四川汶川等地地震后，温家宝总理选择在映秀镇的震后废墟上召开记者招待会，2011年在温州高铁事故的现场举行记者招待会①，让中外记者身临其境，对地震造成的破坏和对民众的伤亡有着切身的感受，可以增加新闻的现场感和震撼力。同时，选择在现

---

①　记者招待会主要是因某项重大事件或活动与记者见面，回答记者的提问；而发布会则重点侧重某一项重要新闻和信息的披露和正式公布，两个会侧重点不同，但都有记者提问环节。

场发布也会无形中突出领导干部和发布者深入现场和第一线,重视抢救,体现亲民务实的形象。

（六）发布会的准备

要保证一次新闻发布活动的成功,充分的准备十分必要。这些准备包括调研和了解外部情况;搜集相关资料、数据和证据;通过有效的内部协调获取全面的信息;判断发布会的传播环境,确定发布会的传播原则,准备新闻素材稿以及PPT、图片视频和资料等。

在新闻发布会的准备中还要学会"押题"。根据当前的环境和形势,根据发布主题与内容等预先推测并准备记者可能提问的口径及数据资料,防止在现场遇到突发问题时不知所措。例如,在每年举行的全国人大和政协"两会"的记者招待会上,境外记者会在总理的《政府工作报告》内容之外,提出关于宗教、人权、西藏、新疆、港澳台、南海、东海等问题。此外,还要准备一些其他应急的问题,防止可能出现的意外。

三、常规的新闻发布会

常规的新闻发布会就是行政机构例行的新闻发布会,例如外交部的新闻发布会,国务院新闻办公室的新闻发布会,国家相关部、委、办、局和地方政府定期召开的新闻发布会等。

2003年6月3日,上海市政府在全国地方政府中率先建立新闻发言人制度。时任上海市政府新闻办公室副主任焦扬女士担任首届新闻发言人,每周召开一次例行新闻发布会,介绍本周上海市政府的工作情况以及相关政策措施等,在全国带了个好头,传播效果良好。

常规的新闻发布会本身就是一种"议程设置",它在满足了媒体和受众对近期政府工作权威信息需要的同时,也通过新闻发布内容的确定和议程设置,吸引和转移了媒体和公众的视线,让他们把注意力转移到政府所希望关注的问题上来,从而起到了引导舆论的作用。

常规的新闻发布会不仅需要发布本地和机构负责的日常信息,还要注意发布符合主流行政趋势的信息。同时,要注意研究和选择信息,发布那些公众普遍关心问题的信息。如果发布者认为自己的信息选择好,公众却并不关心,媒体也不会积极采访和报道,传播就会失败。另外,还可以发布那些希望引导公众配合行政决策和措施的信息,开展行政机构的媒体公关和社会公关。

四、突发事件的新闻发布会

突发事件的新闻发布会是危机管理系统中的重要一环,是危机传播的重要内容。理想的突发事件新闻发布会是在权威部门预测到突发事件发生的可能后,立即召开的预警型新闻发布会,目的是提醒民众和全社会注意防范可能造成的危害。但是,由于突发事件的不确定性以及预测能力的局限,能够这样做的单位和地区还不多。由于人类的短视和局限,在遇到了危机事件,受到了严重的威胁或伤害后才会真正警觉和重视,才会下功夫投入人力和物力来防范。但此前对自然的征兆以及科学家发出的警告与提醒都是置若罔闻。东南亚等地的海啸、全球变暖以及近年来全国和全球各地频发的灾难都是例证。

召开突发事件的新闻发布会,首先需要掌握突发事件的总体情况。然后根据掌握的信息判断形势,确定发布的人员,同时紧急调动各种社会资源,做好危机管理。另外,还要在危机管理的过程中随时发布新闻,化解危机,引导舆论。最后,还要对整个事件的全过程进行梳理、研究和反思,吸取教训,总结经验,防范类似事故的发生。① 这也就是危机前(before the crisis)、危机中(during the crisis)和危机后(after the crisis)的信息发布。

第三节　突发事件的新闻发布会

突发事件的新闻发布会一般在事态紧急的情况下召开,需要精确了解情况,抓住问题重点,采取有力措施及时传播,以配合应急管理。一般突发事件的发布会有五个基本流程。

---

① 参见第五章第三节"危机传播的原则"和第四节"危机传播的方法"。

一、调查危情,获取信息

突发事件发生后,要在第一时间(无论是漆黑的夜晚、熟睡的凌晨还是风雪交加的其他时候)迅速作出反应,并派遣主管部门和专家小组紧急赶赴现场,迅速展开调查,了解危机事件的总体情况、具体细节,特别是人员伤亡情况和引发该危机事故的原因等。在调查危机情况的同时要全面准确地获取危机信息,及时掌握突发事件的最新进展,同时还要对危机事件发生的原因及危害程度进行预测和评估。只有深入调查,全面了解了危机事件的情况,才能作出准确的判断,迅速组织力量,采取最有力的措施来进行危机管理。

研究过去危机事件的经验教训后发现,由于现场的复杂性以及危机管理者的传播观念和传播能力等原因,危机发生后,许多单位只忙着抢救,没能在应急管理的同时进行必要的危机传播。而有着高度职业敏感的媒体记者则闻风而动,会以最快的速度赶往现场,立即投入报道。结果,公众了解的危机信息并非直接来自于管理者提供的权威信息,而是新闻媒体自行搜集采编的报道。这会因记者调查不够深入全面,了解信息不够充分等原因而造成片面传播甚至是误传等现象。

如果因各种特殊原因确实无法做到在第一时间发布信息,建议各地的危机管理领导机构和指挥者在应急管理中迅速联系当地的新闻宣传管理部门配合,通过传真、邮件等形式主动给新闻单位提供突发事件的信息。同时尽快搜集网络和其他媒体上关于此次突发事件的报道,分析舆情,以做到心中有数,以便确定官方权威信息发布的定位,以说明事实、澄清谣言,在随后的信息发布中争取主动。

不过,笔者强烈建议政府领导者和危机管理者在开始了解危机情况、获取危机信息并准备采取应急行动的同时也开始积极主动的危机传播,请新闻管理部门组织通知新闻媒体召开新闻发布会,展开对危机事件和危机管理的报道,以掌握危机传播和管理权的主动。

二、通报危情,启动预案

危机事件发生后,参与危机管理的领导和管理者要根据中央和各省、自治区、直辖市政府关于各类突发事件的法律规定,迅速向上、中、下三级通报,及时启动各类突发事件的应急预案,密切关注危情的变化,重点关注受害者以及公众权益,调动一切力量和资源,采取最有效的应急管理措施,遏制事态的发展,在黄金时间内抢救人民的生命和财产安全。

过去的危机案例显示,在一些偏远地区危机事件发生后,三种明显的错误导致了更为严重的后果。首先是逃避。由于当事人担心、恐惧而故意逃逸规避,从而延误了抢救的最佳时机。第二就是隐瞒。当事人或责任主管部门害怕承担责任受到处罚而故意隐瞒事实不报,造成了不良后果。第三是盲动。在当事人单位、主管部门和负责人自己缺乏相关专业知识和经验的前提下,盲目决策,私自行动,独立操作,结果应急管理措施不当,造成了不必要的损失。

以上这三种情况都是因为没有及时汇报和通报危机情况,没有整合更多的资源而自行盲目处置造成的损失,结果往往是在真相大白之后引咎辞职或被法律惩处。既然知道真相迟早要大白于天下,该承担的责任绝对无法逃避,因此,决不要心存任何侥幸,不明智地去掩盖隐瞒事实或盲目自行处理,以免造成不必要的损失而给组织和个人带来新的危机。

三、组建团队,准备发布

在完成了以上两大步骤之后,就需要组建危机管理的团队,准备发布新闻。危机管理团队一般分为危机传播团队(一般由宣传部、新闻办等职业宣传管理部门和媒体联合组成)、危机管理团队(医疗、消防、公安、武警、军队和专家等联合组成)和信息收集团队(参与危机管理的相关部门搜集媒体报道的信息)三大部分。

传播团队除了在发布会上负责各自的危机管理职责外,在面对媒体发问和"进攻"等局面时,要形成团队,彼此合作,共度时艰。对媒体来讲,坐在发布席上的人都是一个团队,他们其中任何一个人的疏漏或失误都是整个团队的失败。因此,团队成员在信息发布时要合作互补,共同面对媒体。

组建团队时要仔细考量突发事件的性质、危害程度、影响范围和需要应急管理的人力、物力资源等因素。危机传播团队、危机管理团队和信息收集团队成员有时候是你中有我,我中有你,职能有分有合。这便于在危机管理中加强联系,协同作战,应对危机。

危机管理与传播团队组建完成后,需要尽快召开内部沟通会议,研究通报情况,迅速为召开正式的新闻发布会作必要的准备,尽快确定发布会方案、邀请人员、所需材料以及详细的新闻发布会议程。传播团队还要根据危机事件的情况和传播需要选择最有代表性的新闻媒体开始首轮传播。如果有媒体记者提前到来现场,要迅速统一组织,尽快提供信息,开展危机传播。一般情况下,要尽早通知平日联系的国内外主流媒体,最大限度地传播第一手信息,避免一些媒体因为信息不畅、信息不全而造成的误解或谣传。

四、正式召开新闻发布会

以上三项准备工作完成后,便可以正式召开新闻发布会,同时注意以下问题。

(一)主持与现场管理

一般情况下,平日的新闻发言人担任主持人主持新闻发布会。开场时做三个方面的介绍:首先,简要介绍突发事件的概况和召开发布会的背景。其次,介绍参加发布会的发布人(单位、职务和在此次危机管理中的职责等)。最后,介绍出席发布会的新闻单位及来宾等。随后,根据议程主持发布会,请发布人做重点信息发布。

在突发事件的新闻发布会上,发言人并不是新闻发布的焦点人物,而是新闻发布会的组织者、管理者以及危机传播的协调者,其定位侧重于危机的传播及其组织。而来自不同职能部门的发布人则需要承担各自职责范围内应急管理的信息发布。

1.选择举手提问的记者。在众多记者都举手的情况下,如何选择,选择哪些媒体的记者提问也有讲究。笔者建议在选择记者提问时兼顾"场地、区域公平"和"媒体覆盖公平"两个原则。即在发布会的现场,正对着发布人的右侧、左侧与中间区域都需要给举手记者提问的机会,不要单纯集中在主持人的正中间和视线容易到达的地方。另外,还要兼顾媒体覆盖的公平原则。在选择举手的记者时,要分别给美国记者、欧洲记者、中国国家主流媒体记者、港澳台和国内地方主流媒体记者提问的机会,尽量兼顾到各个地区媒体的平衡。掌握该原则的技巧是,一般先照顾专业的有着重要影响的新闻媒体,因为这些媒体的覆盖面广泛,受众人数多、影响力大,应该成为新闻事件的重点传播媒介。当然,在时间允许的情况下,要尽量照顾其他媒体,多给媒体机会。

2.掌控发布会的时间。新闻发布会的时间首先要服从其传播的目标和宗旨。检验的标准是,此次发布会需要传播的主要信息是否已经获得充分有效的传播。主持人可以在确保主要信息得到充分传播的前提下,友好地宣布时间规定和剩余问题的数量,例如,"由于时间关系,再提最后两个问题",以保证发布会的秩序。但是,要切忌在记者还意犹未尽、问题没有全面展开的情况下草草收场。这样的发布会不仅做了过场,而且会引起众多记者的不满,甚至比不传播还要糟糕。

一般来讲,在信息发布后,应该尽量给记者足够的时间提问并真诚耐心地回答。温家宝总理在每年"两会"期间的记者招待会时间已满的情况下,还主动提议给记者们再加问几个问题,很受媒体欢迎。

有些新闻发布会也可能出现记者提问不多、现场气氛不热烈,甚至冷场等现象。为了避免这种现象,在确认发布会信息具有足够的新闻价值外,主持人还可以事先从平日熟悉的媒体中安排记者在需要的时候提问,既避免了冷场,又保证了所需传播信息的及时公开。因为,在新闻发布会,特别是在记者招待会上,如果记者不提问,发布人或发言人不能自行说出某个与主题不相关的话题。但是,有些话题又十分重要,需要借机向新闻界披露。这时,如果有媒体能及时提问,发言人或者发布人就会借机发挥,讲出他们需要公布的信息。这种方法,在现场问题焦点出现偏移或气氛异常时效果十分明显。另外,发言人或发布人还要善于抓住回答问题的时机,巧妙地"携带信息",主动传播必要的信息。

3.对发布会现场的应急管理。一般在重要突发事件的新闻发布会上,新闻记者的提问会十分踊跃,问题迭出。那些挑战性的问题、敏感问题或十分尖锐的问题像一支支利箭频频地"射向"发言人和发布人。在这种情况下,主持人和发布人都要学会胸怀宽阔,从容镇定,冷静沉着,根据事实和传播原则坦诚而智慧地回答提问。要知道,面对媒体就是面对公众,也是面对挑战。因此,需要我们具备开放的心态、良好的心理素质以及高超的传播技巧。

(二)危机情况通报

根据危机管理和分工的原则,危情通报主要由危机管理部门的负责人进行。

发布人要事先根据突发事件的现状和调查结果,根据自己所负责领域的工作重点,认真准备相关的素材,以备在发布会上参考使用。例如,医疗卫生小组的负责人要重点介绍伤亡人数,特别是人员的救治情况和救治措施;消防武警或公安部门的负责人要重点介绍现场抢救的情况;专家小组的负责人重点分析和介绍事件的原因,抢救和管理中需要注意的原则以及公众应该注意的问题;指挥部的负责人主要对突发事件进行总体介绍和分析。

为了保证发布会的效果,建议主持人和发布人不要一直低头读稿件,这样像开会作报告,生动性和现场感会大大减弱。最好是根据危机情况列出提纲,在参考相关数据资料的同时用自己的话逐条介绍,语言要简洁和通俗。这样不仅生动,还会抓住记者的注意力,获得良好的传播效果。

(三)主要价值和意图的传播

主要价值和意图的传播就是对于突发事件的时间、地点、原因、伤亡人数、财产损失、抢救措施、责任追究以及应注意问题等必要信息的充分传播。在介绍以上情况时,要在表达中突出稳定秩序、团结互助、协同应对等主题。尤其是在疾病疫情、食物安全等事件中,要特别提醒公众注意安全,警惕和防止可能出现的谣言和恐慌,以免给社会造成不必要的损失。

在突发事件新闻发布会上,主要价值和意图的传播要兼顾"诚实原则"和"影响危害最小化"两个原则,既不能为了稳定而掩盖事实或撒谎,也要注意社会心理和公众的承受力,避免事态扩大,出现恐慌,影响社会稳定。

(四)回答记者提问

根据常规,媒体记者在突发事件的发布会上一般都会关心事故的时间、地点、伤亡情况等要素。与观众和读者一样,他们会特别关心此次危机事件的真相,导致事故发生的原因,以及事故的责任人、责任追究情况及该事件可能的影响与后果等相关问题。

西方文化讲求竞争,往往对质疑和提问比较鼓励,其中一句名言就是"没有愚蠢的问题,只有愚蠢的回答。"一般来讲,除了涉及与此次发布会内容完全不相关的提问,主持人可以插话委婉拒绝外,凡是涉及此次危机的任何问题,主持人或发布人都应该认真回答,关键要看回答者所掌握的信息情况以及回答问题的技巧和水平。总体的原则是"守住底线"、"开放传播"、"坦率真诚"、"说服引导"。

(五)发布会的基本定位

一般情况下,新闻发布会只发布那些经过认真调查后获得的可靠信息以及那些经过上级主管部门确认或经自己部门核实的信息。对于那些不清楚或者没有把握的问题可以告诉记者,"等调查清楚后会尽快向新闻界公布",一般自己不要轻易预测、不要主观推断或者随意假设,以免有些媒体借机大做文章,造成不必要的谣言,也给自己带来不必要的舆论压力和麻烦。

如果遇到某些媒体故意炒作或出现偏离事实的报道,在向该媒体提出交涉、抗议,要求道歉和更正的同时,尽快通过其他熟悉的媒体来对谣言给予反击和澄清。①

无论是主持人还是发布人,在新闻发布会上都要注意强调突发事件的事实和调查数据,紧盯"公布真相、传播信息、积极营救、措施得力"等危机传播的核心,不要因记者的随意引导或诱导而产生传播主旨的偏移。

在新闻发布会中,要重点介绍危机事件的情况,危机管理的措施以及落实情况,不纠缠那些仍在调查中尚不清楚的细节。在发布会上,还要敢于对那些因为人为疏忽、操作不当或严重违反国家规定造成重大损失的事故给予公开批评和谴责,对属于自己职责范围的问题要坦白承认并真诚道歉。对于明显的问题和错误不要护短,不要狡辩。最后,考虑到事故可能的危害或蔓延的风险,还要注意通过媒体来疏导舆论,告知公众应对的知识和办法。

---

① 请参见本书第三章第五节中第三条"行政对媒体的监督及其悖论"。

五、搜集报道，改进传播

首次新闻发布会后，必须要紧密跟踪媒体舆论，对新闻发布会后的媒体报道进行广泛搜集、汇总和研究。同时，要通过互联网以及行政渠道收集民众的反应与态度，密切搜集和跟踪境外媒体（包括网络）的报道。有时候为了快捷起见，可先通过境外媒体的网站搜集关于发布会的报道。

在媒体信息收集整理工作完成后，还要对各类媒体发布的信息进行认真的分类研究，发现媒体关注的焦点，理出最突出的问题。同时，还要注意发现是否有媒体片面传播或误传等现象，以便有针对性地组织资源，准备下一次新闻发布会并在下次的传播中实现危机管理与传播的改进。

下一次或者随后多次的新闻发布会是针对首次或上次新闻发布会后的事态发展和媒体报道进行的连续性管理与传播，也是建立在上次管理与传播基础上的管理改进与传播改进。传播的重点是发布危机管理的进展情况、根据综合舆情和事态的最新发展与措施，进行有针对性的信息发布与传播；呼吁社会以及公众参与救灾援助；逐步开展危机的责任调查与责任追究；通报有关最新或最后的调查结论及处理结果；对此次危机进行总结反思并开展必要的公众警示与教育传播。

在举行新闻发布会的同时，危机管理者还要开展其他形式的危机传播。例如，组织媒体采访指挥部负责人，采访危机前线管理人员以及现场工作人员等。可以召开一些小型的媒体情况通报会，并通过媒体对危机管理的系统信息，例如对天气预报、交通运输、人力和物资的调动等进行传播，有效地配合整体的危机管理行动。①

以上五点是突发事件新闻发布会的基本操作流程，是一个危机事件传播的系统。希望全国的各级领导干部、新闻管理部门以及危机专业管理机构在参考时紧密结合自己当地和本单位的实际情况，不断丰富和完善，以便形成成熟的危机管理与危机传播的制度体系。

---

① 本节的写作得到了复旦大学新闻学院原常务副院长、公共关系研究中心主任孟建教授的启发和帮助，在此表示衷心的感谢。

问题思考

1. 什么是广义的和狭义的新闻发言人？
2. 新闻发言人有哪些主要作用？
3. 新闻发言人需要具备哪些条件和能力？
4. 成功的新闻发布会需要具备哪些要素？
5. 突发事件的新闻发布会有哪些必要的流程？

参 考 文 献

斯坦利·巴兰、丹尼斯·戴维斯:《大众传播理论:基础、争鸣与未来》,清华大学出版社 2004 年版。

明安香:《美国超级传媒帝国》,社会科学文献出版社 2005 年版。

老子:《道德经》。

夏书章主编,王乐夫、陈瑞莲副主编:《行政管理学》,高等教育出版社 2006 年版。

徐大同主编,高建副主编:《西方政治思想史》,天津教育出版社 2000 年版。

约翰·洛克:《政府论》下篇,商务印书馆 1981 年版。

《孟子·尽心》下。

《墨子·尚同》上。

王沪宁、竺乾威主编:《行政学导论》,上海三联书店 1998 年版。

泰勒:《科学管理原理》,团结出版社 1999 年版。

布雷恩·布鲁克斯等:《新闻报道与写作》,新华出版社 2007 年版。

孟德斯鸠:《论法的精神》(上),商务印书馆 1999 年版。

罗伯斯庇尔:《革命法制与审判》,商务印书馆 1984 年版。

康德:《法的形而上学原理:权力的科学》,商务印书馆 1991 年版。

黑格尔:《法哲学原理》,商务印书馆 1961 年版。

《马克思恩格斯全集》第 1 卷,人民出版社 1972 年版。

胡仙芝:《政务公开与政治发展研究》,中国经济出版社 2005 年版。

《毛泽东著作选读》下册,人民出版社 1984 年版。

《邓小平文选》第 2 卷,人民出版社 1994 年版。

薛澜、张强、钟开斌:《危机管理——转型期中国面临的挑战》,清华大学出版社 2003 年版。

塞缪尔·亨廷顿:《变革社会的政治秩序》,上海译文出版社 1989 年版。

胡宁生主编:《中国政府形象战略》,中共中央党校出版社 1999 年版。

李建中主编,高文强副主编:《中华文化概论》,武汉大学出版社 2005 年版。

马克思·韦伯:《新教伦理与资本主义精神》,社会科学文献出版社 2010 年版。

史安彬:《危机传播与新闻发布》,南方日报出版社 2004 年版。

曹越:《中国新闻传播学评论》,2003 年 7 月 3 日。

李希光、孙静惟:《发言人教程》,清华大学出版社 2007 年版。

赵启正:《公共外交与跨文化沟通》,中国人民大学出版社 2011 年版。

余秋雨:《问学:余秋雨与北大学生谈中国文化》,陕西师范大学出版社 2009 年版。

孙隆基:《中国文化的深层结构》,广西师范大学出版社 2004 年版。

何芳川:《中外文化交流史》,国际文化出版公司 2008 年版。

陈声柏主编:《宗教对话与社会和谐》,中国社会科学出版社 2008 年版。

顾卫民:《中国与罗马教廷关系史略》,东方出版社 2000 年版。

赵启正、约翰·奈斯比特、多丽丝·奈斯比特:《对话:中国模式》,新世界出版社 2010 年版。

赵启正:《中国人眼中的美国和美国人》,五洲传播出版社 2005 年版。

徐耀魁:《大众传播新论》,苏州大学出版社 2005 年版。

孙关宏、胡雨春:《政治学》,复旦大学出版社 2002 年版。

辜晓进:《美国传播体制》,南方日报出版社 2006 年版。

阿瑟·阿萨·伯杰:《媒介分析技巧》,中国人民大学出版社 2005 年版。

罗伯特·皮卡德:《媒介经济学》,中国人民大学出版社 2005 年版。

斯坦利·巴伦:《大众传播概论》,中国人民大学出版社 2005 年版。

拉里·萨默瓦、理查德·波特:《跨文化传播》,中国人民大学出版社 2004 年版。

王泠一:《全球背景下的传媒产业发展态势》,《新闻记者》2001 年第 4 期。

胡象明:《全球化背景下中国行政管理面临的十大挑战》,《探索》2006 年第 1 期。

王石泉、何小蕾:《资讯时代背景下的中国行政变革》,《毛泽东邓小平理论研究》2006 年第 11 期。

《中华人民共和国国民经济和社会发展第十一个五年规划纲要》。

胡锦涛:《高举中国特色社会主义伟大旗帜　为夺取全面建设小康社会新胜利而奋斗》。

陈东升:《温州市长编纂行政败诉案例　宣传依法行政意识》,《法制日报》2008 年 3 月 31 日。

刘松山:《违法行政规范性文件之责任追究》,《法学研究》2002 年第 4 期。

王石泉:《美国媒体——新兴权力及其影响》,《中国浦东干部学院学报》2008 年 11 月。

王石泉:《资讯时代的行政传播与媒体责任》,《新闻记者》2006 年第 10 期。

王石泉:《领导干部眼中的新闻媒体与新闻报道》,《新闻记者》2010 年第 2 期。

许雨文:《失信的媒体必遭唾弃——〈世界新闻报〉"死"有余辜》,《光明日报》2011 年 7 月 21 日。

王石泉:《当代媒体的发展与行政传播》,《学习时报》2009 年 2 月 17 日。

《外交部发言人制度 26 年变迁:向世界传递中国声音》,《中国青年报》2009 年 10 月 18 日。

Richard West, Lynn H. Turner: *Introducing Communication Theory: Analysis and Application*, Mountain View, California, Mayfield Publishing Company.

　　Michael Z. Hackman, Craig. E. Johnson: *Leadership*: *A Communication Perspective*, Long Grove, Illinoins: Waveland Press, Inc.

　　Pamela S. Shockley-Zalabak, Sherwyn, P. Morrea, Michael Z. Hackman: Building the High-Trust *Organization*: *Strategies for Supporting Five Key Dimensions*, San Francisco: John Wiley & Sons, Inc.

后　记

从 2005 年中国浦东干部学院建院开学至今已经七年有余。七年来,笔者在学院为全国领导干部开发讲授的媒体沟通课程《公共行政与媒体关系——领导干部媒体沟通的智慧》的基础上跨越行政领导和传播两大领域,与时俱进,不断丰富完善,终于写成此书,其感慨与感激自不待言。

衷心感谢全国政协外事委员会主任、新闻发言人、中国人民大学新闻学院院长、原国务院新闻办公室主任赵启正同志,衷心感谢原联合国新闻发言人弗雷德·埃克哈德(Fred Ickhard)先生对本书的大力推荐。作为重要的领导与传播界的大家,他们对我国领导与传播事业的关心、支持和鼓励,对我本人以及广大读者都非常重要。

衷心感谢我的母校西安外国语大学和复旦大学,是她们让我接受了具有中西不同文化背景的良好教育。衷心感谢新疆大学工学院、上海市政府新闻办公室、上海市委宣传部、英文《上海日报》、深圳发展银行、中国浦东干部学院、美国科罗拉多大学斯普林斯分校,是她们让我得到了关于教学方法、行政管理、媒体沟通、企业管理、媒体公关、干部培训以及跨文化传播等多领域充分的实践锻炼和复合能力培养。正是以上近 30 年来这些宝贵的跨行业的工作实践和经验积累以及在中国浦东干部学院这个国家级平台上的提升凝练,才使这本书的面世成为可能。

衷心感谢我的老领导金炳华部长、殷一璀书记、龚学平书记、张崇显主任、焦扬主任、贾树枚部长、张慈赟总编、李敏行长、冯俊院长、奚洁人院长、王金山副院长、成旦红副院长、姜海山副院长、郑金洲主任、张生新主任、何立胜主任、瞿强主任、刘靖北主任、赵世明副主任和我的好友刘世军处长、曹泳鑫总编、吕怡然总编、刘永鑫书记、荣跃民主任等对我过去在行政与传播

领域工作的真诚关心和大力支持。正是他们的开明领导、热情关心和大力
支持才让我能够积累宝贵的经验,使后来的课程开发、专题讲座以及本书的
写作成为可能。

　　感谢我在新闻媒体界的朋友陈梁总经理、何建华总裁、主持人劳春燕、
骆新、秦畅、刘凝、何婕、夏磊等,正是他们的积极参与和大力支持才使我们
学院的媒体培训课程得以顺利开展和高质量地完成。感谢我们教学实验中
心、教研部以及全校的同仁,正是这个优秀团队的大力配合、快速成长、积极
参与和辛勤劳动,才使我们学院媒体课程得以持续并成为业界的品牌。

　　感谢美国科罗拉多大学斯普林斯分校校长帕米拉·肖克利·扎拉巴克
(Pamela S. Shockley-Zalabak)教授,该校荣誉学生中心主任、原传播系主任、
著名领导传播学家迈克尔·海克曼(Michael Z. Hackman)教授、传播系主
任大卫·尼尔森(Darid Nelson),正是他们过去对我到该校访问讲学的全
力支持,我才有机会开发并讲授关于《中国文化与传播》、《中国当代领导力
与媒体》的课程,得以向美国学生系统地介绍中国。这不仅拓展了我跨文
化传播的视野,也锻炼了我跨文化传播的能力,提高了我用中英文双语在不
同文化背景下讲学的本领。

　　衷心感谢政治编辑一部编辑忽晓萌女士对本书的精心编辑和提出的宝
贵修改意见。衷心感谢其他工作人员的辛勤工作。衷心感谢我的行政助理
陈浩先生为此书出版所做的耐心细致的联络和服务工作。

　　衷心感谢我的所有家人。是他们一如既往的关心和支持才使我能有精
力专心写作,反复修改此稿,前后七年准备得以完成。我仍然清楚地记得
2011年春节期间异常寒冷的日子在云南师宗的家中埋头修改书稿,闭门不
出,家人特意准备的温暖的火炉与可口的食物。记得在上海家中每次写作
时家人无微不至的支持和关怀。

　　最后要衷心感谢全国的领导干部和广大读者,是他们积极开展行政传
播的责任心、媒体沟通的动力以及学习领导传播的巨大热情和强烈愿望推
动和激发我,将这个在中浦院和全国讲授了上千次的专题讲座课程写成专
著。由于每次的授课时间有限,作者无法在三小时内将该主题六大部分的
内容和方法详细展示和介绍,广大学员要求我撰写教材,使他们平时能够详

细研读和参考。此次,大家的嘱托和愿望得以实现。希望该书伴随着我的感谢、祝福特别是对广大领导干部善治并带领中国文明进步的殷切期望可以带给广大读者应有的帮助和收获!

王石泉

2011 年国庆节完稿于江阴

2012 年 7 月定稿于上海

责任编辑:忽晓萌
封面设计:吴燕妮
责任校对:吕　飞

图书在版编目(CIP)数据

公共行政与媒体关系/王石泉 著. -北京:人民出版社,2012.9
ISBN 978－7－01－011269－5

Ⅰ.①公…　Ⅱ.①王…　Ⅲ.①行政学-研究②传播媒介-研究
Ⅳ.①D035②G206.2

中国版本图书馆 CIP 数据核字(2012)第 227096 号

公共行政与媒体关系
GONGGONG XINGZHENG YU MEITI GUANXI

王石泉　著

人 民 出 版 社 出版发行
(100706　北京市东城区隆福寺街 99 号)

北京中科印刷有限公司印刷　新华书店经销

2012 年 9 月第 1 版　2012 年 9 月北京第 1 次印刷
开本:710 毫米×1000 毫米 1/16　印张:24
字数:360 千字　印数:0,001-8,000 册

ISBN 978－7－01－011269－5　定价:48.00 元

邮购地址 100706　北京市东城区隆福寺街 99 号
人民东方图书销售中心　电话 (010)65250042　65289539